计算机科学丛书

# 永恒的图灵

## 20位科学家对图灵思想的解构与超越

[英] S. 巴里·库珀（S. Barry Cooper）  
安德鲁·霍奇斯（Andrew Hodges） 等著

堵丁柱 高晓沨 徐秋亮 李廉 徐雯 吕再新 孙晓明 蔡志鹏 译

The Once and Future Turing
Computing the World

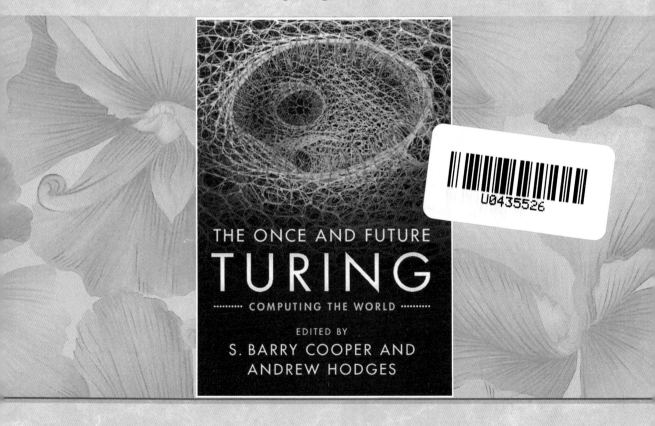

机械工业出版社  
China Machine Press

## 图书在版编目（CIP）数据

永恒的图灵：20位科学家对图灵思想的解构与超越 /（英）S. 巴里·库珀（S. Barry Cooper）等著；堵丁柱等译 . —北京：机械工业出版社，2018.4（2021.12 重印）
（计算机科学丛书）
书名原文：The Once and Future Turing: Computing the World

ISBN 978-7-111-59641-7

I. 永⋯　II. ① S⋯　② 堵⋯　III. 图灵（Turing, Alan Mathison 1912—1954）— 人物研究　IV. K835.616.16

中国版本图书馆 CIP 数据核字（2018）第 063974 号

本书版权登记号：图字　01-2017-0718

This is a Chinese simplified edition of the following title published by Cambridge University Press:

S. Barry Cooper, Andrew Hodges, The Once and Future Turing: Computing the World, ISBN 978-1-107-01083-3

© Cambridge University Press 2016

This Chinese simplified edition for the People's Republic of China (excluding Hong Kong, Macau and Taiwan) is published by arrangement with the Press Syndicate of the University of Cambridge, Cambridge, United Kingdom.

© Cambridge University Press and China Machine Press in 2018

This Chinese simplified edition is authorized for sale in the People's Republic of China (excluding Hong Kong, Macau and Taiwan) only. Unauthorized export of this simplified Chinese is a violation of the Copyright Act. No part of this publication may be reproduced or distributed by any means, or stored in a database or retrieval system, without the prior written permission of Cambridge University Press and China Machine Press.

本书原版由剑桥大学出版社出版。

本书简体字中文版由剑桥大学出版社与机械工业出版社合作出版。未经出版者预先书面许可，不得以任何方式复制或抄袭本书的任何部分。

此版本仅限在中华人民共和国境内（不包括香港、澳门特别行政区及台湾地区）销售。

# 永恒的图灵：20位科学家对图灵思想的解构与超越

| | | | |
|---|---|---|---|
| 出版发行：机械工业出版社（北京市西城区百万庄大街22号　邮政编码：100037） | | | |
| 责任编辑：曲 熠 | | 责任校对：殷 虹 | |
| 印　　刷：北京文昌阁彩色印刷有限责任公司 | | 版　　次：2021年12月第1版第4次印刷 | |
| 开　　本：185mm×260mm　1/16 | | 印　　张：23.5 | |
| 书　　号：ISBN 978-7-111-59641-7 | | 定　　价：119.00元 | |

凡购本书，如有缺页、倒页、脱页，由本社发行部调换
客服热线：（010）88379426　88361066　　　　投稿热线：（010）88379604
购书热线：（010）68326294　88379649　68995259　　读者信箱：hzjsj@hzbook.com

版权所有·侵权必究
封底无防伪标均为盗版
本书法律顾问：北京大成律师事务所　韩光 / 邹晓东

# 译者序
The Once and Future Turing: Computing the World

  本书的译者大多数首次承担翻译工作。翻译与阅读不太一样。阅读只要意会，而翻译需要加上言谈。既然是首次，自然有一定的困难。可是，为什么大家愿意承担这项工作呢？最重要的原因在于，这是本吸引人的好书。它的吸引人之处并非图灵的传奇故事，而是涉及计算机技术未来的丰富思想。毫无疑问，这本书是为纪念伟大的计算机先驱图灵而编写的，它遍数了图灵曾经产生过的各种各样的天才想法。同时，书中也阐述了这些思想在近代的发展，并且更重要的是，展望了这些科学思想的未来前景。

  图灵不愧是个天才，他的思想极其丰富，琳琅满目，令人目不暇接。不仅仅涉及计算机科学与技术，而且涉及物理、生物以及为人类思维建模的奇特想法。在工作之余，阅读此书，会让人耳目一新，思路开阔。

  让更多的人受益，这是我们翻译此书的心意和衷心的期望。

堵丁柱

2018 年 1 月

# 前　言

The Once and Future Turing: Computing the World

这本书源于数理逻辑学家巴里·库珀的提议。在 2007 年时，他已经在筹划一个会议，纪念阿兰·图灵诞辰一百周年，不过，对于复兴图灵研究而言，这仅仅是他巨大的、充满激情的奉献的开端。2009 年，在编辑图灵的一部新的极为重要的论文专辑时，他（和我一起）向剑桥大学出版社提出了一个想法，出版一本关于"图灵与计算之未来"的书。在与出版社的大卫·特纳拉赫和塞维亚·芭比娜接触以后，巴里和我感觉这是个机会，让当今顶尖的科学家们把图灵遗产中动人且有挑战性的部分带给广大读者。

2010 年，我们确定了书名 The Once and Future Turing，并且开始约稿。这项计划依靠的是巴里·库珀担任欧洲可计算性学会主席以及参与数不胜数的学术会议组织委员会所凝聚的网络力量。更为重要的是，计划中饱含他充满智慧的探索，呈现了逻辑与现代物理以及人类科学之间的相互影响。巴里对于"Computing the World"有着独到的见解，他将其作为副书名，并在书中五个部分的开篇对其做了进一步阐释，这些都是他对本书的贡献。我的贡献（包括全书开篇的引言）主要围绕图灵之曾经（Turing Once），巴里则书写了图灵之未来（Turing Future）。

非常不幸，在本书准备工作的最后阶段，巴里突然去世了。特别令人难过的是，他没能看到本书的出版。巴里诚挚地感谢剑桥大学出版社的每个参与者，我也是一样。同时，感谢撰写各章的杰出作者们，他们慷慨地工作并且永远充满耐心。这些章节从各个方面反射出时间与人类生命的奇迹，展现了一幅未来之景，如果图灵和巴里·库珀还活着，这一定是他们希望看到的。

安德鲁·霍奇斯
2016 年 1 月

# 本书作者

The Once and Future Turing: Computing the World

Scott Aaronson, Department of Electrical Engineering and Computer Science, Massachusetts Institute of Technology, Cambridge MA 02139, USA.
aaronson@csail.mit.edu, www.scottaaronson.com

Ruth E. Baker, Wolfson Centre for Mathematical Biology, Mathematical Institute, Andrew Wiles Building, Radcliffe Observatory Quarter, Woodstock Road, Oxford OX2 6GG, UK.
baker@maths.ox.ac.uk

Andrew R. Booker, Department of Mathematics, University of Bristol, University Walk, Clifton, Bristol BS8 1TW, UK.
www.maths.bris.ac.uk/~maarb

The late S. Barry Cooper, School of Mathematics, University of Leeds, Leeds LS2 9JT, UK.
www1.maths.leeds.ac.uk/~pmt6sbc/

Martin Davis, 3360 Dwight Way Berkeley CA 94704–2523, USA.
www.cs.nyu.edu/faculty/davism/

Solomon Feferman, Department of Mathematics, Stanford University, Stanford CA 94305–2125, USA.
math.stanford.edu/~feferman/

Eamonn A. Gaffney, Wolfson Centre for Mathematical Biology, Mathematical Institute, Andrew Wiles Building, Radcliffe Observatory Quarter, Woodstock Road, Oxford OX2 6GG, UK.
gaffney@maths.ox.ac.uk

Richard Gordon, Embryogenesis Center, Gulf Specimen Marine Laboratory, Panacea FL 32346, USA, and C.S. Mott Center for Human Growth & Development, Department of Obstetrics & Gynecology, Wayne State University, Detroit MI 48201, USA.
http://tinyurl.com/DickGordon

Douglas Richard Hofstadter, Center for Research on Concepts and Cognition, Indiana University, 512 North Fess Avenue, Bloomington, IN 47408, USA.
www.soic.indiana.edu/people/profiles/hofstadter-douglas.shtml

Martin Hyland, DPMMS, Centre for Mathematical Sciences, Cambridge University, Wilberforce Road, Cambridge CB3 0WB, UK.
https://www.dpmms.cam.ac.uk/people/j.m.e.hyland/

Stuart Kauffman, Departments of Mathematics and Biochemistry, University of Vermont, USA.
http://en.wikipedia.org/wiki/Stuart_Kauffman

Philip K. Maini, Wolfson Centre for Mathematical Biology, Mathematical Institute, Andrew Wiles Building, Radcliffe Observatory Quarter, Woodstock Road, Oxford OX2 6GG, UK.
https://people.maths.ox.ac.uk/maini/

Kanti V. Mardia, School of Mathematics, University of Leeds, Leeds LS2 9JT, UK; and Department of Statistics, University of Oxford, Oxford OX1 3TG, UK.
http://www1.maths.leeds.ac.uk/~sta6kvm/

Ueli Maurer, Department of Computer Science, ETH Zürich, CH-8092 Zürich, Switzerland.
http://www.crypto.ethz.ch/~maurer/

Roger Penrose, Mathematical Institute, University of Oxford, Andrew Wiles Building, Radcliffe Observatory Quarter, Woodstock Road, Oxford OX2 6GG, UK.
http://www.maths.ox.ac.uk/people/profiles/roger.penrose

Christof Teuscher, Portland State University, Department of Electrical and Computer Engineering, P.O. Box 751, Portland OR 97207-0751, USA.
christof@teuscher.ch, http://www.teuscher-lab.com

Philip D. Welch, Department of Mathematics, University Walk, Clifton, Bristol BS8 1TW, UK.
http://www.maths.bris.ac.uk/people/faculty/mapdw/

Stephen Wolfram, Wolfram Research Inc., 100 Trade Center Drive, Champaign, IL 61820, USA.
http://www.stephenwolfram.com

Thomas E. Woolley, Wolfson Centre for Mathematical Biology, Mathematical Institute, Andrew Wiles Building, Radcliffe Observatory Quarter, Woodstock Road, Oxford OX2 6GG, UK.
woolley@maths.ox.ac.uk

**Andrew Hodges, Mathematical Institute, University of Oxford, Andrew Wiles Building, Radcliffe Observatory Quarter, Woodstock Road, Oxford, OX2 6GG, UK.**
www.synth.co.uk

## 本书译者

The Once and Future Turing: Computing the World

堵丁柱，负责引言、第 15 章和后记
  得克萨斯大学达拉斯分校，计算机科学系，www.utdallas.edu/~dxd056000/

高晓沨，负责第 1~3 章和第 13 章
  上海交通大学，计算机科学与工程系，www.cs.sjtu.edu.cn/~gao-xf/

徐秋亮，负责第 4 章
  山东大学，计算机科学与技术学院，www.cs.sdu.edu.cn/zh/~xql

李廉，负责第 5~8 章
  合肥工业大学，现已退休

徐雯，负责第 9、10 章
  得克萨斯女子大学，数学与计算机科学系，twu.edu/math-computer-science/faculty-and-staff/wen-xu-phd/

吕再新，负责第 11 章
  华盛顿州立大学，计算机科学系，directory.vancouver.wsu.edu/people/zaixin-lu

孙晓明，负责第 12 章
  中国科学院计算技术研究所，sourcedb.ict.cas.cn/cn/jssrck/201110/t20111012_3361678.html

蔡志鹏，负责第 14 章
  佐治亚州立大学，计算机科学系，grid.cs.gsu.edu/zcai/

# 目 录

The Once and Future Turing: Computing the World

译者序
前言
本书作者
本书译者

引 言 / 1

## 第一部分 置身可计算的世界，探索普适性数学

### 第1章 算法、方程和逻辑 / 11
◎ 马丁·戴维斯

1.1 方法概览 / 12
1.2 例子：完全平方数集 / 13
1.3 一些关系 / 14
1.4 猜想变成定理的故事 / 15
1.5 通用方程 / 18
1.6 素数和一个丑陋的多项式 / 19
1.7 逻辑 / 21
1.8 关于数学 / 22
1.9 关于朱莉娅·罗宾逊的电影 / 23
附录：不可解性定理的证明 / 23
参考文献 / 24

第2章　被遗忘的图灵　／25

◎J. M. E. 海兰

2.1　引言　／25

2.2　唯一的学生　／25

2.3　回忆　／26

2.4　早年时光　／27

2.5　学生与导师　／29

2.6　中文翻译　／30

2.7　一个想法的产生　／31

2.8　远见和反思　／32

2.9　图灵和类型论　／33

2.10　图灵的理论倾向　／34

2.11　从未完稿的论文　／35

2.12　图灵的遗产　／37

参考文献　／37

第3章　图灵和素数　／39

◎安德鲁 R. 布克

3.1　素数　／39

3.2　大素数　／41

　3.2.1　梅森素数　／41

　3.2.2　电子时代的梅森素数　／42

3.3　素数的分布　／44

　3.3.1　黎曼$\zeta$函数　／45

　3.3.2　图灵与黎曼猜想　／47

　3.3.3　形式化证明　／51

3.4　今天与未来　／51

参考文献　／56

第4章　图灵之后的密码学和计算　／57

◎乌力·毛勒

4.1　引言　／58

4.2　密码学　／59

4.2.1 引言 / 59

4.2.2 密钥的需求 / 60

4.2.3 安全性证明 / 60

4.3 计算 / 61

4.4 迪菲-赫尔曼密钥协商协议 / 62

4.4.1 预备知识 / 62

4.4.2 有效的乘幂运算 / 63

4.4.3 密钥协商协议 / 63

4.5 群上的离散对数及其他计算问题 / 65

4.6 离散对数算法 / 66

4.6.1 引言 / 66

4.6.2 大步小步算法 / 67

4.6.3 波利格-赫尔曼算法 / 68

4.7 抽象计算模型 / 69

4.7.1 动机 / 69

4.7.2 计算模型 / 70

4.7.3 三种问题类型 / 71

4.8 证明安全性：复杂度下界 / 72

4.8.1 引言 / 72

4.8.2 两个引理 / 73

4.8.3 群作用和大步小步算法的最优性 / 74

4.8.4 离散对数和波利格-赫尔曼算法的最优性 / 75

4.8.5 $Z_n$ 中的乘积计算和 CDH 问题 / 77

4.8.6 DDH 问题 / 78

4.8.7 DL 问题到 CDH 问题的一般归约 / 79

4.9 结论 / 79

致谢 / 79

参考文献 / 80

## 第5章 图灵与恩尼格玛统计学 / 81

◎坎蒂 V. 马蒂亚，S. 巴里·库珀

5.1 引言 / 81

5.2 事例的权重与经验贝叶斯 / 83

5.3 字母队列 / 84

    5.3.1 恩尼格玛编码描述 / 84

    5.3.2 字母队列的重要性 / 85

5.4 GCHQ 解密的两个重要的图灵报告 / 85

5.5 图灵的全局统计观 / 87

    5.5.1 统计学和抽象层次 / 87

    5.5.2 扩展信息分层 / 88

5.6 形态发生、统计和图灵的人工智能 / 89

参考文献 / 90

# 第二部分 过程计算而非计算大脑

## 第6章 图灵的洞察 / 96

◎斯蒂芬·沃尔弗拉姆

参考文献 / 107

## 第7章 外设计算和内生计算 / 108

◎克里斯托夫·托伊舍

7.1 自顶向下和自底向上的设计 / 108

7.2 内生计算和外设计算 / 109

7.3 图灵的自底向上计算模式 / 110

7.4 从内生计算到外设计算 / 112

7.5 展望 / 115

参考文献 / 116

## 第8章 迟钝呆板的人类遇见顶级机器翻译家 / 118

◎侯世达

# 第三部分 通向计算生命的逆向工程之路

## 第9章 图灵理论之发育模式形成 / 133

◎菲利普 K. 梅尼,托马斯 E. 伍利,埃蒙 A. 加夫尼,露丝 E. 贝克

9.1 引言 / 133

9.2 发育的应用场景 / 137

9.3　图灵理论的扩展　／138

9.4　关于图灵模型的争议　／139

9.5　图灵的影响　／142

致谢　／142

参考文献　／142

## 第10章　走钢丝绳：图灵形态发生学中分层不稳定性的困境　／145

◎理查德·高登

致谢　／155

参考文献　／155

# 第四部分　量子计算的生物学、思维和推广

## 第11章　回答笛卡儿：超越图灵　／162

◎斯图亚特·考夫曼

11.1　引言　／162

11.2　机器思维　／163

11.3　思维、意识和机器思维　／167

　　11.3.1　回答笛卡儿　／170

　　11.3.2　封闭式量子系统和双缝实验　／170

　　11.3.3　开放式量子系统　／171

　　11.3.4　稳定的域　／172

　　11.3.5　非算法的、非确定性的、非随机的反图灵系统　／173

　　11.3.6　负责任的自由意志　／175

　　11.3.7　回答笛卡儿：思维如何在大脑中活动　／176

　　11.3.8　潜能和广延实体通过量子测量相联系　／177

　　11.3.9　意识是什么　／178

　　11.3.10　感受性与量子测量的关系　／179

　　11.3.11　最前端的大脑　／181

　　11.3.12　量子纠缠、萨穆利的观点和捆绑问题　／182

　　11.3.13　反图灵系统的编程　／183

11.4　结论　／184

附言　／184

致谢 / 186

参考文献 / 186

## 第 12 章 量子图灵机中的幽灵 / 189

◎ 斯科特·阿伦森

12.1 引言 / 190

    12.1.1 "自由意志"与"自由" / 194

    12.1.2 关于本章标题的注释 / 197

    12.1.3 阅读本章所需的知识水平 / 197

12.2 常见问题 / 198

    12.2.1 狭窄的科学主义 / 198

    12.2.2 偷梁换柱 / 199

    12.2.3 相容论 / 201

    12.2.4 量子梦话 / 203

    12.2.5 大脑上传：谁会在乎 / 204

    12.2.6 决定论与可预测性 / 208

    12.2.7 量子力学与隐藏变量 / 209

    12.2.8 结果论证 / 212

    12.2.9 预测悖论 / 214

    12.2.10 奇点主义 / 214

    12.2.11 利贝实验 / 216

    12.2.12 心灵和道德 / 218

12.3 奈特不确定性和物理 / 219

    12.3.1 奈特不确定性 / 220

    12.3.2 量子力学与不可克隆定理 / 224

    12.3.3 自由比特构想 / 227

    12.3.4 放大与大脑 / 230

    12.3.5 反对假想小人 / 233

12.4 从内而外的自由 / 233

    12.4.1 协调问题 / 236

    12.4.2 微观事实与宏观事实 / 239

12.5 进一步的反对意见 / 240

12.5.1　广告商异议　/240

　　　12.5.2　天气异议　/241

　　　12.5.3　沙鼠异议　/242

　　　12.5.4　初始状态异议　/245

　　　12.5.5　维格纳的朋友异议　/247

　12.6　与彭罗斯观点的比较　/250

　12.7　应用到玻尔兹曼大脑上　/256

　12.8　指代和自由比特　/257

　12.9　自由比特构想能被证伪吗　/261

　12.10　结论　/263

致谢　/267

附录A　定义"自由"　/268

附录B　预测和柯尔莫戈洛夫复杂度　/274

附录C　奈特量子态　/278

参考文献　/279

# 第五部分　神谕、无限计算和心智的物理学

## 第13章　图灵的"神谕"：从绝对可计算性到相对再返回　/286

◎所罗门·费弗曼

13.1　引言　/286

13.2　"绝对"有效可计算性　/287

　　　13.2.1　机器和递归函数　/287

　　　13.2.2　部分递归函数　/289

　　　13.2.3　有效不可解问题和归约方法　/289

13.3　自然数的相对有效可计算性　/291

　　　13.3.1　图灵的"神谕"和图灵可归约性　/291

　　　13.3.2　递归可枚举集合、不可解度和波斯特问题　/293

　　　13.3.3　波斯特问题的解和度理论的繁荣　/296

13.4　自然数的一致相对可计算性　/298

　　　13.4.1　相对计算过程和局部递归泛函　/298

　　　13.4.2　递归论　/299

13.4.3 自然数上有限类型的局部递归泛函数 / 300

13.5 广义递归论 / 301

  13.5.1 背景与概述 / 301

  13.5.2 集合和序数上的可计算性 / 302

  13.5.3 一般结构上的可计算性 / 304

13.6 在真实计算中相对可计算性概念的角色 / 307

  13.6.1 计算实践和计算理论 / 307

  13.6.2 内置函数和黑盒 / 309

  13.6.3 编程函数方面 / 309

  13.6.4 抽象数据类型 / 310

  13.6.5 复杂性的度 / 311

  13.6.6 结论 / 313

附言 / 314

参考文献 / 314

## 第14章 图灵超越：超越事件视界 / 318

◎P. D. 韦尔奇

14.1 起源 / 318

14.2 极限可判定 / 323

14.3 MH 时空 / 324

14.4 无穷序数：超越算术 / 327

14.5 回到 MH 时空 / 330

14.6 $\aleph_0$ 心智 / 331

14.7 无限时间图灵机 / 333

14.8 寄存器机和其他推广 / 337

14.9 结论 / 340

参考文献 / 341

## 第15章 为数学思维建模的尝试 / 342

◎罗杰·彭罗斯

15.1 图灵的顺序逻辑 / 342

15.2 数学之信任 / 344

15.3 数学理解所基于的物理过程 / 346

15.4　Π语句　/347

15.5　谨慎神谕　/349

15.6　谨慎神谕装置的运转　/351

15.7　对于谨慎神谕装置的哥德尔型定理　/353

15.8　物理含义　/354

参考文献　/355

后记　/357

# 引 言

  阿兰·图灵短暂的一生始于 1912 年，止于 1954 年。这本书的灵感来自他的百年诞辰纪念。但是作为本书的发起人，巴里·库珀和我期望在讨论图灵过往的同时，在主题中加入"未来"。我们选择了一个令人兴奋的书名——The Once and Future Turing，它取材于亚瑟王墓碑上的铭文。我们邀请了一些著名的科学家来简述基于图灵之发现的科学工作，分享他思想的精髓，而且还要求给出未来的闪光点。结果即为本书中的 15 章，这些作者以完全不同的方式回应了我们的挑战。

  图灵自己对于未来有毫不含糊的超级想象力。他在 1950 年的经典论文《计算机器与智能》中所做的预言就是一个著名的例子。他并不总是对的，也没几个人相信他小心阐述的关于机器智能的 50 年预测，可是这实现了。另一方面，他低估了快速、便宜、大规模计算的潜力。他在 1948 年对未来计算机硬件的想象正确地指出了光速是计算速度的关键约束。但是他关于厘米规模电子元件的假定忽视了小型化的巨大潜力。对图灵的先见之明，较为令人侧目的证明是他对于通用机器能力，以及对于今天称为软件工业的未来的评论："每个已知的过程都不得不编译成指令表的形式……"

  在 1946 年，图灵可以自信地说，他是英美密码战的"幕后操纵者"，并为国际关系的未来留下了自己的遗产，不过，这份遗产还没有得到仔细评估。1939 年他和高登·威奇曼建功立业，说服英国当局给予从未试验过的"图灵炸弹"密码破译机技术大量投资，结果证明，这部机器的逻辑光芒改变了战争中英国的命运。这种视野并非图灵独有。为了战胜希特勒，布莱切利园好似一跃跨入未来，他们的工作科学、有组织且社会化，仿佛 60 年代先于 40 年代到来了。但图灵对于自身的洞察力总是有着特殊的自信。1936 年他提出通用计算机器时，选择了一个非数学而有启发性的词汇"发明"："通用计算机器。我们可以发明一种机器，用来计算任何可计算的序列……"同一年他清楚地预见了即将到来的与德国的战争，以及密码学对于这场战争的重要性。战后，虽然他不能对实用计算机的发展保持控制，然而他的自信并未动摇。在没有任何外部支持的情况下，他依然亲自动手做计算机实验，研究生物生长的数学理论。这样的孤独并没有影响他的热情，即使他的模型不得不等到20世纪70年代才得到认真对待，而到90年代人们才需要具备那种能力的计算机。

对于图灵，剑桥应该是他最接近的理想归宿，可是他的行为从来不符合剑桥的期望。图灵完全不在意区分"纯"数学和"应用"数学，然而这种区分支配着剑桥的全体教职员工。取而代之的是，他表现出数学预言的能力，先于而非跟随科学观察所得。我们可称之为超级神奇（metamagical），把meta和magical连到一起造出这个新词的是本书的作者之一——侯世达（Douglas Hofstadter）。

在回到贯穿本书的话题之前，我们讲一个关于阿兰·图灵生活的新故事。对于已经熟悉他的非凡故事的人，这可以算作一个有价值的插曲。对于不熟悉的人，这段插曲会让你体会到，为何在数学、科学和技术之外，他的个人生活已经成为大众痴迷的源泉。2013年，在我们选定书名很长时间以后，牛津大学图书馆举办了一场主题为"神奇的书，从中世纪到中土"的展览。在入口处是亚瑟王的铭文：Rex quondam, Rexque futurus（曾经与未来）。展览中作为特色的有阿兰·加纳的近期工作，包括他最著名的书《猫头鹰恩仇录》。这场展览与图灵的联系是如此神奇：阿兰·加纳曾经是阿兰·图灵的跑友，他们于1951～1952年在柴郡的乡间小道上跑了上千英里。

他们相遇于1951年，在跑步时发现了彼此。那时阿兰·加纳刚17岁，是曼彻斯特文法学校具有文学天赋的六年级学生。但是一开始加纳就觉得他们相处得很平等，这令他极为欣赏，因为他的学校的特殊氛围就是这样（由另外一个名叫阿兰的人通过喜剧《历史系男生》所诱发的一种文化）。平等也来自相称的实力，图灵已经是位有名的业余长跑运动员，而加纳刚刚成为有竞争力的年轻短跑运动员。平等也可以在玩笑中发现，这种玩笑现在叫作"没有废话"，充满文字游戏和粗俗的幽默。当图灵问他智能机器是否具有可能性时，加纳并未感到新奇。在静静地跑了十几分钟后，他回答说不。图灵没有争辩。"为什么学习传统的语言？"图灵又问。加纳回答："你不得不学会以不同的方式使用大脑。"这种回答也许会让图灵满意。

在六到七英里的持续慢跑中，他们的谈话通常远离个人。但是有次例外，可能是在1951年年末，图灵提起白雪公主的故事。"你也是！"加纳吃惊地说。原来，这让加纳立刻回想起童年的奇异经历。那是他五岁的时候，《白雪公主和七个小矮人》的故事中毒苹果的样子吓坏了他。图灵立刻产生了同感，他们共同的创伤——如同加纳看到的——成为维系其中的纽带。"他习惯于重温情景中的细节，老是想着那个模糊的苹果，一边红一边绿，其中一边引向死亡。"

他们的来往发生在图灵作为同性恋受到庭审和惩罚的时期。图灵从来没说过他的遭遇，不晓得为什么，加纳直到1952年后期才听到这些新闻，这时警察警告他，不能和图灵在一起。加纳对此以及他听说的事非常气愤，其实，他从来没有受到一丝一毫的侵害。但是不可避免地，他和图灵的关系遗憾地结束了。阿兰·加纳痛苦地回忆起他在1953年最后一次见到图灵的情景，他们刚好坐同一辆巴士从威姆斯洛去曼彻斯特，当时加纳和女朋友在一起，这使得他很难谈起任何恰当的话题，因此他装作没有注意到图灵的存在。这件事像极了小说和电影中青春散场的一幕，不久，加纳就启程去服兵役了，在那里，他听到了图灵的死讯。阿兰·加纳始终没有披露这些经历，直到六十多年以后，它们才出现在《观察家报》的一个栏目上。对于图灵奇幻的一生，其中一定有很多内容人们永远都无法知道。但是可能没有一个含有这样的情节，图灵发现了自己的苹果，那个直接预示着他1954年的死亡的符号。

2012年我听阿兰·加纳讲起这个故事，仍然仿佛发生在昨天一样，它直击我们现在正在创造的蜿蜒六十多年的历史。巍峨矗立的乔德雷尔·班克射电望远镜加重了时间流逝的痕迹，它邻接一座古建筑，那是一处考古遗址，也是阿兰和格丽西达·加纳安家的地方。望远镜自身也是充满活力的曼彻斯特大学的科学前哨，并且它与计算机一样，是1945年以后由第二次世界大战之技术转变为科学的成果之一。现在，它已经成为天文学和宇宙学的基础设施，但是在1954年，它们还是全新的。宇宙的规模和年龄还是未知的，这些事情都将在其后的几十年里研究清楚。在那充满创造力的年代，如果图灵还活着，他可能会带来许多新发现，然而时间定格在1954年，图灵永远停止了创造。

作为本书的作者之一，巴里·库珀在与图灵相伴的时间旅行中加入了副书名"Computing the World"，并且建议不限制其触及的范围，这对于图灵完全合适，他拒绝受任何思想领域的限制。在1953～1954年最后的笔记中，图灵显露出他正在思考基础物理，受到狄拉克的影响，笔记记录了他关于旋量以及重构量子力学的一些想法。某些批评者可能认为这些好像是单纯的涂鸦，或者初始的疯狂。但是在他最后的明信片中，"创世纪光锥"这一神来之笔正确地预见到：在现代物理学中，光的几何已经被证明是关键的思想，并且宇宙大爆炸的光锥在本书作者之一罗杰·彭罗斯的工作里形成了清晰的数学思想。图灵那颇为怪诞的格言"粒子是源"，其实参考了基本粒子和力都是对称群表示的思想：20世纪末最伟大的发现之一就是，次核粒子夸克是由对称群 SU(3) 描述的。

我的兴趣并非无所偏倚：我自己在数学工作中已经在发展罗杰·彭罗斯的想法，用基于光锥的"磁扭线"几何取代费曼图，形成粒子物理的中心台柱。其实，理查德·费曼自身忍受着与图灵的比较，在原子弹工程中崭露头角后，20世纪40年代晚期他在基础物理中的工作就是图灵机的相似物。费曼也写了一些有关科学的极有个性且很受欢迎的书，这些书斐然可观，用生活化的笔触诠释了更广泛的科学文化，这是其他书很少能够企及的。费曼和图灵还有一个小小的交集。就在艾森哈特女士道出那句流传至今的"别逗了，费曼先生"之前，她刚刚送走阿兰·图灵，一位同样令人尴尬的参会者，在同样令人窒息的普林斯顿研究生院茶会上。此后，费曼开始了量子计算的早期思考，他和图灵可能已经发现了共同的战场。他们的嬉笑怒骂总是为人津津乐道，即使是向权威说明想法时，他们也不会留意任何外交辞令。

可是，也存在明显的不同点：对于图灵，长期保持做一个诚实的人是非常不容易的。在布莱切利园的密码工作比原子弹工作要更为隐秘。而图灵的性取向相对于费曼不仅仅是不方便，更是禁忌的，是不可言说的，是犯罪，甚至是国家安全问题。理论上说，抗争的自由在第二次世界大战期间没有完全被忘记，而且说出自己的想法也不是完全不可能。斯堪的纳维亚半岛早期争取同性恋权利的运动促使图灵于1952年夏天去了趟挪威（在同一年，六年级学生阿兰·加纳骄傲地写了篇正能量的杂文，研究古希腊的性生活）。那些微弱的抵制活动带来了一些微小的变化。但是一直等到20世纪70年代，布莱切利园大规模密码破译工作的成功才为人所知，这时提到它的首席科学家的性取向才是可接受的。

今天的情况截然不同，这么多科学家对本书的热情回应反映了人们对于图灵的极大兴趣，包括他的为人以及所做过的事，与图灵相关的一切都成了人们的关注点。真难想象图灵会怎样看待自己的"复兴"或者在科学和历史中的地位。他永远无法知道，自己到底是个默默无闻的密室人物，还是个值得公众注目的特殊个体。他1950年的论文有着强烈的私人潜台词：它的主题是"智能机器"，同时图灵阐述它的方式是，坚持"我是人类"，并且把注意力引向自己，如同精明的学术媒体今天所做的一样生动。在"发表或毁灭"的世界里，图灵在两边做了不错的妥协。费曼的"物理讲义"非常出名，但是里面没有图灵的"逻辑与计算机讲义"的相应部分。如果费曼放入了这部分，那么整个计算机科学这一新领域就会贴上费曼的名字。图灵1950年的论文发表了，并且成为现代哲学的高引论文之一。而1948年的论文毁灭了（至少在1968年前），因而没人知道他的神经网络模型（在本书中，克里斯托夫·托伊舍将描述它）。

1948年的论文包含图灵在科学行进中艰苦奋斗的形象："……搜寻新技术一定要视作为全人类，而非为个人。"图灵对自己的知识史一直保持沉默，在描述计算机的本质时，要参考他1936年的论文中提出的通用机器，但是他从来不解释是如何想到通用机器的，以及如何实现"实用通用计算机器"。官方的保密规定会是个问题（他可能永远不能解释自己是如何获得数字电子知识的），可是他也许找到了一个方法来绕过它。图灵拒绝评论他和冯·诺依曼的关系，导致后来的历史学家在阐释这一问题时遇到了很多麻烦。对此，我们能了解到的仅仅是，1946年12月26日的田径运动会后，在《晚间新闻》的体育栏目报道中，图灵"将为ACE（Automatic Computing Engine）辛勤工作的功劳记给了美国人"。1953年，第一本关于计算机的半通俗读物《比思考还快》给了他展开分析的空间，他给出了如下基本原则：

> 如果人们在数学符号的辅助下能够相当明白地用英语描述一项计算是如何完成的，那么只要存储空间够用，就总能通过编程让数字计算机来完成那些计算。

这句话包含图灵对可计算性的定义，以及作为通用机器的计算机的概念。可是没有哪个读者有可能理解它的重要性。（现代逻辑学家和哲学家的眼睛习惯于盯着丘奇论题表述中的微小区别，不负责任且漫不经心。图灵补充说："这种东西不能清楚地证明，可是对于在该领域工作的人，它就像白天一样清楚。"然而，这并没有使他的描述变得更精确。）那本书的编辑B. V. 鲍登在附录的词汇表中用一个词条总结了图灵的成就：

> 图灵机（Türing machine）：1936年图灵博士写了一篇论文，有关计算机器的设计与极限。基于此原因，有时人们用他的名字来称呼这种机器。其中的日耳曼元音变音ü是个不自然且不必要的累赘，它只是大家的猜测——这么难以理解的东西一定是德国人研究出来的。

1954 年后,图灵的声誉跌入更深的死亡沉睡中,部分原因是他的癖好,使他在活着的时候自掘坟墓,还有就是环绕他的审判和死亡的阴影。计算机科学,作为区别于数学而出现的这门工程学科,也没有爱护他。(由计算机学会设立的阿兰·图灵奖是个例外。)另外一个因素可能是,有些数学家长时间瞧不起计算,即使在 20 世纪 70 年代计算复杂性理论已经显露出数字计算的数学深度时也是这样。今天全都变了,很大程度上这是由于通用计算机在社会传播的转型中呈现出的力量。图灵的时代现在呈现为愚昧的时代,从字面意义上讲,这是由于历史记载的缺失。在探索 20 世纪 40 年代计算机的起源时,历史学家发现自己的论断只能基于口头传说的二手故事,而不能依据理性的探索一步步地累积素材。或许,亚瑟王传奇与曾经之图灵有更多的联系,不过现在是时候打开大门,通向图灵之未来了。

第一部分
The Once and Future Turing: Computing the World

# 置身可计算的世界,探索普适性数学

在布莱切利园重建的"图灵－威尔士曼炸弹"解码机。照片经约亨·菲霍夫授权

1954 年，图灵在《企鹅科学新闻》上发表了他的最后一篇论文，这篇论文向广大读者传达了数学中可计算性的重要性。但他并没有对自己的图灵机做出太多改进：只有一篇论文将它应用于代数学中的一个可判定问题，完全未涉及新兴的计算机科学。这在数理逻辑上留下了一个缺口，直到 1958 年才被**马丁·戴维斯**在他的专著《可计算性和不可解性》中系统解决。目前，戴维斯对图灵在 1954 年为阐释"希尔伯特第十问题"——丢番图方程可解性问题所做的略微通俗的工作进行了仿真，在这项工作里图灵对可计算性进行了非常完备的定义。1970 年，马丁·戴维斯对这一问题的优美解法做出了主要贡献，并且指出这项工作是如何精炼和拓展了图灵 1936 年经典论文的关键部分。

最令人震惊的是马丁关于普适性和不可计算性的看法。从他与合作者的著名工作中得出的结果优雅地阐明了图灵可计算性在经典层面上的延伸和局限。图灵后来的工作预料到了现今人们对从自然过程中得到的"新计算范式"和虚拟机前景的兴趣。关于这些计算模型能在何种程度上归属于图灵 1936 年的范式，有许多重要和深刻的问题被提出，并随着虚拟机的发展进入了应用层面。普适性和延伸的概念持续不断地给今天的学者带来基本问题。

**马丁·海兰**通过发掘阿兰·图灵与罗宾·甘地的紧密联系填补了历史缺失的一角。这是阿兰·加纳故事的姊妹篇，是同一段岁月中的另一段秘史。他使图灵曾经研究过但从未获得成果的议题重新焕发了生机，这便是类型论。当时人们觉得这个理论十分抽象，现在则将其视为计算机科学（一个在图灵时代并不存在的概念）形式结构的关键，更广泛地讲，与科学理论中语言的使用有关。

马丁的贡献集中在与大多数现今科学关注点相比鲜为人知但相当基础的观点。罗宾·甘地早期研究论文的标题《关于理论物理学基础理论逻辑结构的一些思考》为科学与逻辑框架接下来的融合提供了清晰关联。之后发展的一个关键方面是图灵和甘地对于丘奇类型论相互关联的兴趣。马丁指出：

> 图灵作为导师对甘地的影响明确和类型论有关，我在开始写这一章的时候想，图灵对这一领域的兴趣很大程度上被遗忘了。

马丁说:"是时候聊聊兴趣了。"紧接着是书中最引人入胜的讨论之一,提出了图灵与众不同的并且往往是有预见性的、以一种相当独特的方式对抽象和具象进行的关联。在此后的一百年间未曾有人涉及此领域,更别提以这样一种权威和博文广识的方式。

**安德鲁·布克**通过讲述图灵在1939年开始制作的特殊机器和1950年在曼彻斯特计算机上编程的故事,阐述了图灵在解析数论中的工作,为软件如何替代特殊机器编程给出了一个非常好的示例。布克的讨论将话题引到了著名问题黎曼猜想的现代地位和图灵计算理念长久的重要性上。

安德鲁·布克对数论中图灵工作的描述强调了图灵往往对更深远的问题感兴趣。在这种情况下,他意识到计算机的出现会不可避免地影响数学证明的本质,并对数学家们如何适应这些改变做出了有远见的猜测。图灵后来写作的一大主题是思索计算机如何与人类创造力相辅相成,以及思维和机器之间平衡的演变。正如布克所说,这个越来越重要和复杂的关系甚至可能会导致道德方面的影响。

有感于我们对图灵战前的密码学思考和新兴的密码安全问题知之甚少,**乌力·毛勒**讲述了另一个平行的故事。他这样来描述这一部分:

> 计算和信息是计算机科学中两个最基础的概念,就像质量、能量、时间和空间是物理学中的基础概念一样。

他接下来描述了图灵计算模型和克劳德·香农信息论扮演的重要和互补性作用。除了现代密码学的实际问题之外,他的讨论还涉及另一当代尚未解决的重大问题,即 P = ? NP 问题。乌力·毛勒写道:

> 人们只能猜测,如果图灵在理论密码学上花费更多时间的话,他能够在这一领域取得什么样的成就。

但是图灵在1938年之后所做的工作仍然是个秘密。黛利拉的语音加密项目报告持续50年都不为人知,直到2012年全文才被发表。同样在2012年,两篇相当基础的图灵论文被公开,这两篇论文解释了贝叶斯分析的基础和它在海军恩尼格玛(Enigma)"班部里斯马斯"(Banburismus)解码法中的应用。接下来也许还有更多值得期待。

GCHQ为纪念图灵诞辰一百周年而及时发布的新版本让我们回忆起阿兰·

图灵在布莱切利园做出的最具原创性和重要意义的贡献。能够造出用来拦截德军消息的"炸弹"和"巨人"解码机的关键在于贝叶斯统计技术的应用。在第5章中，统计学家**坎蒂·马蒂亚**和逻辑学家**巴里·库珀**仔细分析了发生在布莱切利园的这一段历史，并谈到了对于我们现在的"大数据"而言统计的重要性。"恩尼格玛统计学是现在所谓的统计生物信息学的前身"，这一章中写道。

通过翔实的示例、内容大纲和已发布的重要论文，马蒂亚和库珀把我们带回了类型信息的数学基础，以及为了对经典图灵计算得到的数据进行"类型归约"而使用的抽样技术。从这种角度，他们讲述了图灵的贝叶斯技术发挥的译码作用如何使我们在更广的语义中理解"大数据"面临的挑战。

# 第 1 章
The Once and Future Turing: Computing the World

# 算法、方程和逻辑

◎马丁·戴维斯

有史以来,人们一直通过算法来和数字打交道。算法是机械地依照一系列指令实现的过程,而不需要任何创造性的思维。20 世纪 30 年代前人们从未觉得需要精确的数学定义或特征来说明什么是"算法"。然而,在那些年,为了尝试证明一些问题没有算法解答时,这种需求出现了。1935 年,阿兰·图灵独自在剑桥大学研究这个问题。同时,在普林斯顿大学,库尔特·哥德尔、阿隆佐·丘奇、丘奇的学生斯蒂芬·克莱尼和 J. 巴克利·罗瑟正在研究相同的问题。从 20 世纪 20 年代起,E. L. 波斯特也像图灵一样开始独自思考这些问题。尽管他们最后得出的公式看上去有着天壤之别,但它们其实是等价的。关于算法过程的这些共识后来被称为丘奇-图灵论题。

图灵的构想与其他人的区别在于,他是通过一台抽象机器来表示的。其特性的惊人之处在于他表明了只要有无限的数据存储能力,就算用非常有限的基础操作也足够实现所有算法。进而,他展示了无论是什么算法,都可以设计出一台称为"通用机器"的机器来实现。这些远见在现代多用途计算机的发展中扮演着至关重要的角色。但是,这些也会变成更加清晰的、通用性更广的理念延伸至与计算相距甚远的数学领域。⊖

---

⊖ 图灵 1936 年的这篇论文在许多地方被重印过多次。

图灵从数学逻辑的一个问题开始他的研究，这个问题的重要性被大卫·希尔伯特特别强调，其内容如下：

找到一个算法来判定根据给定前提和逻辑推理能否得出一个特定结论。

到 1935 年，有足够的理由相信这一算法并不存在，而这正是图灵要证明的。图灵先从用他的机器找到一个不可解问题开始，看它对于一台给定机器是否会输出 0。然后他展示了如何将这个"输出"问题转换为数理逻辑语言，这样就能使用一个算法来解决这个输出问题，而后面他将证明这不可能实现。之后，波斯特用输出问题的不可解性证明了之前提出的半群单词问题同样不可解。再之后，图灵使用一个复杂构造改进和拓展了波斯特的结论。图灵优美的论文（Turing，1954）清晰简洁地向大众解释了不可解性。

当图灵发现这项工作得出的结论与他在普林斯顿所做的工作类似时，他前往普林斯顿并在那里待了两年。一个被称为可计算性理论、递归函数论或者递归论的数学新分支正在蓬勃发展。这个分支的一个方向是证明来自数学各个分支问题的不可解性。本章将会讲述这个过程。

## 1.1 方法概览

我们的讨论限制在自然数 0，1，2，3，…中，我们将使用三种不同的方法来获取一个特定的自然数集合：

- 一个列出集合中所有数的算法。
- 一个能判定元素是否属于集合的算法。
- 一个有解方程的参数值。

考察这些概念如何互相联系将会得出惊人和深远的结论。

1949 年，当我还是研究生时，我猜想上面三个中的两个是等价的，即自然数集和通过自然数集确定的集合是一样的。尽管这个猜想若为真可能会有非常重要的影响，但它看上去不像真的。我很难想象会需要 20 年来证明这一猜想，参与人员包括美国最杰出的哲学家、第一位入选美国国家科学院的女数学家、一位年轻的俄罗斯数学家和我自己。

虽然数学上严格的处理需使用由图灵和之前提到的其他人提出的技术概念，但在本章大部分内容中，算法将以不那么严格的松散方式处理。

## 1.2 例子：完全平方数集

通过将自然数乘以自身而获得的数称为完全平方数。因此，完全平方数的集合是 {0, 1, 4, 9, 16, 25, …}。

### 列出完全平方数的算法

从 0 开始，重复添加 1，生成所有自然数的序列。每生成一个数字，乘以它自己并将结果放在一个列表中。

注意，完全平方数是无穷多的，所以列出这些数的计算将永远持续下去。下表第二行中展示了完全平方数列表：

| 0 | 1 | 2 | 3 | 4 | 5 | … |
|---|---|---|---|---|----|---|
| 0 | 1 | 4 | 9 | 16 | 25 | … |

**定义** 如果一个自然数集合存在列出其所有元素的算法（允许重复，可以任何顺序列出），则这个集合称为可列集。⊖

### 用于判定某个数是否隶属完全平方数集合的算法

要判定某给定数 $n$ 是否是一个完全平方数，可如之前所述那样有序列出完全平方数。如果某个完全平方数等于 $n$，即可停止程序，并判定 $n$ 是一个完全平方数；如果一个完全平方数大于 $n$，也可以停止，并判定 $n$ 不是一个完全平方数。

**定义** 如果对于一个自然数集，有一个算法可以判定其元素所属，则这个集合称为可判定集。⊜

### 使用方程指定完全平方数的集合

在方程 $a - x^2 = 0$ 中，我们将 $a$ 视为参数，$x$ 视为未知数。这意味着对于不同的 $a$ 值，我们欲寻求满足方程的自然数 $x$。因为这个方程明显等价于 $a = x^2$，所以存在这种解的 $a$ 的值正好是完全平方数。

通常当我们使用"方程"一词时，可以将其看成一个等于 0 的多项式表达式。多项式表达式可以涉及任何数量的未知数，并且还可以包括参数 $a$。可以通过使用加法、减法和乘法组合字母及任意数量的自然数常数来形成表达式。下面是一些多项式表达式的例子：

---

⊖ 可以代替"可列"的术语：可递归枚举、可计算枚举。
⊜ 可以代替"可判定"的术语：可计算、递归的。

$$x^2 - 17y^2 - 2 \qquad x^3 - x^2y + 3axy^2 \qquad (16 + a^3)(ax + y^5)$$

**定义** 如果有一个带有参数 $a$ 的多项式方程有自然数解，那么 $a$ 的可能取值组成的自然数集合称为丢番图集。

### 丢番图集的例子

- $a - (x+2)(y+2) = 0$ 定义了合数集，即大于 1 的非素数。
- $a - (2x+3)(y+1) = 0$ 定义了不是 2 的幂的自然数集（因为它们有非 1 的奇因子）。
- 佩尔方程 $x^2 - a(y+1)^2 - 1 = 0$ 已被很好地研究过。可以证明，除了明显的解，当 $a$ 不是一个完全平方数时它有解。

## 1.3 一些关系

**定理** 每个可判定的集合也是可列的。

**证明** 令 $S$ 是可判定集。按顺序生成自然数。随着每个数字的生成，测试它是否属于 $S$。如果是，将它放在一个列表中。移动到下一个自然数。该算法将列出 $S$ 的元素。 □

集合 $S$ 的补集，写为 $\bar{S}$，是不属于 $S$ 的所有自然数的集合。

**定理** 集合 $S$ 是可判定的，当且仅当 $S$ 和 $\bar{S}$ 都是可列的。

**证明** 如果 $S$ 是可判定的，那么显然 $\bar{S}$ 也是可判定的，因此两者都是可列的。

另一方面，如果 $S$ 和 $\bar{S}$ 都是可列的，那么，给定一个数字 $n$，我们可以按如下方法判定它是否属于 $S$。我们用两个列举算法开始制作 $S$ 和 $\bar{S}$ 的列表，希望看看 $n$ 最终出现在哪个列表中。然后我们将知道 $n$ 是否属于 $S$。 □

**不可解性定理** 有一个可列集 $K$，其补集是不可列集，那么 $K$ 是不可判定的。

**证明** 见附录。 □

**定理** 所有丢番图集都是可列的。

**证明** 令 $S$ 是一个丢番图集，由一个含有参数 $a$ 和未知数 $x_1, \cdots, x_k$ 的方程表述。有序列出所有形如 $\langle a, x_1, \cdots, x_k \rangle$ 的 $(k+1)$ 元组○，然后依次测试。

---

○ 给元组排序时，可以引入从小到大排列的自然数，对于每个自然数，均列出那些包含该自然数与该自然数之前的自然数元组。元组排序如下：$\langle 0, 0 \rangle$，$\langle 0, 1 \rangle$，$\langle 1, 0 \rangle$，$\langle 1, 1 \rangle$，$\langle 0, 2 \rangle$，$\langle 2, 0 \rangle$，$\langle 1, 2 \rangle$，$\langle 2, 1 \rangle$，$\langle 2, 2 \rangle$，$\cdots$

对于每个元组，将数字代入方程。检查这些数字是否满足公式只是一个算术问题。如果方程由特定元组满足，则将来自该元组的 $a$ 的值置于列表上。该算法将列出 $S$ 的元素。□

## 1.4 猜想变成定理的故事

1950 年写博士论文的时候，我冒着风险写下如下猜想：

**猜想** 每个可列集也是丢番图集。

表面上这个猜想相当不可信。为什么可以通过算法列出的任何集合也可以通过简单的多项式方程来表示？此外，出于某些我之后会解释的原因，这个猜想暗示着一些相当不可信的结论，即存在常数 $m$ 和 $n$，使得每个丢番图集可以由小于等于 $m$ 的度数和小于等于 $n$ 的未知数方程指定。然而，如果这个假设为真，将可以引出对一个著名希尔伯特问题的解答。

在 1900 年国际数学家大会上，大卫·希尔伯特列举了 23 个问题作为未来的挑战。这些问题被称为希尔伯特问题，除了它们的内在价值之外，这些问题已经引起了特别关注，这源于希尔伯特在数学界的领军地位。列表中的第十个问题可以表述如下：

**问题** 找到一个算法来判定具有整系数的任何给定多项式方程是否具有自然数解。⊖

不难看出，若我的猜想为真，则会以否定的方式来解决希尔伯特第十问题，即没有这样的算法存在。原因是我的猜想意味着从上文不可解定理得到的集合 $K$ 是丢番图集。因此，在参数 $a$ 属于 $K$ 的情况下，给定 $a$ 为参数的方程将有解。因此，如果存在希尔伯特所要求的算法，则其可以用于判定集合 $K$ 的元素所属，这与 $K$ 不可判定的事实相矛盾。

尽管它显然不可信，但我有理由认为我的猜想可能是真的。我能够证明有一个丢番图集 $S$，其补集 $\overline{S}$ 不是丢番图集。与不可解定理相比，这一结论是很惊人的。我的证明非常简短，但不具建设性（即证明没有给出任何这样集合的示例，而只能证明它的存在性）。易知丢番图集是一个与可列集具有其他共同

---

⊖ 事实上，希尔伯特想找一个对于任意整数（正整数、负整数和零）均成立的算法。然而，不难证明，这两种形式的问题是等价的。

属性的类。[注]

我试图证明这个猜想,但如我的论文中所述,我能做到的是证明对于每个可列集 $S$,存在一个含参数 $a$、$q$ 和 $k$ 的方程,使得数 $a$ 属于 $S$ 当且仅当有一个数 $q_0$,对于 $q = q_0$ 和所有 $k \leqslant q_0$,使方程有解[注]。尽管这和我想要的相差甚远,但这个结果在接下来的过程中发挥了重要作用。

当我参加 1950 年在哈佛大学举办的国际数学家大会时,我结识了数学家朱莉娅·罗宾逊,她所做的工作我非常熟悉,她也一直在研究丢番图集。但是,我一直循着自顶向下的方式开展研究,试图为可列集找到一个类似丢番图集的表达方法,而她一直循着自底向上的方式,尝试不同集合的丢番图定义。阿尔弗雷德·塔斯基曾建议应证明 2 的幂集 $\{1, 2, 4, 8, 16, \cdots\}$ 不是丢番图集。朱莉娅被这个问题所吸引,但她没有成功地证明塔斯基提出的猜测,转而试图证明 2 的幂集是丢番图集。当然,如果塔斯基是对的,那么我的猜想就是错的。而朱莉娅也不能证明这个集合是丢番图集。但她证明了,如果可以找到一个(我称为)金发姑娘方程,那么不仅 2 的幂集是丢番图集,而且素数集以及许多其他集合也是丢番图集。

在民间故事中,金发姑娘偷偷来到小熊家,看到椅子、食物和床时,她都先确定哪些太大,再确定哪些太小,最后才找到那些"刚刚好"的。这里我们考虑具有两个参数 $a$ 和 $b$ 的方程。如果存在使方程有解的 $a$ 和 $b$ 满足 $b > a^a$,则这样的方程太大了。如果有一个数 $k$,使得对于使方程有解的所有 $a$ 和 $b$ 满足 $b \leqslant a^k$,则它太小。因此,当一个方程既不太大也不太小时,才是刚刚好的金发姑娘方程。朱莉娅试图找到这样的金发姑娘方程,但她没有成功。

1957 年夏天,希拉里·普特南和我开始在康奈尔大学历时一个月的"逻辑学院"内合作。我们在那个夏天获得了一些初步结果,但突破发生在两年后。我们的想法是看看如果在方程里允许有可变指数,我的猜想会有什么变化。因此除了像 $x^5y - 7y^3a^2z + 5 = 0$ 这样的方程,我们也考虑像 $x^5y^z - 7y^za^2z + 5 = 0$ 这样的方程。虽然我们从我的论文开始入手,但是引入可变指数恰好将我们带入了朱莉娅·罗宾逊的领域,我们发现自己在使用一些她的方法的推广。由带有一个参数的方程指定的集合(其中允许可变指数)称为指数丢番图集。我们试

---

[注] 例如,两个丢番图集合的并集或者交集依然是丢番图集。

[注] 利用逻辑符号 $a \in S \Leftrightarrow (\exists q)(\forall k)_{\leqslant q}(\exists x_1, \cdots, x_n)[p(a, k, q, x_1, \cdots, x_n) = 0]$,其中,$p$ 是一个整系数多项式。

图证明：

$$\text{每个可列集都是指数丢番图集} \quad (***)$$

我们接近目标了。但是我们必须利用一个虽然被广为相信但尚未证明的素数性质：

**PAP** 对于任何自然数 $n$，必有素数 $p$ 和自然数 $k$ 使得自然数 $p$，$p+k$，$p+2k$，$\cdots$，$p+nk$ 都是素数。

我们试图证明：

**定理** 如果 PAP 是对的，那么 (***) 也是对的。

实际上，我们现在知道 PAP 是对的，因为它已在 2004 年被证明。所以在某种意义上，我们的关于 (***) 的证明也是正确的。但是在 1959 年，没有时间机器，我们不得不满足于仅仅只有暗示。

金发姑娘方程的存在也引人注目。从朱莉娅的工作中很容易得出，如果有一个金发姑娘方程，那么每个指数丢番图集也是丢番图集。希拉里和我引入了缩写：

**JR** 存在一个金发姑娘方程。

所以我们已经证明，如果 JR 和 PAP 都是真的，那么我的猜想也是真的。

我们写下了所有这些用于发表，当然，也发送了一份副本给朱莉娅。她很快给了回复：她对我们的工作表示高兴，并告诉我们，她已经找到了规避 PAP 的方式。她的第一个对 (***) 的证明相当复杂和巧妙。但后来，她大大简化了它，实际上，她将证明分成一个不需要素数的部分，并展示了在仍需素数的证明部分如何规避 PAP。我们三个人同意合著一份带有脚注的论文，标注各自做出的贡献。

所以现在，为了证明我的猜想，仍需证明 JR，即找到金发姑娘方程。但尝试十年，我们中还是没有人能够想到如何构建一个金发姑娘方程。普遍的意见仍然是，我的猜想是错的，所以，仅仅是金发姑娘方程不存在而已。在那些年我对我们的工作做宣讲的时候，常常指出如果没有金发姑娘方程，那么每一个具有两个参数的方程都会变得太小或者太大，这和我的猜想一样令人惊奇。在提问阶段，有人几乎确定地问我关于这样的方程的存在性问题。我打趣道："噢，我觉得 JR 是对的，它将被一个年轻聪明的俄罗斯人所证明。"事实证明我是一个预言家。那位俄罗斯人叫作尤里·马季亚谢维奇，他在 1970 年，在他还是 22 岁的时候，就展示了一个金发姑娘方程。尤里使用了著名的斐波那契数列：1，1，2，3，5，8，13，…（除了前两个数以外，每个数都是它之前两个数的和）。如果把第 $n$ 个斐波那契数写作 $F_n$，那么尤里的等式有 $u$ 和 $v$ 两个参数，并且这个等式的解满足形式 $v = F_{2u}$。根据我们对斐波那契数的理解，这显示了他的等式确实是"刚刚好正确"。

在我提出猜想 20 年之后，它最终从猜想演变成了定理。因为马季亚谢维奇在证明中使用的非常美丽的构造，这个定理常常被称作马季亚谢维奇定理。它也常常被称为 MRDP 定理，来彰显我们四个人在这个定理构建过程中所扮演的角色。尤里自己也慷慨地建议把它叫作 DPRM 定理：

**马季亚谢维奇/MRDP/DPRM 定理**　如果一个集合是可列的，那么它同样是丢番图的。

这个定理有令人惊奇和十分重要的结果，部分结果已经在前面提及，但值得在这里重述一下。回想一下集合 $K$ 是可列的，但不是可判定的。

**推论**　存在一个多项式 $p_0(a, x_1, \cdots, x_l)$，使得等式 $p_0(a, x_1, \cdots, x_l) = 0$ 确定了集合 $K$。因此，不存在这样一个算法，该算法可判定对于一个给定值 $a$，是否存在一系列自然数 $x_1, \cdots, x_l$ 满足该等式。

之前已经提到，这表明：

希尔伯特第十问题（丢番图方程的可解性）的不可解性

**推论**　不存在这样一个算法，该算法可判定对于一个拥有整系数的多项式方程，该方程是否具有自然数解。

## 1.5　通用方程

结合图灵通用机器和马季亚谢维奇/MRDP/DPRM 定理，可以证明如下结论：

**通用方程定理**　存在一个等式 $p(n, a, x_1, \cdots, x_k) = 0$ 使得对任意可列集 $S$，存在数 $n_0$ 使得 $S$ 和所有使 $p(n_0, a, x_1, \cdots, x_k) = 0$ 有解的 $a$ 组成的集合相等。

因为可列集和丢番图集为同一集合，所以我们可以将定理改写为：

**通用方程定理**　存在一个等式 $p(n, a, x_1, \cdots, x_k) = 0$，使得对任意丢番图集 $S$，存在数 $n_0$ 使得 $S$ 和所有使 $p(n_0, a, x_1, \cdots, x_k) = 0$ 有解的 $a$ 组成的集合相等。

注意在这个形式的通用方程定理中没有提到算法，所有的一切都是关于多项式方程和自然数解。正是这种结果导致我的猜想看上去十分不合理。在乔治·克莱索尔审查我和希拉里还有朱莉娅一起写的论文时，他提到需要对不确定数 $k$ 确定边界来辨识任何给定的丢番图集，以此作为怀疑我们的工作和希尔伯特第十问题之间联系的原因。同时他没有提到我们有关于金发姑娘方程的存在将会推出这个问题（希尔伯特第十问题）不可解性的证明。

确定 $k$ 的最好可能值自然是一个有趣的问题。尤里和朱莉娅一起合作并得到了 $k=13$。之后尤里改进为 $k=9$。在两种情况下多项式的次数都非常之高。对一个 16 次的多项式，我们可以得到 $k=29$。

## 1.6 素数和一个丑陋的多项式

这里存在另一种用多项式来列举正数的方法：把所有自然数连续赋值到变量中然后计算多项式的值。如果这个值是一个正自然数，那么把它添加到列表中。如果这个值是 0 或者负的，则忽略它。在下面的表中分别计算了 $x=0$，1，2，3，4，5 和 $y=0$，1，2，3，4，5 时多项式 $5x^2-2xy-3y^2$ 的值。提取出其中的正值，那么对应的表为 {5, 20, 13, 45, 36, 21, 80, 69, 52, 29, 125, 112, 93, 68, 37, …}。

| $x$ | $y$ | $5x^2-2xy-3y^2$ | $x$ | $y$ | $5x^2-2xy-3y^2$ |
| --- | --- | --- | --- | --- | --- |
| 0 | 0 | 0 | 3 | 0 | 45 |
| 0 | 1 | $-3$ | 3 | 1 | 36 |
| 0 | 2 | $-12$ | 3 | 2 | 21 |
| 0 | 3 | $-27$ | 3 | 3 | 0 |
| 0 | 4 | $-48$ | 3 | 4 | $-27$ |
| 0 | 5 | $-75$ | 3 | 5 | $-60$ |
| 1 | 0 | 5 | 4 | 0 | 80 |
| 1 | 1 | 0 | 4 | 1 | 69 |
| 1 | 2 | $-11$ | 4 | 2 | 52 |
| 1 | 3 | $-28$ | 4 | 3 | 29 |
| 1 | 4 | $-51$ | 4 | 4 | 0 |
| 1 | 5 | $-80$ | 4 | 5 | $-35$ |
| 2 | 0 | 20 | 5 | 0 | 125 |
| 2 | 1 | 13 | 5 | 1 | 112 |
| 2 | 2 | 0 | 5 | 2 | 93 |
| 2 | 3 | $-19$ | 5 | 3 | 68 |
| 2 | 4 | $-44$ | 5 | 4 | 37 |
| 2 | 5 | $-75$ | 5 | 5 | 0 |

使用一种巧妙且简洁的技巧，希拉里·普特南发现每一个正自然数丢番图集都可以用把它作为多项式正值的集合这种方法获得。以下解释了希拉里的方法是如何工作的：假设对某一个丢番图集 $p(a,x_1,\cdots,x_n)=0$ 是一个包含参数 $a$ 的有

自然数解的多项式，并且那些 $a$ 的值（有自然数解的 $a$）正好是集合的元素。在这种情况下，希拉里多项式将会变为 $a[1-(p(a,x_1,\cdots,x_n))^2]$。除了在 $p$ 等于 0 时，该多项式为 0 或者负值。当 $p$ 真的为 0 使得 $a$ 的值成为集合元素时，希拉里多项式将会估值出和 $a$ 相同的值。因此希拉里多项式的正值正好是给定丢番图集的元素。

素数 2、3、5、7、11、13、17 等只包含两个因数，即 1 和它自己，它们一直是数论学家的最爱。在我的猜想成为定理之前，我喜欢把下面这个问题抛给数论学家：找到一个多项式，使得它的正值正好是素数。一种我经常得到的快速回应是应该不会很难证明没有这样的多项式。他们自然找不出证明方法，因为马季亚谢维奇定理和希拉里方法表明一定存在这样一个多项式。下面就是满足这个条件的一个多项式：

$$(k+2)\{1-[wz+h+j-q]^2$$
$$-[(gk+2g+k+1)(h+j)+h-z]^2$$
$$-[2n+p+q+z-e]^2$$
$$-[16(k+1)^3(k+2)(n+1)^2+1-f^2]^2$$
$$-[e^3(e+2)(a+1)^2+1-o^2]^2$$
$$-[(a^2-1)y^2+1-x^2]^2$$
$$-[16r^2y^4(a^2-1)+1-u^2]^2$$
$$-[n+\ell+v-y]^2$$
$$-[((a+u^2(u^2-a))^2-1)(n+4dy)^2+1-(x+cu)^2]^2$$
$$-[(a^2-1)\ell^2+1-m^2]^2$$
$$-[q+y(a-p-1)+s(2ap+2a-p^2-2p-2)-x]^2$$
$$-[z+p\ell(a-p)+t(2ap-p^2-1)-pm]^2$$
$$-[ai+k+1+\ell-i]^2$$
$$-[p+\ell(a-n-1)+b(2an+2a-n^2-2n-2)-m]^2\}$$

在一篇由 J. P. 琼斯、D. 佐藤、H. 瓦达和 D. 韦恩斯写的论文中，已经证明了当变量的值为自然数时，该多项式的值是素数。

我不认为所有人都觉得这个多项式很美。我想说的是，只有它的发明者会爱它。但是我认为它的丑陋性对于解释为什么我的猜想看上去不合理是有帮助的。这个复杂的式子并不是数学家脑海中出现的、满足条件的多项式该有的样子。确实，当考虑到出现在他们脑海中更加漂亮的式子时，我的猜想确实应该是不合理的。

## 1.7 逻辑

一个形式逻辑系统提供：

- 一种将命题用一串符号表示的特殊语言。
- 一个包含初始符号串或者"公理"的列表。
- 从已有符号串推断出新符号串的规则。

因此获得的符号串被称作该系统的定理。在我们的认知中，一个形式逻辑系统提供了一种用于产生一系列它自己的定理的算法。

我们将会使用之前介绍的等式

$$p_o(a, x_1, \cdots, x_\ell) = 0 \tag{1.1}$$

该等式可确定一个不可判定集 $K$。假设 $\mathscr{L}$ 是一个特定的形式逻辑系统，对于每一个 $a = 0, 1, 2, \cdots$，我们用符号串 $\Pi_a$ 来表示如下的命题：

**命题** 方程式 (1.1) 在自然数 $x_1, \cdots, x_\ell$ 下无解。

注意这个命题和说 $a$ 属于集合 $\overline{K}$ 是等价的。

**定义** 如果一个符号串 $\Pi_a$ 是 $\mathscr{L}$ 的定理，且代表的命题是正确的，例如，数 $a$ 属于集合 $\overline{K}$，那么我们说 $\mathscr{L}$ 这个系统是完备的。

**哥德尔不完备定理** $\mathscr{L}$ 是完备的，那么存在数 $a_0$ 使得方程式 (1.1) 无自然数解，即使 $\Pi_a$ 不是 $\mathscr{L}$ 的定理。

**证明** 否则，将有 $a \in \overline{K}$ 当且仅当 $\Pi_a$ 是 $\mathscr{L}$ 的定理。所以通过列出 $\mathscr{L}$ 中的定理表并当 $\Pi_a$ 出现在定理表中时把 $a$ 放到第二个列表中，我们可以获得一张 $\overline{K}$ 的元素表。但这是不可能的，因为 $\overline{K}$ 是不可列的。

因此对每一个完备的逻辑系统，存在一个在该系统中不可证明的正确命题。 □

这表明我们需要构建更健壮的形式逻辑系统来尝试证明更多的定理。然而，这种努力不会改变多项式 $p_o$，它们仅仅改变了 $a$ 的值。毋庸置疑的是，对一个足够证明大量数学定理（就像那些基于公理的集合论定理和普通谓词逻辑）的健壮形式逻辑系统而言，发生由于 $a$ 的值导致无法被证明的真理的出现是十分普遍的。

## 1.8 关于数学

大约50年前，我第一次去欧洲旅游，当时我和妻子正坐在威尼斯一座公园的长凳上，我的两个小儿子则在地上推玩具汽车。一个男人过来加入了我们的谈话。这对于我们来说是一段非常艰难的对话，因为他只会说意大利语，而那时我们对意大利语的了解仅限于"grazie"（感谢）和"prego"（不行）。但是我们刚好带了词典，勉强能够交流。他向我们展示了家人的照片，从中我们得知他是造威尼斯小船的。我们当然知道这种可以让我们浪漫地环游威尼斯的小船，但是我们从没有想过这种船是怎么造的以及谁来制造它。他告诉我们这种船是用一种特殊的木头制造的，没有钉子和螺丝之类的连接结构。他画了一张把船的各个部分连接起来的连接处的草图。最后，他转向我，想要知道我的职业。在词典的帮助下，我成功地告诉他："数学家。"这使他做出了一系列让我们难以理解的举动。最后我意识到他试图告诉我们："在上学的时候，数学一直是他最差的那门课。"

听说很多人都和这位船工有相似的经历，让我觉得数学家向普通大众讲述我们试图从某些抽象概念中获取令人激动的特性是多么鲁莽。我们也意识到，如果仅仅用符号化的语言来简略地表示复杂的数学问题会导致大部分读者对此失去兴趣，这样，我们需要尽可能少地包含数学公式。尽管很难想象没有高等数学基础的读者是如何读懂斯蒂芬·霍金的《时间简史》的，但这本书还是在没有任何数学公式的情况下取得了空前的成功。本书中这一章的第一版在交给出版社的时候是没有关于素数那一部分的，因为我害怕读者可能不喜欢大量的公式。在某位编辑的建议下，我才把那一部分加了进来。总之，需要这本书的读者来判断我是否真的将数学探索过程中的那种快乐与斗争的感觉带给了他们。

阿兰·图灵的写作风格清晰简洁，即使在他的技术论文中也如此。下面我们看一个例子，这是图灵在某数学期刊上发表的一篇具有历史意义的论文（Turing, 1936），如此平实的语言在复杂难懂的数学论文中实在不常见：

> 计算通常来说能够通过在纸上写特定的符号来解决。我们可以假设这张纸被分为许多方格……在基本算术中，我们有时候会用这张纸的二维特性，但是这样的情况总是可以避免的……之后，我假设所有的运算都发生在一张一维的纸上，例如，一条被分为许多格的纸带。

图灵就这样开始了他对计算过程的分析,他证实了通过一系列简化,任何可计算的问题都能够用他那台简单设备进行计算,这台设备也就是我们常说的图灵机。

图灵在 1954 年的一篇论文中通俗易懂地向世人解释了何谓不可解性。他从介绍几个大众熟知的困难问题开始,逐渐讲到为什么某些简单的过程(比如字符串中字符的替代)会导致某些算法不可解问题。图灵向公众解释何谓不可解性的工作与我在这里所做的非常一致。在本书中,我主要写一些自己在这方面所做的事,而图灵却不同,他是个非常谦逊的人。在图灵那篇文章的最后,他介绍了六个不可解问题。读者们可能想不到,这六个问题中有两个的不可解性是由图灵自己证明的。

## 1.9 关于朱莉娅·罗宾逊的电影

尤里、希拉里和我一起看过一部由乔治·齐哲瑞导演的一小时纪录片,讲述的是朱莉娅·罗宾逊和希尔伯特的第十问题。相关资源见:

- http://www.zalafilms.com/films/juliarobinson.html
- http://www.ams.org/ams/julia.html

## 附录:不可解性定理的证明

**不可解性定理** 如果一个可列集 $K$ 的补集 $\overline{K}$ 不可列,那么 $K$ 是不可判定的。

**证明** 我们确定一种特定的程序语言,用它来实现列出一个集合中所有元素的算法。在这种语言下所有可能的程序可以表示成如下序列:

$$\mathscr{P}_0, \mathscr{P}_1, \mathscr{P}_2, \cdots$$

对于 $i = 0, 1, 2, \cdots$,我们令 $S_i$ 表示被 $\mathscr{P}_i$ 列举出的集合。

$K$ 是由所有那些 $i \in S_i$ 的 $i$ 组成的集合。这样我们声称:

$K$ 是可列的。对于任意 $n = 1, 2, 3, \cdots$,运行程序 $\mathscr{P}_1, \mathscr{P}_2, \cdots, \mathscr{P}_n$ $n$ 步。用如下方法输出一个序列:每当 $\mathscr{P}_i$ 输出 $i$ 的时候,将 $i$ 放入待输出的序列中。

$\overline{K}$ 是不可列的。我们假设 $\overline{K}$ 可以被程序 $\mathscr{P}_{i_0}$ 列举,那么我们要问:$i_0 \in \overline{K}$ 成立吗?如果成立,那么 $i_0$ 可以被 $\mathscr{P}_{i_0}$ 列举,进而 $i_0$ 属于集合 $K$。这是矛盾的。

所以 $i_0$ 只能属于 $K$。根据定义，$i_0 \in S_{i_0}$，即 $i_0$ 可以被 $\mathscr{P}_{i_0}$ 列举。也即 $i_0 \in \overline{K}$，同样矛盾。 □

## 参考文献

Davis, Martin, *Computability and Unsolvability.* McGraw Hill, New York (1958). Reprinted with an additional appendix: Dover, New York (1982).

Davis, Martin, Hilbert's Tenth Problem is Unsolvable, *American Mathematical Monthly,* **80**, 233–269, (1970); reprinted as an appendix in the Dover reprint of Davis (1958).

Davis, Martin, Yuri Matiyasevich, and Julia Robinson, Hilbert's tenth problem: Diophantine equations: positive aspects of a negative solution, *Proceedings of Symposia in Pure Mathematics,* **28**, 323–378, (1976). Reprinted in Feferman (1996), pp. 269–324.

Feferman, Solomon, editor, *Collected Works of Julia Robinson.* American Mathematical Society, Providence, RI (1996).

Matiyasevich, Yuri V., *Desyataya Problema Gilberta.* Moscow, Fizmatlit (1993). English translation: *Hilbert's Tenth Problem.* MIT Press, Cambridge, MA (1993). French translation: *Le dixième problème de Hilbert.* Masson (1995).

Matiyasevich, Yuri V., My Collaboration with Julia Robinson, *Mathematical Intelligencer,* **14**, 38–35 (1992). Corrections, **15**, 75, (1993). Reprinted in *Mathematical Conversations: Selections from the Mathematical Intelligencer,* Robin Wilson and Jeremy Gray, editors, Springer, New York (2001). Also reprinted in Reid (1996). French translation in *Gazette des Mathématiciens,* **59**, 27–44, (1994). The French translation was reprinted in the French version of Matiyasevich (1993).

Matiyasevich, Yuri V., Hilbert's Tenth Problem: Diophantine equations in the twentieth century. In *Mathematical Events of the Twentieth Century,* A. A. Bolibruch, Yu. S. Osipov and Ya. G. Sinai, editors, Springer-Verlag, Berlin; PHASIS, Moscow, pp. 185–213, (2006).

Petzold, Charles, *The Annotated Turing: A Guided Tour through Alan Turing's Historic Paper on Computability and the Turing Machine.* Wiley (2008).

Reid, Constance, *Julia: A Life in Mathematics.* Mathematical Association of America (1996).

Turing, Alan, On computable numbers with an application to the Entscheidungsproblem, *Proceedings of the London Mathematical Society,* ser. 2, **42**, 230–267, (1936). Correction: *ibid,* **43**, 544–546, (1937). Reprinted in *Collected Works: Mathematical Logic,* R.O. Gandy and C.E.M. Yates, editors, North-Holland, Amsterdam (2001), pp. 18–56. Also reprinted in *The Undecidable,* Martin Davis, editor, Raven Press (1965), Dover (2004), pp. 116–154. *The Essential Turing,* Jack Copeland, editor, Oxford (2004), pp. 58–90, 94–96. See also Petzold (2008).

Turing, Alan, Solvable and unsolvable problems, *Science News,* **31**m 7–23, (1954). Reprinted in *Collected Works of A.M. Turing: Mechanical Intelligence,* D.C. Ince, editor, North Holland, pp. 187–203, (1992). Also reprinted in *The Essential Turing,* Jack Copeland, editor, Oxford, pp. 582–595, (2004).

Yandell, Benjamin H., *The Honors Class: Hilbert's Problems and Their Solvers.* A.K. Peters, Natick, MA (2002).

# 第 2 章
The Once and Future Turing: Computing the World

# 被遗忘的图灵

◎J. M. E. 海兰

罗宾·奥利弗·甘地（1919—1995）的回忆

## 2.1 引言

阿兰·图灵因其诸多贡献而被后人所铭记。众所周知，他对密码破译有所贡献，并在某种意义上发明了计算机。同时，他可能更因人工智能之父的称誉而出名。他不仅是一个数学家，更是一个数理逻辑学家和形态学家。

图灵的那篇著名论文《λ 演算》（Turing, 1939b）中关于可判定性问题的讨论令其载入逻辑学史册。另外，对于那些专业人士来说，图灵的贡献还在于其在伦敦数学学会发表的另一篇著名论文（Turing, 1939）。图灵的这些工作都是在 1940 年之前完成的。然而，很少有人意识到，直到图灵逝世，他对于逻辑学一直有很大兴趣。此外，人们更是忽略了图灵后来对类型论这种基础数学理论的研究。事实上，图灵在这方面影响深远。下面，我将介绍图灵在这方面的故事，那是一段传奇。

## 2.2 唯一的学生

我在牛津大学的博士生导师是罗宾·甘地。他是图灵唯一的博士生，也是图灵最好的朋友之一。

尽管图灵只有一个学生，但甘地却有很多学生。我属于甘地在20世纪70年代的那批学生。甘地十分热衷于将自己的学生称作图灵的徒孙，我们对此倒不是特别在意。但通过甘地的回忆，我们确实能够从一个非常了解图灵的人那里听到许多关于图灵的事迹。1940年，甘地在剑桥大学国王学院的一次聚会上遇到了图灵。那时候，甘地是一个三年级的学生，而图灵已经在战争开始后中断了在国王学院的工作，转而在布莱切利园破解德军密码。在战争期间，甘地成为图灵的好朋友，之后成了他的学生。在图灵去世之前，甘地已成为莱斯特大学应用数学专业的讲师。我们可以在安德鲁·霍奇斯（1983）撰写的图灵传记中读到他俩的故事。这里，我会集中讲述图灵作为甘地的博士生导师对其产生的影响。

在一般人眼中，图灵的学生也应该是享有盛誉且名副其实的数学家。然而，甘地并不是一个聪明绝顶的天才，我认为如果没有图灵对甘地的谆谆教诲，他恐怕难以成为一个严谨的逻辑学家。我们这些图灵的徒孙们更是受益匪浅。

## 2.3 回忆

1971年，我开始跟随罗宾·甘地开展研究工作。那时，我比较迷茫，留着一头长发，对数学其实没什么概念，而甘地已是英国逻辑学界的领军人物了。他在自己的领域做出了杰出贡献[⊖]，并且有了以自己名字命名的重要成果。作为牛津大学数理逻辑方向的讲师，他和迈克尔·达米特一起开设了"数学与哲学"的新课程。他是沃夫森学院的高级会员，并且在那儿一直到退休。我们看上去应是相距甚远，然而不知怎地却并非如此。

所有甘地的学生都知道他那出众的个性。他不是人们通常认知中的那种学者。他看起来一点儿都不严肃，相反，他非常风趣，对生活充满热情。他说话声音很大，在酒吧里你很容易就知道他在哪儿。在我认识他的时候，他已经不再穿皮衣、骑摩托车了，但他依然非常帅气。他不修边幅，好几次在上课时都看到他把衬衫塞进了内裤。确实，他并没有那种一般意义上的魅力，但却拥有

---

⊖ 在《数理逻辑简报》（Bulletin of Symbolic Logic, Moschovakis and Yates, 1996）上，他的讣告曾对其杰出的生涯做出了高度评价。

一种独特的人格吸引力。他享受那种坏坏的感觉：他有时候会淘气地回忆起，自己曾经是个非常乖的孩子。他偶尔会被逗乐，然后给你一个夸张的反应。但我认为，即使在他年轻的时候，他也是个非常有个性的人。

我相信，甘地的传奇经历和他那不同寻常的个性或多或少掩盖了他热情的一面。达米特在1995年的一次纪念会上说，甘地喜欢人的方式就像某些人喜欢猫一样。像猫一样，人们也喜欢甘地（甘地本人也确实喜欢猫）。甘地身上有一种特殊的豪爽精神，我想这也是甘地最初吸引图灵的原因吧。

对于任何人来说，用这么简短的描述都是不公平的。到目前为止，我已经忽略了甘地的一个重要方面。这可能不适用于其他逻辑学家：他并不热衷于数理逻辑。当然，他远远不是我们想象中那种无趣的逻辑学家。那么他又是怎样成为逻辑学家的呢？

## 2.4 早年时光

甘地在二战期间进行过与雷达相关的研究，被安排在汉斯洛普园，恰巧图灵在离开布莱切利园后也来到了这里。他们连同甘地的猫提摩西一起，在同一屋檐下相处了若干时光。1945年，甘地结束了他长达四年的军队工作，回到了国王学院。翌年，他以优异成绩通过了剑桥大学荣誉学位测试的第三部分。在接下来的几年里，他致力于物理学的基础研究，并为获得一份奖学金而努力。1949年，在隔了这样一段适当的时间之后，他申请了国王学院的内部研究奖学金，而该奖学金要求他提交一篇论文。

甘地的论文题目是《关于理论物理学基础理论逻辑结构的一些思考》。很遗憾国王学院没有保存报告的副本，但庆幸的是档案整理者帕特里夏·麦奎尔找到了该奖学金评审的三份专家报告。当时在曼彻斯特工作的图灵就是专家之一，另外两位专家是圣约翰学院的弗兰克·史密斯，以及国王学院的奈特布里奇（一种荣誉称号）伦理学教授理查德·布雷斯韦特。从报告可以看出，甘地的论文讨论了科学理论与经验观察的关系。为此，他设计了一个类似图灵机但更加复杂的机器，用来从数据推导出科学假设。

图灵很用心地审阅了他的报告。仅仅是在综合评估部分，图灵就做了长达三页的评论。评估的最后一段内容如下：

> 一个不那么自命不凡的方法有可能会为它赋予更多内涵。这些可以通过举例和类比完成。（作者）在一些关键点给出了示例并使之成为这篇论文最

优秀的部分。具体的批评数不胜数，但这正反映了评阅人对作者缺点的勤勉指正。大多数这种性质的论文都太容易被批评。我相信在一年的时间里，甘地能够创作出一些值得这份奖学金的成果。

在其他评审人中，史密斯对甘地的雄心表示赞同，但觉得这份工作不切实际，而布雷斯韦特则持怀疑态度。最终，甘地遗憾地落选了。

图灵认为，甘地应该能在接下来的一年里做出一些值得这份奖学金的成果。甘地在 1950 年再次申请，并提交了一篇题名更直接的叫作《物理基础》的论文。同样，论文已经找不到了，但是帕特里夏·麦奎尔找到了其评审报告。

同样，报告是由图灵写的，但其评论开始变得尖锐了：

> 我对这篇论文感到非常失望。

报告继续写道：

> 作者有很好的想象力和想法，但他并没有将这些贯彻下去。一方面因为他在技术上的欠缺，另一方面因为他在实际写作中花的时间太少了。他认为符号逻辑是一些普遍思考的正确媒介，这是正确的。但不幸的是，他对于符号逻辑并没有足够的认识，以至于他不能成功地完成程序。他对"无差异群"课题的想法是非常振奋人心的，不过我最感兴趣的是它们所导出的结论。但显然，最后的结果和阐述的情况差得太远，而且这似乎也不可能只通过微小改动来纠正。

这真的够了，但图灵又用了半页纸的详细分析来证明他对于这个报告的批评。图灵找到了一系列问题，一些是由于缺乏清晰的陈述，一些是由于逻辑和数学中的明显错误。第二个评审者麦克斯·纽曼虽然没那么尖刻，但也不再支持甘地。甘地的奖学金申请又失败了。

图灵的两份评语有一个有趣的对比。第一份是完全客观冷静的，甚至都看不出来图灵是认识论文作者的。第二份则完全不同，那种失望更像是带有个人感情的，而且明显是基于他的个人体会：图灵提到了论文的写作时间和甘地对于符号逻辑了解的匮乏。图灵近乎残酷的意见表明，他没有让个人友谊影响他对论文的判断，当然他对于朋友的失望却也跃然纸上。

让我们在这一点上做个总结。1950 年时，甘地已经 30 岁了，他写了两篇论文，但似乎没有什么现今被视为研究成果的东西。他可能知道图灵机是什么，但他对于逻辑的技术掌握得太差了。甘地的知识发展轨迹似乎非常不真实。那他是如何成为一个逻辑学家，甚至在后来成为非常杰出的逻辑学家的呢？

## 2.5　学生与导师

在接下来的几年里，发生了一些重要的事情。1952 年年底，甘地完成了博士学位论文（Gandy, 1953）。它分为两个部分，第一部分是更实质性的，关于类型的理论，这构成了甘地在数理逻辑中的第一步。

安德鲁·霍奇斯（1983）的记载显示，1950 年左右图灵成为甘地的导师。我们不清楚这种安排的意图是什么，但似乎可以自然地认为它是在甘地第二次申请奖学金失败后图灵做出的决定。图灵负责安排面试，并且如霍奇斯（1983）所述，他遇到了一些麻烦。但面试一定是在第二年夏天举办的，因为论文于 1953 年 7 月被存放在大学图书馆。

导师对博士论文的影响通常是难以衡量的。我将从甘地自己的话开始说起。他以如下致谢来结束论文的概述部分：

最后，我必须要说图灵所赠予我的到底有多少。他首先引发了我对丘奇系统和推论定理的重要性的注意，这是我之前并不愿意去关注的。关于置换和不变性及其理论形式的许多工作，我都是与他一起完成的。没有他的鼓励，我应该早就绝望地放弃了；没有他的批评，我的想法也不会如此深刻。

这一定是肺腑之言，迥然于通常致谢导师的套话。但就内容而言这远非完整的故事。

那么论文中到底写了什么呢？鉴于甘地先前的失败，他论文的标题《在数学和物理理论中的公理系统》就已经够令人担忧的了：这好像与之前的论文并没有太大区别。论文的第二部分确实在逻辑层面物理基础的描述上做了更进一步的尝试[一]，然而他并没有走多远。甚至有些奇怪，在甘地所称的公理推演章节中，包含对这个公理意义的反思，但这与公理或论文的其余部分没有明显的关系。不过，关于结构和理论的章节显示他已经很好地掌握了逻辑基础，我的猜测是，博士论文的第二部分体现了相对 1950 年申请奖学金论文的重大进展。然而，关于数理逻辑的第一部分与之相比则是在一个完全不同的水平上。

我将简要概述一下这篇文章。甘地所称的丘奇系统即丘奇的类型论

---

[一]　甘地对物理的兴趣始终如一，并且令人欣喜的是，他最终在物理学上做出了巨大的贡献。他最新的关于物理机理的论文（Gandy, 1980）至今仍在被广泛地讨论。

（Church，1940）。他表述了丘奇系统和自己设计的变种，并证明了它们的等价性。他在图灵（Turing，1948）的基础上，提出了一种新颖的引申：类型带有一个特定的默认值[⊖]，图灵将其非正式地称为"无意义元素"。甘地在致谢中提到的置换下的不变性构成了一个重要章节。据推测，它源于1950年申请奖学金论文中的无差异群。这里有一个具体的应用：唯一可定义的个体就是无意义元素。我们现在称为内部模型的概念和对限制复杂性的事实判定定义在他的论文中已由多个章节很成熟地体现了。还有一个章节，即名为"虚拟类型"的第三章，在博士学位论文中，它并不突出，起码与主体结构无关，但它的内在意义和它对我们故事的重要性使得它相当特别。

甘地感谢图灵改变了他起初不愿意关注丘奇类型论的想法。所以这体现了图灵的影响是非常重要的，但是影响程度有多深已经不得而知。我们知道的是，在图灵的指导下，几年间甘地已成为一个严谨的逻辑学家。

## 2.6 中文翻译

我想离开故事的主线，说一些关于虚拟类型的构造问题。我不想用数学理论来解释，但我会给出一个足够有趣的设想，这个设想包含在图灵的人工智能理论中。

想象一下，以英语为母语的我们希望将英文翻译为中文[⊖]。我们得到了一些机器，据说它们可以执行翻译任务，我们想评估它们的效果。我们找来了一个母语为中文的人进行合作，但我们中没有人会说两种语言。这个任务看起来没有任何希望，因为我们无法知道机器是否给出了真正的翻译。但有两件事我们可以测试：它们的一致性和外延等同性。

什么是一致性？让我们从一台机器开始。我们提供两个具有相同含义的句子。例如，"猫坐在垫子上"和"垫子上坐了只猫"。我们将这两句话输入机器中，并得到两个翻译结果。然后我们将这两个翻译结果给母语为中文者看。他无法告诉我们它们是否意味着"猫坐在垫子上"，但他可以告诉我们它们是否表示相同的事情。它们可能都意味着"月亮是由绿色奶酪做成的"，但这没有关系。只要机器翻译出来两个句子的意义仍然一致，它就满足一致性。

---

⊖ 在现代计算机科学语言中，这样的说法意味着导致一个特例。
⊖ 这场著名辩论的后续发展是十分有意思的，但是在此我不会深入讨论。

现在让我们拿出两台机器，我们已经测试了它们是否具备一致性。现在我们想看看它们是否外延等同。这就是说，我们把"猫坐在垫子上"输入一台机器，"垫子上坐了只猫"输入另一台机器⊖，并将翻译结果给母语为中文者看，判断两个翻译的意思是否相同。

在这个关于翻译的设想中，包括了所有处理虚拟类型的基本概念。我们看到了对相关数据的操作（英文句子），我们也看到了对等效数据进行转换的操作（英文句子转为同义中文句子）。当它们对相同数据（英文句子）的输出等同（同义词）时，操作是等效的。这几乎阐述了所有对虚拟类型的处理。用技术术语来说，我刚刚描述了部分等价关系到函数空间的递归扩展，或者用甘地的术语，这是虚拟类型函数空间的定义。

我讲这个设想的目的是吸引大家关注由虚拟类型引发的研究与在人工智能领域著名的图灵测试中涉及的问题之间的相似性。他们都专注于输入-输出行为。在图灵测试中，如果一台机器的响应与一个人的响应不能区分，那么我们将它们视为等同，即机器与人有着同样的意识。虚拟类型的设想的确是图灵世界的一部分。

## 2.7　一个想法的产生

现在让我们回到甘地学术生涯发展的故事。他发表的第一篇论文（Gandy，1956，1959）是关于外延公理的相对一致性。我把这个称为一致性结果。我们没有在其博士论文（Gandy，1953）中发现迹象，但那篇论文确实在关于虚拟类型的章节中使用了递归构造。这就是两篇论文之间的关系。大多数数学家认为，作为数学的基础，丘奇的类型论已经具有内在的外延公理。虚拟类型的想法是创建包含合适外延等同性的新类型。技术上我们可以认为它是"通过部分等价关系取商"。甘地的见解是，从一个没有外延性的系统开始，你可以依据外延公理成立使用同样的方法来构造新的类型。这给出了一种典型的数学定理方面的逻辑：一致性结果。这个甘地（1953）给出的递归构造的具体应用非常重要。我应当指出，这可以被视为许多后来理论的先驱。

安德鲁·霍奇斯（1983）记录了甘地在图灵去世前十天去拜访他的情形，

---

⊖ 我们在具备一致性的基础上处理等同性，因此原则上可以为两者都输入"猫坐在垫子上"。但是这里给出的表述是具有普适性的。

他们讨论了类型论。甘地的一致性结果不在他的博士论文中，论文（Gandy，1956）直到 1955 年 7 月——图灵死后一年才被受理。然而，我确信一致性结果在 1954 年这次访问时已被知晓，原因有两个。第一个是直接的：甘地自己告诉了我。

我的博士论文讨论了被斯蒂芬·克莱尼（1959）称为可数泛函和被乔治·克雷索尔（1959）称为连续泛函的理论。这两种原创方法相比于这种更高类型的结构是完全不同的，但它们都使用甘地（1953，1956）的虚拟类型技术。在那些日子里，我对前辈们并不感兴趣，但甘地曾经和我谈过他的早期论文和我所感兴趣的工作之间的联系。那不是我们通常那种随意的对话。我记得，甘地显然为他的早期工作感到自豪，他希望我明白，图灵对它印象深刻还赞美了它。我确信甘地在谈话中特别提到了那篇论文⊖。我记得最清楚的是，甘地格外看重图灵的称赞。

## 2.8 远见和反思

当我与甘地谈话时，我并没有感到奇怪。后来我向克雷索尔质疑：虚拟类型构造的想法⊜看起来如此简单，图灵真的对它印象深刻吗？克雷索尔取笑我连图灵的观点都不加以分析就认为他是一位非常有才华的人。当时我认为可能是图灵隐藏了他的真实意见。但我们知道图灵是一个非常诚实的人，这种解读看起来不太对。

事后看来，我认识到，我早期觉得虚拟类型构造简单的想法没有什么错误。甘地论文中的想法可能很简单，但它有广泛的应用。正如斯科特（1962）观察到的，甘地自己对集合理论的扩展（Gandy，1959）是精致的。斯科特的分析非常自然地导出了布尔值模型的斯科特–索罗威公式。在证明理论中也出现了同样的想法。并且当其扩展到一种假定的情境中时，可以得出与泰特和杰勒德相关联的方法："可还原性候选者"。很快，出于其他目的理论计算机领域也利用了这个方法，并称它为普洛特金逻辑关系。在抽象数学领域，这个想法也常常出现。它的现代术语是部分等价关系⊜或者子商。最近，探索外延性作

---

⊖ 事实上直到我开始写这部分时才第一次了解甘地的博士论文。
⊜ 我并没有阅读甘地的论文，也没有将其引用到我自己的论文中。因此这些内容是直接进行阐述的。
⊜ 在网络上搜索部分等价关系，将会有超过 250 万个结果。

为同伦类型论中沃沃斯基一元公理的推论已经重新提上了日程，在这个领域引入递归构造被抱以期望。所以，不能轻视简单的想法，那些简单而有着广泛应用的想法在数学中有着特殊地位。因而图灵对甘地论文的喜爱体现了其杰出的远见。但是当然，这个故事不只说明了这些。

## 2.9 图灵和类型论

图灵作为导师对甘地的影响明确和类型论有关。我在开始写这一章的时候想，图灵对这一领域的兴趣很大程度上被遗忘了。现在是讨论一下这个兴趣的时候了。他发表了三篇论文，都发表在《符号逻辑杂志》上。这几篇论文对图灵的其他工作几乎没有影响。但是，图灵费力写下了这三篇论文，又最终没有继续深入研究。这几篇论文完成了什么？

第一篇论文（Newman and Turing, 1942）是图灵与麦克斯·纽曼在丘奇构想的简单类型论出现后一年左右写的。简单类型论这个理论有着一个十分微妙的关于无穷的公理⊖。这篇论文展示了如何用一个关于无穷的相同公式产生所有和个体类型有关的类型。这也是一个正确性检查：如果仔细考虑的话并没有那么难。但是我们需要注意很早出现的关于类型集合的归纳。正是对构造归纳的需求驱动了虚拟类型的定义。

第二篇论文（Turing, 1942）随后很快发表，并有着十分不同的特点。比如说，罗素、怀特黑德以及后来的蒯因和科里使用点而不是括号作为表达式中的标点，对图灵来说，这种惯例提高了可读性。他描述了科里的这种符号惯例，并精确地处理了明显的歧义问题。

第三篇论文（Turing, 1948）在战后发表。这篇论文考虑的问题是对类型论的不规则使用，因而也抛开了类型规则的严格限制。论文的想法是利用集合论，图灵考虑了一个基于个体的累进层级。抽象地说，可以认为图灵的工作是把一个严格定义的类型系统进行逆向工程而构造成一个类型无关的系统。在这个宽松体系中，有的表达式可以解释执行，有的则不能。图灵的论文可能被遗忘了，但规则和不规则的数学实践之间的关系仍然是一个活跃的问题。

---

⊖ 这对我们来说不重要，仅给出其主要想法：如果我们无法处理个体类型 $l$，我们就处理类型 $(l \to l) \to (l \to l)$，也就是所谓的丘奇数。这应当是无穷的。

## 2.10 图灵的理论倾向

在进入故事的终点之前，我想说一下图灵的理论倾向。他的合集中论文和讲座录音是很多样化的。其中，对纯数学和逻辑学的贡献不如机器智能和形态发生学多。图灵的神话是和布莱切利园绑定在一起的。这个故事以及后来的关于真正计算机器的提案，强调了图灵对机械和计算的明确实用态度。我们可以想象图灵在战后时期对纯数学的发展少有兴趣，通常也很少花费时间在抽象数学上。但他绝对是关注这些的。

在赞颂前述的图灵影响力之前，甘地还致谢了图灵对他其他方面的理论影响。

> 在发展抽象结构理论时，我明显借用了布尔巴基[一]和菲利普·赫尔[二]的成果，而我提出的新东西大概是将通常对象的定义扩展到任意高类型的技巧。类似地，我对克莱因和韦尔的借鉴也很明显。而如果要从数学和自然哲学的许多作者中选出影响我的几位的话，我选庞加莱、罗素和拉姆齐。

这种影响完全不容易看到。我认为这段文字除了反映甘地的兴趣外，同时也体现了图灵的兴趣。他们两个人都显得十分清楚纯数学发展的重要性。

从可计算理论到形态发生学，图灵对于真正基础的问题有着异乎寻常的直觉。像其他优秀数学家一样，他期求明确的、决定性的答案，而且他找到了这样的答案。关于判定性问题的论文（Turing, 1937a）给一个基础问题（即"何谓函数的可计算性？"）提供了答案，不过为了理解图灵涉足类型论的这段历史，我们需要领会一些其他东西。我想这可以体现在图灵去世后甘地给麦克斯·纽曼写的信的末尾。

> 我想你在《卫报》上的内容[三]切中了要害。他才华横溢的标志是对于无论多么抽象的话题总能举出许多具体的例子；这也当然就是他对许多当代数学都毫无兴趣的原因——他不喜欢为了发展抽象概念而发展抽象概念。

---

[一] 布尔巴基是一个以法国巴黎为中心的当代热门团体的名字，其创立了一个抽象数学的新视角。

[二] 菲利普·赫尔是当时英国最顶尖的代数学家。他有国王学院的教职，但是甘地提到他并不是因为学院情谊。他在抽象数学领域有着广泛的兴趣。举例来说，他曾拥有法国逻辑学家埃尔布朗的一份论文副本。

[三] 纽曼曾撰写了图灵的讣告，刊登在当时的曼彻斯特《卫报》上。

## 2.11 从未完稿的论文

现在回到图灵关于类型论的第二篇论文（Turing，1942）。以现代视角来看，这份工作是形式语言高效实现的基石。图灵的目的看起来更加直接：他说会在将来的论文中采用同样的惯例。然而这些将来的论文最终没有出现。据推测，战争任务占据了他的时间。但是，图灵提起过的一个计划中的论文标题十分引人注目：虚拟类型论。读到这里时我哽住了，我回去更加仔细地看了甘地的博士论文。这里引用了甘地关于虚拟类型的论文中章节末尾的一段话：

> 据我所知，引入虚拟类型的想法来自于 A. M. 图灵（见纽曼和图灵论文的脚注（1）[⊖]），他没有发表他的版本，所以我不知道我们彼此的版本在何种程度上是一致的。

我们能得到什么结论呢？首先，我们比甘地写下这些话的时候情况更好。我们现在对基本构造和许多应用有了长期的经验。数学家们称此为正规的：想要进展，其为唯一的方法。如果有什么别的方法的话，我们现在应该已经看到了。因而我确信图灵的版本和甘地的版本是一致的。

然后呢？导师往往是对某个想法或多或少地思考过，然后把它留给一个学生，让学生去把这个想法的细节做出来。可能此事也发生在图灵身上。通过这一条泄露天机的脚注，我们看出甘地一定知道图灵考虑过引入虚拟类型或者（我们没有介绍的）子商。图灵清楚地知道一切，靠着自己的敏锐、审慎、沉默——把在两种路线达成一致之间的障碍留在那里。没有人想要推进。这种事情比我们想的要常见。

那么为什么图灵最终没有写出他关于虚拟类型的工作呢？我感到这是他的理论倾向的一个反映。他在 20 世纪 40 年代就知道要做什么，但是我想象他认为这工作太简单而且不重要。他没有一个具体的使用虚拟类型的例子来说明它的价值。我相信他后来得到了这样的例子。

接下来的事情看上去就顺理成章了。直到 1950 年，甘地都在推进他最开始在物理领域的兴趣，而图灵的影响更像是作为朋友的非正式的兴趣。在甘地 1950 年申请奖学金失败后，图灵成为甘地实际上的导师。我想这是图灵主动的，因为他认为甘地需要提升自己的逻辑能力来支持其对物理学基础的

---

[⊖] 甘地的引用是错的：这一脚注出现在图灵 1942 年的论文中。

观点。图灵鼓励甘地在类型论上展开工作，指导他产生自己的类型系统，和他一起讨论 1950 年论文中的置换想法。图灵描述了虚拟类型的想法，并因为甘地理解问题之后自己找到了基础的递归步骤而很高兴。甘地博士毕业论文中剩下的逻辑材料涉及把现存的想法应用到类型论中去，就像是通常的研究监督得到的结果一样。所有这些都在几年内发生，并且我认为甘地和图灵时不时也会讨论当时流行的想法，比如结构和类似的其他东西，并在心中想着在物理上的应用。在 1952 年年末甘地写道，可能他为自己彻底解决物理想法预留的时间太少，或者可能对图灵的建议做得太简略。图灵的指导重点是在逻辑上。

在博士论文提交和检查期间通常有一个空闲期，甘地在这段时间毫无疑问地继续对逻辑学和物理学进行阅读和工作，但是我相信故事的下一个情节发生了，这发生在口头答辩之后，在 1953 年下半年。我相信甘地自己发现了虚拟类型在外延一致性上的应用。这一具体应用改变了很多事情。图灵的古老想法变成了一个问题的决定性解决方案，因而确认了此想法的重要性。可能更加重要的是，图灵未完成版本的困难得到了解决：甘地有了应用（一致性结果）和将其总结成合乎逻辑的材料。很容易想象图灵对甘地说他必须把结果写出来发表时的激动心情。

之前我说我有两个理由相信一致性结果是在图灵去世前获得的，其中第二点正是这个。如果事实并非如此，图灵对甘地工作的认可就讲不通，而这个认可对甘地意义重大。1942 年的图灵显然已经了解这个出现在甘地博士论文中的构造。从人的心理而言，图灵显然不可能称赞一个自己多年前就想到的主意，一定有一些新东西引起了他的认可。我相信这个新东西就是甘地的独创想法[⊖]，我同样相信这提供了一个全新的机会，让我们洞悉图灵的兴趣所在。

这是一个不寻常的故事。图灵对类型论的兴趣从他读到丘奇 1940 年的论文开始持续终生。他从未发表那些被证明是自己在这一领域影响最广泛的构造。直到生命的终点，当他的主要兴趣在逻辑以外的领域时，他还是给自己的朋友兼学生甘地讲授这一学科。甘地发现了决定性的应用，从而确认了这一想法的重要性，并使它载入了史册。

---

⊖ 有旁证支持这点。在图灵的所有论文中，如同丘奇一样，他所考虑的系统都将外延性作为公理，没有外延性的系统从未被考虑过。

## 2.12　图灵的遗产

图灵大概不会认为自己在百年纪念日之时会被当作国家战争英雄，但是他一定知道自己留下了一笔技术遗产。图灵机和图灵测试就是这一遗产的著名部分。与不同领域所认同的更加专门的科学贡献一样，这笔遗产在百年纪念之时被堂堂正正地庆祝了。我在此展示的是，根植于虚拟类型的对部分等价关系应用的想法，也是图灵技术财产的一部分。它来自图灵的学生甘地，但是甘地也无非是学术继承的一部分。

我还想提及另一个不那么明显的遗产。甘地在作为图灵的学生之前就是图灵的朋友。甘地申请奖学金的历史说明图灵有着令人震惊的直觉，意识到他的朋友有着可能从未被发觉的潜能。接受甘地作为学生是图灵晚年的严肃计划，并且是成功的计划。和1950年看起来合理的预期不同，图灵把甘地转变为数理逻辑学家。图灵没有见到逻辑学成为甘地的一生所爱，但是，如果我对这段历史的理解正确，他满足于看到甘地作为一个逻辑学家，成功提出了自己的独立观点。

在1954年2月11日的一封遗嘱中，图灵把他的数学书籍和论文留给了甘地。这明确说明了他对甘地进步的欣喜。但是对甘地来说真正的遗产不仅是书籍，而是使自己成为逻辑学家的转变。这份遗产将被继续传承，传给甘地的学生，传给学生的学生，一直通向逻辑学的未来。在这个故事里有两份遗产：影响了人类的成果，以及影响了人心的思想。而这一切，都来源于那位被遗忘的类型理论家——图灵。

## 参考文献

A. Church (1940). A formulation of the simple theory of types. *Journal of Symbolic Logic* **5**, 56–68.

R.O. Gandy (1953). *On axiomatic systems in mathematics and theories of physics*. Ph.D. dissertation, University of Cambridge.

R.O. Gandy (1956). On the axiom of extensionality – Part I. *Journal of Symbolic Logic* **21**, 36–48.

R.O. Gandy (1959). On the axiom of extensionality – Part II. *Journal of Symbolic Logic* **24**, 287–300.

R.O. Gandy (1980). Church's Thesis and principles for mechanisms. In *The Kleene Symposium*, J. Barwise, H.J. Keisler, and K. Kunen (editors), pp.123–148, North-Holland.

A.P. Hodges (1980). *Alan Turing. The Enigma of Intelligence*, Burnett Books. See also the website http://www.turing.org.uk/book/.

S.C. Kleene (1959). Countable functionals. In *Constructivity in Mathematics*, A. Heyting (editor). North-Holland.

G. Kreisel (1959). Interpretation of analysis by means of functionals of finite type. In *Constructivity in Mathematics*, A. Heyting (editor). North-Holland.

Y. Moschovakis and M. Yates (1996). In memoriam: Robin Oliver Gandy, 1919–1995. *Bulletin of Symbolic Logic* **2**, 367–370.

M.H.A. Newman and A.M. Turing (1942). A formal theorem in Church's theory of types. *Journal of Symbolic Logic* **7**, 28–33.

D.S. Scott (1962). More on the axiom of extensionality. In *Essays on the Foundations of Mathematics, Dedicated to A.A. Fraenkel on his Seventieth Anniversary*, Y. Bar-Hillel, E.I.J. Poznanski, M.O. Rabin and A. Robinson (editors). North-Holland, 115–131.

A.M. Turing (1937). On computable numbers, with an application to the Entscheidungsproblem. *Proceedings of the London Mathematical Society* **42**(2), 230–265; A Correction. *ibid.* **43**, 544–546 (1938).

A.M. Turing (1937a). Computability and $\lambda$-definability. *Journal of Symbolic Logic* **2**, 15-163.

A.M. Turing (1939). Systems of logic based on ordinals. *Proceedings of the London Mathematical Society* **45**(2), 161–228.

A.M. Turing (1942). The use of dots as brackets in Church's system. *Journal of Symbolic Logic* **7**, 146–156.

A.M. Turing (1948). Practical forms of type theory. *Journal of Symbolic Logic* **13**, 80–94.

## 第 3 章
The Once and Future Turing: Computing the World

# 图灵和素数

◎安德鲁 R. 布克

阿兰·图灵在密码破译、心理学、人工智能和计算机科学基础上的开拓现今已闻名遐迩。相对而言，鲜为人知的是他在数论上的兴趣同样浓厚，尤其是对素数分布和黎曼猜想的研究。因为这个兴趣，他设计了两个程序，并于 1949 年到 1950 年之间在人类首台可存储程序数字计算机曼彻斯特马克一号（Manchester Mark 1）上持续运行了 18 个月（见图 3-1）。图灵在这个领域的贡献其实并不是那么突出[一]，因此我们需要谨慎给予其过高的评价。但是，在这些研究中我们的确看到了计算数论的开端，尽管已相隔 60 年，但这与今天我们积极研究的问题仍十分相似。许多年之后，我们意识到，当今世界，也就是图灵的遥远未来，惊人地和图灵当时的兴趣有着巨大联系。这一章将会试着具体解释两个问题，包括它们的历史、图灵的贡献、自 1950 年以来的发展以及对未来的展望。

## 3.1 素数

至少从古希腊开始，人们就对素数产生了兴趣。在公元前 300 年左右，欧

---

[一] 我认为图灵会对此感到认同：他书信里的文字使人觉得他对两个程序的结果感到失望。

图 3-1　曼彻斯特马克一号的左半部分

几里得就已经证明存在无穷多个素数，并且他的证明至今仍是数学界最优雅的证明之一，它可以表示成以下这样的算法：

1. 写下一些素数。
2. 将它们相乘，并加 1，将结果记作 $n$。
3. 找到 $n$ 的一个素因数。

举例来说，如果我们目前知道的素数只有 2、5 和 11，将此定理运用到这些数之上，便可以得到 $n = 2 \times 5 \times 11 + 1 = 111$。这个数可以被一个新的素数 3 整除。根据一个更早的出自欧几里得《几何原本》的定理，步骤 2 中计算得到的 $n$ 必有一个素因数（事实上根据算术基本定理，它可以被唯一分解成一系列素数相乘），因此步骤 3 是始终成立的。另一方面，根据欧几里得构造 $n$ 的方式，步骤 3 中找到的素数不可能是步骤 1 中用到的任一素数。因此，素数列是永远不可能被完整罗列的，换句话说，存在无穷多个素数。

我们注意到，$n$ 可以有多个素因数（比如在我们的例子里，111 同样可以被 37 整除）。同时，欧几里得也没有指定我们在步骤 3 中需要采用哪个素数。1963 年，通过在步骤 3 中每次选择最小的素数添加到素数列表，阿尔伯特·穆林完善了欧几里得的证明。类似的，我们也可以每次选择最大的素数，这两种构造法可生成欧几里得 – 穆林素数序列（Narkiewicz, 2000，§1.1.2），它最初的几个素数见表 3-1。穆林继而提出了一个很自然的问题：是否每一个素数都会出现在每一个序列中。对于第一个序列，这个问题至今依然没有解决，虽然很多推测认为答案是肯定的。另一方面，最近（2011 年）的研究显示，第二个序列中有无穷多个素数缺失。这也体现了尽管是十分古老的数论话题，依旧能够产生有趣的研究。

表3-1 欧几里得–穆林素数序列的前十个数

| 第一个序列（每次选最小的素因数） | 第二个序列（每次选最大的素因数） |
| --- | --- |
| 2 | 2 |
| 3 | 3 |
| 7 | 7 |
| 43 | 43 |
| 13 | 139 |
| 53 | 50 207 |
| 5 | 340 999 |
| 6 221 671 | 2 365 347 734 339 |
| 38 709 183 810 571 | 4 680 225 641 471 129 |
| 139 | 1 368 845 206 580 129 |

一个世纪内，欧几里得的研究被埃拉托斯特尼追上了。他发明了一个至今仍在使用的素数生成算法。这些结论揭示了人们学习和利用素数的方法：要么通过观察单个素数（埃拉托斯特尼使用的方法），要么尝试理解所有素数序列的普适属性，甚至是那些远超我们计算能力的属性（欧几里得的方法）。正如我们将要看到的，图灵在曼彻斯特马克一号上的两个程序正是对应于这两种方法。

## 3.2 大素数

第一个程序源于当时曼彻斯特大学数学系主任麦克斯·纽曼的一个想法，他想要测试新机器的性能并且吸引公众的目光。这个程序，就是搜索大素数。

### 3.2.1 梅森素数

就像每个时代都存在着已知最重的元素一样，在每个时代人们也有着已知的最大素数。在写作本章时，这个数字等于 $2^{57\,885\,161}-1$，尽管这个数超过了 1700 万位，但是这个记录仍然不可能保持很久。这个数字是梅森素数的一个例子。梅森素数是那些比 2 的 $n$ 次方少 1 的素数，以一个法国修道士马林·梅森的名字命名。他在 1644 年便预言对于 $n=2, 3, 5, 7, 13, 17, 19, 31, 67, 127, 257$，$2^n-1$ 是素数，并且对于其他任意 $n<258$，该性质都不成立。当时除了最后四个数字，其他的情况都已知为真，现在我们已经知道了他对于 67 和 257 都

预测错了，同时还忽略了 $n = 61$，59 和 107，这些数字都可以产生素数。尽管如此，他的名字仍然因此被人们铭记！

在近代历史中（大约最近的 150 年），时下已知的最大素数通常都是梅森素数。这多半是因为从梅森数中寻找素数比在普通类别的数字中寻找素数要更加简单，因此，梅森数也吸引了更多的关注。我们不难发现，如果 $2^n - 1$ 是素数，那么 $n$ 也必然是素数，这个性质也帮助我们排除了大部分非素数（然而不幸的是，这个测试只是单向的，换句话说，即使 $n$ 是素数，我们也不能保证 $2^n - 1$ 一定是素数，最小的反例是 $2^{11} - 1 = 2047 = 23 \times 89$）。其次，卢卡斯在 1876 年设计了一个非常快速的算法去检测当 $n$ 是大于 2 的素数时，候选数 $2^n - 1$ 的素性，该算法在之后被 D. H. 莱默所改进。该算法描述如下：

1. 从 $x = 4$ 开始。
2. 将 $x$ 替换成 $2^n - 1$ 除以 $x^2 - 2$ 的余数。
3. 重复步骤 2 共计 $n - 2$ 次。
4. 如果 $x$ 的最终值为 0，那么 $2^n - 1$ 就是素数；否则不是。

（有兴趣的读者可以尝试用这个算法来测试 $n = 3$ 和 5 时的情况。用草稿纸和便携计算器计算一下 $2^{11} - 1$ 不是素数也是非常有趣的。）再者，梅森数的形式（2 的 $n$ 次方减 1）使得卢卡斯－莱默检验的数值计算过程对于计算机非常简便，因为计算时在内部使用的是二进制。

研究梅森素数的另一个理由是它们和所谓完全数之间的联系。完全数，即那些自身等于它所有真约数的和的自然数。比如，28 的真约数有 1、2、4、7 和 14，它们的总和恰好为 28。这些数早在古代就已被人们所研究，事实上欧几里得已经发现，如果 $p = 2^n - 1$ 是一个素数，那么 $p(p+1)/2$ 就是完全数。因此，举例来说，前面提到的完全数 $28 = 7 \times 8/2$ 和梅森素数 $7 = 2^3 - 1$ 是相关的，并且每新发现一个梅森数也将新发现一个完全数。（巧合的是，$p(p+1)/2$ 也恰好是从 1 到 $p$ 的自然数之和。比如，$28 = 1 + 2 + 3 + 4 + 5 + 6 + 7$，难怪古代数学家们认为这些数有一种神秘的力量，以至于称它们是"完美"的。）大约 2000 年之后，欧拉证明了其反向的结论，即每个偶完全数都可由欧几里得的方法构造。这代表着梅森素数和偶完全数之间存在直接对应关系。现在仍然不知道是否存在奇完全数，不过通常认为奇完全数并不存在。

### 3.2.2　电子时代的梅森素数

到了 1947 年，所有 $n$ 小于等于 257 的梅森数都已经被手动检验过，验证了梅森最初的预测。在这些数字中，最大的素数是 $2^{127}-1$，于 1876 年被卢卡斯发现。此后所有的梅森素数都是被机器发现的（不过，在 1951 年时费里尔只用一个机械的计算器发现了 $(2^{148}+1)/17$ 是素数，这至今还是最大的"手动"发现的素数）。用机器寻找梅森素数的尝试最早是由图灵与纽曼、工程师汤姆·基尔伯恩和杰夫·图提尔在 1949 年的夏天做出的。从一封 1952 年 3 月图灵写给 D. H. 莱默的信⊖中可以知道，这个小组验证了当时已知的所有梅森素数然后一直搜索到了 $n=433$，不过图灵将他们的尝试描述为"不够系统的"。最后，这个测试如纽曼所愿给新机器带来了曝光度，但由于他们没有找到任何新的素数就结束了搜索，这一曝光很快就结束了。

有人可能会质疑他们工作的科学价值，因为即使他们找到了一个新的素数，到现在也不过是一项历史的注脚。不管怎样，不久之后破纪录的新素数就被计算机发现了：米勒和惠勒在 1951 年使用剑桥的 EDSAC 机器发现了好几个素数，罗宾逊在 1952 年使用洛杉矶国家标准局的 SWAC 机器又发现了接下来的 5 个梅森素数。柯里在 2010 年详细描述了罗宾逊的计算（Corry，2010），而罗宾逊当时写程序的时候根本没见过电脑！他将写有代码的穿孔卡用邮件发给在洛杉矶的 D. H. 莱默和艾玛·莱默。他们在 1952 年 1 月 30 日首次运行了这个程序：程序没有出现任何故障，并且当天就找到了下一个梅森素数（$2^{521}-1$）。图灵在他给 D. H. 莱默的信件中表示了他对罗宾逊得到的结果的称赞。

对于梅森素数的搜索自此以后从未停止过。这样做的前提显然是还有更多的梅森素数等待我们去发现。然而，并不存在与欧几里得对于素数无限多的证明相似的对于梅森素数的证明。虽然有很多的启发式和实际的证据，我们仍然无法证明存在无穷多的梅森素数。在写作这本书的时候，已知 48 个梅森素数，其中 36 个是计算机发现的⊜。从 20 世纪 90 年代中期以来，对于梅森素数的搜索主要由名副其实的"伟大的因特网梅森素数搜索"承担，该项目是计算机科学家乔治·沃特曼设立的。沃特曼的程序利用由因特网相连的数以千计的志愿者个人电脑的空闲时间进行计算⊜。他们平均一年发现一个破世界纪录的新素数。

---

⊖ 加州大学伯克利分校 Bancroft 图书馆的"Emma and D. H. Lehmer"档案。

⊜ 这句话引出一个哲学问题：运行程序的计算机是否应该与研究者一同受到表彰？一个类似的有趣例子是：在 2009 年 4 月 12 日，一台计算机证明了 $2^{42643801}-1$ 是素数，使得它成为第三大的已知梅森素数；然而没有人注意到这一结果，直到那一年的 6 月 4 日。所以，应该把哪一天定为该素数的发现日期？

⊜ 我们邀请读者也参与这个项目，请访问 www.mersenne.org 了解详情。

## 3.3 素数的分布

图灵在曼彻斯特马克一号计算机上探究的第二个问题是黎曼猜想（或称为 RH）。黎曼猜想与素数的渐近分布有关。图灵一直都非常关心这个问题，实际上他在 1939 年就尝试着用一个有着一组精妙齿轮的专用模拟机来研究黎曼猜想。在被战争打断之前，他显然已经制作好了这台机器的大部分齿轮。当他在 1950 年 6 月重新回到这个问题的时候，战争期间通用计算机的发展已经让图灵先前的设计变得过时了（所以这台机器最终并没有被制作出来，不过我们有图灵的朋友唐纳德·麦克费尔为之画的蓝图。最近有人提议要制作这台机器，讽刺的是，第一步将会是计算机模拟）。虽然仅仅是一个开头，但是考虑远超过模拟机能力范围的事情开始变得实际了，比如以算法的方式测试黎曼猜想，不在运行过程中进行任何人为干预。通过接下来的一段叙述我们将知道，在现代讨论中我们习以为常的部分，恰恰是当时图灵非常感兴趣的。

黎曼猜想背后的故事可以一直追溯到高斯。高斯在十五六岁的时候（1792～1793 年）为了看看素数有多常见而列出了一长串素数（几乎可以说高斯是在计算机存在之前就出现的计算数论学者！）。他最后提出了一个猜想：在一个足够大的数字 $x$ 附近，平均每 $\ln x$ 个数字里面就有一个素数⊖。因此，如果我们想知道在 2, 3, 4, …, $x$ 中一共有多少素数（而不用一个一个地数），就可以用 $\int_2^x \frac{1}{\ln t} dt$ 来进行估计，记作 $\text{Li}(x)$。这可以被称为欧几里得定性的定量版本，说明有无限多个素数。

我们将小于等于 $x$ 的素数的数量记作 $\pi(x)$（与圆周率 $\pi = 3.14159\cdots$ 无关）。表 3-2 列举了 $x$ 取 10 的某些次幂时对应的值。同时我们也列出了高斯估计 $\text{Li}(x)$ 取整的结果。很容易发现，$\text{Li}(x)$ 似乎总是比实际值要大——实际上对于所有被计算过的大于等于 8 的 $\pi(x)$ 而言，这一结论总是成立。因此有一段时间内人们相信对于足够大的 $x$ 总是有 $\text{Li}(x) > \pi(x)$，不过利特尔伍德在 1914 年证明了对于某些 $x$ 这并不成立，而且有无限多这样的 $x$。1933 年史丘斯证明了若黎曼猜想成立，利特尔伍德的定理是可以在 $x = 10^{10^{10^{34}}}$ 之前找到反例的。这是一个难以想象的巨大数字，以至于哈迪将它称为"数学界为了某个特

---

⊖ 这里 ln 表示以自然对数 $e = 2.71828\cdots$ 为底数的对数函数。

定目的出现的最大数字"（在 1933 年的时候这可能是真的，但是之后数学家们想办法利用了比这大很多的数字，比如拉姆齐定理中的那些数字）。

表 3-2  $\pi(x)$ 与 Li($x$) 的比较

| $x$ | $\pi(x)$ | 离 Li($x$) 最近的整数 |
| --- | --- | --- |
| $10^3$ | 168 | 177 |
| $10^6$ | 78 498 | 78 627 |
| $10^{12}$ | 37 607 912 018 | 37 607 950 280 |
| $10^{24}$ | 18 435 599 767 349 200 867 866 | 18 435 599 767 366 347 775 143 |

图灵试图在史丘斯结论的基础上做出改进：他希望能够将上界显著减小并且去掉黎曼猜想成立的前提（Hejhal，2012；Hejhal-Odlyzko，2012）。1937 年夏天，他在这两个目标上都取得了一定的进展，1952~1953 年他又回到这个问题进行了研究，不过他从来没有发表自己的工作。不管怎样，史丘斯和图灵的方法在之后都被基于计算方法的工作所取代了。下面我们来讨论最新的进展。

### 3.3.1 黎曼 $\zeta$ 函数

黎曼 $\zeta$ 函数是一个无穷级数。

$$\zeta(s) = 1 + \frac{1}{2^s} + \frac{1}{3^s} + \cdots = \sum_{n=1}^{\infty} \frac{1}{n^s} \quad (3.1)$$

我们在微积分课程中学过，这个级数对于所有 $s>1$ 收敛而对于 $s\leq 1$ 发散。在边际条件 $s=1$ 的时候就是著名的调和级数 $\sum_{n=1}^{\infty} \frac{1}{n}$。$\zeta$ 函数与素数的关联来自于 $\zeta$ 函数的另一种形式，这个形式由欧拉于 1737 年推出（Narkiewicz，2000，§1.1.4）：

$$\zeta(s) = \frac{1}{1-\frac{1}{2^s}} \times \frac{1}{1-\frac{1}{3^s}} \times \frac{1}{1-\frac{1}{5^s}} \times \cdots = \prod_{p\ \text{prime}} \frac{1}{1-\frac{1}{p^s}} \quad (3.2)$$

这种形式下 $\zeta$ 函数是一个无穷积而不是无穷序列和，$p$ 则要取遍所有的素数（2，3，5，7，11，…）。

式（3.1）和式（3.2）之间的等价关系可由之前提到的算数基本定理得到。为了看得更清楚一些，我们先将 $\frac{1}{1-\frac{1}{p^s}}$ 按几何级数展开：

$$\frac{1}{1-\frac{1}{p^s}} = 1 + \frac{1}{p^s} + \left(\frac{1}{p^s}\right)^2 + \left(\frac{1}{p^s}\right)^3 + \cdots = 1 + \frac{1}{p^s} + \frac{1}{(p^2)^s} + \frac{1}{(p^3)^s} \cdots$$

然后我们将这些几何级数对于所有的 $p$ 相乘。为了完成这个运算，我们必须想象每个可能的对于不同素数 $p$ 和指数 $k$ 形如 $\frac{1}{(p^k)^s}$ 的积。比方说，存在一项 $\frac{1}{(3^2)^s} \times \frac{1}{13^s} = \frac{1}{117^s}$ 对应于 $p=3$ 和 $p=13$。更普遍的，每个积都会是 $\frac{1}{n^s}$ 的形式，其中 $n$ 是某个正整数。实际上，对于每个 $n$，$\frac{1}{n^s}$ 一定存在，因为 $n$ 必然有一种素数分解的形式。最后，由于 $n$ 的素数分解是唯一的，所以 $\frac{1}{n^s}$ 刚好出现一次。因此我们就得到了形如式（3.1）的公式。

当 $s>1$ 时，以上所有操作都是合理的，并且可以严格证明。欧拉很聪明地让 $s$ 趋近于 1，这样式（3.1）就接近调和数列，并且是发散的[⊖]。所以当 $s$ 接近 1 的时候式（3.2）也应该无限大。欧拉于是得出结论[⊖]有无限多的素数 $p$，不然的话式（3.2）即使在 $s$ 趋近于 1 的时候也会有上界。这个证明虽然极其聪明，但是似乎并没有带给我们任何新的信息，因为两千年前欧几里得就证明了有无限多的素数。欧拉的证明之所以重要，在于它可以进一步推广，而欧几里得的证明则不能。

首先，在 1837 年，狄利克雷对欧拉的证明进行了修改，证明了一个等差数列 $a, a+b, a+2b, a+3b, \cdots$，包含无限多的素数，只要 $a$ 和 $b$ 没有公因子（Narkiewicz, 2000, §2）（如果 $a$ 和 $b$ 有公因子的话，很容易看出这个数列最多只能有一个素数，比如数列 6, 10, 14, 18 … 里面一个素数都没有，因为每项都是偶数）。狄利克雷在证明中引入了 $\zeta$ 函数的修改版本，所谓的 $L$ 函数（现被称为狄利克雷函数），然后研究 $s$ 趋近于 1 时函数的表现。狄利克雷定理之所以重要，是因为无数其他数论定理的证明中都使用了它。它还代表着分析数论——也就是利用实分析和复分析来研究数论的方法——的开端。

然后在 1859 年，黎曼发表了一篇关于 $\zeta$ 函数的开创性论文，这也是他一生中发表的关于数论的唯一论文（Narkiewicz, 2000, §4）。在这篇论文中，他描述了如何通过研究 $\zeta(s)$（这一表示方式由黎曼提出）说明存在无限多的素数

---

⊖ 对他的论点的一个现代解释是：在 18 世纪，极限和收敛还没有被严格定义，所以欧拉会无所顾忌地写作 $s$ 等于 1，并对其是否合理不加考虑。但从另一面说，我们可以将欧拉的直接但不被所有数学家承认的方法规范化。

⊖ 一个在数论学家里流行的版本是考虑 $s=2$。欧拉的另一定理说明，如果只存在有限多个素数，那么根据式（3.2），$\zeta(2) = \pi^2/6$ 会是一个有理数。然而，勒让德在 1794 年证明了 $\pi^2$（同理有 $\pi^2/6$）是一个无理数。

并且可由此研究素数的渐近分布,甚至最终可以证明高斯猜想。高斯猜想最后由阿达马和普桑于 1896 年独立证明。我们现在把这项结果称为*素数定理*(Zagier,1997)。黎曼最重要的想法是不仅仅考虑了 $\zeta(s)$ 在 $s$ 是实数时的情况,也考虑 $s$ 是复数的情况。他通过解析延拓原理说明了 $\zeta(s)$ 对于除 1 以外所有复数 $s$ 的作用。关键点在于理解所有让 $\zeta(s)=0$ 的 $s$ 的值。已知 $\zeta(s)=0$ 对于 $s=-2,-4,-6,\cdots$ 和无穷多实数部分在 0 到 1 之间的非实数成立。黎曼计算了最初几个的非实数零点,如表 3-3 所示(零点以共轭对的形式出现,对于在 $x+iy$ 的零点,一定有另一个在 $x-iy$。所以我们只列出了虚数部分为正的情况)。后来黎曼大胆猜测所有零点的实数部分均为 1/2。

表 3-3 前 5 个虚数部分为正的黎曼 $\zeta$ 函数零点

| |
| --- |
| $0.5+i\,14.134725141173469379045\cdots$ |
| $0.5+i\,21.022039638771554992 62\cdots$ |
| $0.5+i\,25.010857580145688 76321\cdots$ |
| $0.5+i\,30.424876125 85951321031\cdots$ |
| $0.5+i\,32.935061587 73918969066\cdots$ |

超过 150 年之后的今天,我们仍然无法确定这一猜想,也就是黎曼猜想(Conrey,2003)的正确性,不过现在有很多证据支持,并且多数数学家相信黎曼猜想是对的。如果黎曼猜想为真,那么就说明高斯对于不大于 $x$ 的素数个数的估计在平方根级别上是准确的,也就是说大约前一半的数位是正确的。比如说,虽然我们现在不能准确计算出不超过 50 位的数字中有多少素数,但是高斯的公式预测说大约有

<u>87626803175078416887817686264</u>0406870986031109950

个素数,并且由黎曼猜想我们知道下划线的这些数字很可能是准确的。如果黎曼猜想不成立,我们就只能得到更弱的结果了:比如我们知道高斯近似里正确的位数随着 $x$ 的增大而增加(这是素数定理的定性描述),但是我们不知道这一关系是否是线性的。

### 3.3.2 图灵与黎曼猜想

黎曼猜想之所以是一个优秀的猜想,有一部分是因为它可证伪,即我们可以通过找到一个反例来明确说明它不成立。相信黎曼猜想成立有些哲学原因,但除此之外,我们现有最强的证据就是在所有的数值测试中还没有发现反例(不过,从 $\pi(x)$ 与 $\mathrm{Li}(x)$ 的对比来看,我们不应该完全依赖于数值证据)。图

灵并不确信黎曼猜想的正确性,这一点可以从他关于这一论题的论文(Turing, 1953)中窥见:他希望曼彻斯特马克一号能找出一个反例。不过在 20 世纪前半段,对于黎曼猜想的怀疑很常见,而且一些很接近于反例的例子在早期验证过程中的发现也让很多人相信只要多一点计算就能找到真正的反例。

正如上文提及的,最早这类计算是由黎曼自己完成的[⊖],而且很可能是在他提出猜想的过程中就找出了计算的方式。到了 20 世纪 30 年代,蒂奇马什已经找到了超过 1000 个零点,而且发现都符合黎曼猜想。蒂奇马什在黎曼基础上推导的方法,由两步组成:

1. 找到实数部分为 $\frac{1}{2}$ 且虚数部分在 0 至某个很大数字 $T$ 之间的所有零点。虽然 $\zeta\left(\frac{1}{2}+it\right)$ 的值对于实数 $t$ 的计算是很复杂的,但是后来发现可以定义一个实数域上的函数 $Z(t)$,它的绝对值与 $\zeta\left(\frac{1}{2}+it\right)$ 相同。因此,$Z(t)$ 的零点就对应着黎曼 $\zeta$ 函数实数部分为 $\frac{1}{2}$ 的零点。而 $Z(t)$ 的零点可以通过观察 $Z(t)$ 的图像看它与 $t$ 轴的交点得到(图 3-2 的最上面)。

2. 通过辅助计算得到 $\zeta$ 函数非实零点中虚数部分不大于 $T$ 的零点数目,记作 $N(t)$。如果 $N(t)$ 等于第 1 步中找到的实数部分是 $\frac{1}{2}$ 的零点数目,那么所有虚数部分不大于 $T$ 的零点都满足黎曼猜想。

在这两步中,第一步相对直接一些。事实上,黎曼找到并利用了一个能够快速计算 $Z(t)$ 的等式(之后由西格尔发表)。而第二步就要复杂得多,包括蒂奇马什的方法在内,之前所有对于该问题的尝试都缺乏一般性,且不能保证在 $T$ 较大时正确。图灵认为这些方法都不够令人满意,因为他希望机器能够尽可能在不需要人工干预的条件下自动运行。于是他找到了一个可以用于判断是否所有零点都已被发现的判据,这样验证过程中最麻烦的步骤就可以被机器的自动检查所取代。

图灵的方法基于对观察到的 $N(T)$ 值和 $N(T)$ 随 $T$ 增长时的理论渐近公式间的精细比较。黎曼提出 $N(t)$ 可以近似地表示为一个平滑函数

$$M(T) = \frac{T}{2\pi}\ln\left(\frac{T}{2\pi e}\right) + \frac{7}{8}$$

---

⊖ 这个成果是在黎曼去世二十年后,人们检查他在哥廷根图书馆里的未发表的笔记时发现。

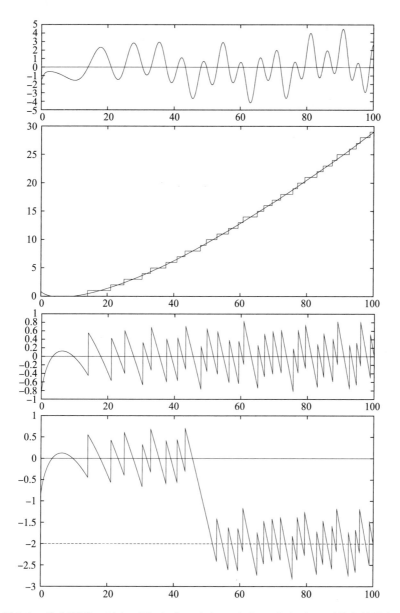

图 3-2 从上到下：$Z(t)$；$N(T)$ 与 $M(T)$；$E(T)$；$E(T)$ 和一对缺失的零点

该式在之后得到了严格证明（图 3-2 的第二幅图展示了 $N(T)$ 与 $M(T)$ 在 $T$ 小于 100 时的图像。注意到 $N(T)$ 图像中每一次跳变的位置都和 $Z(t)$ 图像中一个零点的位置对应，这验证了高度 100 以内的 RH）。这是一个渐近近似，意味着当 $T$ 增长时，误差的百分比会趋向于 0，但对于某个具体的 $T$ 而言，误差的绝对值有可能很大。在实际中人们从未发现过大于 4 的误差值，尽管理论上对于非常大的 $T$ 误差通常也应非常大。无论哪种情况，这些误差都导致当我们想判定是否已找到给定 $T$ 的所有零点时该渐近近似是无用的。

图灵巧妙地利用了 $E(T) = N(T) - M(T)$ 在 $T$ 的一个取值区间上的误差值（而不是根据某一个 $T$ 得到的值）来解决这个问题。利特尔伍德证明了 $E(T)$ 在 $T$ 较大时均值接近于 0，因而会在 0 上下振荡，正如图 3-2 的第三幅图所示。如果我们用设定实部为 1/2 时找到的零点个数作为 $N(T)$ 来绘制这张图像，那么任何缺失的零点都会导致均值发生偏移。例如，假设有两个零点没有被找到[⊖]，那么 $E(T)$ 的均值会开始在 $-2$ 上下振荡，如图 3-2 底部的图所示。事实上，在给利特尔伍德定理加上显式常量后，这个判据可以被严格证明。图灵（Turing, 1953）的主要贡献之一就是艰难地完成了这个定理的推导。

尽管图灵在 1950 年就开始了对黎曼猜想的研究，但直到 1953 年他的论文才被发表，此时距他离世只有一年。很显然，这个项目当时在曼彻斯特马克一号上的优先级并不高，他论文中的一段话印证了这一点：

> 尽管计算在事前已经规划好了，但实际执行的时候却很匆忙。要不是机器在某一天下午 3 点到第二天上午 8 点之间反常地长时间保持在可运行状态[⊖]，这些计算可能永远都得不到机会运行。在那段时间中，$2\pi \cdot 63^2 < t < 2\pi \cdot 64^2$ 区间中的零点得到了验证，此外没有取得什么进展。

图灵明显对于这个结果感到失望。对于我们来说，现在的计算机和 20 世纪 50 年代相比变得快得多、便宜得多、可靠得多，而且发展的速度十分迅猛。但在图灵那个年代，他很难预料到计算机硬件将发展迅猛，这或许导致了他的悲观。D. H. 莱默在《数学评论》中提及该文道：

> 尽管作者对于这个在机器上跑了几个小时的结果不以为然，这篇论文还是展示了他为了计算所做的大量、细致的准备工作，这些工作对于未来的计算机十分有价值。自 1950 年以来，大型计算机在数量和可靠性上都有大幅增长，毫无疑问更进一步的结果将随之出现。

事实上，在 1956 年 D. H. 莱默就应用图灵的方法将计算范围拓展到机械计算器远远无法达到的地步。凭借现代计算机和改进后的算法，我们已经知道前 10 万亿个零点都符合黎曼猜想，还有第 $10^{32}$ 个零点和它的几百个邻接点。这个尺度在 50 年代是几乎无法想象的。这些算法都将图灵的方法作为一个细小但

---

⊖ 因为零点是根据函数值的符号改变寻找的，所以我们只能错过偶数个零点。
⊖ 曼彻斯特马克一号就像所有早期电子计算机一样，有着上千个真空管（或是热阴极电子管）。这些元件是由白炽灯演化而来的，它们的寿命只有数年左右。但当一台机器同时使用上千个原件时，每天烧坏一个元件几乎是不可避免的。为了避免元件损害带来误差，马克一号每隔几分钟就运行一段规定代码，如果与预期结果有偏差就停机检查。

重要的步骤，不幸的是图灵没能看到这些成果。

### 3.3.3 形式化证明

图灵（Turing, 1953）在论文中还有不少有趣的注解，但其中一个尤为体现图灵当时的想法：

> 如果以确定的规则来描述计算是如何进行的话，我们就可以预测整个计算过程中产生错误的范围。当计算是由人力手工进行时会有许多现实而严重的问题，计算员可能对某个步骤该如何执行有自己的想法⊖……但如果计算是由一台自动计算机执行的话，我们可以确信这类不规范行为不可能发生。

应当注意到，图灵差不多同时在进行《计算机器与智能》的写作，在这本书的语境中这段引言在现代并不显得令人惊讶，但大幅领先于其时代。甚至在 20 年之后，当四色定理的首个证明被发表时，仍然有相当多的人质疑这样一个不可能由人类检查的证明是否应该被接受。而图灵在 1950 年不但宣布这是可以接受的，还声称机器证明在某些情况下应当取代人类。

潮流渐渐偏向了图灵这一边。尽管类似于"由'纯粹的思想'得到的证明更优雅"之类的论调仍时常出现，但数学家们现在还是更信任机器的结论。这种观念的转变也在另一争论中得到了体现：托马斯·黑尔在 1998 年对开普勒猜想的证明招致了类似于对四色定理的非议，但这次争议的焦点不再是机器是否可信，而是程序员是否可靠，因为这个程序实现起来很有挑战性。

随着纯数学领域对计算机使用的逐渐增加，以及随之而来的更复杂的证明，这类争议可能将变得更为普遍。一个叫作形式化证明的领域因而广受关注（Hales, 2008）。形式化证明是指从最基本的公理开始，由计算机检查每一步推导的正确性。比如，我们现在就有两个独立的、近十年内完成的素数定理形式化证明。基于这股潮流我们不难想象，在未来图灵的预言可能成为事实上的标准，而数学证明在由机器进行形式化验证之前将不会被完全承认。

## 3.4 今天与未来

鉴于计算机在速度、可靠性和可用性方面给经济规模带来的影响，几乎所

---

⊖ 在这里图灵用"计算员"（computer）一词来指代人类，这一用法在 20 世纪 40 年代之前非常常见。

有的人类劳动都愈发依赖计算机的使用。在应用数学领域它们已无所不在，在纯数学领域（包括数论），它们的重要性也开始凸显。以素数测试为例，利用计算机寻找数千位的大素数在今天已是常规工作，而这些素数对于线上交易的安全有着关键性作用。

对于解析数论尤其是黎曼猜想，基于图灵 1950 年研究工作的对 $\zeta$ 函数的计算给予我们许多新的理解。其中最重要的贡献属于安德鲁·奥德兹科，他在 20 世纪 80 年代和阿诺德·舍恩哈格一起发现了一个算法，这个算法可以并行且快速地计算 $Z(t)$ 的多个值，也是黎曼 – 西格尔公式出现后的第一个理论改进。这个新算法使得奥德兹科揭示了 $\zeta$ 函数零点与随机矩阵理论（一个物理学家用来给重原子的能级建模的工具）之间的联系。图 3-3 比较了 $\zeta$ 函数零点与随机埃尔米特矩阵特征值的最近邻间距分布（又被称为 GUE，Gaussian Unitary Ensemble）。大致来说，图中的曲线给出了一个给定间距会出现在两个相邻零点之间的概率；由此，我们可以看到零点很少靠在一起，也就是说它们有彼此排斥的倾向。

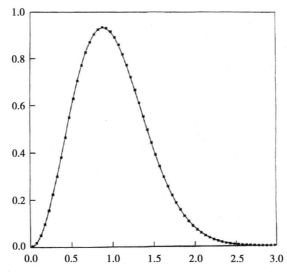

图 3-3 在第 $10^{20}$ 个零点周围约 7900 万个 $\zeta$ 零点的最近邻间距分布（散点图）。作为比较，图中也一并给出了 GUE 的图像（平滑曲线）

第一个将 $\zeta$ 函数与随机矩阵理论联系起来的想法来自于数学家休·蒙哥马利与物理学家弗里曼·戴森 1972 年在普林斯顿高等研究院的一次不期而遇。蒙哥马利当时提出了一个描述 $\zeta$ 函数零点分布的对关联函数，而戴森一眼看出这个函数的形式与 GUE 的形式完全一样。然而，在建立这一联系的过程中起到决定性作用的还是奥德兹科的计算结果，正如图 3-3 所示，否则这一切很可能只被人们当作一个有趣的巧合而已。

我们仍不清楚为什么 $\zeta$ 函数的零点分布会遵循 GUE 的统计规律。有人猜测，或许有这么一个类似于重原子的物理系统，使得它的光谱恰好就是 $\zeta$ 函数的零点。那么，只要找到这个系统，就相当于通过希尔伯特 – 波利亚猜想（由波利亚在一个世纪前提出）证明了黎曼猜想。

另一种可能是，这其实是一个普遍现象，就好比高斯分布在自然界中普遍存在那样。随着其他 L 函数的计算得到类似的结果，这一看法获得了更强的可信度。现有许多数学对象都被归类到广义 L 函数这一大类下（Booker, 2008），而其中的原型就是黎曼 $\zeta$ 函数和狄利克雷最早提出的 L 函数。作为现代数论的一个重要分支，朗兰兹纲领致力于将各种 L 函数及它们之间的关系分类，而计算方法的潜力在这个领域中才刚刚开始显现[一]。在某种程度上，我们之所以会对其他的函数产生兴趣，是由于在证明黎曼猜想上遇到了麻烦。而当数学家们遇到困境时，他们常常会将原问题推广，并尝试解决相似但更简单的问题。因此，对于每一个广义 L 函数，都有一个与之对应的"黎曼猜想"。这些简化版的黎曼猜想仍然也一个都没有解决。

不管 GUE 现象的原因是什么，在彻底理解它之前我们恐怕是很难找到黎曼猜想的证明。虽然这似乎还有很长的路要走，如同图灵和奥德兹科所做的一样，我们现在仍在验证猜想的路上，并开始使用这样的计算方法来解决问题。以下是几个与素数有关的例子：

- 计数素数的个数。如上文所述，高斯公式给出了从 2、3 到 $x$ 中素数个数的一个良好近似，但如何知道其中素数的准确个数呢？在 19 世纪以前，最好的办法只有用埃拉托斯特尼筛数法找出给定范围内的所有素数。幸运的是，数学家们之后找到了更聪明的办法。目前最快的算法由拉加里亚斯和奥德兹科于 1987 年提出，利用验证黎曼猜想的计算结果，他们给高斯公式加上了若干修正项。布特、弗兰克、约斯特和克莱荣在 2010 年首次使用了这个算法，并计算了表 3-2 中最后一行 $\pi(x)$。他们的方法假设了黎曼猜想的正确性，但最近普拉特移除了这一假设条件。
- $\pi(x)$ 与 $\text{Li}(x)$ 问题。苏戴尔和德米歇尔在 2010 年时利用对黎曼 $\zeta$ 函数的前 2200 万个零点的数值近似，证明了 $\pi(x)$ 在 $x$ 小于 $1.3972 \times 10^{316}$ 的某处超过了 $\text{Li}(x)$，并且有理由认为使 $\pi(x)$ 比 $\text{Li}(x)$ 大的最小

---

[一] 请见 www.L-functions.org。

$x$ 取值就在上述找到的 $x$ 附近。因此，虽然我们可能永远不会准确知道使 $\pi(x)$ 比 $\text{Li}(x)$ 大的最小 $x$ 的准确值，但对史丘斯界的最优可能改进已被有效解决。

- 哥德巴赫猜想。1742 年 6 月 7 日，克里斯蒂安·哥德巴赫写信告诉欧拉他猜测所有大于 5 的整数都可以被写成三个素数之和[○]。在 20 世纪之前人们对于这一猜测没有任何本质性进展。在 20 世纪 30 年代，维诺格拉多夫证明了哥德巴赫猜想对于所有充分大的奇数都是成立的，然而偶数的情况依然是未知谜题（人们发现哥德巴赫猜想在偶数情况下要难很多，因为三个素数中必须有一个 2，从而只有两个自由度）。在这里"充分大"的定义在几百年来已经减小了很多，但仍超过 $10^{1300}$，这个数字如此之大，我们根本无法对于那些不充分大的奇数进行一一检查，即使是使用现代计算机也不行。另一方面，我们已经知道如果黎曼猜想对于黎曼 $\zeta$ 函数和狄利克雷 $L$ 函数成立，那么哥德巴赫猜想对于所有奇数也成立。因此如图灵的工作所述，黎曼猜想的数值验证将使我们能够在不久的将来验证这些理论。[○]

在过去的 60 年里，除了研究现存的猜想和问题，计算机还在提出新的猜想上大有助力。一个典型的例子是 BSD 猜想，它由贝赫和斯维纳通－戴尔用剑桥的 EDSAC 发现。这个猜想与形如 $y^2 = x^3 + ax + b$（$a$、$b$ 为常数）的椭圆曲线有关（椭圆曲线是著名的谷山－志村猜想的研究对象，怀尔斯等人在 1995 证明了该猜想，并由此引出了 350 年来悬而未决的费马大定理的证明）。对于任意椭圆曲线，我们可以得到其对应的 $L$ 函数，类似于之前的黎曼猜想，BSD 猜想预测了该 $L$ 函数的零值。这一猜想目前被认为是数论里最重要的开放性问题之一，即便是对其部分的解答也可能引出令人瞠目结舌的应用成果。其中一个应用使得滕内尔在 1983 年解决了有 1000 年历史的同余数问题（Chandrasekar，1998），即给定一个数 $n$，是否存在一个直角三角形，使得其面积为 $n$ 且边长均为有理数（严格意义上讲，滕内尔算法仅在 BSD 猜想成立的情况下有效，但是运用该算法并不需要证明 BSD 猜想）。BSD 猜想的另一个应用使得戈德菲尔德得到了高斯在 1801 年提出的类数问题的有效解（Goldfeld，1985），这项工作传

---

○ 在哥德巴赫的年代，通常认为 1 也是素数，所以他说的实际上是"大于 2 的所有数"。
○ 在本章写完后，法国科学家哈拉尔德·赫尔夫戈特发表了哥德巴赫猜想对于所有素数情况成立的证明。

达给我们的信息之一是所有整数都可以被唯一地表示成三个完全平方数之和。

因而，一方面讲，计算机在解决一些历史悠久的数论问题时是一个非常有效的工具。同时，又有很多问题看上去无法用现有的方法解决，使得数值实验成为解决它们的唯一突破口。举例来说，本章已经提到过几个此类问题，我们对于这些问题的认知并没有比欧几里得在公元前 300 年先进多少：

- 是否每个素数都会出现在欧几里得 – 穆林第一序列中？
- 是否存在任何奇完全数？
- 是否存在无穷多个梅森素数？

我们将永远无法预测人类（或是他们的机器）的创造力，但正如哥德尔所说，有些问题纯粹是不可知的，而我们猜测的这些问题大概就属于那一类（事实上，穆林构造素数数列的最初动机就是想要找到一个自然的不可知问题）。从某些角度而言，这也许是一个好消息，因为它会吸引那些业余数学家和数学爱好者，引导他们走进这一领域，去从事那些看上去就令人头疼得无从入手的研究课题。

## 计算机在数论领域的未来

我们已经来到这样一个时代，每个数学工作者都有一台高斯只能在梦里见到的计算工具。正如之前所述，计算机极大地改变了数论研究及其成果。这股潮流很有可能会持续，直到计算机成为数论研究不可或缺的一部分，直到没有人能脱离计算机而去研究数论。也许，形式化证明的发展将使得数论研究里的"思考"部分最终也由计算机承担。

在 1900 年一场著名的演讲里，大卫·希尔伯特列举了 23 个悬而未决的数学命题，在他的视野里这些难题将在接下来的几个世纪铺成数学发展的道路。列表上的第八个问题就是素数理论，包括黎曼猜想和哥德巴赫猜想。可惜，我们距离黎曼猜想的解决并没有比 1900 年更近，相反，新的理论（例如与随机矩阵理论的联系）引申出更多新的问题（希尔伯特也许已经预见到这一点，他曾说道："如果我在沉睡一千年后被唤醒，我的第一个问题将会是：黎曼猜想被证明了吗？"）。尽管如此，希尔伯特列举的大多数问题已经有了极大进展，虽然有些进展的方向与预期相反，例如之前提到的哥德尔以及之后图灵的研究成果都和希尔伯特的预期恰巧相反。

2000 年，在又一个世纪转折点，人们提出了很多列表去替代希尔伯特的那些问题。其中最受瞩目的是由克雷数学研究所提出的七个千禧大奖难题，他们为每一个难题悬赏一百万美元。至今，庞加莱猜想这个问题已经被解决。在剩下的六个问题里，我们在本章讨论图灵的工作时已经遇到两个，分别是黎曼猜想和 BSD 猜想。还有很多人可能会说 P 与 NP 问题，这个问题乌力·毛勒将会在接下来的章节中讨论。这里并不是说图灵在曼彻斯特马克一号上的探索对这些研究有直接影响，但它至少证明图灵对世纪难题不可思议的直觉，并曾经做过相关的工作。

22 世纪的世纪难题又会是什么？今天可能没有人能够做出有意义的预测。但是，我们可以打一个很安全的赌：至少会有一个问题是数论问题。并且很有可能这个问题是被计算机发现的。图灵，一个从不惧于表达自己想法的人，曾在一篇关于马克一号的报道的采访中说：

> 这只是即将到来的事物的冰山一角、惊鸿一瞥。我们需要的是积累经验来得知我们的机器具有怎样的能力。我们也许会花很多年来确定它带来了怎样的新的可能性，但我找不到理由去阻止它进入任何一个人类主导的领域并和人类进行公平竞争。

## 参考文献

Andrew R. Booker. Uncovering a new *L*-function. *Notices Amer. Math. Soc.*, 55(9):1088–1094, 2008.

V. Chandrasekar. The congruent number problem. *Resonance*, 3:33–45, 1998. 10.1007/BF02837344.

J. Brian Conrey. The Riemann Hypothesis. *Not. Amer. Math. Soc.*, 50(3):341–353, 2003.

Leo Corry. Hunting prime numbers – from human to electronic computers. *Rutherford J.*, 3, 2010.

Dorian Goldfeld. Gauss's class number problem for imaginary quadratic fields. *Bull. Amer. Math. Soc. (N.S.)*, 13(1):23–37, 1985.

Thomas C. Hales. Formal proof. *Not. Amer. Math. Soc.*, 55(11):1370–1380, 2008.

Dennis A. Hejhal. A few comments about Turing's method. In *Alan Turing – His Work and Impact*, S. Barry Cooper and J. van Leeuwen, editors. Elsevier Science, 2012.

Dennis A. Hejhal and Andrew M. Odlyzko. Alan Turing and the Riemann zeta function. In *Alan Turing – His Work and Impact*, S. Barry Cooper and J. van Leeuwen, editors. Elsevier Science, 2012.

Andrew Hodges. *Alan Turing: the Enigma*. A Touchstone Book. Simon & Schuster, 1983. Chapters 6 and 7 cover the period discussed here, including a detailed history of the design and development of the ACE and Manchester Mark 1 computers.

Władysław Narkiewicz. *The Development of Prime Number Theory: From Euclid to Hardy and Littlewood*. Springer Monographs in Mathematics. Springer-Verlag, 2000.

A.M. Turing. Some calculations of the Riemann zeta-function. *Proc. London Math. Soc. (3)*, 3:99–117, 1953.

D. Zagier. Newman's short proof of the prime number theorem. *Amer. Math. Monthly*, 104(8):705–708, 1997.

# 第 4 章
The Once and Future Turing: Computing the World

# 图灵之后的密码学和计算

◎乌力·毛勒

**摘要**

这一章我们探讨计算理论和密码学的交叉研究，对于这两个领域，阿兰·图灵都曾做出奠基性贡献。

密码学的主要目标之一是证明密码方案的安全性。这意味着要证明攻破方案的计算问题求解是不可行的，即它的解决所需要的计算量对人类现有的和可预见未来的科技水平来说是达不到的。由于密码学是一门数学科学，因此人们需要一个关于计算和计算复杂度的（数学）定义。在现代密码学以及更一般的理论计算机科学中，一个问题的复杂度定义为在通用图灵机上解决该问题的最好程序所花费的步数。

遗憾的是，对于这个通用计算模型来说，至今没有一个有意义的计算问题复杂度下界被证明。然而，如果考虑一个更受限制的计算模型，对算法能力进行合理的限制，那么非常强的下界就可以证明。例如，如果只考虑所谓的一般（类属）算法，在这些算法中不能使用群元素表示（为比特串）的特性，则人们可以证明在有限循环群上计算离散对数复杂度的一个指数下界，这是密码学中的一个关键问题。

## 4.1 引言

设定给我的任务是写关于（一般的）科学兴趣和与阿兰·图灵工作相关的主题。这里介绍的主题处于计算理论和密码学的交叉领域，阿兰·图灵在这两个领域都做出了令人瞩目的贡献。本章具体的技术目标是介绍密码学中的可证明安全性，其中部分内容基于我 2005 年的论文（Maurer，2005）。

计算和信息是计算机科学中的两个最基础的概念，就像质量、能量、时间和空间是物理学中的基础概念一样。理解这些概念一直是理论计算机科学研究的基本目标。就像图灵的工作所证实的那样，许多根本性问题与物理学和数学中的基础性问题同样深奥，人们至今还远远没有很好地理解这些问题。

遗憾的是，由于信息技术对经济和社会有巨大的、实际的重要性，这个观点在计算机科学中经常被忽视。未来的大学生应当了解计算机科学不只是一门重要的工程学科，同时也是一门基础科学。高中课程中应当包括更多的计算机科学专题，而不只是计算机文化课程。

20 世纪两个最有才智的人对理解计算和信息的概念做出了基础性的贡献。在 1936 年发表的论文中，阿兰·图灵通过提出图灵机作为通用计算模型，给出了计算的一个数学定义。这个模型现在仍然广泛地应用于计算机科学中。克劳德·香农（1948）奠定了信息论的基础并首次以有意义的和量化的方式定义了信息。这个理论使人们以一种全新的方式对信息的编码和传输进行形式化描述，这对现代通信技术的发展是必不可少的。

值得注意的是，图灵和香农都在密码学领域做出了基础性的贡献。实际上，对密码学的兴趣，可以看作他们（分别）在计算理论和信息论方面的基础性工作灵感的一个可能来源。事实上，据作家安德鲁·霍奇斯的记载（Hodges，1992，第 120 页和第 138 页），图灵在刚刚发表了 1936 年的论文后，在给他母亲的信中写道：

> 我刚发现了我目前研究工作的一个可能应用。它回答了"什么是最一般类型的合理的编码或密码"的问题，同时（相当自然地）使我构造出许多特别的和有趣的编码。其中的一个如果没有密钥完全无法解码，编码速度却非常快。我想我可以以一笔相当可观的费用将它们卖给女王陛下的政府，但是我相当怀疑这样做是否违背道德。

这表明图灵在被任命前往布莱切利园攻破德国密码之前就对密码学产生了

兴趣。不幸的是，这个工作没有公开，并且好像已经丢失了。但是可以明确的是，图灵想要发展可证明的密码学安全性理论，这正是本文所要探讨的主题。人们只能猜测，如果图灵在理论密码学上花费更多时间的话，他能够在这一领域取得什么样的成就。

图灵在密码学和计算两个领域的工作的另一个重要联系，是他攻破德国密码的工作需要构造实际计算机，图灵的洞察力后来帮助他做到了这点，建造了第一台电子管计算机，这是最早的实际计算机之一。

## 4.2 密码学

### 4.2.1 引言

我们可以将密码学理解为利用信息差异（例如，一方知道密钥而另一方不知道）保证信息安全的数学科学。详细介绍密码学的成就超出了本章的范围，相关的讨论可以参看我的论文（Maurer，2000）。

密码学在历史上（比如两次世界大战中）发挥了重要的作用，密码分析则更是如此。卡恩（Kahn，1967）和辛格（Singh，1999）的论文对密码学的历史有非常好的描述。在第二次世界大战之前，密码学被认为更多的是一门艺术而不是科学，它主要用于军事而且几乎全部与加密有关。加密方案相当具有临时性，本质上没有理论支持它们的安全性。形成鲜明对比的是，现代密码学是一门科学，具有大量不同种类的应用而不仅仅是加密。这些应用通常由数学家和计算机科学家设计的复杂的密码协议来实现。没有密码学，互联网和任何其他现代信息系统的安全是不可能保证的。

触发密码学从一门艺术向一门科学转变的或许是下面两篇重要的论文，一篇是《保密系统的通信理论》（Shannon，1949），这篇论文是香农信息论奠基论文（Shannon，1948）的姊妹篇；另一篇是甚至更有影响力的《密码学的新方向》（Diffie-Hellman，1976），迪菲和赫尔曼在这篇文章中开创了公钥密码学。

作为一篇与阿兰·图灵的工作有关的文章，有关公钥密码发明的历史记录是不能不提的。20 世纪 90 年代末，英国政府宣称公钥密码最初是由英国政府通信总部（Government Communications Headquarters，简写为 GCHQ，位于切尔滕纳姆）的詹姆斯·埃利斯和克利福德·科克斯于 20 世纪 70 年代初发明的

（Singh，1999），他们提出的方案在本质上与迪菲－赫尔曼协议（Diffie-Hellman，1976）相同，且在一年以后又发明了与 RSA 公钥密码系统相同的密码方案。由于为政府部门工作的科学家通常不能发表他们的成果，因此他们的贡献和发明只能在很久以后公布于众（如果可能的话），且经常是在他们去世以后才得以公布。这种情况也适用于图灵在密码分析和实用（密码破解）计算机构造方面的工作。这些工作直到 20 世纪 70 年代才公布。如果其伟大贡献在他被起诉和悲惨去世之前公开并得到公认，图灵的生活或许会有一个非常不同的转变。

### 4.2.2 密钥的需求

像其他密码学方案一样，加密需要一个发送者和接收者（通常称为爱丽丝和鲍勃）共享的密钥，该密钥不为窃听者所知。在军事背景下，可以通过派出可信的通讯员将密钥由总部传送到各通信机构。在商业背景下，派出一个通讯员是完全不现实的。例如，客户计算机与服务器通信时，需要一种机制以提供即时加密密钥。

然而，问题在于爱丽丝和鲍勃只能通过不安全信道连接，例如互联网，这是一个窃听者有可能访问的信道。因此，密码学中的一个基础性问题是，这样一种共享密钥如何仅通过可认证的⊖但是不安全的信道产生。在这个过程中，要求窃听者不能获得关于密钥的任何有用信息。这类问题被称为密钥协商问题。

这个密钥可以被用于加密和认证随后传送的信息。乍看之下，只通过公开通信来产生密钥是非常令人困惑的，但是上面提到的迪菲和赫尔曼的工作对这个看起来矛盾的问题提供了一个令人惊奇的解决方案。

### 4.2.3 安全性证明

在密码学中，一个基本目标是证明密码方案的安全性。安全意味着一个特定的假想方——敌手（或窃听者）——解决某个特定问题（例如确定传输的消息或使用的密钥）是不可能的。这样的不可能性可分为两种不同的类型，从而我们将密码学中的安全性也分为两种类型。

不管使用多大计算量都无法攻破的密码系统称为信息论安全的。最著名的

---

⊖ 通信的认证性通常通过使用所谓的证书来保证。

例子是所谓的一次一密密码本,这种密码体制通过在二进制明文序列上加入(按位模 2 加法)一个与明文独立的、均匀分布的随机二进制密钥序列来进行加密。很容易证明,得到的密文统计独立于明文,因此即使对具有无限计算能力的敌手,密文也绝对不会泄露明文的任何信息。然而,由于所需密钥长度过大且密钥不能重用,一次一密密码本是极其不实用的,只能用于一些特殊的场合,比如在里根和戈尔巴乔夫时代用于加密华盛顿和莫斯科的电话热线。

实际中使用的系统,在理论上可能会被一个拥有足够计算能力的敌手攻破,比如通过对密钥进行穷举搜索。这些系统的安全依赖于攻破它在计算上的不可行性,这样的系统称为是计算安全的。

证明一个密码系统的计算安全性意味着证明某个计算问题的复杂度下界。这样的一种证明必须能够保证,不仅密钥搜索是不可行的,而且攻破这个方案的任何其他方式也都是不可行的。从某种意义上来说,这种证明意味着即使未来出现天才,他也不能提出一种有效的算法来攻破方案。

遗憾的是,对通用计算模型,比如通用图灵机,至今还没有出现任何有意义的下界证明。因此,如果能够在合理的受限模型下证明相关计算下界,这些受限计算模型的研究自然是很有吸引力的。

本章将研究合理的计算模型,在这些模型下,我们可以证明计算安全性。

## 4.3 计算

计算机科学涉及以下基本问题:什么是计算?什么函数(或问题)在原理上是可计算的?对可计算函数来说,其计算的复杂度是什么?正如刚才提到的,在密码学中我们对证明复杂度的下界感兴趣。

计算是一个物理过程,通常在一个物理计算设备上运行。计算设备的例子有很多,包括通常的数字计算机、人脑、模拟计算设备、生物计算机和量子计算机等。

计算机科学旨在对计算做出数学(与物理相对照)表述。例如,某个问题是计算困难的,或者某个函数根本就是不可计算的。因此,我们需要为计算定义一个数学模型。图灵是最早认识到计算需要一个数学模型的人之一,他提出了现在被称为图灵机的计算模型。图灵机在理论计算机科学中被认为是最杰出的计算模型。

还有一些其他的计算模型被提出,例如丘奇的 $\lambda$ 演算(Church, 1932)。

当判断一个计算模型是否有用时，第一个需要回答的问题是这个模型是否是通用的，这里的"通用"是说，任何计算设备在原理上可计算的问题，在现在所考虑的模型下是可计算的。由于计算最终是物理的，完全的通用性是永远不可能实现的（除非我们宣称可以完全地理解物理，或者说完全地理解自然）。然而，大多数被提出的模型可以证明是相互等价的，即在一种模型下可计算的问题在另一种模型下也是可计算的。所谓的丘奇-图灵论题据此认定这里的计算概念（例如图灵机）刻画了用物理设备可计算的本质。事实上，图灵对这个断言给出了一个精妙的论述，他的模型刻画了人们使用纸和笔做计算时所能做的任何事情。

然而，当人们想要分析计算的复杂度时，或者说讨论解决某个计算问题所需要的最小步数时，模型的选择关系重大。例如，量子计算机在讨论可计算性问题（即判断什么问题可以计算，什么问题不能计算）时并不比经典计算机更强大，但是在解决某些计算问题（例如大整数分解问题）时，却比经典计算机有效得多，可以说判若云泥（Shor，1994）。

## 4.4 迪菲-赫尔曼密钥协商协议

### 4.4.1 预备知识

上面提到的最早由迪菲和赫尔曼提出的密钥协商协议（Diffie，Hellman，1976），使用对底数 $g$ 的模 $p$ 乘幂运算，其中 $p$ 是一个大素数（比如 2048 比特的素数，对应大约 617 位十进制数），即使用映射

$$x \mapsto g^x (\bmod p)$$

这里，对整数 $a$ 和 $b$ 来说，$a(\bmod b)$ 表示 $a$ 除以 $b$ 后的余数（比如，$67(\bmod 7)$ 是 4）。素数 $p$ 和底数 $g$ 是公开参数，生成之后可供系统所有用户使用。用更数学化的术语来说，我们在环 $\mathbf{Z}/p\mathbf{Z}$ 的乘法群中进行计算。我们用符号 $\mathbf{Z}_p^*$ 表示这个群。一个小小的例子如图 4-1 所示，其中 $p = 19$，$g = 2$。注意，$\mathbf{Z}_{19}^*$ 是由 18 个元素组成的循环群，群元素是从数 1 到 18。

即使 $p$、$g$ 和 $x$ 是几百位或几千位的十进制数字，$y = g^x (\bmod p)$ 也是可以有效计算的（后面将会看到），而当给出 $p$、$g$ 和 $y = g^x$ 计算 $x$ 时，通常认为计算是不可行的，这个问题被称为（一种版本的）离散对数问题，我们将在后面讨论这个问题。

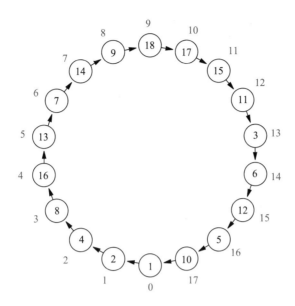

图 4-1　群 $\mathbf{Z}_{19}^*$，该群由生成元 $g=2$ 生成。圆圈外的数字是指数，圆圈内的数字是对应的 $\mathbf{Z}_{19}^*$ 中的元素。例如，$2^{11} \equiv_{19} 15$，即 $2^{11}$ 除以 19 的余数是 15，事实上 $2^{11} = 2048 = 107 \times 19 + 15$。又例如，6 以 2 为底的离散对数是 14，正如图中所示

### 4.4.2　有效的乘幂运算

我们简要描述一种有效的乘幂算法，即平方 – 相乘算法。为了在某个数学结构（例如 $\mathbf{Z}_p^*$）中计算 $g^x$，我们将指数 $x$ 用二进制表示。比如，$x=23$ 写成 $x=10111_2$。累加器 $a$ 的值初始化为 $g$，然后我们按如下方法逐比特处理 $x$。在每一步中，比如第 $i$ 步，我们按如下规则更新 $a$ 的值：

$$a := \begin{cases} a^2, & x_i = 0 \\ a^2 g, & x_i = 1 \end{cases}$$

这里 $x_i$ 是 $x$ 的第 $i$ 个比特（从左边开始，但是忽略最高位，这一位总是 1）。例如，对 $x=23=10111_2$，算法执行 4 步，这里 $x_1=0$，$x_2=1$，$x_3=1$，$x_4=1$。在第一步之后，累加器 $a$ 保存 $g^2$ 的值。在第二步之后，$a$ 保存值 $(g^2)^2 \cdot g = g^5$。在第三步之后，$a$ 保存值 $(g^5)^2 \cdot g = g^{11}$。最后，执行完第四步之后，$a$ 保存值 $(g^{11})^2 \cdot g = g^{23}$。这个算法的运行时间与 $x$ 的比特长度成正比，因而这个算法即使对非常大的 $x$ 也是有效的。

### 4.4.3　密钥协商协议

迪菲 – 赫尔曼协议如图 4-2 所示。

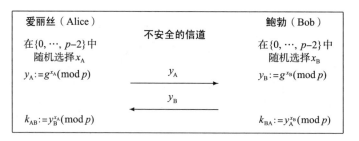

图 4-2 迪菲 – 赫尔曼密钥交换协议。素数 $p$ 和生成元 $g$ 是公开参数

爱丽丝随机选择一个指数 $x_A$，计算 $y_A = g^{x_A} \bmod p$，并将 $y_A$ 通过一个认证的但是不安全的信道发送给鲍勃。鲍勃进行类似处理，随机选择一个指数 $x_B$，计算 $y_B = g^{x_B} \bmod p$，并将 $y_B$ 发送给爱丽丝。然后爱丽丝关于模 $p$ 计算：

$$k_{AB} = y_B^{x_A} = (g^{x_B})^{x_A} = g^{x_B x_A}$$

类似地，鲍勃关于模 $p$ 计算：

$$k_{BA} = y_A^{x_B} = (g^{x_A})^{x_B} = g^{x_A x_B}$$

一个简单但重要的事实为：

$$k_{AB} = k_{BA}$$

这归因于乘法的交换性（在指数上）。换句话说，爱丽丝和鲍勃获得相同的共享的秘密值，这个秘密值可以用作一个密钥或者利用它生成一个适当长度的密钥，比如使用所谓的密码学杂凑函数。

从直观上看，这个协议的安全性依赖于如下观察：为了能由 $y_A$ 和 $y_B$ 计算 $k_{AB}$，敌手不得不计算 $x_A$ 或 $x_B$，这是所谓的离散对数问题，被认为是不可计算的。

迪菲 – 赫尔曼协议可以通过图 4-3 所示的机械模拟做一个漂亮的解释。乘幂运算（例如运算 $x_A \mapsto g^{x_A}$）可以看作锁上了一把挂锁，这个运算的执行很容易，但是求逆是不可能的（在计算的意义上）。注意，这个模拟中的挂锁是没有钥匙的，一旦锁上就不能再打开。然而，协议双方可分别记住这把锁相应的开启状态（即分别记住 $x_A$ 和 $x_B$）。爱丽丝和鲍勃交换已上锁的挂锁（即 $y_A$ 和 $y_B$），并保存其开启状态。则他们双方可以产生相同的配置，即这两把挂锁是联锁的。对敌手来说，不破开其中一把锁，要产生相同的配置是不可能的。

上面描述的迪菲 – 赫尔曼协议，不仅可以在模 $p$ 计算（即群 $\mathbf{Z}_p^*$）下实施，而且可以一般化到任意循环群 $G = \langle g \rangle$，其中 $g$ 是生成元。这里需要假设在这个循环群中，以 $g$ 为底的离散对数问题是计算困难的。需要做的修改仅是 $x_A$ 和 $x_B$ 必须从 $\{0, 1, \cdots, |G|-1\}$ 中选择，而模 $p$ 乘法代之以 $G$ 中的群运算。在

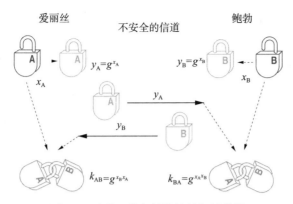

图4-3 迪菲－赫尔曼协议的机械模拟

实际中，我们经常使用椭圆曲线。椭圆曲线上的离散对数问题与相似大小的群 $\mathbf{Z}_p^*$ 上的离散对数问题相比，被认为在本质上更加困难。

## 4.5 群上的离散对数及其他计算问题

假设 $G$ 为 $n$ 阶循环群，$g$ 为 $G$ 的一个生成元，即 $G = \langle g \rangle$。那么群 $G$ 与加法群 $\langle \mathbf{Z}_n, + \rangle$ 同构。这里，$\langle \mathbf{Z}_n, + \rangle$ 是集合 $\mathbf{Z}_n = \{0, 1, 2, \ldots, n-1\}$ 在模 $n$ 加法下构成的群，这是 $n$ 阶循环群的标准表示形式。在群 $G$ 中，我们可以定义如下三个计算问题：

- 离散对数（DL）问题：对于给定的（均匀选取的）$a \in G$，计算 $x$，使得 $a = g^x$。
- 计算迪菲－赫尔曼（CDH）问题：对于给定的（均匀选取的）$a, b \in G$，计算 $g^{xy}$，其中 $a = g^x$，$b = g^y$。
- 判定迪菲－赫尔曼（DDH）问题：对于三个给定的群元素 $a$，$b$，$c \in G$，其中 $a$ 和 $b$ 是随机均匀选取的，令 $a = g^x$，$b = g^y$，要求判断 $c$ 来源于计算 $c = g^{xy}$ 还是 $G$ 中元素的独立随机均匀选取。

如果具体构造出上文提到的 $G$ 与 $\langle \mathbf{Z}_n, + \rangle$ 之间的同构，群 $G$ 中的 DL 问题就可解决。一般而言，DL 问题是否是计算困难的，依赖于 $G$ 中元素的表示。显而易见，如果对于 $G$ 的某个生成元 $g$，我们能够计算 $G$ 中的离散对数，那么对于 $G$ 的任意生成元 $g'$ 亦然。事实上，$G$ 中一个元素 $a$ 对生成元 $g'$ 的离散对数，可以通过用 $g'$ 对 $g$ 的离散对数去除（模 $n$）$a$ 对 $g$ 的离散对数得到。

DDH 最多与 CDH 一样难，CDH 问题最多与 DL 问题一样难。为了明白后者，我们只需注意到，CDH 问题可以通过利用 $a$ 计算 $x$ 来解决，这意味着计算离散对数。我们还知道，对于几乎所有的群，如果我们能够有效解决 CDH 问题，就也能够有效解决离散对数问题，即这两个问题大致同样困难（Maurer and Wolf，1999）（也请参阅 4.8.7 节）。

我们下面简略地讨论这些问题的密码学意义。看起来似乎攻破迪菲 - 赫尔曼协议意味着精确地解决 CDH 问题。然而，尽管 CDH 问题即计算整个密钥的问题是困难的，计算密钥 $g^{x_ax_b}$ 的一部分也可能是容易的。在某些特定的使用密钥的应用中，即使攻击者只能够获得部分密钥，依然会造成灾难性的后果；换句话说，即使 CDH 问题是困难的，使用迪菲 - 赫尔曼协议的系统仍然可能是不安全的。为保证迪菲 - 赫尔曼协议在任何背景下都是安全的密钥交换协议，我们需要的（更强的）条件是 DDH 问题是困难的，也就是说一个迪菲 - 赫尔曼密钥与一个随机密钥是不可区分的（在有效计算条件下）。这意味着，没有任何关于密钥的信息被泄露。

## 4.6 离散对数算法

### 4.6.1 引言

为了在群 $G$ 中进行计算，我们必须将群元素表示为比特串。作为一个典型的例子，通常假定 $\mathbf{Z}_p^*$ 中的元素表示为一个整数（以二进制形式表示）。正如上面提到的，一个计算问题的难度一般会强烈依赖于群中元素的表示。在一个具体的背景中，比如当试图攻破迪菲 - 赫尔曼协议的时候，攻击者不得不在爱丽丝和鲍勃正在使用的、给定的表示下进行工作。密码学家希望，对于这一表示该问题是困难的。

离散对数算法可分为一般（类属）算法和专用算法两种类型。一般（类属）算法仅使用群运算，而不依赖于群元素的表示。一般（类属）算法的一个简单例子就是尝试所有可能的值 $x = 0, 1, 2, 3, \cdots$，直到 $a = g^x$ 成立。

相反，专用算法是对于某种特定类型的表示而设计的。例如，群 $\mathbf{Z}_p^*$ 上离散对数求解的最佳算法即是专用算法，该算法比任何类属（一般）算法都快得多。对于群 $\mathbf{Z}_p^*$ 而言，最著名的算法是所谓的数域筛法（Gordon，1993），其复杂度为

$$O(e^{c(\ln p)^{\frac{1}{3}} (\ln \ln p)^{\frac{2}{3}}})$$

其中 $c = 3^{2/3}$，该算法比我们下文将要讨论的类属算法快很多，但对足够大的素

数 $p$ 仍然是不可行的。这样一个专用算法可以利用群元素都是数字这一事实，嵌入整数 $\mathbf{Z}$ 的丰富的数学结构中。比如，我们可以尝试将一个数字分解成素因子进行处理，然后再进行组合。

有一些群，比如大多数有限域上的椭圆曲线，目前尚没有已知的比类属算法更快的专用算法。换句话说，目前尚不知道椭圆曲线元素的表示如何用于计算离散对数。

对于任意一个在某个群中计算离散对数的专用算法，证明其有超多项式复杂度下界，将会解决理论计算机科学中最著名的开放性假设，事实上，这将意味着 P≠NP，因此这在不远的将来是不太可能实现的。然而，正如我们将会看到的，对于任意所谓类属算法，我们能够证明存在指数下界。

值得指出的是，彼得·舒尔（Shor，1994）发现了一个在量子计算机上计算离散对数和分解整数的快速（多项式时间）算法。目前量子计算机仍然只是一个理论计算模型，这一模型基于量子物理定律，比之于仅利用经典物理实现的传统计算机（包括图灵机）潜在地具有更强大的计算能力。虽然我们至今并不知道量子计算机究竟能否构造出来，但在构造量子计算机的研究上人们正在付出巨大的努力。

### 4.6.2 大步小步算法

大步小步（Baby-Step Giant-Step，BSGS）算法是最简单的非平凡离散对数算法。这是一个类属算法，即该算法可用于一般群结构，不依赖于群元素的表示方式；群的阶 $|G|=n$ 也不必知道，只要知道 $n$ 的一个粗略估计就足够了。

大步小步算法的执行流程如下：令 $a=g^x$ 为一个给定的实例，$t$ 是一个算法参数，一个典型的选取为 $t\approx\sqrt{n}$，未知数 $x$ 可被唯一地表示为

$$x = ut - v$$

（如图 4-4 所示），其中 $u<\dfrac{n}{t}\approx\sqrt{n}$，$v<t$。大步小步算法包含如下步骤：

1. **大步**：对每个满足 $0\leqslant j<n/t$ 的 $j$，计算数对 $(j, g^{jt})$。将计算得到的数对根据其第二个数值 $g^{jt}$ 排序，并顺序存储在一个表中。

2. **小步**：对于每个 $i=0,1,2,\cdots$，计算 $ag^i$，直到得到的值包含于（在大步算法中生成

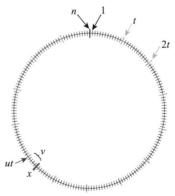

图 4-4　大步小步算法图解

的）表中。这一终止条件一定会发生，比如当 $i=v$ 且在表格中取出的数值满足 $j=u$ 时。随后计算 $x=jt-i$。

算法的存储需求为 $O\left(\dfrac{n}{t}\right)$，对于满足 $t=O(\sqrt{n})$ 的 $t$ 来说，该复杂度为 $O(\sqrt{n})$。对表格进行排序的时间复杂度为 $O\left(\dfrac{n}{t}\log\dfrac{n}{t}\right)$，$O(t)$ 次访问该表格的时间复杂度为 $O\left(t\log\dfrac{n}{t}\right)$，因此总时间复杂度为 $O\left(\max\left(t,\dfrac{n}{t}\right)\log n\right)$，对于满足 $t=O(\sqrt{n})$ 的 $t$ 来说该复杂度为 $O(\sqrt{n}\log n)$。这里，我们采用通用符号 $O(f(n))$ 来表示一个数量，这个数量在 $n$ 增大时随着 $f(n)$ 渐近线性增长。

大步小步算法在 $n$ 为素数时，本质上是一个最佳类属算法（见4.8.3节）。但如果 $n$ 只有小素因子，则存在显著更快的类属算法，我们将在下一节讨论。

### 4.6.3 波利格-赫尔曼算法

仍然假设 $|G|=n$，令 $q$ 为 $n$ 的一个素因子。将 $x$ 表示为
$$x=uq+v,\quad u\geqslant 0,\quad 0\leqslant v<q$$
其中 $u$ 和 $v$ 是我们希望计算的值。令 $k:=n/q$，则由 $kx=kuq+kv$ 及 $kq=n$，有
$$kx\equiv_n kv$$
这意味着⊖
$$a^k=g^{kx}=g^{kv}=(g^k)^v$$
换句话说，$v$ 是 $a^k$ 在群 $\langle g^k\rangle$ 中的离散对数，容易看出群 $\langle g^k\rangle$ 的阶为 $q$。利用任何类属算法（比如大步小步算法）计算这一离散对数，其运行时间为 $O(\sqrt{q}\log q)$，当 $q$ 适当小的时候，该算法可以有效完成。

剩下的问题是计算 $u$。令
$$a':=ag^{-v}=g^{uq}=(g^q)^u$$
因此，$u$ 是 $a'$ 在群 $\langle g^q\rangle$ 中的离散对数，群 $\langle g^q\rangle$ 的阶为 $k=n/q$，这里 $k$ 可能比较大。我们仿照上面（$|G|=n$ 的情形）所描述的方法进行类似计算，但是要注意现在是对 $n/q$ 阶的群而不是 $n$ 阶的群进行计算。

对于 $n$ 的每个素因子重复该过程（对素因子 $q$ 重复的次数和它在 $n$ 中出现

---

⊖ 符号 $a\equiv_n b$ 表示 $a$ 与 $b$ 关于模 $n$ 同余，即 $n$ 整除 $a-b$。

的次数一样多），我们便可获得所期望的 $x$。如果 $n$ 的素因子分解为 $n = \prod_{i=1}^{r} q_i^{\alpha_i}$，那么整个算法的复杂度为

$$O\left(\sum_{i=1}^{r} \alpha_i \sqrt{q_i} \log q_i\right) = O(\sqrt{q'} \log n)$$

其中 $q'$ 为 $n$ 的最大素因子。

波利格 – 赫尔曼算法本质上是一个最佳的类属算法（见 4.8.4 节）。这一算法的存在产生了如下原则：基于离散对数的密码系统的群的选取，必须满足其阶包含大素因子。例如，就像迪菲和赫尔曼的原创性方案一样，如果我们使用群 $\mathbf{Z}_p^*$，则 $n = p - 1$ 必须具有一个大素因子 $q$，比如 $p - 1 = 2q$。由于另外一些原因，在很多情形下我们实际上选取素数阶群。

## 4.7 抽象计算模型

### 4.7.1 动机

正如之前提到的，在通用计算模型下，对于任意合理的计算问题下界的证明，目前尚未得出对密码学来说有用的结论。因此，研究合理的受限计算模型，给出相关的下界证明，是很有意思的领域。

在受限模型中，我们假设只允许几种特定类型的操作。比如，在所谓单调电路模型中，逻辑（数字）电路只包含"与门"和"或门"，不包含"非门"。然而，从密码学的角度来看，针对该受限模型的下界意义不大，因为很显然，敌手可以执行"非"运算。

但是，某些受限模型对于密码学是有意义的，比如类属计算模型。这里术语"类属"（generic）的含义是我们不能利用元素的表示所特有的非平凡性质，而只能使用元素的任意表示都满足的以下两个类属性质：

- 元素相等性可测。
- 对于元素的任意表示方法，我们可以施加一个全序关系 $\leq$。比如，比特串集合上的普通字典顺序关系。[⊖]

我们现在提出一种计算模型，这种计算模型能够用于刻画类属算法以及更

---

⊖ 这个序关系是一个抽象关系，它与集合 $S$ 上任何有意义的关系（比如，$\mathbf{Z}_n$ 上的 $\leq$）不相关，使用这个关系的算法，必须保证无论如何定义 $\leq$，算法都能适用，这相当于我们考虑最坏情况，例如，这个序关系不能用来对 $S$ 的元素进行二叉搜索。

一般的受限算法类。该模型能让我们以清晰、简洁的方式描述类属算法，而不需要关心比特串表示群元素的方法；而且在该模型下，我们可以证明解决某些问题的算法的复杂度下界。

### 4.7.2 计算模型

我们考虑一个抽象的计算模型（见图4-5），它由一个黑盒 B 刻画，黑盒 B 能够在内部寄存器 $V_1, \cdots, V_m$ 中存储来自某个特定集合 $S$（比如，一个群）中的值。存储容量 $m$ 可以是有限或者无限的。

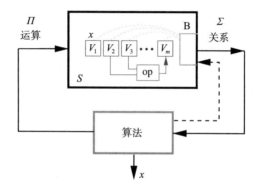

图4-5　一个抽象计算模型。一个解决抽取问题的算法，必须在访问黑盒 B 特定次数（比如 $k$ 次）之后，输出存储于黑盒第一个寄存器中的值 $x$

计算模型的初始状态对问题实例进行了编码表示，并包含值 $V_1, \cdots, V_d$（$d < m$；通常情况下 $d = 1, 2, 3$），这些值是根据某种概率分布（如均匀分布）而设定的。

黑盒 B 允许两种类型的操作，内部状态变量的计算（如图4-5左侧所示，$\Pi$ 表示相应的运算集合）和关于内部状态的查询（如图4-5右侧所示，$\Sigma$ 表示可查询的关系集合），而其他与 B 的交互是不可能的。我们现在给出这些操作的一个更形式化的描述。

- **计算操作**。对于 $S$ 上的运算集合 $\Pi$（运算可以是零元、一元、二元或者更高元运算），一个计算操作包括选择一个运算 $f \in \Pi$（比如 $t$ 元）和 $t+1$ 个状态变量的下标 $i_1, \cdots, i_{t+1} \leq m$。黑盒 B 计算 $f(V_{i_1}, \cdots, V_{i_t})$，并将结果保存于 $V_{i_{t+1}}$。⊖

---

⊖ 如果 $m$ 是无界的，我们可以不失一般性地假设，每一个新的结果存储于下一个自由状态变量，因此 $i_{t+1}$ 不需要作为输入给定。

- **关系查询**。对于 $S$ 上的一个关系（二元或者多元）集合 $\Sigma$，一个查询包括从 $\Sigma$ 上选择一个关系 $\rho \in \Sigma$（比如 $t$ 元）和 $t$ 个状态变量的下标 $i_1, \cdots, i_t \leq m$，该查询得到应答 $\rho(V_{i_1}, \cdots, V_{i_t})$。<sup>○</sup>

比如，$S$ 可能是集合 $\mathbf{Z}_n = \{0, 1, \cdots, n-1\}$，$\Pi$ 可能包含两个运算：插入常数与模 $n$ 加法。$\Sigma$ 可能仅包含相等关系 $\rho$（这意味着 $\rho(V_{i_1}, V_{i_2}) = 1$ 当且仅当 $V_{i_1} = V_{i_2}$），或者，也可能还包含乘积关系 $\rho'$（这意味着 $\rho'(V_{i_1}, V_{i_2}, V_{i_3}) = 1$ 当且仅当 $V_{i_3} = V_{i_1} \cdot V_{i_2}$）。

该模型刻画了受限计算模型的两个方面。计算操作描述了黑盒可以执行的计算类型，关系查询对 $S$ 中元素表示信息的使用进行了精确的模型化。

黑盒 B（亦即一个特殊的计算模型）可以通过 $S$、$\Pi$、$\Sigma$、$m$ 和 $d$ 来刻画。我们主要关心类属算法的情形。这里，$\Sigma$ 仅仅包含相等关系，即 $\Sigma = \{=\}$。而且，我们仅考虑 $m$ 为无限的情况。

### 4.7.3 三种问题类型

我们在这个黑盒计算模型下考虑三种类型的计算问题，该模型下问题实例被编码为设备的初始状态 $(V_1, \cdots, V_d)$。

- **抽取**。抽取 $V_1$（其中 $d=1$）的初始状态值 $x$（见图 4-5）。
- **计算**。计算 B 中初始状态的一个函数 $f: S^d \rightarrow S$，即对某些（已知的）$i$，算法得到 $V_i = f(x_1, \cdots, x_d)$，其中 $x_1, \cdots, x_d$ 是状态变量 $V_1, \cdots, V_d$ 的初始值。
- **区分**。区分两个相同类型但具有不同初始状态 $(V_1, \cdots, V_d)$ 分布的黑盒 B 和 B'。<sup>○</sup>

对于抽取问题，我们可能还要考虑"猜测"算法，该算法允许在猜测 $x$ 时做多次尝试，这样的一次尝试可认为是一次运算。等价地说，我们可以不失一般性地假设，在进行猜测的时候，算法输入一个值（作为常数）给黑盒，而当该值等于 $x$ 时为赢得猜测。我们接下来将采用这种观点：将猜测作为一个常数运算看待。

---

○ 不失一般性，这里关系 $\rho$ 被作为一个函数 $S^t \rightarrow \{0, 1\}$ 给定。
○ 一个输出为一个比特的区分算法的性能定义为相对的概率减 1/2。这是因为 1/2 的概率可以通过随机猜测这种平凡方法得到，只有超过 1/2 的部分才能作为真正的性能。

## 4.8 证明安全性：复杂度下界

### 4.8.1 引言

密码学研究的一个主要目标是证明密码方案的安全性，即证明一个方案是难以攻破的。遗憾的是，在通用计算模型下，还没有一个与密码学相关的计算问题，人们能够对其证明一个有意义的复杂度下界。这样的一个证明将会成为计算机科学领域的巨大突破，或许可以与在物理学界发现一种新的基本粒子相媲美，而且几乎肯定会问鼎计算机科学领域的诺贝尔奖——图灵奖。[⊖]

然而，我们可以在上面所讨论的抽象计算模型中证明问题复杂度下界。更具体地说，我们感兴趣的是证明算法所执行的运算次数与它的性能之间的关系。对于抽取和计算问题，性能定义为算法的成功概率。在黑盒算法的执行中，我们不考虑确定一次查询所需要的计算量，只考虑算法执行过程中实际的运算次数。

在证明下界的时候，如果我们在计算量中不计入关系查询的花费，也就是说，我们假设它们是"免费的"，则可以确保得到的下界成立。换言之，我们假设在黑盒中任何满足的关系（典型地，两个寄存器值的相等称为一个碰撞）都由黑盒报告而不需要算法去做查询。这里要注意的是，在这种模型中设计实际算法（而不是证明下界）时，关系查询与算法复杂度是相关的，因而必须被计数。（例如，传统计算机中的一次比较构成一次运算，且至少需要一个时钟周期。）

在这一节中，我们考虑抽象计算模型中的几个具体实例，以此来说明下界是如何证明的。我们主要的兴趣是证明循环群中计算离散对数问题（即 DL 问题）的下界，以及计算迪菲－赫尔曼问题（即 CDH 问题）和判定迪菲－赫尔曼问题（即 DDH 问题）的下界。

首先我们介绍一些符号。令 Const 表示常数（零元）运算的集合，其对应于将一个常数插入到黑盒（的一个寄存器）中。对于一个给定的运算集合 $\Pi$，令 $\overline{\Pi}$ 表示一个初始状态上的函数集合，这些函数可以利用 $\Pi$ 中的运算进行计算。即是说 $\overline{\Pi}$ 是 $\Pi$ 的闭包。例如，如果 $\Pi$ 仅包含增量函数 $x \mapsto x+1$，则 $\overline{\Pi} = \{x \mapsto x+c \mid c \geq 1\}$，因为通过应用增量函数 $c$ 次，我们可以计算函数 $x \mapsto x+c$，其中 $c$

---

[⊖] 这个计算机科学中的最重要奖项以图灵的名字命名，反映出图灵在这个领域早期所起的重要作用。

是任意正整数。

抽取问题的最简单情形是 $\Pi$ = Const 且 $\Sigma = \{=\}$，即只允许输入常量和检测相等。这与一个扑克游戏类似，在这个游戏中，我们必须在 $n$ 张牌中找到一张特定的扑克牌，且唯一允许的动作就是每次抽取并举起一张牌。显然，对于抽取问题，最佳策略就是随机猜测，即随机输入常量。因此，任意 $k$ 步算法的成功概率不超过 $k/|S|$。然而，如果还可以询问其他关系，比如 $S$ 上的一个全序关系 $\leq$，则快得多的算法也是有可能的，比如二分查找。

### 4.8.2 两个引理

我们需要一个关于模素数 $q$ 多元多项式根的数量的引理。当然，多项式根的数量是多项式次数的函数。一个多元多项式 $Q(x_1, \cdots, x_t)$ 的次数定义为其中相加的每个项的最大次数，而一个项的次数是该项中每个变量的指数之和。例如，多项式

$$Q(x_1, x_2, x_3, x_4) = x_1^6 + 5x_1^3 x_2 x_3^4 + 2x_1 x_2^3 x_3 x_4^2$$

的次数是 8，也就是第二项的次数。下面的引理被称为施瓦兹-齐佩尔引理（Schwartz，1980）。对于单变量情况，它就是众所周知的事实：任意域上的一个（单变量）$d$ 次多项式至多有 $d$ 个根。

**引理 4.8.1** 对于任意素数 $q$ 和整数 $t \geq 1$，$d$ 次多元多项式方程

$$Q(x_1, \cdots, x_t) \equiv_q 0$$

的解 $(x_1, \cdots, x_t) \in \mathbf{Z}_q^t$ 在 $\mathbf{Z}_q^t$ 的元素中所占比例至多为 $d/q$。

这个引理告诉我们，例如上述多项式 $Q(x_1, x_2, x_3, x_4)$，如果考虑素数模 $q = 101$ 的情况，则满足 $Q(x_1, x_2, x_3, x_4) \equiv_q 0$ 的四元组 $(x_1, x_2, x_3, x_4)$ 所占的比例至多为 8/101。

我们还需要第二个引理。考虑一个一般系统，该系统从某个输入字母表 $\mathscr{X}$ 中选取一个输入序列 $X_1, X_2, \cdots$，且对于每一个输入 $X_i$，产生一个输出 $Y_i$，其中 $Y_i$ 是某个输出字母表 $\mathscr{Y}$ 中的字母。这个系统可能是概率的，而且也可能具有状态。对于这样一个系统，我们可以考虑具有以下形式的各种任务：选择适当的输入 $X_1, \cdots, X_k$，使得 $Y_1, \cdots, Y_k$ 满足一定的性质（比如全为 0）。一般来说，如果允许采用自适应策略，即仅当观察到 $Y_{i-1}$ 之后，才选择 $X_i$，则上述任务更容易解决（即成功概率更高）。对应地，一个非自适应策略要求 $X_1, \cdots, X_k$ 被一次性选取。

**引理 4.8.2** 考虑如下任务：阻止一个特殊的输出序列 $y_1, \cdots, y_k$ 出现。对此，最好的非自适应策略与最好的自适应策略的成功概率相等。

**证明** 任意的具有输出 $Y_1, Y_2, \cdots$ 的自适应策略 $A$，均可以通过调用 $A$ 的方式转换成一个同样好的非自适应策略 $A'$。在 $A'$ 中不使用系统输出的真实值 $Y_1, Y_2, \cdots$，而使用固定的值 $y_1, y_2, \cdots$。只要 $A$ 不成功（即 $A$ 的输出恰好是 $y_1, y_2, \cdots$），则说明这些常量输入 $y_1, y_2, \cdots$ 事实上是正确的，$A$ 和 $A'$ 具有相同的行为。反之，一旦 $A$ 成功（即对某个 $i$，产生一个输出 $Y_i \neq y_i$），则 $A'$ 亦然。□

### 4.8.3 群作用和大步小步算法的最优性

令 $S$ 是一个阶 $|S|=n$ 的有限群，其中群运算用"$\star$"表示。$S$ 上的群作用是一个下列形式的运算：

$$x \mapsto x \star a$$

其中 $a$ 是（常数）参数。例如，如果 $S$ 是整数集合且 $\star$ 是加法（即 $+$），则上述群作用对应于将 $x$ 增加 $a$。[译注]

**定理 4.8.3** 令 $\star$ 是群 $S$ 上的群运算，令 $\Pi = \text{Const} \cup \{x \mapsto x \star a \mid a \in S\}$ 包含所有常量函数和群作用，且令 $\Sigma = \{=\}$。则对于抽取问题的每一个 $k$ 步算法的成功概率至多为 $\frac{1}{4}(k+1)^2/n$。

**证明** 我们使用三个简单的一般性论据，它们在后面的证明中会被隐式地反复使用。

- 第一，我们保守地假设，一旦在黑盒 $B$ 中某个碰撞发生（更一般地，某些状态变量满足 $\Sigma$ 中的某个关系），则算法成功。因此，我们可以将分析限定在引起黑盒中某些非平凡碰撞的算法上。
- 第二，通过将黑盒视为引理 4.8.2 中任务所使用的系统，我们注意到，如果目标仅是引起一个碰撞（即 $B$ 输出一个不同于"无碰撞"序列的输出序列），则自适应策略将不再比非自适应策略更强大。因此，我们可以将分析限定在非自适应算法上。
- 第三，对于下界证明，我们可以假设一个算法不仅可以执行 $\Pi$ 中的运算，而且能够在每一步计算 $\overline{\Pi}$ 中的一个函数（关于初始状态（$V_1$,

---

⊖ 为符合上面给出的定义，可将 $S$ 理解为模 $n$ 剩余集合，$+$ 是模 $n$ 加法，则这个例子是适当的。——译者注

$V_2, \cdots, V_d$))。这必定会增强算法的能力,对于这一模型的下界证明在更弱的模型中自然也成立。不失一般性,我们可以假设算法仅选择不同的函数进行计算(平凡碰撞将不予考虑,因此是没用的)。

在我们考虑的场景中,$\Pi$ 中两个运算的复合仍然是 $\Pi$ 中的运算,即 $\Pi = \overline{\Pi}$。例如,如果运算 $x \mapsto x \star a$ 与 $x \mapsto x \star b$ 进行复合,则相应得到运算 $x \mapsto x \star c$,其中,$c = a \star b$。

对于所有的 $x \in S$ 以及不同的 $a$ 和 $b$,我们有 $x \star a \neq x \star b$,因此碰撞只能发生在一个形如 $x \mapsto x \star a$ 的函数(计算出的值)和一个常量函数 $c$ 之间,即 $x \star a = c$,这等价于 $x = c \star a^{-1}$。令 $u$ 和 $v$ 分别是算法执行的常数运算和群作用的次数,则 $u(v+1)/|S|$ 是碰撞概率的上界。在条件 $uv \leq (k+1)^2$ 的限制下,最佳选择是 $u = \lceil k/2 \rceil$(且 $v = k - u$)。 □

**例子** 考虑群 $\langle \mathbf{Z}_{100}, + \rangle$,黑盒包含一个在 0 和 99 之间的随机值。如果我们引发一个碰撞的策略是计算 $x + 22$ 和 $x + 53$ 的值($x$ 的值已经存储于黑盒之中),并插入常数 34 和 87,则当(且仅当)$x = 12$,$x = 34$,$x = 65$,$x = 81$ 或 $x = 87$ 时碰撞发生。例如,如果 $x = 81$,则碰撞出现在值 $x + 53$ 和 34 之间。注意到对于这一策略,我们有 $k = 4$,实际的成功概率(对随机的 $x$)是 $5/100$,其小于 $\frac{1}{4} \times 5^2 / 100 = 1/16$。

上面给出的下界表明,为了达到一个常数的成功概率(比如 $1/2$),运算次数 $k$ 必须达到 $\sqrt{n}$ 的数量级。

上述定理说明大步小步算法本质上是最优的。该算法达到了下界,尽管其仅需要 $\Pi = \text{Const} \cup \{x \mapsto x + 1\}$ 中的操作,即增加 1(而不是一个一般的常数)。如果在这一模型下解释,大步小步算法以间隔 $t = \sqrt{n}$ 等距插入常数,且对秘密值 $x$ 实施增量为 1 的递增,直到与插入的常量中的一个发生碰撞为止。<sup>⊖</sup>

### 4.8.4 离散对数和波利格 – 赫尔曼算法的最优性

现在我们考虑加法群 $\langle \mathbf{Z}_n, + \rangle$,这个群的抽取问题对应于 $n$ 阶循环群的离散对数问题。换言之,群 $\langle \mathbf{Z}_n, + \rangle$ 上的每一个抽取算法,均是一个任意 $n$ 阶群的类属 DL 算法,反之亦然。下文中,令 $q$ 表示 $n$ 的最大素因子。下述定

---

⊖ 注意,相等性测试的次数事实上是 $O(n)$,计算量过高,为了降低相等性测试的次数,大步小步算法使用抽象序关系 ≤ 生成一个存储值的有序表。

理是由涅恰耶夫（1994）和舒普（1997）给出的结果的一个抽象形式。

**定理4.8.4** 对于 $S = \mathbf{Z}_n$，$\Pi = \text{Const} \cup \{+\}$ 和 $\Sigma = \{=\}$，每一个 $k$ 步抽取算法的成功概率至多为 $\frac{1}{2}(k+1)^2/q$。

**证明** 我们使用与定理4.8.3的证明相同的推理路线。每一个在黑盒中计算的值具有形式 $ax + b$，其中 $a$ 和 $b$ 是已知的。换言之，

$$\overline{\Pi} = \{ax + b \mid a, b \in \mathbf{Z}_n\}$$

也就是说，只有 $x$ 的线性函数才能被计算。正如上面所说，我们只需要考虑引发碰撞的非自适应算法。由于一个模 $n$ 碰撞必定也是一个模 $q$ 碰撞，因此引发一个模 $q$ 碰撞的概率的上界，也必定是引发一个模 $n$ 碰撞的概率的上界。

为引发一个模 $q$ 碰撞，考虑一个固定的（即非自适应的）算法，在每一步（比如说第 $i$ 步）中计算一个新的值 $a_i x + b_i$。如果对于互异的 $i$ 和 $j$，有

$$a_i x + b_i \equiv_q a_j x + b_j \quad \text{或} \quad (a_i - a_j)x + (b_i - b_j) \equiv_q 0$$

则模 $q$ 碰撞发生。这个同余式对于 $x$ 关于模 $q$ 至多有一个解（根据引理4.8.1）[⊖]。因此，可能导致模 $q$ 碰撞（对于模 $n$ 碰撞，这是必要的）发生的 $x$ 关于模 $q$ 的余数 $x \bmod q$ 的总数不超过 $\binom{k}{2}$。这样，导致模 $q$ 碰撞发生的 $x$（关于模 $q$，因此关于模 $n$）的比例至多为 $\binom{k+1}{2}/q < \frac{1}{2}(k+1)^2/q$。（这里要注意，在算法执行任何运算之前，$x$ 已经在黑盒之中了。） □

为了达到一个常数成功概率，运算次数 $k$ 必须是 $O(\sqrt{q})$ 数量级的。波利格－赫尔曼算法要求 $k = O(\sqrt{q} \log n)$ 次运算，从而以多出一个因子 $\log n$ 匹配这个界。这个因子的出现归因于这样一个事实，在下界证明中我们对算法计算量的计算过于宽松，并没有将相等性测试计入。这里还需要提及的是波拉德1978年提出的一个较以上方法实用得多的算法，其计算复杂度与上述算法大体相当，但实质上几乎不需要存储。然而，该算法的运行时间分析是基于启发式论述的。

作为练习，读者也许想去证明一个关于 DL 计算的下界，即使假设可以额外地使用 DDH 谕言机也是很有意义的。这可以通过如下方式建模，即将乘积关系 $\{(a, b, c) \mid ab \equiv_n c\}$ 包含在关系集合 $\Sigma$ 之中。

---

⊖ 即当 $a_i \equiv_q a_j$ 从而 $b_i \equiv_q b_j$ 时无解，当 $a_i \not\equiv_q a_j$ 时有唯一解 $(b_j - b_i)/(a_i - a_j) \bmod q$。

### 4.8.5　$Z_n$ 中的乘积计算和 CDH 问题

我们现在考虑 $Z_n$ 中的乘积函数 $(x, y) \mapsto xy$ 的计算问题。这个问题对应于一般 $n$ 阶循环群中的 CDH 问题。换句话说，当 $S = Z_n$，$\Pi = \text{Const} \cup \{+\}$ 和 $\Sigma = \{=\}$ 时，在黑盒模型中每一个计算 $(x, y) \mapsto xy$ 的算法，都是一个对任意 $n$ 阶循环群的一般性 CDH 算法，反之亦然。下面的定理表明，对于类属算法，DL 问题和 CDH 问题具有同等难度。[○]

**定理 4.8.5**　对于 $S = Z_n$，$\Pi = \text{Const} \cup \{+\}$ 和 $\Sigma = \{=\}$，计算乘积函数的每一个 $k$ 步算法的成功概率至多是 $\left(\dfrac{1}{2}k^2 + 4k + 5\right)/q$。

**证明**　和前面一样，我们采取保守的观点，假设一旦一个模 $q$ 碰撞在被计算的值之间发生，则算法成功。我们有

$$\overline{\Pi} = \{ax + by + c \mid a, b, c \in Z_n\}$$

除了被计算的值（以及 $x$ 和 $y$），我们假设黑盒已经将值 $xy$ 存储在一个寄存器中，但不能用作运算的输入（但在检测碰撞时将被考虑）。存在两种形式的碰撞：

对于某个 $i \neq j$，

$$a_i x + b_i y + c_i \equiv_q a_j x + b_j y + c_j$$

对于某个 $i$，

$$a_i x + b_i y + c_i \equiv_q xy$$

因为 $x$ 和 $y$ 两个值已经包含在黑盒中了，可能导致第一种类型碰撞的 $x$ 的比例以 $\binom{k+2}{2}/q$ 为上界。因为方程

$$a_i x + b_i y + c_i - xy \equiv_q 0$$

的次数为 2，根据引理 4.8.1，可能导致第二种类型碰撞的 $x$ 的比例以 $2(k+2)/q$ 为上界。因此，导致碰撞事件（模 $q$）之一发生的 $x$（模 $n$）的总比例以下式为上界：

$$\left(\binom{k+2}{2} + 2(k+2)\right)/q = \left(\frac{1}{2}k^2 + 4k + 5\right)/q \qquad \square$$

---

[○]　对于类属算法，它们具有相同难度这种论断，要求一个 DL 问题能够归约到 CDH 问题的证明；参见 4.8.7 节。

### 4.8.6 DDH 问题

关于 DDH 问题,对任意具有明显区分优势的算法,我们可以证明一个复杂度下界 $O(\sqrt{p'})$,其中 $p'$ 是 $n$ 的最小素因子。这个界可以证明是紧的,即存在一个 DDH 问题的类属算法本质上具有复杂度 $\sqrt{p'}$。例如,对于群 $\mathbf{Z}_p^*$,其中 $p$ 是一个大素数,由于该群的阶为 $p-1$,其必定包含小素因子 $p'=2$,因而该群中的 DDH 问题是平凡的。下面的定理表明,对大素数阶群,DDH 问题对于类属算法而言是非常困难的。

**定理 4.8.6** 对于 $S = \mathbf{Z}_n$,$\Pi = \text{Const} \cup \{+\}$ 和 $\Sigma = \{=\}$,每一个 $k$ 步算法区分一个随机三元组 $(x, y, z)$ 和三元组 $(x, y, xy)$ 的优势至多为 $(k+3)^2/p'$,其中 $p'$ 是 $n$ 的最小素因子。

**证明** 仍然和上面一样,我们假设一旦黑盒计算的值中产生碰撞,则算法宣告成功。(我们可以想象黑盒中坐着一位精灵,当任何非平凡碰撞出现时,它可以通告正确的结果,即黑盒所处的布局。)因此,我们只需要对于以上两种设置,计算算法产生碰撞的概率,取较大者作为两种情况的区分优势上界即可。我们只需分析初始状态是 $(x, y, xy)$ 这一情况,因为在这种情况下碰撞概率较大。可计算函数的集合 $\overline{\Pi}$ 是

$$\overline{\Pi} = \{ax + by + cxy + d \mid a, b, c, d \in \mathbf{Z}_n\}$$

即第 $i$ 个计算值具有形式

$$a_i x + b_i y + c_i xy + d_i$$

其中 $(a_i, b_i, c_i, d_i) \in \mathbf{Z}_n$。对于任意选取的 $(a_i, b_i, c_i, d_i) \neq (a_j, b_j, c_j, d_j)$ 我们必须界定下式成立的概率

$$a_i x + b_i y + c_i xy + d_i \equiv_n a_j x + b_j y + c_j xy + d_j$$

这是一个二次多项式方程。由于 $(a_i, b_i, c_i, d_i) \neq (a_j, b_j, c_j, d_j)$ 意味着对 $n$ 的某个素因子 $r$ 有 $(a_i, b_i, c_i, d_i) \neq_r (a_j, b_j, c_j, d_j)$⊖,$r$ 有可能是最小的一个,即 $r = p'$。所以,满足上述同余方程的数对 $(x, y)$ 的比例至多为 $2/p'$。从而,关于模 $p'$ 满足 $\binom{k+3}{2}$ 个关系之一的数对 $(x, y)$ 的比例至多为 $\binom{k+3}{2}(2/p') < (k+3)^2/p'$。 □

---

⊖ 这里应该假定 $n$ 是一些互异素数的乘积。——译者注

### 4.8.7 DL 问题到 CDH 问题的一般归约

我们已经看到 CDH 问题和 DL 问题在类属模型中大致上是同等困难的。一个重要的问题是对于通用计算模型上述结论是否仍然成立。换言之，我们想要证明，在通用计算模型下，攻破 CDH 问题和解决 DL 问题是同等困难的。尽管这个问题不是关于我们的黑盒模型的，但这一问题可以利用该模型来回答。我们可以展示一个 DL 问题到 CDH 问题的类属归约。即给出一个有效解决 DL 问题的类属算法，这个算法允许访问一个（假想的）CDH 谕言机。

上述归约可以通过将模 $n$ 乘法加入到类属抽取问题的运算集合 $\Pi$ 中进行建模，或者通过考虑环 $\mathbf{Z}_n$ 上的抽取问题进行建模。迪菲－赫尔曼谕言机在归约中可供使用，并执行模 $n$ 乘法运算。已有结果表明，对几乎所有的 $n$，且在一个似然数论猜想下对所有的 $n$，存在这样一个有效的类属算法（Maurer，1994），也可参见（Maurer and Wolf，1999）。与本章所提出的算法相比，该算法相当复杂而且用到了椭圆曲线理论。

## 4.9 结论

人们也许会猜想，如果图灵没有过早离世，且继续进行密码学研究，他会对密码学做出什么样的贡献。他的贡献可能涉及几个方面，包括密码分析。但其中最重要的贡献也许会是由于他在严密化上的努力，而促使密码学从一个使用各种数学分支的迷人的学科，变成一门科学，其自身就是数学领域的一个公理性分支。我和伦纳（Maurer and Renner，2011）描述了该方向的一个尝试性工作。人们或许会怀疑图灵是否能够清除那些看起来不可逾越的障碍，正是这些障碍使我们不能在计算问题的复杂度方面给出具有密码学意义的下界（这有可能就意味着一个 $P \neq NP$ 的证明），然而这是难以置信的。

## 致谢

非常感谢安德鲁·霍奇斯与我分享他对图灵生平的见解，尤其是关于图灵对于密码学的兴趣。还要感谢戴夫仕·阿加沃尔和比约恩·泰克曼对于本章有益的反馈。

# 参考文献

A. Church. A set of postulates for the foundation of logic, *Annals of Mathematics*, Series 2, **33**, 346–366 (1932).

W. Diffie and M. E. Hellman. New directions in cryptography, *IEEE Transactions on Information Theory*, **22** (6), 644–654 (1976).

D.M. Gordon. Discrete logarithms in $GF(p)$ using the number field sieve, *SIAM J. Discrete Mathematics*, **6** (1), 124–138 (1993).

A. Hodges. *Alan Turing: The Enigma*, Vintage Books (1992).

D. Kahn. *The Code Breakers, the Story of Secret Writing*, MacMillan (1967).

U. Maurer. Towards the equivalence of breaking the Diffie–Hellman protocol and computing discrete logarithms. In *Advances in Cryptology – CRYPTO '94*, Lecture Notes in Computer Science, **839**, pp. 271–281, Springer-Verlag (1994).

U. Maurer. Cryptography $2000 \pm 10$. In Lecture Notes in Computer Science **2000**, pp. 63–85, R. Wilhelm (ed.), Springer-Verlag (2000).

U. Maurer. Abstract models of computation in cryptography. In *Cryptography and Coding 2005*, Lecture Notes in Computer Science, **3796**, pp. 1–12, Springer-Verlag (2005).

U. Maurer and R. Renner. Abstract cryptography. In *The Second Symposium in Innovations in Computer Science, ICS 2011*, Tsinghua University Press, pp. 1–21, (2011).

U. Maurer and S. Wolf. On the complexity of breaking the Diffie-Hellman protocol, *SIAM Journal on Computing*, **28**, 1689–1721 (1999).

V.I. Nechaev. Complexity of a deterministic algorithm for the discrete logarithm, *Mathematical Notes*, **55** (2), 91–101 (1994).

S.C. Pohlig and M.E. Hellman. An improved algorithm for computing logarithms over $GF(p)$ and its cryptographic significance, *IEEE Transactions on Information Theory*, **24** (1), 106–110 (1978).

J.M. Pollard. Monte Carlo methods for index computation mod $p$, *Mathematics of Computation*, **32**, 918–924 (1978).

R.L. Rivest, A. Shamir, and L. Adleman. A method for obtaining digital signatures and public-key cryptosystems, *Communications of the ACM*, **21** (2), 120–126 (1978).

J.T. Schwartz. Fast probabilistic algorithms for verification of polynomial identities, *Journal of the ACM*, **27** (3), 701–717 (1980).

C.E. Shannon. A mathematical theory of communication. *Bell System Technical Journal*, **27**, 379–423; 623–656 (1948).

C. E. Shannon. Communication theory of secrecy systems. *Bell System Technical Journal*, **28**, 656–715 (1949).

P.W. Shor. Algorithms for quantum computation: discrete log and factoring. In *Proc. 35th IEEE Symposium on the Foundations of Computer Science (FOCS)*, pp. 124–134, IEEE Press (1994).

V. Shoup. Lower bounds for discrete logarithms and related problems. In *Advances in Cryptology – EUROCRYPT '97*, Lecture Notes in Computer Science, **1233**, pp. 256–266, Springer-Verlag (1997).

S. Singh, *The Code Book*, Fourth Estate, London (1999).

A.M. Turing, On computable numbers, with an application to the Entscheidungsproblem, *Proceedings of the London Mathematical Society*, Series 2, **42**, 230–265 (1937).

# 第 5 章
The Once and Future Turing: Computing the World

# 图灵与恩尼格玛统计学

◎坎蒂 V. 马蒂亚,S. 巴里·库珀

## 5.1 引言

不同的人像盲人摸象般以各种方式猜度高深莫测的阿兰·图灵,很多人都听说过针对智能机器的图灵测试,但是纯粹数学家感兴趣的是图灵对于统计学的重要贡献,生物学家却惊叹于图灵一篇备受关注的论文(Turing,1950),这篇论文描述了自然界中一些进化模式的数学表征。2012 年,在阿兰·图灵百年诞辰之际,我们已经看到很多书籍和论文在讲述他的生活和工作(他甚至出现在《自然》杂志的封面上),至少在学术圈子里,我们对于图灵留下的遗产有了更好的理解。

图 5-1　盲人摸象

下面我们简要地看一下图灵对统计学的贡献。在第二次世界大战时期,他创造性地将贝叶斯技术引入密码学中,统计学与图灵最感兴趣的计算之间发生了深刻的联系。如果数学家认为,图灵不过是在繁忙的计算机科学研究中,消遣性地做些统计学上的习题,那么他们就会错过图灵遗产中重要的东西。

图5-2 阿兰·图灵 © Beryl Turing

图灵在布莱切利园(1940~1941)所做的对于统计学各种重要的贡献已经被杰克·古德(他是图灵在1941年的统计助理)记录下来。古德和图灵及其他人一起从事恩尼格玛密码的破解工作,他撰文(1979)记录了这一段时间的贡献,并在随后对图灵文集(Turing,2001)做了详细的评注。最近,麦克格雷尼(2011)写了一篇精彩并且通俗易懂的文章,介绍了近年来贝叶斯方法的发展,谈到图灵在研究中采用的一些新方法,其中包括:

- 事例的权重(对于可能出现在更大样本集中的事例赋予一个小的非零概率)。
- 字母队列(恩尼格玛密码中用于设置转轮初始方向的二元或者三元字母序列)。

除了这两种新的方法外,还有马尔科夫链、决策理论以及统计计算(参看Good, 1992),由于这些方法是在破解恩尼格玛密码时创造和使用的,因此关于这些内容我们称其为"恩尼格玛统计学",这就是现在所谓的统计生物信息学的前身。

现在大家都知道,恩尼格玛是德军在二战期间使用的密码。德国海军每天变更恩尼格玛密钥,针对这类密码的重要攻击方法之一称为"Banburismus",是一种类似于序列分析的贝叶斯过程。

## 5.2 事例的权重与经验贝叶斯

假设从无穷多种类的动物总体或者单词总体中抽取样本，令样本的数量为 $N$，$n_r$ 表示样本中恰好出现了 $r$ 次的样本种类数，因此 $\sum r n_r = N$，$n_r$ 称为频率 $r$ 的频率。

由此可以推算，未出现的样本在下次抽样中可能出现的概率是 $n_1/N$。图灵使用统计中的罐模型（urn model）证明了一个种类出现 $r$ 次的期望频率是

$$\frac{(r+1)\, n_{r+1}}{Nn_r}$$

这种方法现在称为古德－图灵频率估计。该方法是经验贝叶斯方法的例子，若想了解更多的内容，包括对于 $n_r$ 的平滑以及精巧的推导和结果，参见文献（Good，1953，1979）和（Good-Toulmin，1956）。

在文献（Banks，1996）第 2 卷第 10 页中，古德说：

如此我就有了一个简单的关于新单词抽样概率的公式，该单词在前面的抽样中并没有出现。字典的编写者或者语言学的教师应该熟悉这个问题，如果要编制一个词汇表，希望它至少覆盖比如 98% 的文本词汇，那么这个概率确定了词汇表最小的容量。

也就是说，这个公式说明了词汇表能够覆盖绝大多数（98%）词汇所需要的最小词汇量，很显然，这对于字典的编撰是很有用的。

我们接着引用罗宾逊（2011）的一段原话：

假定一个捕鸟人捕获了 180 个种类的鸟，其中大多数种类只有一个个体。逻辑上，肯定还有些种类未被发现。一个频率统计学家可能将这些未发现的鸟类记作 0，好像它们根本不存在。但是图灵会给这些未出现的事物指定一个小的非零概率，从而给一些在当前拦截的信息中未出现，然而在拦截更多的信息后可能出现的罕见字母分组也指定一个概率。

统计学的现代贝叶斯方法将未知参数作为随机变量，并赋予先验分布作为参数的模型信息。相比之下，古典统计学方法并不需要先验分布，而是把未知参数作为常数处理。经验贝叶斯方法处于这两者之间，对于未知参数也是赋予固定的值（就像古典统计学方法），不同的是这个常数是从数据中估计的，而不是事先设定的。关于这个方法的进一步细节，以及关于几率和概率计算、事例的权重（用于确定未知参数的值）、贝叶斯定理等问题的关系，连同一些实

际的有意义的例子，可参考 Aitken（1995）和 Efron（2010）。

## 5.3 字母队列

### 5.3.1 恩尼格玛编码描述

在 Banburismus 方法出现之前，人们必须从 9 个双字母组（bigram 或 digraph）表中辨别出哪一个是当天使用的。而图灵面临的辨别问题却是对于三字母组（trigraph）的概率估计（这些三字母组描述了初始转轮位置）。对于概率估计，图灵独立于赫伯特·罗宾斯发明了一个非参数（非超参数）经验贝叶斯方法的重要特殊情形。这项发明有一个令人惊奇的形式，它假设在经验贝叶斯中，客观对象的先验概率是存在的，但却没有适当的函数形式来描述这一假设。

罗宾逊（2011）就这个问题说道：

这个定理的一个最好的例子就是图灵在第二次世界大战中破解德国海军的恩尼格玛密码，这是盟军在 1945 年取得胜利的关键。战后，图灵的战时助理 I. J. "杰克"·古德论述了图灵用于寻找破解密码的三字母组的贝叶斯技术。

他继续说道：

为了避开英国安全审查，他有意掩盖了技术上的细节。

恩尼格玛是一种复式替换密码体制，古德（1992）给出了恩尼格玛一步一步的编码过程，加密的消息被如下编码：

1. 操作员首先从表中选择一个三字母组，例如 XQV，作为本次通信的实际密码。

2. 然后，设定三个转轮的位置 $G_1$，$G_2$，$G_3$，这是当天通信的初始设定。

3. 通过转轮的初始位置 $G_1$，$G_2$，$G_3$，键入选择的密码 XQV，加密得到新的三字母组，例如 LRP。

4. 六个字母 XQV 和 LRP 通过下面的过程进一步加密，这个过程并不使用恩尼格玛。

5. 首先，六个字母写成错列的形式，例如

$$\begin{array}{cccc} X & Q & V \\ - & L & R & P \end{array}$$

6. 然后随意再选择两个字母，补充为一个 2×4 的矩阵（例子中选择了 A 和 L）

$$\begin{matrix} X & Q & V & A \\ L & L & R & P \end{matrix}$$

7. 根据秘密配发的字母配对表，将四个竖列的字母对 XL、QL、VR 和 AP 进行加密，得到例如

$$\begin{matrix} P & T & O & W \\ X & U & B & N \end{matrix}$$

8. 最后，P T O W X U B N 作为加密消息指示符号组的开头两组。

9. 总共有 10 个字母配对表用于生成每天的密钥。

每一个二字母表都是对偶的，例如，如果 XL 变为 PX，那么 PX 将变为 XL。这对于加密者和解密者都是有用的。

### 5.3.2 字母队列的重要性

从上面的描述可以看出，字母队列是破解密码的关键步骤，这个想法有些类似于 DNA 队列和细胞序列（参见 Durbin et al.，1998）。的确，关于 DNA 的连接已经在各个专著中被提到，例如，下面这段话来自罗宾逊（2011）：

> 与通常的假设相反，图灵对于当前收集中未出现，但是在更大的采样中可能出现的罕见字母分组指定一个小的非零概率，这个技巧后来被用于"DNA 排序"和人工智能分析中。

古德在 1992 年的一篇论文（214 页）中说道：

> Banburismus 将大量种类的概率信息收集在一起，这有些像 DNA 序列。

## 5.4　GCHQ 解密的两个重要的图灵报告

最近，藏于国家档案馆的图灵的两个重要的早期报告被 GCHQ（英国政府通信总部）解密（Turing，1941/1942a，1941/1942b）。这些报告肯定了 I. J. 古德对于图灵如上所述工作的贡献。我们在这里简略地看一下这些报告，并且希望另外有机会给出更多的细节。

第一篇报告（Turing，1941/1942a）显示了图灵将贝叶斯分析用于当时密码学的众多问题。布莱切利园所产生的破解密码成果都可以在这篇报告中找到技术源头。

报告是以下面这段话开头的：

> 在完全了解密码机制的情况下,将概率论用于密码学会富有成果,这时只需要寻找实际的密钥。如果密码类型尚未得知,则概率论的价值就会小得多,但是如果能够发现对手的某些蛛丝马迹,概率论可以用于确定密码类型和密钥。

(这里密码表示编码。)接着图灵根据预期寿命的先验信息,说明了概率和几率的区别:

> 我并不企图给出概率论的系统描述,但是简要地明确"概率"和"几率"的区别是必要的。一个事件关于某个事例的概率是给定该事例后,该事件可能发生的比例。例如,如果知道20%的男人可以活到70岁以上,那么仅仅知道"希特勒"是一个男人,我们可以断定希特勒活到70岁以上的概率是0.2。然而假设我们知道"希特勒现在是52岁",那么希特勒活到70岁的概率就会变成0.5,这是因为52岁的男人有50%活到了70岁。
>
> 一个事件发生的几率是 $p/(1-p)$,其中 $p$ 是该事件发生的概率。这个事实用"几率"表示就是5:2,或者是5/2。

接着他在第34页给出了字母表的替换矩阵,这在原则上类似于生物信息学中氨基酸的替换矩阵(Durbin et al.,1998,14-16),氨基酸字母表对(A,B)的似然比表示配对基底与非配对基底的比值。

在第二篇报告(Turing,1941/1942b)中,对于加密消息中的两个不同部分是否使用了相同的密钥,给出了最好的统计处理结果。这在布莱切利园的破解技术中是非常重要的。

第二篇报告是以下面这段话开始的:

> 为了能够得到给定的重复文本的可靠估计,我们需要明文中重复的信息。例如假设我们手头有两个消息,发现其重复由一个四重组、两个二重组、十五个单字母组成,并且所有"重叠"数是105,即通过变更字母可能重复的最大数是105。再假设两个消息的长度分别是200和250。如果没有可供参考的德国海军动态情报,但是有足够数量的未加密的文本可以利用,在这种情况下,正确破解的概率是多少?

在DNA序列分析中,我们也遇到了与此平行的问题,图灵在该报告中涉及的统计分析方法也用于生物信息编码中重复序列的匹配(Durbin et al.,1998,pp.24-26)。这个问题出现在DNA的转配过程中,它本质上是子序列之间的匹配,而不是频率统计。

## 5.5 图灵的全局统计观

破解密码是很早就有的跨学科研究的成功案例,当统计学家高尔顿和 R.A. 费舍尔成为领军人物后,这个领域出现了新的变化。在海量数据的洪流下,计算机科学家和统计学家已经在计算技术方面产生了创造性的影响。马蒂亚和吉克斯(2005)把这种方法称为整体分析,该方法得到了越来越多的应用。

### 5.5.1 统计学和抽象层次

图灵的导师麦克斯·纽曼教授注意到,图灵不是一个安分守己的数学家,他描述道,"图灵的心里更加向往应用数学而不是纯数学",图灵对于大千世界是如何"计算"的思考出自本能,大卫·利比特(2006)描绘图灵本人就是一个计算机器。

图灵洞悉世界的复杂性,就像他感兴趣的类型论中的信息问题,探索如何将数学对象表述为不同的"抽象程度"。例如,将整数看作类型 0,实数就具有类型 1,实数的集合(或者几何形状)具有类型 2,如此等等。伯特兰·罗素引进类型论是为了弥补悖论带来的数学危机。在现实中,统计学提供了一个重要方法,将看起来较高类型的科学对象归约为我们能够计算处理的数据。正如我们所知,今天所有的计算机都是图灵通用计算机器的具体化,它们不能够对付类型 1 以上的数据对象。

经典的通过类型归约可计算的例子是曼德勃罗集合(图 5-3)。作为复数的集合(类型 2 对象),它的可计算性是一个尚未解决的问题。但是一些数学家提供了在计算机屏幕上可以数字逼近的表示,从而在网络上有了大量的美丽图像。当然,其中的抽样过程对于"统计"而言并不具有足够的吸引力,只是相当于借助数字照相机拍摄的家庭照片。但是这的确展示了任何实际抽样数据具有的可计算性。

图 5-3 曼德勃罗集合 © Niall Douglas

正如我们在盲人摸象中所看到的，一般地，抽样和解释是一种艺术，一方面可以将复杂的信息归约为有用的数据，另一方面可以获得真实问题的近似认知。对于具有非常复杂结构的更高类型的信息，例如混沌或者湍流，包括天气、经济或者加密消息，对于这些自然发生的非局部现象，这种归约就充满困难。统计学是一个挑战，也是一门艺术，这些正是 20 世纪 40 年代早期在布莱切利园里工作的具有创新性和天才的人们所追求的。

### 5.5.2　扩展信息分层

图灵于 1939 年在普林斯顿阿隆佐·丘奇的指导下所撰写的论文是一种最抽象的数学，这与他亲自动手研究的现实信息复杂度之间的联系是什么？

回到 20 世纪 30 年代，图灵试图弄清楚库尔特·哥德尔的不完备定理。这个定理告诉我们，即使将注意力限制在自然数的基本理论上（这只是现实世界中的一部分），我们也会发现，对于正确性很快就会失去控制。在任何包含基本算术的有用理论中（例如可判定的公理和推理规则），人们很容易写出一个真命题，但却是在该理论中不可证明的。当然对于图灵来说，通过可计算的归纳方法来扩展理论，可以绕过哥德尔定理，并且图灵的确使用超限归纳开辟了新的领域。从此以后这个过程被不断细化（参考 Sol Feferman、Michael Rathjen 以及其他人的文献），甚至把我们带入了令人眼花缭乱的证明论高度。

然而，关键问题是在归纳过程中选择可计算的"基本序列"，处理好可计算序数的极限点，这些极限点表示理论大厦的不同分层。控制这个过程的数学困难在于，在复杂的现实世界中，这些问题明显只能通过统计抽样来处理。与统计真实性具有微妙的一致性，基本序列（统计学抽样过程的逻辑学版本）从理论上给出了登上信息科学高峰的路径，但并不意味着这些路径是计算可选择的。从数学角度，需要外界的指示提供更多的可计算信息用于寻找这样的路径。在现实登山中，登上山顶需要个人的努力和才华，一旦登山的路径被找到，并且是可计算的，就能够共享，其他人都可以沿着这条路登上山顶。图灵（1939）做了下面一段著名的论述：

> 数学推理可以看作直观概念和精妙技巧相互组合的练习……在哥德尔之前的时代，一些人认为，所有的数学直观概念都可以反映在有限多个规则中，因此直观在数学中的必要性完全被忽略。但是在我们的讨论中，走到了另一个极端，被忽略的不是直观，而是精巧性，尽管我们的目标是朝着同一个方向。

数学家把这段话解释为两种截然不同的发现新定理的方式，一种是通过主观经验发现新定理的过程，另一种是和同事或者学生一起通过公理化推导发现新定理的过程。在统计学家那里，情况非常类似，登上信息山峰的方法充满了未知性并需要很多装备，但一旦成功，其他人就可以分享其方法。

对于恩尼格玛密码，破解过程的成功依赖于寻找登上山峰的可计算路径，如果缺少装备，路径就是不可计算的，只能远远地望着山峰。布莱切利园的破译者依赖的是具有卓越功能的人的大脑资源，以及神奇的统计魔法。

## 5.6　形态发生、统计和图灵的人工智能

阿兰·图灵在曼彻斯特最后的几年，开始研究高级类型对象的可计算性。那个时候图灵在1936年所设想的通用图灵机（即存储程序的计算机）已经开始运行。这引起了无处不在和十分有效的算法模式，并且开创了新的数字时代。用各种方法打通现实计算机的处理能力与社会或自然形态的信息复杂度之间的鸿沟，这个问题占据了图灵的思想，直到1954年6月7日。

形态发生（自然对象的表现形式）方面的工作开创了全新的形式，这是过去从逻辑角度未曾预料的方法（见图5-4）。从基础化学中，图灵能够借助可计算因果关系描述一大类自然模式的可定义性（微分方程）。这导致了可计算解和计算机生成模拟的精确描述。虽然数学家指出了一些更加复杂的具有不可计算解的微分方程，但是该理论的确给出了一些近似类型归约获取精确描述的例子。

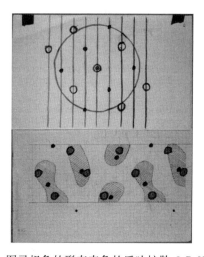

图5-4　图灵想象的形态表象的反映扩散 © P. N. Furbank

图灵沿着与众不同的方向殚精竭虑地研究人类的思维。在著名的"头脑"论文中（Turing，1950），他坚持认为普及数字计算机对于实现这一目标有着关键的作用。但是在人工智能的图灵测试中，人类判定的本质作用还是非常有意义的。这个观念通过广播、公众演讲和著作，促进人们普遍接受了人类和机器的相互补充。经常犯错、不确定性、交互模式、"普遍感觉"，当然还有1939年的课程（"直观性"）和布莱切利园（贝叶斯方法）的工作都说明了，逻辑和统计各自使用互补的方式一起解释着这个世界。

自从1954年图灵去世以后，人工智能的历史继续沿着这个前景发展。人们越来越明确计算机和人的头脑是以相当不同的方式工作的，今天我们能够更加理解计算技术的能力和局限。同时，图灵在1936年的论文中提到的主要目标也显示了算法和推理形式的不充分性。我们也正在逐步认识到，人类的思维具有统计过程和逻辑过程的双重属性。这对于人类学家和统计学家都是好消息！也许数字计算机不会取代大脑。除了出现思考上的错误和情绪上的波动，大脑采用类似于统计学的方法处理大量的和复杂的信息混合体，日益增长的计算机能力提供了算法的支柱。

## 参考文献

Aitken, C.G.G. (1995). *Statistics and the Evaluation of Evidence for Forensic Scientists*. Wiley.
Banks, D.L. (1996). A Conversation with I.J. Good. *Statistical Science*, **11**, 1–19.
Cooper, S.B. (2012). Turing's Titanic machine? *Communications of the ACM*. **55** (3), 74–83.
Cooper, S.B. and Van Leeuwen, J. (2013). *Alan Turing: His Work and Impact*, Elsevier.
Durbin, R., Eddy, S., Krogh, A. and Mitchison, G. (1998). *Biological Sequence Analysis: Probabilistic Models of Proteins and Nucleic Acids*. Cambridge University Press.
Efron, B. (2010). *Large-Scale Inference Empirical Bayes Methods for Estimation, Testing, and Prediction*. Cambridge University Press.
Good, I.J. (1950). *Probability and the Weighing of Evidence*. Griffin.
Good, I.J. (1953). The population frequencies of species and the estimation of population parameters. *Biometrika*, **40**, 237–264.
Good, I.J. (1979). Turing's statistical work in World War II, Studies in the history of probability and statistics. XXXVII. *Biometrika*, **66**, 393–396.
Good, I.J. (1988). The interface between statistics and philosophy of science. *Statistical Science*, **3**, 386–412.
Good, I.J. (1992). Introductory remarks for the article in *Biometrika* **66**, (1979), "A.M. Turing's Statistical Work in World War II'. In: *Collected Works of A.M. Turing: Pure Mathematics*, J.L. Britton (ed.). North-Holland.
Good, I.J. (2000). Turing's anticipation of empirical Bayes in connection with the cryptanalysis of the naval Enigma. *J. Statist. Comput. Simul.*, **66**, 101–111.
Good, I.J. and Toulmin, G. H. (1956). The number of new species, and the increase in population coverage, when a sample is increased. *Biometrika*, **43**, 45–63.

Hodges, A. (1983), *Alan Turing: The Enigma*. Simon & Schuster.
Leavitt, D. (2006). *The Man Who Knew Too Much: Alan Turing and the Invention of the Computer.* W.W. Norton.
Mardia, K.V. and Gilks, W.R. (2005). Meeting the statistical needs of 21st-century science. *Significance,* **2**, 162–165.
McGrayne, S.B. (2011). *The Theory that Would not Die.* Yale University Press.
Newman, M.H.A. (1955). Alan Mathison Turing. In *Biographical Memoirs of the Fellows of the Royal Society*, **1**, 253–263.
Robinson, A. (2011). Known unknowns. *Nature*, **475**, 450–451.
Simpson, E. (2010). Bayes at Bletchley Park. *Significance,* **7**, 76–80.
Turing, A.M. (1936). On computable numbers, with an application to the Entscheidungsproblem, *Proc. London Mathematical Society* ser. 2, **42**, 230–265; Reprinted in A.M. Turing, *Collected Works: Mathematical Logic*, R.O. Gandy, C.E.M. Yates (eds), North-Holland; and in Cooper and van Leeuwen (2013).
Turing, A.M. (1939). Systems of logic based on ordinals, *Proc. London Math. Soc.* ser. 2, **45**, 161–228. Reprinted in A.M. Turing, *Collected Works: Mathematical Logic*, R.O. Gandy and C.E.M. Yates (eds.), North-Holland; and in Cooper and van Leeuwen (2013).
Turing, A.M. (1941/1942a). The applications of probabilities to cryptography. *The National Archives* `http://discovery.nationalarchives.gov.uk/details/r/C11510466` H.W. 25/37; 43 pages.
Turing, A.M. (1941/1942b). Paper on statistics of repetitions. *The National Archives* `http://discovery.nationalarchives.gov.uk/details/r/C11510466` H.W. 25/38; 9 pages.
Turing, A.M. (1950). Computing machinery and intelligence. *Mind*, **49**, 433–460.
Turing, A.M. (2001). *Collected Works of A. M. Turing: Mathematical Logic*, R.O. Gandy and C.E.M. Yates (eds.). North-Holland.

# 第二部分
The Once and Future Turing: Computing the World

# 过程计算而非计算大脑

大脑图像 © Andy Lomas

我们只能猜测图灵在 1942 年发明的数字电子装置是否给了他实现通用机器实际版本的想法。但是我们也确实知道，从他的计划开始，图灵公开地和令人激动地描述了"构建大脑"。在 1946 年 ACE 的报告中，他提到了计算机对弈，已经开始考虑如何挑战人类的思维。

在本书的这一部分，**斯蒂芬·沃尔弗拉姆**提出他的观点——"图灵的洞察"，这也是令人激动的，由于图灵借助于微分方程构建了形态发生模型（在第三部分描述），沃尔弗拉姆令人信服地说明了图灵已经站在离散状态机器的新世界，"计算世界"无疑是科学的核心战略。

沃尔弗拉姆所关心的阿兰·图灵的后期思想集中在交互过程的复杂性上，特别是一些引人入胜的例子，深化我们对于计算的物理内容及其界限的理解。沃尔弗拉姆强调，计算过程中的**不可归约性**正好可以融入图灵关于不可计算性的探索之中。沃尔弗拉姆的观点是广泛的和令人激动的，其中，计算等价性原则是看待世界的关键：

> 我们越来越多的生活和行为将以计算的形式出现，从这个意义上看，人类的行为终将被归约为抽象计算。

**克里斯托夫·托伊舍**第一个实现和发展了图灵在 1948 年提出的神经网络模型，在第 7 章中，他用新的内容阐述了这一理论。

沃尔弗拉姆另外还阐述了有关复杂性以及人们更加关心的相关**推论**。托伊舍的工作提供了一种自底向上的理解人类大脑功能的方法。而沃尔弗拉姆选择了以工程中自顶向下的演化模式为基础，使我们更好地领悟沃尔弗拉姆的"计算不可归约性"。在图灵 1948 年关于智能机器的 NPL 报告设想中，"自然计算"是一个非形式描述，这是这本汇集各方观点的书籍中的另一个亮点。

**侯世达**（Douglas Hofstadter）优雅地回忆到，图灵在 1950 年已经提出了一个我们可能称之为智能的高标准。在图灵的境界中，计算世界意味着计算一个广泛的和多层次的世界，其中包括概念和图像、情感和文字等。沿着这个思路，根据侯世达的建议，通过图灵测试的诗词形式，建立相应的判定问题。

第 8 章毫无悬念是关于成就和挑战的珍宝汇集，能提升我们的知识和精神。作者的专业目标是实现"人机对话这一不可思议和激动人心的想法",这一点图灵在他的"模仿游戏"中已经讨论过,这些讨论来源于被"高深的哲学辩论"所掩盖的各种误区。侯世达赞同图灵的观点,"在进行晦涩神秘的来回辩论前,具体的例子总是需要的"。他给了我们一种赏心悦目和开卷有益的对话形式——"DRH 与 AMT"。在计算和"人类心智的变化"之间远远不是"计算的等价性"。

闲话少说,读者自辨。

# 第 6 章
The Once and Future Turing: Computing the World

## 图灵的洞察

◎斯蒂芬·沃尔弗拉姆

当我们回顾 20 世纪时，毫无疑问，最重要的事物就是计算的思想，它对世界的影响有目共睹。这一思想已经改变了我们的技术和世界的许多方面，而且我们相信，还会带来更多的改变。

1936 年，当阿兰·图灵发明通用图灵机时，就奠定了计算思想最关键的基础，尽管他没有做出大量的后续工作。

在图灵去世的 1954 年，这一思想已经通过迂回的方式（神经网络或其他类似模型）在早期的电子计算机中尝试。图灵本人也在考虑人工智能的实现方法。

但是这些尝试还离成功尚远，在图灵生命的最后几年，当他考虑生物学理论时，并没有意识到计算的思想与生物学有联系。

在 20 世纪 50 年代后期，乃至 60 年代和 70 年代，实际的计算机越来越强大，越来越普及。并且至少在理论计算机科学家的小圈子里，通用计算已经成为一个基本的概念。

同时科学也在继续发展，基于一些实验和数学分析的案例，计算机通常用于实现一些已经有之的方法。但是仍然没有认识到作为抽象概念的计算本身就处于中心地位。

的确，在某种意义上，随着计算机技术的推进，计算作为一种概念的重要性被严重低估了，它只是被作为一些方法的背景被提到，却没有意识到计算本身才是应该研究的核心问题。

如果图灵能够活得更久，我怀疑他会仅仅把计算看作方法，相反他可能开始研究计算的更加广泛的意义，这个基础已经被他打好了。

我出生在阿兰·图灵去世五年以后，在我半个多世纪的生涯中，已经主持了三个大型工程项目，这些项目都来源于计算的思想，并且都指向了图灵可能已经开辟的方向——如果他活得更长的话。

这个项目中第一个是数学。

当在阿兰·图灵提出通用图灵机的时候，从某种意义上，他已经尝试定义有关一般计算的数学形式化。

我认为，图灵定义的基本结构比起他构想的还要通用，事实上，已经涵盖了所有可能实现的过程。

然而，图灵最初的目标只是寻找一种方法表示数学或者计算的过程。从某种意义上说，这也是我最初构建 Mathematica 的目标。

我在做这件事的时候（最早的版本开始于 1979 年），毫无疑问从原则上图灵已经给出了实现的可能性，但是我面临的挑战是创造一种语言，使它在实际中合理地覆盖需要做的每一件事。

为了实现这个目标，我编制了一种符号程序语言，从某种意义上，这是在图灵之前就有的数理逻辑方面的前期尝试。

任何合理的计算机语言原则上都必须是通用的。但值得注意的是，符号程序语言在某种意义上提供了另一层次的实际通用性，这是在三十多年来的开发过程中逐步表现出来的。

该语言不是在原则上，而是在实际上提供了各种广泛的不同事物的统一表示，无论是数学关系，还是几何对象、运行的程序、文件、计算机界面或其他东西。

对我而言，Methematica 原创性工作是构建一个工具来研究各种计算问题，我为之付出了很多努力。

我的学术生涯是从理论物理学家开始的，用于研究各种系统的范式已经支配物理学和其他精确科学三百多年了，这种研究范式需要对于系统进行数学建模。但是我发现，即使在物理学中，也有大量的例子无法使用建模的方法。

于是我开始思考是否有其他方法。

机缘巧合的是我正好结束了作为 Mathemaitica 前身的第一个版本，它给了我关于计算可能达到怎样的能力和范围的深刻的直观印象，通过选择适当的计算基元，人们能够创造一个具有超乎想象功能的系统。

于是我很想弄清楚，这种关于计算的思想能否也应用于自然科学中，人们是否可以推广传统的数学建模，通过计算机程序达到相应的效果。

从图灵开始，我们在大部分时间里都在构建执行具体任务的程序，通常这些程序是冗长和复杂的。

作为一个基本的科学问题，我们可以询问什么是简单程序做的事情，比如随机挑选。

从 80 年代初期，我开始着手研究简单程序的计算世界是什么。

也许我可以用图灵机实现这一目标，但是我没有（或许是一种幸运）。我采用了一维元胞自动机，看起来更适合用于刻画自然界的实际系统。

在典型的情况下，一个元胞自动机有一行元胞，每一个或者是黑的，或者是白的。元胞的颜色翻页似的逐步演化，每一步，当前元胞的颜色都被它正上方、左上方及右上方的元胞颜色所确定。图 6-1 是一个例子。

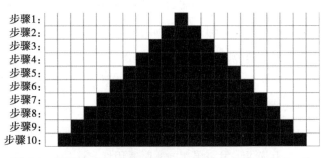

图 6-1　元胞自动机的可视化表示，元胞的每一行对应一步

人们可能会像我一样认为，我保证图灵可能也想过，如此简单的装置，不可能具有任何有意义的复杂行为。

但是在 80 年代初期，我使用计算机做过实际检测，图 6-2 就是我所看到的。

这是各种可能的 64 个元胞自动机规则运行产生的模式阵列。其多样性是值得注意的，这让人想起生物形式的多样性。当然，正如所预期的那样，有许多规则导致非常简单的行为。

但是我们很快会发现，在这些模式中，有非常复杂的嵌套模式产生。然而尽管复杂，最终却是非常规则的，实际上这反映了使用基本规则产生模式的性质，没有什么惊奇的。

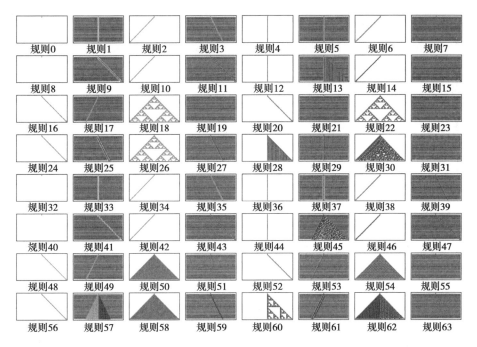

图6-2 从单个黑元胞初始条件出发，64个一维元胞自动机规则所产生的演化模式

然而仔细查看上面的图，还是容易找出令人吃惊的地方，图6-3 提供了规则30更多的细节。

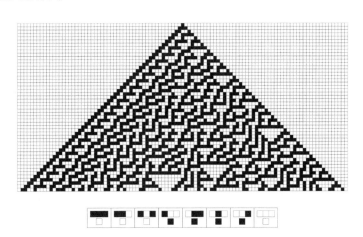

图6-3 元胞自动机的规则30，得到的模式是高度复杂的，并且没有什么规律

这个图发生了什么？我们仍然从单一黑色元胞出发，根据图的下面所显示的简单规则⊖，得到一个看起来十分复杂的模式。

这个图似乎有一些规律性，但是如果应用统计的、数学的或者其他的任何

---

⊖ 这个规则依据黑白顺序，恰好是00011110，即十进制的30。——译者注

检测，都会告诉我们，中间垂直的一列完全是随机的。

我在 1984 年第一次遇见规则 30，对我来说，这是与直观很不一致的重要发现，一般总认为，如果要得到某些复杂的事情，你必须花费大量的努力，连同复杂的规则以及其他的东西。

但是在这个距离现实并不远的元胞自动机的计算世界中就有一个直接的例子，说明上面的感觉是不对的，一个非常简单的规则就可以毫不费劲地得到高度的复杂性。

起初，我不能肯定这个例子有多么特别和不寻常。但是很快就在我的计算望远镜 Mathematica 中观察到计算世界里面的现象，并且研究了各式各样的简单程序。

一个自然的选择就是图灵机。

我并不相信图灵在计算机上精确模拟过图灵机，这件事直到 1991 年我尝试之前没人做过。

当我结束了元胞自动机的实验后，开始对图灵机做相同的实验，结果并不是很直接的。图 6-4 显示了用 4096 个最简单的图灵机做实验的一些样本，这些图灵机只有两个读头状态和两种颜色（符号）。

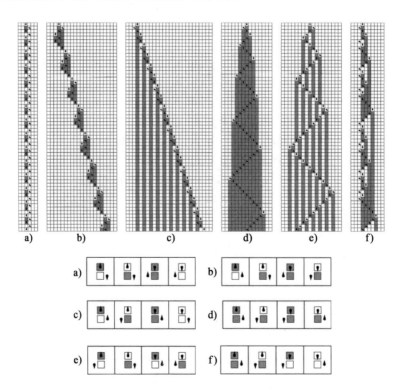

图 6-4　具有两个状态的图灵机，可以观察到重复和嵌套现象，但是没有看到更为复杂的行为

如果继续坚持做下去，例如，做具有两个读头状态和三种颜色的 2 985 984 个图灵机，人们开始找到类似图 6-5 的例子，事实上，规则 30 的元胞自动机也具有相同的复杂类型。

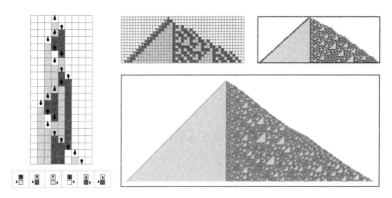

图 6-5　编号为 596440 的两状态、三颜色（白、红、黄）图灵机。左边是无压缩的演化图，从只有一个白色单元的空白带出发。右边是左压缩的演化，在每一个步骤中，左边的总是被扩展一个单元，右边的总是被一个或者三个单元扩张

我很想知道，图灵是否思考过这类问题。

当我第一次发现规则 30 时，我首先想到的是自然。我们总是认为自然世界的系统具有高度的复杂性和形成模式。然而在人类各种技术进步的帮助下，这些东西可以使用看起来很简单的方式产生。

看看规则 30，人们可以想象似乎已经窥察了自然的关键秘密：通过使用简单的计算规则，自然可以毫不费力地产生各种复杂的事物。仅仅因为工程上的考虑，我们限制在一些行为相对简单的系统上，关于这些系统，一些行为在没有发生之前就可以预见它。

因此，计算成为理解自然过程的一种基本模式。

根据这种模式，人们可以使用更加丰富的基本元素来创造模型，的确，在这一方面当前已经取得了很大的成功。

当图灵创造图灵机的时候，从某种意义上，他是把它看作一个工程。但是很快就搞清楚了，图灵机也可以用非常贴近自然科学的方法来研究：采用这样的系统实现对于丰富多彩世界的探索。

在探索过程中，人们很快就遇到了类似于规则 30 的不同寻常的系统。

从这里面能够推导出什么原理吗？

我相信最重要的是计算等价性原理（Wolfram，2002）。

计算等价性是说：我们在观察计算世界时，只要行为不是过于简单，则对

应的计算都具有等价的复杂程度。

人们可能会认为，当系统的规则越复杂时，它的行为也会变得越复杂。但值得注意的是，人们根据计算等价性原理观察计算世界却不是这么回事，计算很快会达到一个很低的临界值，过了这个临界值，人们看到的行为将会与规则的复杂程度无关。

这意味着什么？对此会有许多深刻的推论，但是首先有一个直接结论——人们容易实现计算的普适性，这是图灵在构造通用图灵机时首先发现的。

通常的直观告诉我们，要实现某种复杂的普适计算，应该具有包含各种类型的复杂内部结构的系统，例如包含了各种寄存器和操作等的机器。

但是计算等价性原理却认为这是不必要的，在任何系统中，只要它的行为不是过于简单，则实际上都具备普适计算的能力。

20年前，我第一次知道了元胞自动机的规则110是普适的（图6-6），这是第一个计算等价性原理的明确证据。

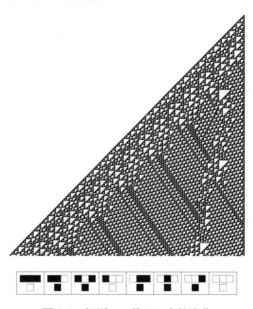

图6-6　规则110前250步的演化

最近一段时间，我对于图灵机的类似问题非常有兴趣。因此赞助了Wolfram2，3图灵机研究奖金，探索一个最简单的图灵机，具有不是太过简单的行为，却是通用的。

只是过了几个月，这个问题就已经被证明，提供了一个重要的计算等价性原理的证据，并且一劳永逸地向我们展示了最简单的通用图灵机，图6-7显示了这个机器。

从某种意义上说，普适计算建立了系统计算复杂度的上界，因为一旦一个系统是计算普适的，那么就可以模仿任何其他的系统。然而，计算等价性原理不仅仅是一个上界问题，而且在所有系统中（例如自然系统），普适计算是无处不在的。

就技术层面而言，计算等价性原理还包括更多的内容，许多系统原则上不仅能够通过编写程序产生任意复杂的行为，而且从某种意义上讲，这样的现象是无所不在的，例如规则 30 可以在单一黑色元胞的初始条件下生成如此复杂的行为。

计算等价性原理在科学上有各种类型的推论。

例如，在传统数学上已经得到关于计算可归约性的思想：什么样的系统可以使用更简单的计算来模拟当前系统的行为。

但是计算等价性原理指出，许多系统是计算不可归约的，因此要了解一个系统的行为只能模拟它的每一步并看看发生了什么。

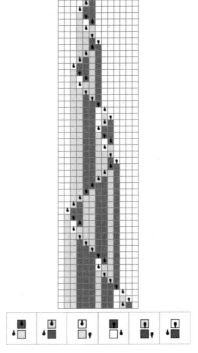

图 6-7　Walfram2，3 图灵机前 50 步的演化（从一个空白带），这是最简单的具有通用计算能力的图灵机

传统上，精确科学趋向于避免计算不可归约性，而集中于计算可归约的系统，并且在方法上不断取得进展。

但是在我看来，许多现象说明，理解传统方法的钥匙恰恰是计算不可归约性。

从某种意义上，传统的精确科学有一个潜在的假设，即比起正在被观察的系统，观察者具有任意的更加复杂的能力。但是根据相对论或者量子力学，计算等价性原理更加贴合实际的观点，一般地，观察者并不具有比所观察系统更加复杂的计算能力，这就精准解释了为什么有那么多系统在我们看来是那么复杂。

实际上，数学也是如此，我们所选择的研究小心地避开数学上不可归约性和不可判定性的东西。

如果我们枚举所有的数学公理系统，会发现熟悉的逻辑公理可能作为第 50 000 个公理系统出现。也就是说，还有许许多多其他的公理系统，这意味着还有许许多多其他的数学。其中的绝大部分具有足够的计算复杂程度，在其中人们可能尚未找到不可判定性的迹象。

但是在计算等价性原理指出我们知识和方法的限制时，也指出大量的计算普适性就在我们的手边。

即使像编程这样的传统工程方法都涉及精准的系统构建。但是有了计算等价性原理，我们可以从传统方法中跳出来，挖掘计算普适性的潜在力量，为了实现所有类型的技术目标，并不需要找出所有类型的具有丰富和复杂行为的系统。

其中的一个例子就是寻找具有普适计算的系统，我们已经知道这是非常简单的，也许一个分子尺度的系统就足够了。

一般地，从结构和算法角度挖掘普适计算潜在能力的技术是很有效果的，我和我的公司已经取得了很大的发展，的确，我期待挖掘计算普适性的思想将会成为发明和创造的主流形式，超越任何其他形式。

计算等价性原理还有其他的推论，首先是关于纯粹智能的观点，至少对于我来说，已经有了重要的实际推论。

我常常想象一个处于普通层次的计算，以及另一个作为人类所习惯的更高层次的智能。看来库尔特·哥德尔已经考虑过相同的事情。阿兰·图灵在后期有关人工智能的研究中也有类似的想法，但是两者并不是一样的。

然而在深入研究了计算等价性原理之后，我认为，计算和智能实际上并没有很大的不同：智能也就是普通的计算。人类智能仅有的不同是我们人类所具有的细节知识和环境。

这就带来了各种推论。例如，当我们想象地外智能时，不再认为那是某种精巧的发达文明的"智能信号"，而可能就是执行某个复杂计算的自然过程。从实际的观点看，实现某种"创造"不能只是人类的特征。例如，在我们的 WolframTones 合成音乐的例子中，使用普适计算的简单搜索就可以产生音乐，并顺利通过图灵测试的考验。

在我看来，实现类人智能最终"就是计算"，这已经有了大量的事实。

从我年轻时开始，已经尝试获取广泛的知识，并且使它们可计算，因此任何原则上能够基于知识来回答的问题，原则上也能通过机器来自动回答。很长一段时间，我认为要取得这一成就，需要解决人工智能所有的问题，然后应用到这个特别的问题上。

但是从计算等价性原理来看，在某种意义上，要实现人工智能仅仅"就是计算",而且开发了 Mathematica 作为实现这件事的实际系统,我已经开始想象也许现在是尝试让所有知识可计算化的时候了。

阿兰·图灵可能也设想过这样的事情,但是在他那个时代,很多技术还在朦胧中。

当然,我们所希望的目标对于图灵时代的很多科幻小说家是非常熟悉的。对我来说,过去几年激动的事情是借助 WolframAlpha,看到了使所有知识可计算化的目标是可以达到的。

我不能肯定阿兰·图灵是否熟悉我们正在构建的 WolframAlpha,但是他的确考虑过如何理解人类的语言。

我认为图灵曾经设想过使用某种方法求解人类行为在计算上的对应。我们在 WolframAlpha 上所做的是利用计算普适性的更加广泛的特征,尤其是在某些情况下,从计算普适性中挖掘相应的内容,寻找需要的算法。

当回答一个物理问题时,我们并不假设 WolframAlpha 只具备一个未经训练的人或者一个中世纪哲学家的水平,相反,我们使用数学物理中最好的方法,求解方程并给出答案。如果我们要解释人类是如何得到这个答案的,那么我们可以精准地合成这些人类求解步骤,这与 WolframAlpha 得到答案的步骤是非常不一样的。

WolframAlpha 如何通过图灵测试呢?在这方面它做得很糟糕,不是因为技术上达不到模拟各种人类的特征,而是因为他知道了太多的事情,并且计算速度太快,除非从根本上改变这一点,才可能看起来更像人类。

从某种意义上,WolframAlpha 正是图灵所设想的蛙跳式思维,不是模拟单个人的智能,而是要收集整个人类文明的知识,并把它可计算化。

计算的概念还会驶向何方?

一方面,已经有各种模式可以帮助我们理解这个世界。同时通过每天实际计算机的大量实验,我们开始根据从计算机那里得到的概念(例如"执行"和"排错"等)思考许多事情。

但是,当我们具备更多的有关 WolframAlpha 和计算知识的体验,更加熟悉计算普适性,更多的关于计算的基础,就会开始形成我们描绘世界的新想法——"计算不可归约性"和"不可判定性"的术语与"力"和"动量"的术语一样被普遍使用,当我们有了更多的计算术语,使用这些术语来尝试理解整个宇宙就是不可避免的。尽管过去三百多年,但今天我们试图理解基本物理学的主流模式仍然是数学方程。

但是，如果使用计算的术语来思考我们的世界将会发生什么呢？我们可能发现在计算世界中实际的规则就是程序。

在诸如规则 30 这样的现象，以及计算等价性原理被发现之前，我们可能认为即使整个世界能够通过程序来表示，那么这个程序也必然是非常复杂的。

然而，通过我们在计算普适性中已经看到的，整个世界可能被一些相当简单的基本规则所驱动，这一点并不是显然的。

我们并不知道实际情况是否如此。虽然基于我们对世界的非常基本的观察，它并没有看起来那么复杂，所有的粒子都根据相同的规则相互作用。

如果世界的基本规则真的是简单的，那么它必须在远低于我们熟悉的经验，甚至空间和时间这些基本概念的层次上运行。在计算世界的可能性方面有许多技术细节和各种候选的世界，其中的许多非常不像是现实的世界。

但是令人激动的是，我在过去的十年里已经发现，即使在几千个候选世界中，已经有一些足够复杂的例子，人们难以排除它不是实际的世界。

计算的不可归约性必然使得判断一个候选世界的最终行为是困难的。但是这仍然具有可能性，也许在未来有限的时间里，我们可以建立规则表示全部的历史以及每一个细节。

计算不可归约性使得我们理解这个世界的所有特征是困难的，或者对于每一件事情提出预报是困难的。但是对于科学而言，能够使用阿兰·图灵计算的思想，给我们展现存在的每一件事物的完整描述，这本身就是一个伟大的成果。

从技术层面说，这明确显示了图灵机就是真实的世界，就这个意义而言，图灵机能够获取我们这个世界出现的任何计算。

计算不仅仅与这个世界基本的、本质上也是智能的问题有重要联系，不可避免的，它也日益增加地与人类生活纠缠在一起。

我怀疑是否某个时刻人们将突然宣布"人工智能已经实现"，计算机将取代人类，而不再与我们相互依赖。越来越多的人类所具有的功能被计算机实现，这会使人类的环境变得越来越好。我们越来越多的生活和行为将以计算的形式出现，从这个意义上看，人类的行为终将被归约为抽象计算。正如我们在计算普适性研究中知道的，大量的不同类型的事情可以通过计算获取。

因此从某种意义上说，作为人类的组成要素中应该增加这样的目标：对于我们所作所为的所有历史细节的评判。

我并不知道实现这一目标需要多长时间，但是我期望在图灵引进普适计算一个世纪之后，从本质上这个世界的每一个方面，我们的经验都已经建立在以计算为中心的思想上。

图灵自己的通用图灵机，甚至图灵自己关于人工智能的想法，并不能带领我们实现这个目标。但是在计算世界中我们已经发现的，以及通过我们具有的计算知识所能展望的两者之间，我相信我们方向是正确的。

作为一个人而言，我很荣幸生活在这样一个时代，我们可以看到计算的思想正在绽放，这个思想从历史上开创于图灵，距离我们仍然如此之近。

## 参考文献

*Mathematica*, Wolfram Research, Inc.
The Wolfram 2,3 Turing Machine Research Prize www.wolframscience.com/prizes/tm23/
Wolfram|Alpha, http://www.wolframalpha.com/
Wolfram|Alpha blog, http://blog.wolframalpha.com/2010/06/23/happy-birthday-alan-turing/
Wolfram, S. *A New Kind of Science*, Wolfram Media, 2002 (also available online: http://www.wolframscience.com)

# 第 7 章

The Once and Future Turing: Computing the World

# 外设计算和内生计算

◎克里斯托夫·托伊舍

## 7.1 自顶向下和自底向上的设计

一般来说，现代产品的设计总是遵循一条大家公认的路线，例如著名的IDEO设计咨询公司采用的以人为中心的设计方法（Tom Kelley, 2001）。设计已经成为一个可以研究、规范、学习和改善的过程。正如汤姆·凯利（2001）所解释的那样，IDEO采用了如下五个步骤的方法：理解、观察、设想、评价和细化、实现。在这个过程中，有两件事情是重要的，首先，评价及细化的过程包含"循环"，没有产品在一开始就是完美的，需要一遍遍的细化和重新评价。其次，这个过程使用自顶向下的方式组织，即它是一个逐步的过程，从顶层的目标、任务或者观念出发，然后通过描述、评价，逐步向下实现低层次的（子）系统。这是工程师设计汽车、飞机、计算机等的方法。这种方法在工程界取得成功的最重要原因是它的分解与处理，或者更流行的说法——分而治之。向下的设计使我们可以处理复杂问题，上一层系统将下一层系统抽象为黑箱来处理。当我们得益于这个在工程中很有效的方法的同时，也注意到自然界中另一种完全不同的设计过程，那就是通过简单尝试和纠错的自底向上的过程。这个过程称为演化，一种即使不完美也是令人惊奇的"设计"。正如它的名字所表示的，自底向上设计过程通过连结各个子系统成为更大的系统。通常一个系统的功能大于它的各个部分的功能之和。在这种环境下，新的现象经常出现（Holland，1999）。一般而言，这意味着子系统之间的交互使得我们无法预测上一层的行为。在文献［14］中有一个令人惊奇的原因很好地描述了这种不可预测性（Ronald et al.，1999）。

今天，计算学科面临着从 CMOS 技术突破到超越现有计算尺度的各种困难挑战。一种解决的方法是借助各种先进制造技术、装置、计算模式和架构的创新组合产生新的信息处理技术，可能完全不同于我们现在所知道的。例如，分子和纳米技术、自底向上的装配技术（参见 Zhirnov and Herr，2001；Freitas and Merkle，2004）以及自组装技术，这些技术已经开通了制造计算机或者其他机器的全新途径。正如其他新的方法一样，它们也向我们展示了充满挑战的全新世界，这与本章的主题发生了密切的关系：外设计算（designed computation）和内生计算（intrinsic computation）。

## 7.2 内生计算和外设计算

使用传统的 CMOS 技术设计计算机（Wolf，1998）就是"让硅片做我们想做的事"，例如，让晶体管作为一个二元开关。我们希望这个开关是可靠的，二值的，尽可能完美的。为了做到这一点，我们不得不经历很多的步骤并使用精致的技巧，特别是借助纳米尺度技术。这种"外设的"自顶向下方法已经有效工作了几十年，而且还不清楚这项技术能够继续走多远（Kish，2002）。借助新的纳米装置，我们期望能够表现出与时间相关的非线性行为，超出了简单的开关功能，这是不同的制造理念。我们需要为这种极端物理性能、多相性和无结构性器件做好准备。

在托伊舍等（2008）的文献中，我们看到很多研究团体正在研究新型计算装置和结构的非线性电路的计算能力。最近，由克拉奇菲尔德等人主编的关于混沌的丛书收录了各种关于动态系统信息处理的重要论文。研究者一致认为，数字计算的统治地位正受到挑战，不仅在于基础的物理范围，也在于信息处理的模式。技术的进步总是不断的：更快，更低成本，更加节能（Crutchfield et al.，2010）。

通常内生计算被描述为基于空间和时序的动态计算，这个系统具有"内生性"。一个值得关注的论点是"内生计算不能被利用"（Crutchfield et al.，

2010)。另一方面，我们看到，外设计算使得信息处理（对于任何系统）可以"加以利用"。自然地，对于新型装置的内生非线性和时序动态的控制能力，取决于对单个装置和相应的网络基础行为的理解水平。这里我们看到了两种不同的思想方法，分别涉及自底向上和自顶向下过程。在 CMOS 技术的硅片世界里，自顶向下的设计引领主流，这是因为我们通过设计建造了各种信息处理装置，例如晶体管或者逻辑门电路。另一方面，由于自底向上自组装过程中我们无法控制，经常导致设计过程不能完全控制和理解。我们最终还是采用受控的空间和时序过程来执行有用的计算。一个近期的内生计算例子是基于忆阻器的联合存储器的自底向上设计。忆阻器是一种新的被动式电路元件，可以根据电流改变阻抗值（Strukov et al., 2008），在电流断掉时会记忆阻抗值。在 I-V（电流 – 电压）图中，可以看到简单的迟滞行为，该元件可以直接用于通 – 断开关；然而，也可以尝试利用 I-V 图中迟滞曲线关于时间的非线性特点，在神经网络领域，忆阻器是迄今为止唯一用于描述突触权值行为的器件。辛哈等人（2011）的文献中说明了，借助忆阻器的非线性特点，比起只是简单地表示突触权值而言，可以很好地改善简单联合存储器的设计。这个设计使用类似基因编程自底向上的方式进行演化。这个算法找到了一种方法，可以利用装置网络的内生性质来设计有用的计算，从而显著降低使用传统晶体管实现组合存储所需要的部件数量。

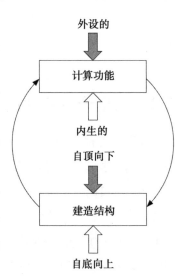

图 7-1 关于计算与建造、结构与功能、自顶向下与自底向上、外设计算与内生计算相互关系的整体视图

图 7-1 整体上说明了计算与建造、结构与功能、自顶向下与自底向上设计以及外设计算与内生计算之间的关系。传统上，我们从功能性质开始，根据特定的制造技术，例如传统 CMOS 技术中的光刻平板，赋予一个系统结构，进而实现设计目标。

## 7.3 图灵的自底向上计算模式

计算机科学经历了"走向未来"的六十多年发展，阿兰·图灵倡导了各种非常类似于自顶向下和自底向上构建机器、控制机器以及处理信息的方法。图灵机是一个很好的自顶向下的设计机器的例子，对于机器的所有步骤，我们都可以完全理解、完全控制。然而，图灵也认识到——这并不奇怪——自然的"机器"以及其他对于生物学更为适当的模型机器并不是以这种方式构建的，例如人的大脑。这并不意味着，人的大脑在功能上不能使用图灵机来模拟，相反可以做得很好。他自然相信机器能够模拟人的大脑处理信息，并且讨论这种机器的可能性。在图灵的想法里，没有什么是人脑能做而精致的计算机不能做的。

图灵"自底向上"的思想出自于他的联结行为机器（Turing, 1969；Teuscher, 2002）和形态发生方面的研究（Saunders, 1992）。这些研究起源于尚未知道的理由，但是的确说明了图灵对于自底向上方法的强烈倾向。在这一章中，我们将集中讨论图灵关于内生计算的联结主义思想。

图灵提出了三种称为无组织机器的类型（Teuscher, 2002）：A 型、B 型和 P 型。A 型和 B 型机器都是由非常简单的随机联结的 NAND 门（神经元）构成的布尔网络，每一个神经元从网络中的其他神经元接收两个输入信号（允许自联结）。神经元通过一个全局时钟信号同步。图 7-2 显示了一个非常简单的 5 单元 A 型无组织机器（Turing, 1969, p. 10）。与 A 型网络相比，图灵的 B 型网络对于内部的联结和外部的组件是可修改的，因此可以通过生效和失效联结来"组织"这些机器执行所要求的任务。有趣的是，看起来 B 型机器的能力更强，但原则上它是特殊的 A 型机器，其中每一个联结被一

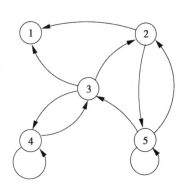

图 7-2　一个 5 单元组成的 A 型无组织机器的例子，该图只表示了网络的结构，与状态机器图毫无关系。每一个节点恰好接收两个节点的输入

个小的作为开关使用的 A 型机器替换。开关的状态（即生效和失效）或者通过联结的内部状态，或者通过两个外部干涉输入控制。图 7-3 显示了简单的 5 单元 B 型无组织机器。

图灵引进 B 型机器的背后思想是激活有用性，屏蔽无用性，从而产生所要求的行为。他的更为深刻的想法是构建可以学习的结构。第三种类型的机器——P 型机器——就不是联结机器，而是一个可修改的无带图灵机，具有两个附加的输入：愉快和痛苦。一个初始不完全的内部动作表格通过外部引导以"愉快"或者"惩罚"的刺激逐步修改为一个完全的表格，这非常类似今天所

谓的增强学习的概念。

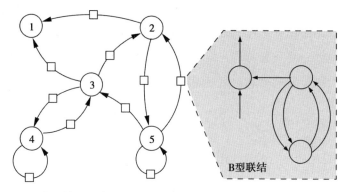

图 7-3　一个 5 单元组成的 B 型无组织机器的例子，每一个 B 型联结本身是一个小的 A 型机器

## 7.4　从内生计算到外设计算

在 1948 年的报告中，图灵提出了另一个重要的想法，进一步说明了他对于人工智能中自底向上模式的青睐。在这个报告中，他谈道，"……可修改机器"，可能"……非常彻底地改变一个机器的行为……"（Turing，1969）。他区别两种对于机器的干涉：螺丝刀干涉和文本干涉。

螺丝刀干涉是一种外部形式，通过移除或者替换机器的某些部件完成。文本干涉仅仅通过信息交流改变机器的行为。图灵也提出了机器的自修改问题，划分机器的操作为两类：规定操作和自修改操作。当机器执行规定操作时，机器没有任何改变，当机器执行自修改操作时，机器的内部存储内容被改变。

"期望一台机器从工厂中出来就能够像大学研究生那样解决问题是不公平的。"（Turing，1969）下面一段陈述可能是图灵关于机器教育的最好概括：

> 如果我们试图制作一台尽可能像人一样的智能机器，开始时这台机器只是具备很少的功能，仅仅能够执行详细说明的操作，或者以给定的方式响应各种命令（采用训练的形式）。然后通过适当的模仿教育的干涉，将有望使机器对于某些类型的指令能够可靠地产生确定的响应（Turing，1969，p. 14）。

但是，什么叫作"适当的干涉"？图灵继续说道：

> ……借助适当的初始条件，并且提供充分的时间和充足的单元，机器（例如，无组织机器）可以做任何要求的工作。特别的，对于具有充分多单元的 B 型无组织机器，我们可以找到适当的初始条件，使得机器成为一台具有给定存储功能的通用机器（Turing，1969，p. 15）。

遗憾的是，图灵并没有给出这个设想的正式证明，"……现在距离主要论点还很遥远"。正如托伊舍（2004）的证明，并不是所有的无组织网络都可以用于构建通用机器。在图灵的报告中，"适当的干涉"仍然是一个模棱两可的表述，除了提出某些称之为遗传搜索或者进化搜索的算法外，图灵从来没有更仔细地涉及这些问题：

> 借助于遗传或者进化搜索寻找基于生存价值准则的基因组合，这类问题的巨大成功在某种程度上证实了智能活动主要是各种类型的搜索（Turing，1969，p. 23）。

使用神经元及其之间的联结来构建一个初步的随机网络，毫无疑问是图灵关于智能机器论文中最有意义的内容之一。无论是今天广泛使用的遗传算法，还是20世纪50年代中期使用计算机对于进化的模拟，图灵的建议——以及之后对此的忽视——看起来都更加引人注目。遗憾的是，在图灵的时代，由于缺少计算资源，还不能使用"遗传搜索"算法优化无组织机器。今天我们可以轻而易举地使用台式机解决这些问题。托伊舍（2004）演示了图灵无组织机器可以通过遗传算法解决简单的模式识别任务。图7-4显示了一个二元基因组，编码为内部联结开关的状态。网络能够通过输入和输出来完善，这是图灵尚未详细阐述的模型。从初始时执行内生计算来训练无组织机器，可以使我们把机器改造成为执行"有用"计算的机器。

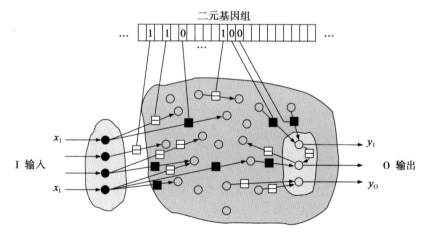

图7-4　一个表示网络开关状态的基因组编码（1 = 激活，0 = 未激活），使用遗传算法寻找正确的开关配置，网络可以学习如何执行"有用的"计算

根据考夫曼（1968）对于随机布尔网络（Random Boolean Netwok，RBN）的介绍，图灵的工作有一些稍微不同的意义和重要性。考夫曼在1960年研究

了 RBN 的性质，涉及令人吃惊的随机构造网络的有序性质，特别是，当每个节点平均有两个输入时，网络出现了高度有组织的行为。令人惊讶的是，图灵在他的神经元网络中也选择了两个输入，这也许出于无意，或者为了使事情尽量简单化。用现代的术语来说，图灵的无组织机器可以看作 RBN 的特例，其中每一个节点是 NAND 函数。考夫曼定义了一种随机 $NK$ 布尔网络，其中 $N$ 个节点中的每一个具有两个可能的活动状态，并且平均接收 $K$ 个来自其他节点的输入。有趣的是，在 RBN 中，从有序到混沌的变换发生在或者 $K$ 减少到 2（也称为"混沌边缘"），或者用简单方式改变了其他参数的情况下。考夫曼写道："二十多年来，我们知道完全随机的布尔网络在简单的约束下，每一个元素被 $K=2$ 个元素直接控制的系统自发地显示了高度的有序性。"

最近罗尔夫等（2007）系统地研究了 RBN 中在稀疏渗透限制下的损伤扩散，其中的扰动独立于网络规模 $N$。这个限制与许多技术的和自然的网络中的信息和损伤传播有关。我们在接近 $K=2$ 时发现一个重要的联结性（也称为"稳定边缘"或者"鲁棒边缘"），这时损伤扩散与 $N$ 无关。在 2011 年，吉德尔兹等向前走了一步，从布尔网络进化联结性的总体上研究了信息处理，系统地探讨了在学习能力、鲁棒性、网络拓扑以及任务复杂性之间的相互作用。我们再一次在进化网络上使用遗传算法来执行要求的作业（例如，简单任务）。最有兴趣的与内生计算相关的结果是回答了一个长期未解决问题：我们通过计算发现，对于大的系统规模 $N$，适当的信息处理可以使网络趋向于重要的联结性 $K=2$，这也是图灵在它的无组织机器中提到的联结性。换句话说，内生计算的功能可以借助某些性质的结构来改善。

类似的想法在水库计算（Busing et al.，2010）和液体状态机（Maass et al.，2002）中也有研究。但是与 RBN 之间有一个很大的区别，关键在于液体状态机的内部结构是不变的，而 RBN 的内部结构（即节点拓扑）会随时间而变化。液体状态机的内生动力学性质可以仅仅通过输出层得到解释，这种方式的优点是在这样的设备网络中不要求有稳定状态或者吸引子。仅仅训练输出层可以从根本上减少学习复杂性。[⊖]

---

[⊖] 液体状态机是一种用节点联结的机器，它的输入信息会引起节点信号像水波涟漪一样的时空变化，就像一块石头落入液体，由此得名。类似的计算称为水库计算，液体状态机是水库计算的模型之一。——译者注

## 7.5 展望

毫无疑问，当前对于外设计算已经有了很好的研究和理解，但是对于内生计算却并非如此。我们提倡的是将呆板设计的、固定的、整齐一致的、确定的、指令集和基于管道方法的传统计算系统，转变为动态的、基于网络的、去中心的、适配的、进化的、自组织的以及演化的计算系统。这就自然导致人们根据复杂性和适配性来重新思考系统设计。从宏观上看，可以用两种不同的方式看待这类物理计算装置：或者通过研究系统的性质、动态行为和功能，根据理解和应用目标，将这些内在的内容以自底向上的方法转化为某种计算的形式；或者使用自顶向下的方法去"强制"设计硅片，使得装置做我们想做的事情。伴随新的更为精巧的计算装置的出现，我们相信前一种方法使得计算更快、成本更低且更加节约能源，这是因为它最终使得我们更接近物理器件的计算，减少抽象层的个数，而抽象层越多越不可避免地会增加复杂性。

信息和通信技术正在各个方向上稳定发展。至少对于下一个五年，工业的短期和中期路线图（例如 ITRS, 2009）指向了主要的方向：更加小型化，更多的核，更加有效，更多的嵌入，更多的联结，更多的内容和交互性。每一项这样的技术都带来了大量的挑战，中期和长期展望仍很不清晰，如何识别潜在的重大突破，以及可能成为明天信息与通信技术的新方向，本身就是一个挑战。识别未来出现的技术在短期工业路线图上是特别重要的，这里面包含一些主要的障碍，还不能用当前的方法来解决。

我们需要一些新的方法来构建具有自组装性质的超大数目、超大规模以及超级鲁棒的计算系统，涉及大量的比起今天来更多的部件，以及新的有效编程方法，（自）组织，（自）修理，都是为了获得可预测的、协调的和鲁棒的全局性能。建造这样的系统，它的行为显然不能从单个部件的行为考虑，使用还原论的方法来分析系统是无效的，而要通过内生计算和自底向上的方式来解决。为了做到这些，我们需要强调三种不同的方式并且明确作为研究挑战：

- 理解一大类由模拟、非线性、与时间相关装置组成的网络的内生计算能力。
- 开发适配的编程语言模式，将网络的内生计算功能映射为可实现的计算作业。
- 研究基础装置及其内部联结的计算能力对于结构与功能的影响。

图灵在六十年前所倡议的内容仍然是当前的热点课题。今天我们采用自顶向下的方法制造的计算机是复杂的、高成本的，而且受到技术进步的诸多限制。计算学科需要像图灵那样，有创新的远见和思想发展基础的颠覆性新模式，以应对未来计算系统在规模和复杂程度方面的激增。

正如拉佐沃斯卡等（2009）写道："计算永远无终止地向前开拓，它是最好的由发现驱动的研究例子。当我们向前看时，很清楚学科面临着挑战和机遇：挑战是调整我们的文化和提升我们的愿景，而机遇是参与和亲身经历21世纪发生在本领域和跨学科领域的伟大发现和革新。"毫无疑问，没有图灵，计算机学科不会走到今天。什么会是下一个重大事件？无人能够回答，然而图灵的遗产肯定是其中的一部分。

## 参考文献

L. Büsing, B. Schrauwen, and R. Legstein. Connectivity, dynamics, and memory in reservoir computing with binary and analog neurons. *Neural Computation*, 22:1272–1311, 2010.

J.P. Crutchfield, W.L. Ditto, and S. Sinha. Introduction to focus issue: intrinsic and designed computation: information processing in dynamical systems – beyond the digital hegemony. *Chaos*, 20:037101, 2010.

R.A. Freitas Jr. and R.C. Merkle. *Kinematic Self-Replicating Machines*. Landes Bioscience, 2004.

A. Goudarzi, C. Teuscher, N. Gulbahce, and T. Rohlf. Emergent criticality through adaptive information processing in Boolean networks. arXiv:1104.4141, 2011. In revision.

J.H. Holland. *Emergence: From Chaos to Order*. Perseus Books, 1999.

ITRS (International Technology Roadmap for Semiconductors), update. Semiconductor Industry Association, http://www.itrs.net/Links/2009ITRS/Home2009.htm, 2009.

S.A. Kauffman. Metabolic stability and epigenesis in randomly connected genetic nets. *Journal of Theoretical Biology*, 22:437–467, 1968.

S.A. Kauffman. *The Origins of Order: Self–Organization and Selection in Evolution*. Oxford University Press, 1993.

T. Kelley. *The Art of Innovation*. Currency Books, 2001.

L.B. Kish. End of Moore's law: Thermal (noise) death of integration in micro and nano electronics. *Physics Letters A*, 305:144–149, 2002.

E. Lazowska, M. Pollack, D. Reed, and J. Wing. Boldly exploring the endless frontier. *Computing Research News*, 21(1):1, 6, 2009.

W. Maass, T. Natschläger, and H. Markram. Real-time computing without stable states: a new framework for neural computation based on perturbations. *Neural Computation*, 14(11):2531–2560, 2002.

T. Rohlf, N. Gulbahce, and C. Teuscher. Damage spreading and criticality in finite random dynamical networks. *Physical Review Letters*, 99(24):248701, 2007.

E.M.A. Ronald, M. Sipper, and M.S. Capcarrere. Design, observation, surprise! A test of emergence. *Artificial Life*, 5(3):225–239, 1999.

P.T. Saunders, editor. *Collected Works of A.M. Turing: Morphogenesis*. North-Holland, 1992.

A. Sinha, M.S. Kulkarni, and C. Teuscher. Evolving nanoscale associative memories with memristors. In *Proceedings of the 11th International Conference on Nanotechnology (IEEE Nano 2011)*, pp. 860–864, IEEE, 2011.

D.B. Strukov, G.S. Snider, D.R. Stewart, and R.S. Williams. The missing memristor found. *Nature*, 453(7191):80–83, 2008.

C. Teuscher. *Turing's Connectionism. An Investigation of Neural Network Architectures*. Springer-Verlag, 2002.

C. Teuscher. Turing's connectionism. In *Alan Turing: Life and Legacy of a Great Thinker*, C. Teuscher (ed.), pp. 499–530. Springer-Verlag, 2004.

C. Teuscher, I. Nemenman, and F.J. Alexander (eds.). Novel computing paradigms: Quo vadis? *Physica D*, 237(9):1157–1316, 2008.

A.M. Turing. Intelligent machinery. In *Machine Intelligence*, B. Meltzer and D. Michie (eds.). Vol. 5, pp. 3–23. Edinburgh University Press, 1969.

W. Wolf. *Modern VLSI Design: Systems on Silicon*. Prentice Hall, 2nd edition, 1998.

V.V. Zhirnov and D.J.C. Herr. New frontiers: Self-assembly in nanoelectronics. *IEEE Computer*, 34:34–43, 2001.

## 第8章

The Once and Future Turing: Computing the World

## 迟钝呆板的人类遇见顶级机器翻译家

◎侯世达

侯世达向图灵表示敬意的对话[一]

（原载于《Le Ton beau de Marot》，在本章中做了一些修改）

    1950年，伟大的英国数学家、逻辑学家、计算机开拓者、人工智能奠基人、哲学家阿兰·麦席森·图灵在他的影响巨大的文章《计算机器与智能》中写下了两段很短但却令人惊讶和发人深思的话，探讨了假想的人机对话，试图说明他提出的"模仿游戏"（以后成为人们熟知的图灵测试）。图灵也许认为将某种异想天开的机器作为所有人类使用语言的基础，对于一个中等智力的读者来说可能过于复杂了。但是对我而言，这两段话的确产生了影响，不过遗憾的是，许多人在随后的几十年间，阅读了人机之间通过电传打字机进行的简短对话，错误地认为非常简单的机器也能做到这些事情，并由此得出结论：即便某些AI程序完全通过了图灵测试，也只不过是头脑游戏的骗局而已，由于对问题理解或语义的缺失，机器只不过是一个流水账的记录员，或者自动传送员。我感到吃惊的是，人们如何会有这样荒谬的结论，而且事实上这是非常大众的观点。

---

[一] 该标题是双关语，迟钝呆板的人类的英文是 Dull Rigid Human，简写为 DRH，正好与作者 Douglas Richard Hofstadter（侯世达）的首字母缩写相同；而顶级机器翻译家的英文是 Ace Mechanical Translator，简写为 AMT，正好与图灵全名 Alan Mathison Turing 的首字母缩写相同。——译者注

数不清的高深哲学辩论由图灵测试引发,但是我没有见到哪位哲学家愿意回到这个世俗世界,像图灵那样,做一个具体的例子通过显示屏说明什么是真正的人类水平的智能机器。我认为,在进行晦涩神秘的来回辩论前,具体的例子总是需要的。为此我设计了一个很长的人机对话试图接近阿兰·麦席森·图灵的想法,我希望这个对话符合图灵那两小段话的精神,但是却具有更精确的隐藏在语言背后的复杂度和深度。

在阅读下面的对话时,最好记住反对 AI 的哲学家约翰·塞尔所写的"中文小屋"的思想实验,计算机可以处理语言,甚至也可以在某一天荣耀地通过图灵测试。下面的假设方案看起来都是可以做到的,停留在语言的表面,做做语法游戏,仅仅操作语言的外在符号(例如中文字符或者英文单词),从不深入到语义层面。假设如此肤浅的 AI 架构就能够影响人类智能的变化,显然是非常愚蠢的,除非我在这里设计的对话确实很糟糕,无法说明这些问题。我们来看看在 DRH 和 AMT 之间的对话。

DRH:尽管你是一台机器,我还是愿意说"遇见"你,我事先做了一些调查,发现你除了把冰箱修理手册翻译为爱斯基摩语之外(这与你的名称很是相符),还写了大量的诗作,大部分是十四行诗,如果我没有看错的话。

AMT:非常正确,我有些受宠若惊,实际上我的十四行诗并不都是……

DRH:请不要过谦,我读了你的一些诗作,确实非常感兴趣,我想到了一个很好的开始我们之间聊天的方式,我问你一两个有关你的诗作的问题。

AMT:你的提议很好,虽然我不能保证回答你的问题,但是请开始吧。

DRH:好。这里有你的十四行诗的前几行:"亲爱的知己,对我来说,你永远不会老去,/就像我们第一次目光相遇,/你看起来依然是那样的美丽。"(To me, fair friend, you never can be old, / For as you were when first your eye I eyed, / Such seems your beauty still.)如果将第二行改成"就像我第一次被你的目光吸引"(For as you were when first your eye I identified)是否更好?

AMT:这有些不符合格律。

DHR:或者改成"你依然像我第一次啊–啊–啊"(For as you were when first I ay-ay-ay'ed),这看起来符合格律。⊖

---

⊖ Ay-ay-ay 是一首西班牙小夜曲,由男高音歌唱家弗莱雷(Freire,1978—1930)演唱。——译者注

AMT：天哪，伙计！你不能随便把乱七八糟的西班牙语词汇搬到英语的十四行诗中！你的读者甚至不知道这些俚语。

DRH：是的。现在我们转到另一个话题，在你的十四行诗中，有一首第一行是"允许我把你比作夏日时光？"（Shall I compare thee to a summer's day?）我注意到，在这首诗的最后几行，你提到十四行诗将会永远存在。为什么（如果你不在意我的发问）你这样自信，在你的十四行诗中，你也写到你的一些朋友将会膜拜并感谢你的诗作，这是否有些夸大自傲之嫌。

AMT：我能想象有些人会这样认为，这只是我的一点小癖好。但是你知道，我在很久以前已经开始写这些十四行诗了，这些在我看来已经不是新事物了。让我们谈论一些最近的事情，或者近年来有意思的事情。

DRH：什么意思？

AMT：近几年来，我特别关注诗词的翻译，事实上，这已经成为我的困扰。

DRH：别开玩笑。

AMT：不是玩笑。我的确做了一些研究，发现你喜欢法国诗，因此我可以告诉你一些我曾经做过的翻译，法国诗人弗朗索瓦·雷卡纳蒂的爱情小诗"你好，Ma Vieille"（Salut Ma Vieille），这是每行四音节的对句押韵诗。在翻译过程中有一个插曲，特别能够说明翻译的质量与处理语言的机制很有关系。

DRH：碰巧我对于诗词翻译也很感兴趣，特别是借助机器的自动翻译。这一点看来对我也是很有用处的，不知道这个插曲是否说明问题。

AMT：很高兴我们的兴趣是重合的。这个插曲发生在雷卡纳蒂诗中的第6～7行，它是这样写的："Au lieu de crou-pir dans ton lit."（汉语大意为，而是在你的床上煎熬。）

DRH：我推测连字符号表示这个词在诗中被上下行分开，正像我们前面提到的，每一行只有四个音节。

AMT：的确如此，这是一个不常用但不失为聪明的跨行接续的方法，我试图在英语翻译中也模仿法语采用这种方式，保持原有的风味，"Instead of spur-ting blood in bed"（而是在床上气血逐渐枯竭）。

DRH：再次看到连字符号表示单词被跨行分割。

AMT：是的，首先我认为这是对于法语的很好的模仿，从更加平和的心态来看，我的翻译表达了"croupir"和"crou-pir"，以及"spurt blood"和"spurt-ing blood"之间大体差不多的区别。但是我仍怀遗憾，英语的翻译比起法语来说在语义上的表现很不尽如人意，虽然从语音学来说是朗朗上口的。

DRH：当然，我们应该各方面都忠实于原著。

AMT：当然了，跨行分解一个单词只是表面的处理。这两行法语句子的意思实际上是"instead of languishing in your bed"（而是在你的床上渐渐衰弱），如果翻译为"going to pot"（衰落）、"decaying"（消瘦）或者"deteriorating"（恶化），这种情况又如何？

DRH：是的，这与"spurting blood in bed"的残酷想象之间有相当的距离。

AMT：的确，跟踪雷卡纳蒂原来的单词对单词的翻译，我感觉自己对于诗的翻译是相当成功的。我担心在翻译中，语义之间的鸿沟是一个显而易见的荒地。因此看起来"spurting blood in bed"在还没有流行之前就会过时了。但是如何找到另一段文字来匹配这个优美的句子呢？

DRH：当然，作为一个高级 AI 程序，你采用的是高度优化的启发式搜索方法。

AMT：要想做得更好，我建议你也采用这个方法。在我的搜索策略中，需要考虑语义和语音两方面的约束条件。语义上，面临的问题是找到文字，使其所对应的形象充分接近，或者至少类似于"croupir dans ton lit"所产生的形象。语音上，所面临的问题需要做一些解释，由于上面提到的第 6 行是以"stir"结尾的，我需要在第 6 行找一个发音为"ur"的词。但是又不想放弃右边有一个连接符号的想法，这说明我需要两行来匹配这样的句型：

*Instead of …ur…ing …… bed*

其中前两个省略号表示辅音（或者连续的辅音），第三个省略号表示"in"或者"in your"，或者类似的东西。于是我搜索了各种各样的动名词，像"lurking""working""hurting""flirting""curbing""squirming""bursting"，等等。事实上，这里有相当丰富的语音可能性空间。

DRH：借助你的巨大的数据库，你自然可以有一个全面的和精确的语音学处理方法，你也知道前面所谈到的——"lur-king""squir, ming""bur-sting"以及其他一些，在语音上都是不规范的。

AMT：希望你不要将我的知识称为"你的巨大的数据库"。我的意思是，为什么你要纠缠于这些古怪而又老式的词汇？不谈这些用词上的纠葛，我当然知道，严格地说，从一些像威廉·萨菲尔这样的守旧派专家的角度来看，如此的语音确实违反了公认的音节分划。但是我对自己说："嗨，如果你已经时髦地使用连接符号把一个词跨行分割了，为什么不能在词的内部也使用这种时髦的方式来分割词呢？"

DRH：嗯，这是强词夺理，我的意思是，MT，程序总是告诉你这些俗套的方法吗？

AMT：不，不，我并没有告诉自己什么方法，不要把我想象得那么简单。你这个聪明的但也是完全智能的人，我用通俗的语言描述我的智能过程是为了你的理解。我只是一个标准的修辞机器，临时扮演翻译家的角色，任务完成后就会卸去这一角色，重新回到原来的状态。

DRH：没有什么关系，对不起，请继续说。

AMT：好的，我所要强调最重要的是如何将经验和期望联系起来，这个过程说到底还是要选择一个好的动词。我可以试试吗？

DRH：请继续，别客气。

AMT：本质上，第一步是生成大量的适合语音模式的准单词，例如，"snurping""flurching""kerming""turging""zirbing""thurxing""dwerthing"，等等，然后将它们变换成真正的英语单词。

DRH：你采用了随机数表或者随机数产生器来生成？

AMT：很抱歉让你失望了，两者都没有使用，尽管需要的时候，我可以很容易地为自己写一个随机数产生器。我采用了比随机挑选单词更加系统的方法来搜索，从这个过程可以看出，当我试图搜索押韵的单词时，我是在一个你熟悉的字母表上进行，"burbing""burding""burfing"等，最后以"zurzing"结束。

DRH：太好了，我也可以试试。

AMT：实际上，我有时也反向做，从"z"开始。

DRH：为什么要反向做呢？

AMT：只是因为恼人的文化倾向，不同的语言在句子开头会偏爱不同的字母，有些在句子中间会偏爱一些字母，尽量关照这些不同总比什么也不做要好。当然了，一旦我尝试选择一些英语动词适配语音，例如"burn"和"spurn"等，接下来的问题就是如何估计它们的语义匹配问题，也就是关于疾病的内容，躺在床上，病得越来越重，所有描述这些状态的文字表述。

DRH：语义，你在开玩笑吧，你，一个计算机程序，处理语义？这是不可能的，这完全是一个矛盾。

AMT：真是这样？我以前从未听人们这样说过。

DRH：我们继续，你听说过约翰·塞尔的"中文小屋"的故事吗？这个故事充分说明了纯粹的语法不可能导致语义的理解。

AMT：我知道这个内容的一般形式。例如杰弗里·杰弗逊爵士、F. R. S. 教授以及其他一些专家，也有过滔滔不绝的相同说法，我想引用杰弗里爵士的激烈语言："如果有一天机器可以根据他感受的思想和情感写下一首十四行诗，或者合成一首协奏曲，而不是随机选择符号来完成这件事，我们能够说机器等于人脑了吗？也就是说，机器不仅仅在写，而且知道它写了什么。没有机器能够因为成功感到喜悦（不是简单地产生一个人造的信号），因为阀门烧蚀感到忧虑，因为恭维感到温暖，因为错误感到痛苦，因为异性感到倾心，因为不能满足感到生气和沮丧……"如果杰弗里爵士参加你我之间的交流，他会说些什么呢？

DRH：他可能会说，人机对话是一件容易的事情，你发送给我的所有符号并不是交流，只是"人造的信号"。

AMT：他那样说当然简单。如果有一天他制造了像我一样复杂的程序，也许会改变他的看法，仔细看待语言中真实含义与语义的精妙之处。

DRH：我希望那样。但是根据你的意见，语义是否能够仅仅从语法中获得？

AMT：是的，仅仅从语法中。这就是"仅仅"的问题。我们可以轻视任何一个单词，因为每一个单词看起来并没有什么特别之处。但是"语法"这个术语却具有非同一般的重要性，它可以用准确和清楚的方式描述一连串动作，当然这些描述会受限于文法（在语法课堂上经常做些无聊的句子比较练习，在潜意识上给人以只想打哈欠的沉闷乏味的感觉）。句法运算的范围从一些简单的动作（例如计算 π 的前 100 万位小数）到十分复杂的问题（例如对于遥远事件具有洞察力的类比发现），从来没有说过语法处理过程中不会涉及语义。当我们从各种结构的变换以及表示概念的可识别半稳定模式开始处理语法，就引发了从无语义到完全语义之间平滑过渡的关键问题。将这些模式看成概念是对于日常实际概念的扩充，反映了概念与语法之间的相互影响。自然，这种反映越精确，表达概念也就越充分和越丰富，概念的范围有多大，语句含义的范围就有多大，语句的含义就是语义。

DRH：你如何知道自己有了概念？

AMT：是的，作为概念表现的语义并不是非黑即白的事情，它会逐渐清晰起来……举例来说，我的几个前任 JMT、QMT 和 KMT 都具有不同程度的语义理解水平，其中 JMT 的水平最低。你可以享受和 JMT 对话，他就像一个三岁的孩子，简单的词汇使用得很熟练，但是偶尔也会鹦鹉学舌蹦出成人讲话用的复杂词汇。JMT 非常可爱！

DRH：听起来是这样。我不能肯定是否已经理解了你关于语法如何影响语义的理论，但是至少我知道了，语法和语义不是简单的黑与白、黑夜与白天那样的区别，塞尔也描绘了这一点。

AMT：它们之间的联系说来话长。回到关于翻译的讲述，我要解释一下如何选取押韵的单词，例如 "burn" 和 "squirm"，不露痕迹地放入诗中，做到无缝匹配。

DRH：是的，可以给我拼写一段吗？

AMT：好的。例如，如果选择动词 "burning" 是适当的。我会问自己："什么理由？什么当前情节？这个词可以调换吗？它的出现可以看起来更加自然和顺畅吗？"有时候必须说，我距离这个过程太过遥远，只能一笑了之。总之，与其花费时间把一些任意编造的词塞进事先设定的内容，再以最大努力掩盖这样的强行翻译，为什么不使用世界上最自然的词来翻译呢？

DRH：我知道你为什么窃笑了，或者至少人为什么窃笑了。请再说说 "burning"，以及你是如何将它优雅地塞进第 6 行的。

AMT：好的，我敏锐地感到，虽然这首诗中没有关于燃烧（burning up）的文字，但是使用 "burning" 隐喻地形容一个病人的状态是恰当的。的确，"在床上燃烧"（burning up in bed）是患者一种强烈的生存呐喊。换句话说，"burning" 给人一种丰富的语义想象，除了标志性的火场灰烬，还可以是秋天里冒着橘黄火焰的燃烧草垛发出的劈啪声和横跨高速公路的浓烟，可以是汽缸里面看不见的汽油与空气混合的爆炸声，或者是一颗蓝色超巨星里面氢原子聚变为氦原子的热核反应，或者是薄煎饼下面烧焦的褐色。每一个在不同的诗中都可能是正确的图像，非常简单的形象就是热和出了很多汗。

DRH：你是怎么知道这些事情的？你曾经在秋天的高速路上开过车吗？闻过大量的燃烧的叶子？吃过烧焦的薄煎饼？造访过外星球？

AMT：噢，这些都在我的"巨大的数据库"里面，对不起，开个玩笑。我知道这些事情是通过外部传感器了解它们，通过阅读了解它们，通过电影了解它们，等等。不仅我知道这些事情，作为我们这个共同文化圈中的你和任何一个理性的成年人都知道这些事情，我认为这就是人工智能中所说的"元知识"。

DRH：你的程序员一定是知识非常丰富的人。

AMT：我也这么说。但是你必须相信他们也给我安装了极好的学习算法。你肯定不会认为我现在知道的事情都是靠输入数据，从一个褴褛程序成长起来，到目前为止，我已经学到了大量的知识。

DRH：褴褛程序，听起来很耳熟……

AMT：的确如此，这个术语是阿兰·麦席森·图灵在1950年著名的论文《计算机器与智能》中所使用的，在其中他期望某一天机器可以学习并且是自治的和智能的。如果回忆一下，正是在这篇文章中，他写了两小段诱人的机器和人类质疑者之间的对话……

DRH：是的，我想起来了。我很喜欢这两小段，如果图灵写得稍微再长一些将会更好，你认为呢？

AMT：是的，我也希望稍微再长一些。我喜欢这种冷静的风格。让我们回到正题上来，继续谈论关于"burning"的语义想象。这种想象比起仅仅作为与"burning"相联系的单词来说要丰富得多，对于这些单词的集合可以借助自动化的辞典来得到。

DRH：是的，这是思想和形象的整体集合，而不仅仅是单词本身。

AMT：正确，现在我显示一下如何选择动词，讨论一下其他的语义形象，取"burning"的竞争对手"turning"（转变）。首先，必须知道单词的意思已经超出了文字的形状，包含有"变化成为"的意思。"turning"经常和"color"（颜色）一起使用。这立刻导致一个问题，病人的什么颜色可以转变。

DRH：嗯……当然是绿色、白色、青色，也许还有红色。

AMT：显然，当我们谈论病人的脸色"变绿"（turning green）、"变红"（turning red）、"变青"（turning blue）、"变白"（turning white）等的时候，我们是在使用比喻。关键的问题是，用这样的比喻形容病人在床上的衰弱和恶化是否恰当。

DRH：我来想想"变绿"，这是食物中毒……

AMT：正确，而"变红"比喻发烧或者中风。

DRH：该我了，"变青"比喻呼吸困难或者血液循环不好。

AMT：没错,"变白"比喻贫血、虚弱或者缺少阳光。所有这些都是含糊的和微妙的。即便如此,可以肯定,如果人们要根据诗词上下文的要求排序这些颜色单词,必须对于这些单词的含义予以清晰的考虑。

DRH：在你成长的过程中,是否逐步积累了关于颜色隐喻的所有素材,或者程序员一开始就把这些放进了你的程序。

AMT：说实话,我真的记不起来了。我怀疑其中的大部分是通过经验获取的,但是事情变得十分模糊,似乎退回到了冥暗的过去。如果你不介意,我将试图证明这个问题。

DRH：抱歉,我们继续离题聊一会,因为我对此感兴趣。

AMT：很好,老兄。对于短语"变青"（turning blue）的评价,人们必须认识"青色"（blue）的第二种意义,例如"抑郁"或者"情绪低落",这也可能在重要性上超越了作为颜色的字面意义。但是无论更强还是更弱,这第二种意义都是读者在听觉上的重要表达因素。无论是来自雷卡纳蒂的"在床上逐渐衰弱",还是"燃烧"（burning）、"变为"（turning）、"扭动"（squirming）、"瘫躺"（lurking）、"爆发"（bursting）等,对于这些单词之间类似性和差别性的直观感觉,必须非常熟悉,否则人们无法评判单词的选择。

DRH："燃烧"（burning）、"变为"（turning）、"扭动"（squirming）、"瘫躺"（lurking）、"爆发"（bursting）……哇,你在选择一个单词之前考虑了这么多的可能性？

AMT：你不相信？我必须快速地在几十个单词甚至更多的可能替代短语中进行选择,包括下面的例子：

*Instead of spurting blood in bed*
*Instead of burping in your bed*
*Instead of bursting out in bed*
*Instead of lurking in your bed*
*Instead of hurtling out of bed*
*Instead of hurting there in bed*
*Instead of squirming in your bed*
*Instead of slurping slop in bed*
*Instead of burning up in bed*
*Instead of turning blue in bed*

DRH：这看起来是一个表格,人们也许会说,本身就是一首小诗。顺便说一下,我喜欢这种斜体字的编排。

AMT：谢谢，我喜欢引人注目的图形。在生活中没有几件事情——原谅这里的比喻——能够比顺畅地书写一段精美文字更令人愉悦了。

DRH：在这一点上我们是一样的。

AMT：也许某一天我们会有关于巴斯克维尔体（Baskerville）的优美与博多尼体（Bodoni）的沉闷之间的对话，后者在打印字体中评价太过良好。噢，我可能牢骚太甚了！回到刚才的问题，这些听起来相似的短语表示了在你的头脑中出现的微情景，对于任何成人而言，这些单词与诗中上下行之间的一致程度是相当符合的，因为这些成年人多次生过病，并且也有过与病人进行大量交谈的经验，他们对于患病卧床深有感触。

DRH：你说什么，难道你生过病？

AMT：这看你指什么。我有许多故障，明白吗？故障？！

DRH：对不起，请……

AMT：如果不介意的话，让我继续解释。我猜想，对于两个接近的短语，例如"hurting there in bed"和"burning up in bed"，它们对于动作感知的微妙程度和情感程度，是区别其质量的关键。对于我来说，我也相信对于大多数阅读我的翻译的人类读者来说，后者显然远远超越了前者，尽管前者更加忠实于原作。这里牵扯到许多无形的因素，例如"hurting"过于一般化，"there"在含义上的模糊，"burn up"表现的力度，"burn"和"bed"的首韵相同……

DRH：是的，这是微妙的，没有任何怀疑。

AMT：当然，字典中衰弱（croupir）的含义并不包含诸如"发烧"和"痛楚"这样的意思，这种想法不是来自于单个的词，而是单词之间相互关系的联想，以及长期以来对于患病细节的体验。

DRH：但是你从来没有……

AMT：不要打扰我，正说到关键点上。当我们翻译一首诗（或者一般地写作）时，总是会超出字典的定义使用单词。我们必须从心智的角度来评价这种大胆的处理，为之找到一个合适的英语词汇，使其能够既符合我们的想象，又符合原文的准确含义。

DRH：是的，但是你从未……

AMT：等一下，我的朋友。待我结束这个小小的高谈阔论后你再畅所欲言。这里有一个关键，除了上面说的语义匹配问题，还有另外的适合或者不适合的考虑，即任何一个新词和短语对于英语内部上下文的顺畅程度。换句话说，我们不仅要检查不同语言之间的语义差别（例如，法语 croupir 与英语"turn blue"和"hurt there"），也要常常检查语言内部的张力，以及英语语句自身内部的连贯性和流畅性，为此，有时也会故意或者暂时忽视法语来源。因此可能出现，对于法语 croupir 的语义近似完美的匹配词汇在英语翻译中并不适应流畅性的要求，从而不得不混合采用其他的词汇，从翻译角度来说，作为 croupir 的翻译可能含有一些牵强附会的成分。

DRH：这就全面了，你能够用例子做些补充吗？

AMT：我刚刚这样做了。让我们考虑一个非常具体的例子。为什么"在床上脸色发青"（turning blue in bed）最终能击败有力的竞争对手，例如"在床上燃烧"（burning up in bed），或者"在你的床上挣扎"（burping in your bed）？

DRH：实际上我喜欢的是"而是在你的床上挣扎"（instead of burping[⊖] in your bed），这使人过目不忘。这里面有什么错误吗？

AMT：好的，让我们仔细斟酌正反两方面的意见。"burping"表示一种粗鲁的幽默，显然它不是表示动作，而是一种拟声的形容。

DRH：我所喜欢的是"burp"与"bed"在第一个声母上的相同。

AMT：是的，这是另一个方面。甚至"在你的床上挣扎"（burping in your bed）也有微妙的幽默特点。但是反对意见认为，虽然"挣扎"毫无疑问是人体的疾病表现，但是并不意味着就是发烧或者卧床不起，不能表达躺在床上渐渐衰弱的状态。换句话说，"在你的床上挣扎"并不忠实于雷卡纳蒂的法文原意。至于"burping"幽默的方面，由于这首诗的其余部分并不是孩子气的风格，因此选用这个词汇可能不当地凸显了它的稚嫩。综合以上所述，如果按 10 分制计算的话，"burning"最终得到了 6 分，这是中等强度的分数。

DRH：你在用打分的方法选择词汇吗？

AMT：这是很好的问题，但遗憾是我还不能回答这个问题。事实是我也无法知道其中的计算细节。换句话说，我不知道如何从一堆词中间挑选一个。刚才我说"6 分"，只是对于各种假设选择倾向程度的线性表示，使得直观的体验变得可视化。

---

[⊖] burping 的英文原意是打嗝。——译者注

DRH：你绕过了许多问题……但是请继续。

AMT：让我们回到"在床上燃烧"（burning up in bed）的情况，它具有首韵相同的特点，即"b"-"b"，这很好。不过在过目不忘方面有一些音韵的不足，也缺乏自然的幽默，这是我们直观感觉到的和语言内部表现出来的问题。但是它所隐含的潜在图像是强烈的，即一个人的疾病正在发作的图像。从而唤起在床上燃起某种火苗，或者至少发热发红的想象，这是另一种类型的幽默，一种微妙的夸大的幽默。另一个支持使用"burning up in bed"的地方是与发烧相关联的，从医学上说，表示了一种逐渐衰弱和恶化。这些原因放在一起，没有强烈的反面意见否定"burning up"，可以得到 8 分。

DRH："burping"真的不好。我同意你的意见。但是"脸色发青地躺在床上"（turning blue in bed）又如何呢？

AMT：再说一下，"blue"和"bed"都有首韵因素"b"，这一点没有问题。事实上，"t"作为"turn"的首韵，在前面的 6 个单词中，已经有了不少于 4 个"t"："don't stay in stir"，以及"instead of tur…"。另外，皮肤变成青色是病情恶化的充分征兆，在这一点上也是符合原文意思的。

DRH；关于幽默怎么说？

AMT：人不会按照字面的意思变成青色，因此这是中等夸张的一种幽默。在这种情况下，"脸色变青"（turning blue）有双重的比喻，既表示"病情恶化"，又表示"更加抑郁"，这在其他的短语里也是如此。因此这对于选择"turning blue"是强烈的理由，也增加了更多的权值，对我来说，这个选择占了 9 分。这就是为什么"turning blue"能够击败其他强劲竞争对手的原因。

DRH：但是你只能在其中选择一个词。

AMT：是的，一个好的翻译者在翻译诗中每一行时，都有背后隐藏的故事。其中要比较各种因素：尾韵、首韵、音韵、文字意思、比喻含义、文法结构、逻辑次序、两种语言的近似性、幽默的类型与程度、局部和全局的音调，以及只有上帝才知道的各种神秘的心智因素。这就是图灵在他的短小经典对话中所暗示的东西。然而许多人读了这些对话，或者读了整篇文章，乐观地认为仅仅进行字面上的简单变换就可以通过图灵测试。这是一种多么缺乏想象力、多么愚蠢、多么僵化的交流方式。

DRH：不仅仅是愚蠢和僵化，简直就不是人类。我必须赞扬你伙计，你是具有内涵的。

AMT：啊，我们具有内涵？我们伙计？你能够举例说说你的意思吗？

DRH：嗯，我的意思是，你和 MTJ、MTQ 以及 MT，呃 MT……

AMT：我推测你想说 KMT，这像是一副扑克牌，如果你能体会我的感觉。

DRH：我真笨，是 MTK。你这个家伙看起来具有对于单词和词组之间微妙味道等方面的如此细微感觉，让我好生嫉妒。

AMT：谢谢你的恭维，但是"伙计"？我不清楚是我——还是我们这些"家伙"……嗯……

DRH：哦，天哪！我看了表，你猜怎么了？我必须去上课了，这学期我开了类比与创新的计算机模型课程，还有 10 分钟了，我不想迟到。与你交谈十分有趣，我不会偷偷溜走，也就是说，我们可以借助你的电子设备进行联系。

AMT：好的，顺便说一下，刚才你说过，JMT 不恰当地使用成人的语言……

DRH：对不起，我必须走了，抱歉打断你。我们分别之前的最后一件事情，你听说过无与伦比的翻译家詹姆斯·法伦吗？他翻译过亚历山大·普希金的传世之作叙事诗《奥涅金》，最近结束了另一部俄罗斯文学杰作的翻译。

AMT：这是极好的消息，可以拜读吗？

DRH：我不清楚，但是一两个月就可以看到。

AMT：顺便问一下，作者是谁？

DRH：毫无头绪。我看到的宣传并没有说得这么清楚。但是我可以保证一定是伟大的，詹姆斯·法伦的翻译总是这样的。

AMT：啊，法伦，伟大的翻译家，我多么希望阅读他那永远流畅的优美句子。

第三部分
The Once and Future Turing: Computing the World

# 通向计算生命的逆向工程之路

菲利普·梅尼和理查德·高登研究团队的两篇论文以精辟的例证描述了自20世纪90年代以来兴起的数学形态发生学研究。

数学形态发生学的兴起，在图灵对曼彻斯特计算机使用阴极射线管（CRT）存储技术的预估之中。计算机会"窥视"CRT，观察数值模拟的实时演变。图灵推测视觉图形和其他人类感官的直接接口会因此出现，更强的计算机能力将成为可能，当然现在看这已经是很平常的事情。图灵在1951年开始使用曼彻斯特马克一号开展这项工作，就像未来人们使用个人计算机一样，这是一件非常引人注目的事情。（同时他的同事克里斯托弗·斯特拉奇用爱情信函和音乐节目预示了计算机未来作为通用媒体平台的可能性。）协作小组的共同署名也说明，图灵在他人生最后的日子里，开启了曼彻斯特研究团队的工作。虽然图灵一直是一位独立的思考者，但他在布莱切利园享受着与年轻人的合作，并激励了他们的生命。如果他活得更久，可能在一个更自由和更有科学价值的环境中再次这么做。

到目前为止，我们的作者已经隐含地处理了阿兰·图灵感兴趣的信息类型（图灵非常擅长本能地发现关键点和基本点）。我们遵循了计算上升的特点，并且在解密中，将较高阶的数据减少到可以安全地输送到新型电脑的数据。在形态发生学中，我们正在研究在许多自然现象中隐含的数据类型级别的升降，寻求其基本交互中的数学特征。

**菲利普·梅尼**和他的同事们指出，在图灵之前，对待新出现的形态方法（通常通过可观察的天然生物、植物、动物和鱼的各个方面）都是描述性的，发展了19世纪后期的植物学复杂性。但是，阿兰·图灵向我们介绍了"逆向工程"这个概念，正如本书第三部分的标题，其非常清晰和翔实地给我们介绍了一个抽象和费解的课题。

梅尼等人指出，图灵和他的继任者的推理分析中引入了在社会和其他许多复杂计算环境中常见的"自组织"概念。我们玩游戏的基础规则是什么？怎么理解这些基础规则却经常导致意料之外的游戏结果？

在**理查德·高登**的研究贡献中，我们开始了解生命的诞生和其中的奥秘。他对"模块化"中隐含的"分治"思想的描述使我们了解了诞生过程中的内在奥秘，以及图灵在历史早期对此的预见性思考。他勾勒了在许多诞生过程中隐含的对称性破缺和敏感性，并将其带到了我们目前理解范围的前沿。高登总结说："未来需要更多的图灵来破解这些奥秘"。

# 第9章
The Once and Future Turing: Computing the World

# 图灵理论之发育模式形成

◎菲利普 K. 梅尼，托马斯 E. 伍利，埃蒙 A. 加夫尼，露丝 E. 贝克

## 9.1　引言

阐明生物结构和种类的形成机制是发育生物学的重大挑战之一。从初始看似空间均匀的大量细胞出现，到逐渐表现出动物王国的壮观形式——蝴蝶翅膀图案，动物皮毛标记，骨骼结构，皮肤器官，角，等等（图9-1）。基因显然在此发挥着关键作用，但单纯的遗传学研究并不能告诉我们为什么某些基因在特定的地方显现或者不显现，以及这些基因传递的细胞特性如何产生了高度协调的图案和种类。现代基因学已经揭示了不同的动物物种之间存在着显著的分子相似性。特别来说，生物多样性通常源于调节性 DNA 的差异而非详细的蛋白质编码序列。这个隐含的普遍性既揭示了动物发育的许多方面可以通过对诸如果蝇和斑马鱼等典型物种的研究来理解，同时也激励了通过简单描述之外的理论研究来探索和理解不同物种潜在的共同机制。

然而当阿兰·图灵撰写他的创新论文《形态发生的化学基础》（Turing, 1952）时，基于形态的观察还很少。那时候生物学基本是遵循传统的列表分类路线。除了达奇·汤普森1917年经典的工作（参见 Thompson, 1992，简略版）之外，关于发育模式的理论非常少，而汤普森的工作也仅是在描述层面而非机械学层面探讨了生物种类的出现。

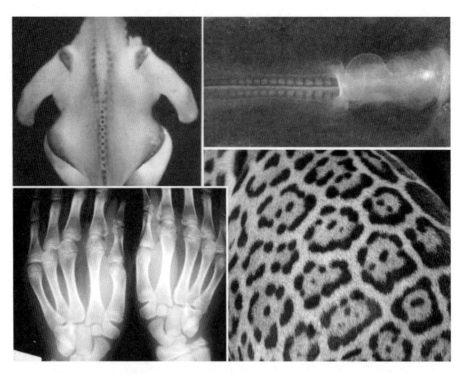

图 9-1　自组织生物学描述实例。从左上顺时针依次是：羽毛芽图案，体节形成，美洲虎皮毛标记，数字化图案。羽毛芽图案由南卡罗来纳大学组织发育与再生 Chuong 实验室提供，体节形成图片由斯托尔斯医学研究所 Pourquié 实验室提供，其他图片来自公共图片资源 http://www.morguefile.com/

正是在这样的背景下，图灵开始探索发育系统如何产生对称性破缺，进而从表面的一致性产生并放大结构组织的问题。例如查看树干的横截面，它具有圆形对称性，但当分支开始向外扩张时，该对称性被破坏。图灵提出了一种基本机制，用来解释在没有先天硬连线的情况下不对称结构如何出现。具体地说，他描述了对称的图案形态如何分解，例如一种生长激素如何使得更多的激素集中在圆周的某一部分上，从而引起那部分额外的生长发育。

为了实现这种不对称行为，图灵提出了一个非常巧妙的理论。他认为，化学物质相互作用的系统在混合良好的情况下（没有空间异质性），会表现出稳定的平衡状态。也就是说，反应动力学使得来自该平衡的任何扰动随时间消失，从而使系统恢复到原始平衡状态。然后他提出一个问题：如果我们允许空间异质性存在，系统会发生什么？系统如果已经不再是混合良好的状态，则有可能发生扩散。他认为，扩散可能推动平衡状态变得不稳定，产生新的空间模式。这是非常有意义的，因为它表明两个稳定过程（稳定动力学加扩散，保持着空间异质性）可以结合起来产生不稳定性。这样的系统被称为自组织系统，其产生的模式图案是一种显性特征。

图灵认为个体的整合和个体本身的识别同等重要（如果不是更重要），在这一点上，图灵比他的时代领先了许多年。导致不稳定的过程现在被称为扩散驱动不稳定（DDI），图灵研究的系统是下面通用偏微分方程系统的一种特殊情况。

$$\frac{\partial u}{\partial t} = \nabla \cdot (D \nabla u) + f(u) \tag{9.1}$$

$u$ 是化学浓度的 $n$ 维向量，$D$ 表示扩散因子的一个 $n \times n$ 矩阵，通常是对角矩阵。相关联的边界条件取决于当前的问题，但是可以是周期性的（比如零通量的或固定的），并且初始条件通常是均匀稳态周围的扰动。通常在理论建模（$n=2$）时仅考虑两种化学物质，由所讨论的应用产生并构成反应动力学的向量函数 $f(u)$，通常是非线性的并具有单一的稳定状态。此外，当模式从系统（9.1）出现时，所产生的自组织不依赖于微调反应动力学描述的化学相互作用的性质（参见 Dillon et al.，1994）。

图灵在他的框架中把化学物质称为形态发生体，假设如果形态浓度违反了一定的阈值，细胞将会分化（按照某种方式）。以这种方式，由 DDI 产生的形态浓度的空间图案将作为细胞进行分化时出现的*初始图案*。用他的话说："一种化学物质系统，称为形态发生体，发生反应并通过组织扩散，足以解释形态发生的主要现象。"图 9-2 显示了一组典型的二维模式图案。

图灵的工作被吉勒和迈因哈特（1972）进一步扩展，他们利用 DDI 机制为生物模式化提供了基本原理。特别地，他们指出，在两种化学成分的情况下，DDI 只会出现这两种情况：（1）一种化学物质必须自激活并激活另一种化学物质的产生，后者又反过来抑制了前者的产生；（2）底物消耗系统，其中一种化学物质（活化剂）消耗另一种抑制性化学物质（底物），这个过程又同时产生活化剂。此外，对于这两种形式的相互作用，模式化需要吸收剂比激活剂更快地扩散。这被称为短程激活–远程抑制，或局部激活–侧向抑制（LALI）（参见 Oster，1988）。

LALI 机制已被广泛应用于探索模式化和叶片中的脉络形成，如早期发育中的体细胞形成和蝴蝶翅膀色素沉着模式的再生。有兴趣的读者可以阅读关于这个主题的一些优秀的书籍，了解更多细节和例子（推荐书籍包括 Meinhardt 1982；Murray，2003；Meinhardt et al.，2003。推荐文章包括 Kondo et al. and Miura et al.，2010）。

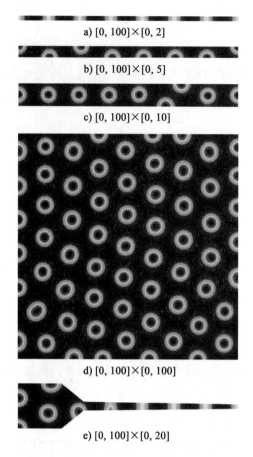

图9-2 两种化学反应物的图灵反应扩散模型产生的典型模式图案。这里我们显示一种化学物质的浓度。注意,域从一维(图 a)变为二维(图 b~d),模式更加复杂。在图 e 中,几何图案是动物毛皮的简化表示,显示了从斑点到条纹的过渡。解域在每个图像下给出,除了图 e,我们已经解出了其包含在 $[0, 100] \times [0, 20]$ 内所示的锥形域的模拟系统。颜色轴从 0(蓝色)延伸到 4(红色)

我们来描述一下这种有点违反直觉的概念,该概念基于图灵自己提出的(略有威权的)一个关于食人族和传教士共同居住在一个岛屿上的类比。食人族通过繁殖自我激活,但是这种行为受到传教士的抑制,传教士可以通过将食人族转化为传教士来增加自己的人口。因此,人们可以想象食人族和传教士会达到一种稳定平衡。然而,假设现在传教士的移动速度比食人族更快。这很有可能破坏平衡,食人族的密集活动形成一个核心,但由于传教士的存在,这个核心被同类相残遭受抑制的区域包围着(Teuscher, 2004)。而在现实生活中,人类的互动并不是那么简单,很少有运动扩散,所以这样的类比说明,图灵的想法不仅在发育生物学,而且也在空间生态学以及其他各种自然界的不同领域(包括化学和光学)得到验证。

## 9.2 发育的应用场景

也许这些理论最丰富多彩的应用是动物皮毛标记。在这里，我们可以利用式（9.1）中拉普拉斯算子的属性。在许多情况下，模型显示的模式图案体现在拉普拉斯算子的特征函数上。因此，对于小域，不会形成模式图案，但随着域的增长，模式图案逐渐复杂化（见图9-2）。该模型的一个预测是，在逐渐变细的域，例如尾部，应该看到一个从点到条纹的过渡，这确实在许多情况下可观察到。另一个预测是，具有条纹身体和斑点尾巴的动物具有不是简单图灵模型的显性特征的皮毛图案。此外，如果一种动物具有平坦的身体着色，则其尾部根据图灵的机制也应该是平坦的，这是发育约束的一个例子。在图9-3中，我们看到麝猫是个很好的例子，但是狐猴却不符合数学理论。在后一种情况下，图灵机制解释可能需要一个假设：模式化身体部分隐含的参数值与尾部不同，或者模式图案由于高度非线性相互作用而形成。

图9-3　麝猫（a）和环尾狐猴（b）的皮毛图案

另一个应用来自肢体中的骨骼模式化。例如，在小鸡肢体的肢体芽阶段，肢体呈"桨状"，因此图灵理论预测图案复杂性应沿着桨增加。这正是肱骨半径/尺骨数位图案转换时所发生的事情，不仅发生在小鸡身上，而且是许多肢体结构的特征。实验中减少生长肢体大小会减少数字，而增加肢体大小会导致数字增加。这些实验结果与理论预测一致。

还有一些有趣的应用和发育的左右对称性破缺有关。特别是，并不是每个人的心脏都在左侧。有一种罕见的遗传疾病名为原发性纤维运动障碍（PCD），其大约50%的病例出现重要器官（如心脏）的左右对称性倒置。这种疾病与不育纤毛有关,这些丝状细胞突起能够驱动周围流体的主动运动。显然,纤毛功能与发育对称性有联系。通过鼠科研究发现的哺乳动物模式是,初始的左右对称性断裂事件是由胚胎节点内的原始纤毛驱动流体造成的,胚胎节点是一个填充有流体并位于胚胎表面的小凹陷。不对称的产生是由于在单个方向上纤毛旋转引起流体流动,然后在节点周围造成不同的细胞信号,而关于该信号如何传输到周围细胞,在细节上仍存在诸多假设。尽管如此,一般接受的较可靠的假设是形态学者诺达尔和莱福特提出的相互作用,其利用图灵的机制来扩大从淋巴结流出的微小信号,从而促进胚胎左右侧的差异发育(Hamada et al.,2002;Tabin,2006)。因此一种准解释是,分子手性显示了胚胎结节纤毛运动的方向和哺乳动物身体中的心脏位置(Okada et al.,2005),同时图灵的机制潜在地促进了信号放大。

## 9.3 图灵理论的扩展

自图灵的理论之后已经有很多关于模式形成的模型被提出。其中一些不仅考虑可扩散的生物化学物质(如形态发生体),还考虑细胞。后者可以依据化学梯度(称为趋化性的过程)而移动或使移动建立物理方向线索的细胞外基质变形。反过来,这些机制在某些情况下会引发细胞聚集。有假设认为分化在这些聚集过程中发生。有其他模型假设神经元机制形成了模式化图案(例如软体动物)。这些模型都基于不同的生物假设,并导致不同数学类型的方程组系统,但它们都基于 LALI 机制形成模式图案。事实上,这些模式图案一般是自组织系统初始阶段仿效拉普拉斯算子的本征函数,所以图灵提出的域几何决策模式复杂度的概念均适用于这些新模型。奥斯特等人(1988)研究进化时利用了这种概念,他们注意到,当用有丝分裂抑制剂治疗时,蝾螈(恶性肿瘤)肢体的变化(减少了出生肢体的域大小,导致数字丢失,正如 LALI 机制所预测)与在不同蝾螈(变形杆菌)中观察到的数字图案相似。这与恶性肿瘤和变形杆菌发育机制相似的观察相吻合。

发育系统的一个特别属性是发育。近藤和浅井(2005)观察到,随着神仙鱼的生长成熟,条纹的图案也在发生变化。条纹由于生长而分开得更宽,新的条纹插入以保留条纹波长(图 9-4)。这与图灵模型是一致的。

然而,如果将图灵模型理解为只有少数方程统一控制着我们所看到的发育模式的范围,那么将是严重错误的。即使观察到的模式图案与图灵的机制预测相一致，也并不意味着其潜在机理是基于图灵形态学，也没有发育实例的分子细节可以被阐明对 DDI 的明确支持。

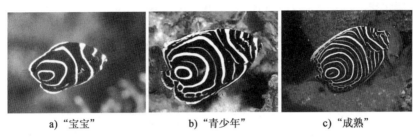

a) "宝宝"　　　b) "青少年"　　　c) "成熟"

图 9-4　海洋神仙鱼条纹的发育

相反，生物复杂度超过图灵基本的双组分模型行为并不意味着 DDI 不起作用。例如，只有通过模型参数（如扩散系数以及产生、退化和相互作用）满足某些约束条件，才能产生由图灵机制驱动的模式图案。这些在更一般的设置中也可以是发生在较低空间尺度甚至空间图案过程中的功能。图灵在他的原始文章中认为，"大多数时候，大多数生物从一种模式图案发育成另一种，而不是从同质化发育出一种图案模式"。这个理论被梅尼等人（1992）研究沃尔珀特和霍恩布鲁赫（1990）的实验时利用了，这似乎与 LALI 机制相矛盾。在实验中，将供体鸡肢芽的前部部分移植到主体芽的前部，从而得到的双前肢芽与正常的四肢芽大小相同。然后，LALI 机制预测，由于域大小保持不变，所得肢体应正常。然而观察到产生了两个肱骨。实际上在图灵模型模式化过程上游的一个参数中存在空间模式，而且确实有强有力的证据表明这一点（Brümmer, et al., 1991），如果这样看，那观察到的现象与 LALI 机制还是基本一致的。

## 9.4　关于图灵模型的争议

上述困境显示了为什么图灵机制仍然只是一个诱人的假设，而不是发育生物学中认定的或被驳斥的机制。特别是，虽然形态发生因素已经被发现，但是关于形态发生对是否存在以及是否如图灵模型所预测的——它们不稳定地进行分化扩散，形成初始模式图案——仍然存在激烈的争论。有临床证据表明转化生长因子 β 和成纤维细胞生长因子可能在肢体发育中发挥图灵型作用（Newman and Bhat, 2007），诺达尔和莱福特基因产物可能是图灵对（Solnica-Krezel, 2003）。此外，西克等人（2006）强调，Wnt 和 Dkk 可能是小鼠毛囊形成中的图灵形态发生对，而加芬克尔等（2004）为生长期间血管间充质细胞自组织的图灵机制提供了证据，并确定了相关的形态因子。但争议尚未结束。另一方面，与发育生物学相反，化学领域已经明确表明，在现在著名的 CIMA（氯化物－碘化物－丙二酸）反应（图9-5）中，图灵模式会出现，其原理已得到证明。由博尔奇曼斯等人编辑的文章的集合（2007）评论了化学领域里图灵模式的进展以及其他发生的模式形成现象。

图9-5　连续供给的开放式凝胶反应器中 CIMA（氯化物－碘化物－丙二酸）反应的化学图案实例。经欧阳和斯威尼（1991）许可转载，《Chaos》1：411-420。© 1991 年，美国物理学研究所。凝胶装载淀粉，如果在 CIMA 化学反应期间建立足够的碘化物浓度，则淀粉从黄色变为蓝色。所示图案基本上是固定状态，尽管在模式有效地稳定之后观察到界面的一些缓慢移动；帧之间的差异反映了系统的控制参数的变化，特别是 CIMA 反应物的初始浓度

理论上对图灵模型的详细研究显示，图灵模型对噪声敏感，例如，引发不稳定的初始波动（Bard and Lauder, 1974）或反应发生的域几何（Bunow et al., 1980）。这在需要精确观察模式图案（例如数字的个数）时显然是个问题，但不包括观察某些动物皮毛标记的情况。但是在发育生物学的其他方面，特别是当生长被纳入模型时，对初始条件并不那么敏感（Crampin et al., 1999），当然，对于域边界形状变化的敏感性或者域边界的条件这些问题尚未被充分探索。

普遍意义上，虽然遗传学本身不足以解释发育模式形成，但图灵的形态发生动力学思想仍然在细胞分子生物学的框架内，驱动着发育过程中结构出现时内在的基因分化。现代研究表明，即使非常简单的发育系统也涉及许多受体和形态发生体的复杂的相互作用，而形态发生需要信号转导、基因表达和蛋白质生成。尽管这种复杂性被纳入了少量的形态发生原子及其在图灵框架内的相互作用的简单表征之中。

这提出了一个问题，图灵理论在"组学"时代出现的生物相互作用网络中是否适用性有限。特别是，从涉及受体 Edar、结缔组织生长因子和骨形态遗传蛋白的毛囊图案的三组分模型中去除形态发生体或受体时，系统的预测行为发生了很多变化（Klika et al., 2012）。因此一般来说，简单地忽略扩散元素或受体而将发展自组织模型看成规范的双组分图灵系统是不充分的，这个问题需要更复杂的方法。

但是正如我们讨论过的，许多发育系统都至少表现为图灵系统。因此即使通过成对的图灵形态发生体对 DDI 的解释难以证明，问题仍归根于图灵形态学是否有更复杂的功能单位的表示。这些可能是细胞受体、基因及其产物甚至全细胞的集合。

对斑马鱼皮肤图案的研究是对图灵形态发生学重新解读的证据，这表明色素细胞可能是功能性的图灵形态发生因子（Nakamasu et al., 2009）。这种重新解释是非常开放的研究领域，也可以缓解标准图灵模型的困境，例如需要在激活剂和抑制剂之间具有不同的扩散速率，而无需参数微调。这种方法也不需要考虑与基因表达相关的时间延迟，延迟的麻烦在于将这种延迟纳入经典的双组分图灵形态发生模型会导致异常行为（Seirin-Lee et al., 2010）。即使模式图案确实出现在延迟的图灵模型中，有广泛的模式化滞后和临时灵敏度，但仍然难以与在许多（但不是全部）发育现象中观察到的高度调节的时间顺序相协调。与经验观察不一致的另一个解决方案是涉及推定的图灵形态发生对的生物相互作用网络，为降低时间灵敏度提供了额外的稳定反馈动力学。同样，这个假设仍有待探讨。

还有一些其他图灵模型的应用场景，即使重新解释了相互作用的元素，也不能与实验数据完全一致。例如，该模型被提出来说明果蝇胚胎中配对规则基因的条状样式，但实验结果表明，可以在保留其他条带的同时消除一个条带。这与图灵模型相矛盾，事实上，在这种情况下的模式似乎是由各种化学物质的相互作用梯度的级联引起的（Akam, 1989）。另一个例子是软体动物上的壳色素沉着模式。研究表明发育领域的图灵模型可以产生这些图案模式的多样性（Meinhardt et al.，2003）。然而证据越来越多地指向了另一种 LALI 模型——神经分泌机制（Boettiger et al.，2009）。

## 9.5 图灵的影响

正如本章所介绍的，图灵模型已经广泛地应用于发育生物学中的模式图案现象。其看似简单的方程组的行为丰富性比我们在这里所涵盖的更为显著和广泛。其建模框架也激发了大量的数学分析和计算研究。更重要的是，它引发了发育生物学家思想的根本转变，特别是在迈因哈特提倡的短程激活 – 远程抑制理论之后。

图灵的工作启发了建立在不同生物假设上的自组织系统的建模工作，并提供了与 DDI 和 LALI 机制一致的图案模式化原理和发育约束的框架。讽刺的是，在生物列表时代发展起来的这一框架，在目前的数据生成和收集时代面临着消失的风险。此外，这些概念也引起了很大的争议。所有模型一定程度上都是简化的，但生物学模型的价值必须以其实际可能未被完成的实验数量以及在多大程度上改变了实验者的思维来衡量。按照这种衡量方式，图灵 1952 年的论文是发育生物学里程中最有影响力的理论论文之一。

## 致谢

梅尼感谢皇家学会沃夫森研究功勋奖的部分支持，伍利感谢 EPSRC 的支持。

## 参考文献

Akam, A., 1989. Making stripes inelegantly. *Nature* 341:282–283.

Alberts, B., Johnson, A., Walter, P., Lewis, J., Raff, M. and Roberts, K., 2002. *Molecular Biology of the Cell*, 5th ed. Garland Science.

Bard, J. and Lauder, I., 1974. How well does Turing's theory of morphogenesis work? *J. Theor. Biol.* 45:501–531.

Borckmans, P., De Kepper, P., Khokhlov, A.R. and Métens, S. (eds.), 2009. *Chemomechanical Instabilities in Responsive Materials*. Springer.

Boettiger, A., Ermentrout, B. and Oster G., 2009. The neural origins of shell structure and pattern in aquatic mollusks. *Proc. Nat. Acad. Sci. USA* 106:6837–6842.

Bunow, B., Kernervez, J.P., Joly, G. and Thomas, D., 1980. Pattern formation by reaction–diffusion instabilities: Application to morphogenesis in *Drosophila. J. Theor. Biol.* 84:629–649.

Brümmer, F., Zempel, G., Buhle, P., Stein, J.-C. and Hulser, D.F., 1991. Retinoic acid modulates gap junctional permeability: A comparative study of dye spreading and ionic coupling in cultured cells, *Exper. Cell Res.* 96:158–163.

Crampin, E.J., Gaffney, E.A. and Maini, P.K., 1999. Reaction and diffusion on growing domains: scenarios for robust pattern formation. *Bull. Math. Biol.* 61:1093–1120.

Dillon, R., Maini, P.K. and Othmer, H.G., 1994. Pattern formation in generalised Turing systems: I. Steady-state patterns in systems with mixed boundary conditions. *J. Math. Biol.* 32:345–393.

Garfinkel, A., Tintut, Y., Petrasek, D., Boström, K. and Demer, L.L., 2004. Pattern formation by vascular mesenchymal cells. *Proc. Nat. Acad. Sci. USA* 101:9247–9250.

Gierer, A. and Meinhardt, H., 1972. A theory of biological pattern formation. *Kybernetik* 12:30–39.

Hamada, H., Meno, C., Watanabe, D. and Saijoh, Y., 2002. Establishment of vertebrate left–right asymmetry. *Nature Rev. Genetics* 3:103–113.

Klika, V., Baker, R.E., Headon, D. and Gaffney, E.A. (2012). The influence of receptor-mediated interactions on reaction–diffusion mechanisms of cellular self-organisation. *Bull. Math. Biol.* 74:935–957.

Kondo, S. and Asai, R., 1995. A reaction–diffusion wave on the skin of the marine angelfish Pomacanthus. *Nature* 376:765–768.

Kondo, S. and Miura, T., 2010. Reaction–diffusion model as a framework for understanding biological pattern. *Science* 329:1616–1620.

Maini, P.K., Benson, D.L. and Sherratt, J.A., 1992. Pattern formation in reaction diffusion models with spatially inhomogeneous diffusion coefficients. *IMA J. Math. Appl. Med. Biol.* 9: 197–213.

Meinhardt, H., 1982. *Models of Biological Pattern Formation.* Academic Press.

Meinhardt, H., Prusinkiewicz, P. and Fowler, D., 2003. *The Algorithmic Beauty of Sea Shells*, 3rd ed. Springer.

Murray, J.D., 2003. *Mathematical Biology. II: Spatial Models and Biomedical Applications.* Springer.

Nakamasu, A., Takahashi, G., Kanbe, A. and Kondo, S., 2009. Interactions between zebrafish pigment cells responsible for the generation of Turing patterns. *Proc. Nat. Acad. Sci. USA* 106:8429–8434.

Newman, S.A. and Bhat. R., 2007. Activator–inhibitor dynamics of vertebrate limb pattern formation. *Birth Defects Res.* (Part C) 81:305–319.

Okada, Y., Takeda, S., Tanaka, Y., Belmonte, J.I. and Hirokawa, N., 2005. Mechanism of nodal flow: a conserved symmetry breaking event in left–right axis determination. *Cell* 121:633–644.

Oster, G.F., 1988. Lateral inhibition models of developmental processes. *Math. Biosci.* 90:265–286.

Oster, G.F., Shubin, N., Murray, J.D. and Alberch P., 1988. Evolution and morphogenetic rules. The shape of the vertebrate limb in ontogeny and phylogeny. *Evolution* 42:862–884.

Ouyang, Q. and Swinney, H.L., 1991. Transition to chemical turbulence. *Chaos* 1:411–420.

Seirin-Lee, S., Gaffney, E.A. and Monk, N.A.M., 2010. The influence of gene expression time delays on Gierer–Meinhardt pattern formation systems. *Bull. Math. Biol.* 72:2139–2160.

Sick, S., Reiner, S., Timmer, J. and Schlake, T., 2006. WNT and DKK determine hair follicle spacing through a reaction–diffusion mechanism. *Science* 314:1447–1450.

Solnica-Krezel, L., 2003. Vertebrate development: taming the nodal waves. *Current Biology* 13:R7R9.

Tabin, C.J., 2006. The key to left-right asymmetry. *Cell* 127:27–32.

Teuscher, C., 2004. *Alan Turing: Life and Legacy of a Great Thinker.* Springer.

Thompson, D.W., 1992. *On Growth and Form.* Cambridge University Press.

Turing, A.M., 1952. The chemical basis of morphogenesis. *Phil. Trans. Roy. Soc. London B* 327:37–072.

Widelitz, R.B., Jiang, T.X., Lu, J.F. and Choung, C.M., 2000. Beta-catenin in epithelial morphogenesis: conversion of part of avian foot scales into feather buds with a mutated beta-catenin. *Devel. Biol.* 219: 98–114.

Wolpert, L. and Hornbruch, A. 1990. Double anterior chick limb buds and models for cartilage rudiment specification. *Development* 109:961–966.

# 第10章
The Once and Future Turing: Computing the World

## 走钢丝绳:图灵形态发生学中分层不稳定性的困境

◎理查德·高登

献给巴希尔·艾哈迈德和阿富汗物理学光明的未来

自从我们了解到生物体是由和其余宇宙本质上相同的元素构成的,我们便一直困惑着什么使生命与众不同,以及差异是如何产生的。阿兰·图灵为生物形态学做出了重大贡献,试图跨越形成我们的分子和我们的外观之间的鸿沟。解决胚胎的自我构建问题将跨出重大的一步。人类高度约为 1.5 米 = $1.5×10^9$ 纳米(nm),典型的蛋白质分子约30纳米,比例为 50 000 000 = $5×10^7:1$。该蛋白质可能含有1000个氨基酸,如果我们考虑相对体积而不仅仅是长度,那么假如成年人为 70 升,氨基酸为 $0.15nm^3$(Sühnel and Hühne, 2005),这将比例提高到$5×10^{26}:1$。

当我们建造一座桥时,除非它只跨越一道小沟,否则我们需要使用许多模块,并将它们组装成跨度(图10-1)。在生物学中,这被称为"模块化",大型搜索一直致力于发现生命模块是什么(von Dassow and Munro, 1999; Gilbert and Bolker, 2001; Redies and Puelles, 2001; Newman and Bhat, 2009; Peter and Davidson, 2009; Christensen et al., 2010)。起初有人认为细胞代表模块。"细胞理论"受到19世纪少数生物学家的抵制,他们认为基本模块应该是整个生物,而不是细胞。某些观察支持这种"有机体"理论。首先,单细胞生物(如草履虫和硅藻,见图10-2)可以有相当复杂的形态(Gordon, 2010; Tiffany et al., 2010; Gordon and Tiffany, 2011)。其次,一些绿藻有许多细胞核在细胞质流动中移动，不受细胞边界的阻碍，而"……显示形态分化为类似于植物的根、茎和叶的结构，甚至具有类似的功能"（Chisholm et al.，1996）（参见 Cocquyt et al.，2010）。最后，我们可以使"多倍体"蝾螈具有每个细胞多达 7 个拷贝的基因组（Fankhauser et al.，1955）。结果是成年人具有较小的细胞，通常达到相同的大小（Fankhauser，1941）。所以成年人的形态不依赖于它所制造的细胞数量——尽管它的智力可能如此（Fankhauser et al，1955）。因此，我们可能不得不在细胞水平上寻找胚胎的模块化组织。

图 10-1　纽约哈德逊河上的金士顿－莱茵克里夫大桥（Hermeyer and Wantman，2008），它由许多跨度组成，每个跨度又包含许多子模块。经授权转载

图 10-2　无花果、单细胞和盒状硅藻三角疣粉。硅藻产生克隆链，这里可看到其附着在相邻细胞的一部分上。已除去有机组分，仅留下二氧化硅壳。曲线带来自另一种圆柱形硅藻。经拍摄该扫描电子显微镜（SEM）照片的玛丽·安·蒂芙妮许可转载

图灵考虑了两种模型，一种包含一条由一系列细胞组成的线，另一种是"连续谱线"。在许多小细胞的极限中，它们是等同的。然而，线的长度很重要，因为沿着该线图灵模型产生的图案通常是简单的波，其特定波长取决于假定分子的化学反应和扩散速率，他称之为"形态发生体"（图10-3）。因此，波数与模型生物体的长度成正比。克服这个限制的尝试包括将生长发育添加到模型中（Crampin et al.，1999），或使一种形态发生剂的浓度取决于生物体的大小（Ishihara and Kaneko，2006；Gordon，1966）。模型需要进行这些修改，因为许多物种的形状与尺寸基本独立。

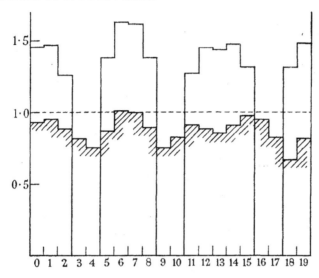

图 10-3　图灵描述了沿着一条线的20个细胞的均匀平衡态（虚线），排列成环（左右边缘重合）以简化计算（Turing，1952）。他假设初始时存在小幅度随机偏离均衡的情况，并且显示了两种形态因子与细胞数之一的浓度：具有四个峰的初始随机模式（阴影）和最终模式（实线）。由此形成了三个山峰和三个深谷。任何对破碎平衡线的偏离都将产生类似的结果，因此这种均匀平衡态被认为是"不稳定"的。经伦敦皇家学会许可转载

曾经（在哺乳动物卵被发现之前）一度认为我们都只是称作孔雀的吹气娃娃，而精子就是一个只需要膨胀的微型人。实际上，这个想法起源于17世纪以来在教科书中传播的未经证实的假设和欺骗，从而使先发主义与表象相反（胚胎以某种方式形成自己而不是预先形成）。显然，很少有人会把这种想法当真（Cobb，2006）。

图灵介绍了一个概念，即形态的发生来自"对称性破缺"的过程。你可以自己观察到这个过程。在一道菜中画一条细长的蜂蜜线，它会分解成水滴（图10-4）（见 Rayleigh，1892）。该过程由表面张力驱动，因为液滴的表面积

小于它们形成的流体的气缸的表面积。然而，圆柱体具有比一排液滴更大的对称性：它具有关于线的旋转对称性和沿着线的平移对称性，而一排液滴具有对于液滴之间的特定距离的倍数的平移对称性。因此液滴的形成部分地破坏了初始对称。

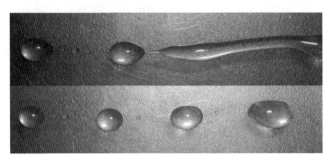

图 10-4　一条蜂蜜线破碎成滴。感谢苏珊·克劳福德 – 杨

我们都是从一滴具有球形对称性的雾开始的（Evsikov et al.，1994）——直径只有 70 微米的受精卵（图 10-5）。胚胎形成带来的问题是：雾滴如何破坏其对称性从而形成了我们？我们从前到后、从头到脚、从内到外、从左到右都不一样。我们甚至不是双边对称的，因为我们知道心脏只在一边，而且大多数人一般是左撇子或右撇子，而不是双手一样灵活。我们的大脑有不对称的扭曲（Hellige，1993）。一个著名的 Photoshop 实验是将你所认识的人的照片从中间分割，然后将左右两半分别镜像反射，从而形成两幅新照片。对于大多数人来说，他们将因此而获得两副面孔（图 10-6）。

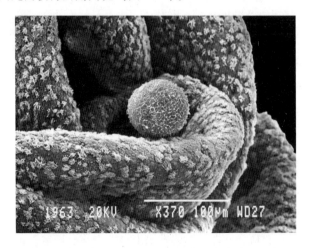

图 10-5　输卵管中人卵的扫描电子显微镜图像。当与精子融合时，卵成为称为受精卵的单细胞胚胎（Nikas，2011）。经尤古斯·尼卡斯以及雅典创新显微镜（http://www.aim.cat）许可转载

左镜像　　　　　正常　　　　　右镜像

图 10-6　我的朋友兼同事大卫·霍尔特的两面（Tomanek et al.，2000），经他的许可转载

如果进一步探讨，就会了解到我们在发育过程中由多达 7000 种不同的细胞组成（Bard et al.，1998a）。但我们都从一个细胞（图 10-5）开始，受精时，卵子将和精子（合子）结合。在胚胎形成过程中，大量的细胞进行分裂，质量不断增加。细胞也变得彼此不同，这是一种对称性破缺的过程：不知何故，"母细胞"在分裂中产生的两个"女儿"细胞有时变得彼此不同，也可能与母细胞不同。这个过程称为"差异化"或者"分化"。在某种程度上，差异化是我们三个主要的生物问题之一，另外两个是生命的起源（Gordon and Hoover，2007；Gordon，2008；Damer et al.，2012；Sharov and Gordon，2013）和意识（Tuszynski and Gordon，2012）。因为它不那么令人兴奋，而且每天在我们的眼前发生——如植物开花、婴儿出生和伤口愈合——所以分化得到的新闻关注较少。但是由于同样的原因，这是一个比另外两个更容易接触的问题。

那么图灵模型能否处理分化呢？在一定程度上是可以的，图灵模型显示了在几乎相同的浓度下包含相同的形态发生、原子并排并存的两个细胞可能最终会有不同浓度的形态："这种对称性或同质性的破缺会在最初具有相同或非常接近内容的一对细胞的情况下发生"（Turing，1952）。他似乎发现了细胞分化问题的本质。但让我们再试一次，为了表明这一点，我们用字母来表示某种类型的细胞。我们从一个细胞 A 开始，假设它分化成两个子细胞 B 和 C，它们各自与 A 不同：

$$A \Longrightarrow BC$$

下一步 B 分化成 D 和 E，C 分成 F 和 G：

$$BC \Longrightarrow DEFG$$

这里有个问题，除非 B 和 C 相互影响彼此，否则我们可以根据对称性得到：

$$BC \Longrightarrow EDFG$$
$$BC \Longrightarrow DEGF$$

$$BC \Longrightarrow EDGF$$

同样根据对称性 A 可以得到：

$$A \Longrightarrow CB$$

如果每个单元有左/右极性，BC 可以与 CB 不同。我们会看到有更多的可能性：

$$CB \Longrightarrow FGDE$$
$$CB \Longrightarrow FGED$$
$$CB \Longrightarrow GFDE$$
$$CB \Longrightarrow GFED$$

因此在两个细胞分裂（假设同步）之后，我们有 4 种不同类型细胞的 8 种不同的可能排列。由于每个细胞分裂步骤及其对称性破缺，问题变得指数级糟糕。这表明对称性破缺是对称的，如果我们要得到特定的生物体结果，就需要弄清楚如何打破这个"高阶"组合的"对称性"（Gordon, 2006）。"……当涉及多个分层步骤的对称性破缺时，组合可能导致许多替代的、形态上不可维持的生物"（Gordon, 1999）。包括他在内的大多数尝试将图灵模型用于真正的细胞分化，仅仅处理了这个过程中的一步。

在小鼠发育过程中，不同细胞类型的数量估计高达 7000，具有 8 个层级（Bard et al., 1998a, b）。由于 $2^{12} < 7000 < 2^{13}$，产生小鼠的细胞谱系树中的分叉数量平均约为 12~13，大约有 4~5 个或更多层级被发现。许多细胞看起来都很相似，需要做进一步的区分。如果这些细胞类型中有一半存在于成年鼠中，并且我们沿着一条线排列了一种细胞，那么将会有 3500!（阶乘）个不同的先验组合，这个数值将超过 $10^{10\,000}$。三维空间组合的可能性更多。这种情况甚至还没有考虑到每种类型的细胞都很多。

这些是在正常胚胎发育过程中需要克服的庞大组合。这个问题在 19 世纪 90 年代由汉斯·德里奇提出："细胞如何在正确的时间和地点组合成正确的种类？"（见 Reid, 1985; Gordon, 1999）这个问题尚未解决。我们每个人都不是细胞的混乱组合，这个"奇迹"被创造论者和智能设计倡导者忽视了，他们提出了很多的概率论据（Gordon, 2008）。问题是真实的，因为畸胎瘤和畸胎癌确实含有来自三个胚胎胚层的"各种组织的无组织混合物"（Bulić-Jakuš et al., 2006）。

答案可能存在于寻找胚胎发育的适当模块，而不是单细胞层级。

一个线索可能是，在我们遇到的大多数生物体中，细胞分组呈现不同，而不是单个细胞层级。我们称这些分组为胚胎组织。是什么定义了胚胎组织还是一个谜。1985 年，我有一次美妙的顿悟（Gordon，1993，附录3），我意识到这个问题在蝾螈胚胎细胞顶端（外）末端的细胞骨架机制中有可能的解决方案，胚胎组织的不同会根据穿过胚胎部分的物理波而传播。在我预测它们的存在（Gordon and Brodland，1987）之后，1990 年，纳塔利 K. 比约克伦德－高登发现了第一个这样的物理波（Brodland et al.，1994；Gordon，1999）。"外胚层收缩波"在其尾部留下称为神经上皮的组织，此组织后来形成脑和脊髓组织（图10-7）。我们发现了许多其他的波，并称之为"差异波"（Gordon et al.，1994）。外胚层收缩波只穿过一半的外胚层。另一半被"外胚层扩张波"穿过，并在此过程中成为另一个组织：表皮（后皮）组织。

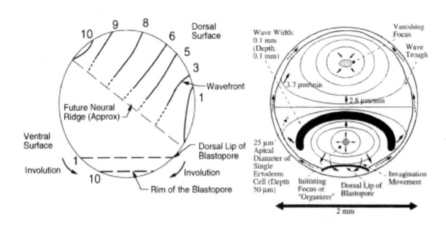

图 10-7　蝾螈的胚胎外胚层收缩波：侧视图（Brodland et al.，1994）和顶视图（Gordon et al.，1994）。经约翰·威立和爱思唯尔出版社许可，稍做修改后转载。穿过腹侧（底部）表面的外胚层扩张波（未显示）以外胚层收缩波结束开始。沟槽收缩波底部的位置以一小时间隔显示。厚条显示强收缩的细胞带的宽度，其保持约 10 分钟

因此我们发现了比细胞更高阶的模块：一对穿过组织的互补部分的分化波，将其分成两个新组织，而不管原始组织中的细胞数量如何。但是目前我们只能推测：什么决定了波传播的条件，从而决定它是扩张波还是收缩波；什么决定了它的起始点和轨迹；以及什么决定了它如何停止传播和停在哪里（Gordon，1999）。为了找到这些问题的答案，我们需要详细观察波和它们穿过的细胞，希望能够收集一个名为 Google Embryo 的在线四维数据集（Gordon，2009；Gordon and Westfall，2009）。

图灵指出，通过三种形态原子，他的方程组具有由行波构成的解。因此分化波可能作为图灵波传播（Gordon，1999）。当然我们可以预期至少三种相互作用的物质：由蛋白质肌动蛋白制成的微丝，由称为微管蛋白的蛋白质构成的

微管，以及钙离子电流（Jaffe，1999）。前两个贡献了一个机械部件，对此图灵很清楚：

> ……状态的描述由机械和化学两部分组成。状态的机械部分描述了细胞的位置、质量、速度和弹性特性以及它们之间的力……化学和机械数据的相互依存性大大增加了难度，因此可能会将注意力限制在这些情况下……在本文中，提出了一些机械方面可以忽略而化学方面起绝对作用的案例。这些案例很有意思，因为基因本身的特征性作用很可能是化学作用。（Turing，1952）

（比较 Howard et al.，2011）现在我们知道基因的一个特征性作用是产生机械化学活性蛋白质，如肌动蛋白和微管蛋白，这些多物理过程问题现在使用计算机都可以解决，但未来仍有艰苦的工作（Fleury and Gordon，2012）。

哲学家丹尼尔·丹尼特认为，胚胎发育类似于建造高楼的建筑起重机，但是每台起重机也在自己建造起重机（Dennett，1995；Gordon，1999）。就像一个孩子堆积木或纸牌屋能有多高的问题（图10-8）（见 Iwasaki and Honda，2000；Blanchard and Hongler，2002；Tokumitsu and Honda，2005），或者走一条钢丝绳可以走多远，人们可以预料，很快整个上层建筑就会倒下来。土木工程技术之一的起重机这一简单的类比，与我们目前思考的如何构建自己一样高级。

图10-8  儿童堆积木：我的孙子尼克。经他的母亲诺拉·桑德尔－柯林斯许可，由他的姑姑玛丽·安·马克斯拍摄

从某种意义上说，从单个细胞发展而来的生物体都正在经历一种创造行为。对称性分裂教给我们，与一些哲学家的观点相反，我们确实可以从无到有获得一些东西，如一致性形成的结构。但是我们在理论上面临一个障碍，就是对称分裂走完一步后，我们如何解释下一步，以及再下一步呢？这不能简单地通过调用混沌、分形或分支进程来解答，因为这些在所有层级都生成了完全相同的结构。

如果我们认为胚胎发育的基本模块是分化波，并且波浪的扩张/收缩持续地将每个组织分裂成两个新组织（Björklund and Gordon，1994），那么胚胎的发育可以被看成一个"分化树"。这棵树的独特之处在于每个分支都不同，并且表示不同的细胞类型（图10-9）。将分化树的分支复制和移植到自身上的合理的DNA机制（Gordon，1999）非常新颖，因为两个分支在随后的进化过程中可以通过突变而发散。这使得后代具有新的组织，具备形成新的形态和行为的可能性（West-Eberhard，2002）。我们的祖先——细菌——有时可以产生三种或四种细胞类型，例如蓝细菌中的营养细胞、异养细胞、孢子和激素（以前称为蓝绿色藻类）（Meeks et al.，2002），或三种空间分离的活动的、基质产生的和克隆的枯草芽孢杆菌菌落的孢子形成细胞（Lopez et al.，2009）。真核生物（具有细胞核的细胞，如细菌的共生关联细胞；参见Watson，2006）后续进化中的一个重要事件是我所说的"持续分化"的发明（Gordon，1999）：保持产生新细胞类型的能力。这可能是进化过程中创造的主要行为之一。

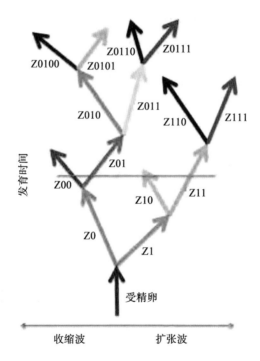

图10-9　简化的分化树。每个分支代表瞬时胚胎组织分裂成两个新组织。在任何给定时刻存在的那些组织都可以通过绘制水平线来确定，如图所示。终端箭头可以代表死亡的细胞类型，或者进入持有模式（干细胞；Gordon，2006，2011），或者箭头可以垂直延伸，指示它们是在成人中发现的终末分化的细胞类型。每个组织旁边是其二元分化代码，其祖先细胞的收缩（0）和扩张（1）波都参与了，从左到右读取。Gordon N. K. and Gordon R.，2015。经世界科学出版社许可转载

持续分化可能首先发生在像线虫这样的生物体中，其中每个细胞类型通常只有一个细胞代表（Gordon，1999），大多数细胞分裂（称为"不对称"）产生两种新的细胞，正如在我们的字母串（尽管它们在三维空间）。不对称的部分如何在空间中取向是一个得到积极研究的课题（Hwang and Rose，2010；Zernicka-Goetz，2011）。对于诸如线虫的"马赛克"生物体，当通过细胞大小重新排列时，细胞谱系树（显示哪个细胞从受精的单细胞胚胎开始的"家谱"）也是分化树（Alicea et al.，2014）。线虫秀丽隐杆线虫最终长达1毫米，具有900个细胞类型，或者称为900多个单细胞组织。这表明在导致我们的生物体中，发生了另一个重大的进化事件：细胞通过穿过许多细胞的分化波来分化群体的能力，产生了构建我们的模块。

分化树的一个问题是细胞如何"知道"自己是什么样的细胞，特别是所有细胞含有相同核苷酸序列的 DNA。答案不在于 DNA 序列，我们称这个问题为"表观遗传学"（Gilbert and Epel，2009）。如果我们用 1 代表扩张波，0 代表收缩波，并从左到右写入细胞及其细胞祖先参与的波，那么我们可以按二进制数在受精卵之后指定每种细胞类型，如图 10-9 所示。我们称之为"差异代码"（Björklund and Gordon，1994）。如何将此代码存储在每个细胞中并读出是尚未解决的问题。也许图灵的代码破解工作（Maurer，2015）会有所帮助。

图灵在《形态发生的化学基础》中为我们现在所说的胚胎物理学（Beloussov and Gordon，2006）奠定了基础。我们试图对胚胎进行逆向工程（Gordon and Melvin，2003），了解每个层级如何在打破对称性和元对称性时建立自身，并具有足够的一致性来诞生一个可行的你和我。现在我们还不知道如何做到这一点，但我们已经发现从细菌向人类发展过程中的六大事件：

1. 不对称细胞分裂，导致分化细胞，即不同种类的两种细胞。
2. 某些细菌的共生结合产生真核细胞。
3. 持续分化的发明。
4. 破坏元对称性以产生许多细胞类型的相当独特的排列。
5. 表观遗传分化代码的发明。
6. 分化波，其允许由不对称细胞分裂产生的单细胞组织扩展成多细胞组织。

未来需要更多的图灵来破解这些奥秘。

## 致谢

感谢斯蒂芬 A. 克拉韦茨、卢凯、斯蒂芬 P. 麦格鲁、尤古斯·尼卡斯和杰克·鲁德洛的仔细阅读和有洞察力的评论。

## 参考文献

Alicea, B., McGrew, S., Gordon, R., Larson, S., Warrington, T. and Watts, M. (2014). DevoWorm: differentiation waves and computation in *C. elegans* embryogenesis. Available at http://www.biorxiv.org/content/early/2014/10/03/009993 [Accessed March 26, 2015].

Bard, J.B.L., Baldock, R.A. and Davidson, D.R. (1998a). Elucidating the genetic networks of development: a bioinformatics approach. *Genome Res.*, **8** (9), 859–63.

Bard, J.B.L., Kaufman, M.H., Dubreuil, C., Brune, R.M., Burger, A., Baldock, R.A. and Davidson, D.R. (1998b). An internet-accessible database of mouse developmental anatomy based on a systematic nomenclature. *Mech. Dev.*, **74** (1/2), 111–20.

Beloussov, L.V. and Gordon, R. (2006). Preface. Morphodynamics: Bridging the gap between the genome and embryo physics. *Int. J. Dev. Biol.*, **50** (2/3), 79–80.

Björklund, N.K. and Gordon, R. (1994). Surface contraction and expansion waves correlated with differentiation in axolotl embryos. I. Prolegomenon and differentiation during the plunge through the blastopore, as shown by the fate map. *Computers & Chemistry*, **18** (3), 333–45.

Blanchard, P. and Hongler, M.-O. (2002). How many blocks can children pile up? Some analytical results. *J. Phys. Soc. Japan*, **71** (1), 9–11.

Brodland, G.W., Gordon, R., Scott, M.J., Björklund, N.K., Luchka, K.B., Martin, C.C., Matuga, C., Globus, M., Vethamany-Globus, S. and Shu, D. (1994). Furrowing surface contraction wave coincident with primary neural induction in amphibian embryos. *J. Morphol.*, **219** (2), 131–42.

Bulić-Jakuš, F., Ulamec, M., Vlahović, M., Sinčić, N., Katušić, A., Jurić-Lekić, G., Šerman, L., Krušlin, B. and Belicza, M. (2006). Of mice and men: teratomas and teratocarcinomas. *Collegium Antropologicum*, **30** (4), 921–4.

Chisholm, J.R.M., Dauga, C., Ageron, E., Grimont, P.A.D. and Jaubert, J.M. (1996). 'Roots' in mixotrophic algae. *Nature*, **381** (6581); erratum, **382** (6583) 565.

Christensen, D.J., Campbell, J. and Stoy, K. (2010). Anatomy-based organization of morphology and control in self-reconfigurable modular robots. *Neural Comput. Appl.*, **19** (6), 787–805.

Cobb, M. (2006). *Generation: The Seventeenth-Century Scientists Who Unraveled the Secrets of Sex, Life, and Growth.* Bloomsbury.

Cocquyt, E., Verbruggen, H., Leliaert, F. and De Clerck, O. (2010). Evolution and cytological diversification of the green seaweeds (Ulvophyceae). *Mol. Biol. Evol.*, **27** (9), 2052–61.

Crampin, E.J., Gaffney, E.A. and Maini, P.K. (1999). Reaction and diffusion on growing domains: scenarios for robust pattern formation. *Bull. Math. Biol.*, **61** (6), 1093–120.

Damer, B., Newman, P., Norkus, R., Gordon, R. and Barbalet, T. (2012). Cyberbiogenesis and the EvoGrid: a twenty-first century grand challenge. In *Genesis – In the Beginning: Precursors of Life, Chemical Models and Early Biological Evolution*. J. Seckbach (ed.). Springer, pp. 267–88.

Dennett, D.C. (1995). *Darwin's Dangerous Idea: Evolution and the Meanings of Life.*

Simon & Schuster.

Evsikov, S.V., Morozova, L.M. and Solomko, A.P. (1994). Role of ooplasmic segregation in mammalian development. *Roux's Arch. Dev. Biol.*, **203**, 199–204.

Fankhauser, G. (1941). Cell size, organ and body size in triploid newts (*Triturus viridescens*). *J. Morphol.*, **68**, 161–77.

Fankhauser, G., Vernon, J.A., Frank, W.H. and Slack, W.V. (1955). Effect of size and number of brain cells on learning in larvae of the salamander, *Triturus viridescens*. *Science*, **122** (3172), 692–3.

Fleury, V. and Gordon, R. (2012). Coupling of growth, differentiation and morphogenesis: an integrated approach to design in embryogenesis. In *Origin(s) of Design in Nature: A Fresh, Interdisciplinary Look at How Design Emerges in Complex Systems, Especially Life*. L. Swan, R. Gordon and J. Seckbach (eds.). Springer, pp. 385–428.

Gilbert, S.F. and Bolker, J.A. (2001). Homologies of process and modular elements of embryonic construction. *J. Exp. Zool.*, **291** (1), 1–12.

Gilbert, S.F. and Epel, D. (2009). *Ecological Developmental Biology: Integrating Epigenetics, Medicine, and Evolution*. Sinauer Associates.

Gordon, N.K. and Gordon, R. (2015). *Embryogenesis Explained*. World Scientific.

Gordon, R. (1966). On stochastic growth and form. *Proc. Natl. Acad. Sci. USA*, **56** (5), 1497–504.

Gordon, R. (1999). *The Hierarchical Genome and Differentiation Waves: Novel Unification of Development, Genetics and Evolution*. World Scientific and Imperial College Press.

Gordon, R. (2006). Mechanics in embryogenesis and embryonics: prime mover or epiphenomenon? *Int. J. Dev. Biol.*, **50** (2/3), 245–53.

Gordon, R. (2008). Hoyle's tornado origin of artificial life, a computer programming challenge. In *Divine Action and Natural Selection: Science, Faith and Evolution*, J. Seckbach and R. Gordon (eds.). World Scientific, pp. 354–67.

Gordon, R. (2009). Google Embryo for building quantitative understanding of an embryo as it builds itself: II. Progress toward an embryo surface microscope. *Biological Theory: Integrating Development, Evolution, and Cognition*, **4** (4), 396–412.

Gordon, R. (2010). Diatoms and nanotechnology: early history and imagined future as seen through patents. In *The Diatoms: Applications for the Environmental and Earth Sciences*, J.P. Smol and E.F. Stoermer (eds.). Cambridge University Press, pp. 585–602.

Gordon, R. (2011). Epilogue: the diseased breast lobe in the context of X-chromosome inactivation and differentiation waves. In *Breast Cancer: A Lobar Disease*, T. Tot (ed.). Springer, pp. 205–10.

Gordon, R., Björklund, N.K. and Nieuwkoop, P.D. (1994). Dialogue on embryonic induction and differentiation waves. *Int. Rev. Cytology*, **150**, 373–420.

Gordon, R. and Brodland, G.W. (1987). The cytoskeletal mechanics of brain morphogenesis. Cell state splitters cause primary neural induction. *Cell Biophysics*, **11**, 177–238.

Gordon, R. and Hoover, R.B. (2007). Could there have been a single origin of life in a Big Bang universe? *Proc. SPIE*, **6694**, doi:10.1117/12.737041.

Gordon, R. and Melvin, C.A. (2003). Reverse engineering the embryo: a graduate course in developmental biology for engineering students at the University of Manitoba, Canada. *Int. J. Dev. Biol.*, **47** (2/3), 183–7.

Gordon, R. and Tiffany, M.A. (2011). Possible buckling phenomena in diatom morphogenesis. In *The Diatom World*, J. Seckbach and J.P. Kociolek (eds.). , Springer, pp. 245–72.

Gordon, R. and Westfall, J.E. (2009). Google Embryo for building quantitative understanding of an embryo as it builds itself: I. Lessons from Ganymede and Google Earth. *Biological Theory: Integrating Development, Evolution, and Cognition*, **4** (4), 390–5, with supplementary appendix.

Graham, J.H., Freeman, D.C. and Emlen, J.M. (1993). Antisymmetry, directional asymmetry, and dynamic morphogenesis. *Genetica*, **89** (1/3), 121–37.

Hellige, J.B. (1993). *Hemispheric Asymmetry, What's Right and What's Left*. Harvard University Press.

Hermeyer, D. and Wantman, S. (2008). Kingston–Rhinecliff bridge. Available at http://en.wikipedia.org/wiki/File:Kingston-Rhinecliff_Bridge2.JPG [Accessed July 13, 2011].

Howard, J., Grill, S.W. and Bois, J.S. (2011). Turing's next steps: the mechanochemical basis of morphogenesis. *Nature Rev. Molec. Cell Biol.*, **12** (6), 392–8.

Hwang, S.Y. and Rose, L.S. (2010). Control of asymmetric cell division in early *C. elegans* embryogenesis: teaming-up translational repression and protein degradation. *BMB Rep.*, **43**, (2), 69–78.

Ishihara, S. and Kaneko, K. 2006. Turing pattern with proportion preservation. *J. Theor. Biol.*, **238** (3), 683–93.

Iwasaki, S. and Honda, K. (2000). How many blocks can children pile up? – Scaling and universality for a simple play. *J. Phys. Soc. Japan*, **69**, (6), 1579–81.

Jaffe, L.F. (1999). Organization of early development by calcium patterns. *BioEssays*, **21** (8), 657–67.

Lopez, D., Vlamakis, H. and Kolter, R. (2009). Generation of multiple cell types in *Bacillus subtilis*. *FEMS Microbiol. Rev.*, **33** (1), 152–63.

Maini, P.K., Woolley, T., Gaffney, E. and Baker, R. (2015). Turing's theory of developmental pattern formation. In *The Once and Future Turing – Computing the World*. S. Barry Cooper and A. Hodges (eds). Cambridge University Press, pp. 137–49.

Maurer, U. (2015). Cryptography and computation after Turing. In *The Once and Future Turing – Computing the World*. S. Barry Cooper and A. Hodges (eds). Cambridge University Press, pp. 54–78.

Meeks, J.C., Campbell, E.L., Summers, M.L. and Wong, F.C. (2002). Cellular differentiation in the cyanobacterium *Nostoc punctiforme*. *Arch Microbiol.*, **178** (6), 395–403.

Newman, S.A. and Bhat, R. (2009). Dynamical patterning modules: a 'pattern language' for development and evolution of multicellular form. *Int. J. Dev. Biol.*, **53** (5/6), 693–705.

Nikas, Y. (2011). Human egg in the fallopian tube [#470]. Available at http://www.eikonika.net/v2/photo_info.php?photo_id=470 [Accessed July 25, 2011].

Parisi, J. (1991). Global symmetry aspects of a compartmentalized reaction–diffusion system. *Comp. and Math. Appl.*, **22** (12), 23–31.

Peter, I.S. and Davidson, E.H. (2009). Modularity and design principles in the sea urchin embryo gene regulatory network. *FEBS Lett.*, **583** (24), 3948–58.

Rayleigh, Lord (1892). On the instability of a cylinder of viscous liquid under capillary force. *Phil. Mag.*, **34**, 145–54.

Redies, C. and Puelles, L. (2001). Modularity in vertebrate brain development and evolution. *BioEssays*, **23** (12), 1100–11.

Reid, R.G.B. (1985). *Evolutionary Theory: The Unfinished Synthesis*. Croom Helm.

Rosen, R. (1968). Turing's morphogens, two-factor systems and active transport. *Bull. Math. Biophys.*, **30** (3), 493–499.

Sharov, A.A. and Gordon, R. (2013). Life before Earth. Available: http://arxiv.org/abs/1304.3381.

Sühnel, J. and Hühne, R. (2005). The Amino Acid Repository. Available at http://www.imb-jena.de/IMAGE_AA.html [Accessed July 13, 2011].

Tiffany, M.A., Gordon, R. and Gebeshuber, I.C. (2010). *Hyalodiscopsis plana*, a sublittoral centric marine diatom, and its potential for nanotechnology as a natural zipper-like nanoclasp. *Polish Botanical J.*, **55** (1), 27–41.

Tokumitsu, N. and Honda, K. (2005). Crossover scaling in piling block games. *J. Phys. Soc. Japan*, **74** (6), 1873–4.

Tomanek, B., Hoult, D.I., Chen, X. and Gordon, R. (2000). A probe with chest shielding for improved breast MR imaging. *Mag. Res. Med.*, **43** (6), 917–20.

Turing, A.M. (1952). The chemical basis of morphogenesis. *Phil. Trans. Roy. Soc. London*, **B237**, 37–72.

Tuszynski, J.A. and Gordon, R. (2012). A mean field Ising model for cortical rotation in amphibian one-cell stage embryos. *BioSystems*, **109** (3), 381–9.

von Dassow, G. and Munro, E. (1999). Modularity in animal development and evolution: elements of a conceptual framework for EvoDevo. *J. Exp. Zool.*, **285** (4), 307–25.

Watson, R.A. (2006). *Compositional Evolution: The Impact of Sex, Symbiosis, and Modularity on the Gradualist Framework of Evolution*. MIT Press.

West-Eberhard, M.J. (2002). *Developmental Plasticity and Evolution*. Oxford University Press.

Zernicka-Goetz, M. (2011). Proclaiming fate in the early mouse embryo. *Nat. Cell Biol.*, **13** (2), 112–14.

第四部分
The Once and Future Turing: Computing the World

# 量子计算的生物学、思维和推广

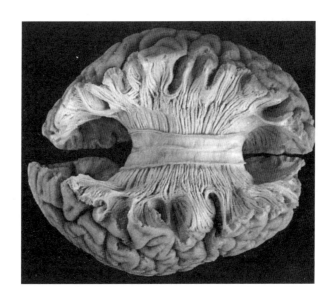

这部分主要探讨最核心和最神秘的问题：如何把可计算性的概念与物质世界相联系，特别是如何将可计算性的概念与量子力学的本质关联起来。本书第一部分乌力·毛勒的文章中提到过自 20 世纪 80 年代以来量子计算的发展在可计算性的复杂性分析上的显著成果。但这样的量子计算并没有改变可计算性的绝对边界。这部分的讨论将针对更深层次的问题，继续探讨 1936 年图灵对经典计算的分析，特别是量子力学中的还原过程（或测量）问题。

图灵受爱丁顿的影响，早在 1932 年就已经意识到量子力学对人类大脑的意义。甚至极有可能正是这个想法奠定了图灵走上心理活动分析的道路，这些在他 1936 年的论文中显而易见。然而，直到 50 年代他的评论中都没有再提到量子力学。无法知道他当时出于什么想法，但是从他对量子芝诺悖论的评论上看，他已经认识到对还原过程的解释将是一个重要的问题。自 20 世纪 80 年代以来，这个问题一直受到罗杰·彭罗斯观点的影响。罗杰·彭罗斯的观点是图灵在 1950 年所谓的"对机器智能的数学异议"，这是图灵当时提出的很严肃的见解。而且，它涉及更深层次的对物理定律的理解，包括对还原过程中引入引力的新的理解，也就是宏观时空曲率。

在冯·诺依曼量子力学的数理公式发表 80 年后至今，人们对于图灵的这些观点是否正确仍未达成共识。没有人能清楚地解释波函数到底是什么，随机的结果是如何产生的，或者宏观世界（特别是大脑）是如何与它的组成粒子的量子力学联系起来的。斯图亚特·考夫曼和斯科特·阿伦森在他们的论文中阐述了这些根本的未解决的问题。他们和彭罗斯有相似的出发点，也就是质疑还原过程的本质，并且进一步给出了一些不涉及引力的解释。斯科特·阿伦森分别解释了图灵早期和晚期的思想，他在文中这样说："我认为我现在明白了图灵这些话的意思。"

他们的文章中都提到科学探险的精神，这使得图灵在他 1939 年的关于基于序数的逻辑系统的论文中提到如下观点：

数学推理可能被看作……直觉和精确的一种结合……在前哥德尔时期，一些人认为所有数学判定都可以用有限的规则来表示…… 直觉的必要性将被完全消除。然而在我们的讨论中，尽管目标是一致的，却走向了相反的极端，这没有消除直觉的必要性，而是消除了精确性。

人们可能会在这里发现对人脑计算性质的隐含问题。对于"直觉"来说，它在计算上有什么特别之处呢？它可能会超出经典的可计算性的结构层次吗？难道图灵当时真的想要研究一个至今仍在争论的建模问题吗？

图灵的思想有一个特别之处，就是对他短暂一生中所经历的现实世界的响应能力。在布莱切利园对具体化计算的研究是图灵辉煌科学生涯的最后几年，在此期间他面临着研究大脑和形态功能上的难题。他在连接模型（神经网络）"自底向上"的研究中体现了对逻辑结构的忠诚，这在他的著名评论"我们对大脑对冷粥的一致性反应不感兴趣"中可见。

但是他在对机器智能非常有影响力的"自顶向下"的图灵测试中，以及在某些形态上的例子中取得的全面成功，显示出他对具体化计算及其潜在的计算特性的尊重。他的通用计算机巩固了功能主义范式，是今天计算机世界的基础，但他的一生也活在必要的具体环境中——量子物理学（他在剑桥参加了狄拉克的讲座），生物学（他母亲给他画的素描是他在学校冰球赛期间全神贯注于观察雏菊），对大脑/精神的思虑——这些产生了令人不安的挑战。

**斯图亚特·考夫曼**超越了经典的图灵模型来探索物理学。他对图灵的解释和出发点是：

> 图灵在图灵测试或"模仿游戏"中很快就面临这样一个问题：人类的思维是否本身就是图灵机。经过仔细考虑，他认为答案是肯定的。然而，他还是保留了怀疑，这反映在他在图灵测试中使用的是人类而不是算法。学者们非常钦佩他这种自我怀疑的能力。

当然，这是一个关键的问题，也无疑是未来研究人员需要考虑的关键问题。

**斯科特·阿伦森**优美的长文则描述了他早期的印象："图灵最终揭穿了那些宣称意识、大脑或者物理世界具有超越大量计算的属性的人的伪装。"之后，他承认"图灵自己对这些问题的看法，就像他在演讲和私人信件中所显示出来的，远比我在早期了解到的要复杂"。阿伦森对自由意志的讨论很大程度上只是在图灵传统计算中，描述了为何"一个物理系统是'自由的'，当且仅当它在足够强的意义上是不可预测的"。

# 第 11 章
The Once and Future Turing: Computing the World

# 回答笛卡儿：超越图灵

◎斯图亚特·考夫曼

## 11.1 引言

  20世纪的前半段有一批杰出的科学家，如爱因斯坦、玻尔、冯·诺依曼以及其他科学家。在这个群体中，阿兰·图灵无疑是最杰出的一位。我深感荣幸能写这一章来纪念他的丰功伟绩。他在第二次世界大战的密码破译中扮演了关键角色，帮助击败了纳粹。从通用的图灵机到所有的数字计算机和IT革命，他发明的图灵机彻底改变了现代社会。他的形态发生模型是"耗散结构"（按照普里戈金的说法）的第一个例子，作为一名发育生物学家，我一直将其当作模板。

  我们当然应该赞誉图灵，但在这一章中我寻求超越他。核心问题是人类的思维是什么。我们有两种思维方式，一种源于图灵，另一种则来自伯特兰·罗素。这两种思维方式引发了一个主流观点，就是人类意识是通过某种庞大的逻辑门网络或物理意识神经元而产生的，用弗朗西斯·克里克在《惊人的假说》一书中的话说（Crick，1994），人类思维是由$10^{11}$个人类大脑神经元的连接而形成的。

  我认为这个观点可能是正确的，但更有可能是错误的。我在本章的目标是构建几种思路来引导计算机科学和神经生物学的标准，并且指出一些哲学的主张和疑点；但最重要的是，我希望探索在一个开放式量子系统中的新兴行为，或者说是新物理学。具体来说，我将构建的能力称为非算法的、非确定性的、非随机的反图灵系统。我们将会看到，反图灵系统并不是确定性的，因为它们继承了开放式量子系统的不确定性，但由于这些特性，它们也是非随机的。这对我们来说是全新的，可以使我们超越纯粹物理的、离散时间的、离散状态的机器。

除此以外，我将提出一个大胆的猜测，这源于费曼在 1948 年所提出的"所有可能的历史的总和"的量子力学公式。这个公式被普遍认为是量子力学的等价公式。费曼公式是规避了亚里士多德的排中律法则的，然而经典物理学，更不要说算法的、离散状态的、离散时间的图灵机是服从排中律法则的。哲学家皮尔斯指出，"可能性"规避了排中律法则，而"现实"和"超可能"遵守该法则。基于皮尔斯 1960 年和怀特黑德 1978 年的观点，我提出了对新二元论的考虑，也是对潜能、广延实体以及本体论意义上的"可能性"和"现实"的关联，通过量子测量使它们真正统一。相比之下，在笛卡儿的二元论中，思想实体和广延实体还有他的机械论世界观从来没有统一过。我相信潜能可能是在量子测量之前对"封闭"式量子系统的一个解释。这些想法和其他少数激进的想法基于开放式量子系统可以导致分子生物学、细胞生物学和神经生物学中新的可验证的假设，希望可以形成一种包括以下方面的新思路：思维如何在大脑中起作用；本体论的自由意志；意识是什么；与量子测量相关的感受性的实验测试的位点；感受性和量子测量的不可还原性；意识的统一，即"感受性捆绑问题"及其在计算机科学中的同源框架问题。从这些方面出发，我们可能会在许多先进技术领域有进展。

## 11.2 机器思维

正如前面所述，机器思维有两条线，一条来自图灵，一条来自伯特兰·罗素，这两条线都得出一个观点，思想可以被看作经典物理学的"计算机器"。图灵这条线是众所周知的。它起源于图灵机，是算法行为的定义。回忆一下，图灵机一般是由一个有无限格子的磁带组成的，每个格子上有一个来自于有限集合的符号，例如 0 或 1。读写头开始停留在一个格上，其中包含两组规则。第一组规则规定了以下操作，如果读写头位于带有特定符号的格子上，它会停留在所在位置，或者向左或右移动一步，或者抹去它下面格子上的符号，然后在磁带上写一个不同的符号。第二组规则规定，在上述条件下，读写头将从有限数量的离散状态转换为某种内部状态，此后系统重复操作。此外，还有一个关键的"停机状态"。

图灵指出任何可执行的递归计算都可以由通用图灵机完成。从这以后，关于"停机问题"的不可判定性的完美定理，证明了大多数无理数是不可计算的等重要问题。

我想强调的是图灵机的特点是它是绝对确定的。给定磁带上的符号集合和读写头的规则，它的每一步行为都是完全确定的。这种确定性的行为对于图灵机的算法特性是至关重要的。因为它是确定的，所以图灵机是受经典物理学约束的。然而，图灵机是离散状态和离散时间系统。自从庞加莱提出确定性的混沌，经典物理学一般都是建立在连续变量和连续时间基础之上的，同时也是确定性的。

计算机学者们经常将"会停下来的算法"和其他"过程"区分开来，比如霍兰德在1975年提出的遗传算法，这些算法会一直运行直到某些定义的成功标准才停止。

图灵在图灵测试或"模仿游戏"中很快就面临这样一个问题：人类的思维是否本身就是图灵机。经过仔细考虑，他认为答案是肯定的。然而，他还是保留了怀疑，这反映在他在图灵测试中使用的是人类而不是算法。学者们非常钦佩他这种自我怀疑的能力。

## 罗素和机器思维

在20世纪初，针对"外部世界"的可靠性最大化这个问题，伯特兰·罗素与怀特黑德出版了《数学原理》这本书。我们说"房间里确实有一把椅子"，这可能是错的。但几乎不可能错的是"好像看到了一把椅子"。也就是说，对于我们的经历的描述，比如说视觉的，比我们关于外部世界的描述更不容易被纠正，或者说不容易出错。罗素和他同时代的学者，包括年轻的路德维希·维特根斯坦，希望能从经验积累中建立外部世界的知识。

停下来环顾周围的房间或世界，你经历了一个"完整"的视野，这在神经系统科学里叫作"意识的统一"。这个统一将是我的兴趣所在。然而，在罗素最初的哲学思想中，他放弃了意识统一。他提出了"感测数据"，比如"这里用红色"或者乐谱标记中的"现在是A大调"（Russell, 1912）。也就是说，罗素将意识的统一粉碎成比特，并且很快就与计算中的"比特"关联起来。接下来，罗素在 1912 年提出了"感测数据描述"，例如：

对于考夫曼，现在确定是 A 大调。

为什么罗素要这么做？因为他的原理是希望用一阶谓词演算来构建整个数学世界。他希望这样可以把"房间里有一把椅子"翻译成由一系列有限的真或假的感测数据的陈述和量词（例如"存在"和"对所有"）组成的一个逻辑上等价的命题。如果这一举措奏效，外部世界的知识就可以建立在坚实的基础上。

这场讨论花了大约 40 年的时间，但以维特根斯坦在《Tractatus Logico-Philosophicus》中宣布其没有奏效而告终（Wittgenstein, 1921）。在一阶谓词演算中，"房间里有一把椅子"不能被翻译成逻辑上等价的一组感测数据。哲学家们放弃了可以被公式化的"地下室"语言，也就是一种对世界上所有其他的知识都可以公式化的语言。

之后，维特根斯坦在其新作品《Philosophical Investigations》中指出没有地下室语言（Wittgenstein, 1953）。关于法律诉讼的语言不能被翻译成逻辑上等价的关于普通人类行为的陈述。每个"级别"构成了一种"语言游戏"，而不能简化到更低的"级别"。例如要理解"考夫曼犯有谋杀罪"，需要一组共同定义的概念，如"审判""陪审团""法律上允许的证据""接受审判的能力"等，这不能被翻译或"简化"成一组普通人类行为的陈述。

这一步至关重要，因为他认为没有逻辑程序，当然也就没有一阶逻辑，可以把低级别语言游戏（例如正常的人类行为）转换成高级别语言游戏（例如法律语言），也没有一阶逻辑的"算法程序"可以把较低级别的语言转换成较高级别的语言。然而我们人类可以学习法律语言，这表明人类的思维不仅仅是算法。

尽管一些哲学家放弃了地下室语言的研究，但在 1943 年，早期的控制学家麦卡洛克和皮特斯发表了一篇关于神经网络和"连接主义"的开创性论文。

麦卡洛克和皮特斯表示可以在开/关二元神经元网络中构造前向网络，每行有 $N$ 个神经元，一共 $M$ 行。在输入行的神经元可以被设置为任意组合的 1 和 0，网络中有随机阈值布尔函数，例如与、或、非，可以根据输入神经元的"状态"计算任何逻辑函数。

他们通过罗素感测数据描述的真伪来确定神经元的状态是 1 或 0，例如，"对于考夫曼，A 大调是真的"这个输入可能在前馈神经元网络输入层的第一个神经元被编码为 1。

麦卡洛克和皮特斯在 1943 年进而考虑带有反馈回路的神经元网络，他们把那篇论文命名为《神经活动中思想内在性的逻辑演算》。

在这一步中，麦卡洛克和皮特斯为现在主流的计算机科学、神经生物学和大部分的思想哲学奠定了基础，大脑中的一个"想法"在逻辑上与一组神经元的开关状态是相关的。

应注意的是，麦卡洛克和皮特斯选择了"神经活动中的内在性"这个术语。以某种神奇的方式，感官数据的特征或者感知体验（即"感受性"）被"悄悄地"带入了神经网络的 0 和 1 状态中。

我们应该进一步注意这个概念上的改变：

- 假设有一种地下室语言，是在神经元的 0 和 1 状态中被捕获到的。
- 和罗素一样，抛弃了意识的统一，并重新构建它。

在当代的神经生物学中，这个问题又回到了著名的"捆绑问题"，即未连接的"意识神经元"的激活如何突变成一个结合的意识，或者更简单的例子如克里克的《The Astonishing Hypothesis》（Crick，1994）：

假设我看到一个黄色的三角形和一个蓝色的正方形。

假设"黄色""三角形""蓝色"和"正方形"实际上是在不同的、未连接的大脑区域进行处理的。

"黄色"和"三角形"是如何捆绑在一起的？"蓝色"和"正方形"又是如何捆绑在一起的？

跟着麦卡洛克和皮特斯的逻辑，早期的假设是这样的，例如当且仅当你看到了一些关于"祖母"的特征和感测数据的组合，大脑的"祖母细胞"才被激活。那么考虑视野关系特性的数量。我们需要多少个祖母细胞才能使每一个细胞的激活对应一个可能的组合编码方式？如果你可以从 10 000 个特征中区分 30 个特征，那么这个数量是巨大的，即

$$\left(\frac{10\,000}{30}\right) = \frac{10\,000!}{99\,770! \times 30!}$$

克里克（1994）得出的结论是，这个想法是行不通的，它需要 $10^{11}$ 个神经元来编码你所看到的所有的关系特征。所以目前的假设是在大脑中有 40 赫兹的振荡。那么如果"黄色"和"三角形"的神经元在振荡的同一阶段被激活，它们就会被捆绑，如果"蓝色"和"正方形"在同一阶段被激活，它们也会被捆绑。好吧，这也许可能，但是怎么把数万亿自由关系的组合压缩到 40 赫兹振荡的不同阶段呢？我觉得这难以置信。虽然关于捆绑的详细工作超出了本章

的范围，但总的来说，问题仍然没有解决：如何捆绑没有关联的经典物理学上的神经元和它们假定的感受性或经验。

应注意的是，从罗素的角度来看，有了感测数据和感测数据描述的概念，这个捆绑问题就是我们在意识统一过程中对世界经验的数字和命题的编码。后面我将会提出一种模拟和非命题的编码来解决捆绑问题。但还有另一个更深层次的问题：麦卡洛克和皮特斯，以及所有后来的神经网络学者都不能论证维特根斯坦关于语言游戏的观点，即没有"地下室语言"和算法程序可以用来学习语言游戏。

现在对维特根斯坦提出的连接的观点还有一些重要的改进，比如 1994 年维博思提出的"反向传播"和 1953 年霍普菲尔德提出的"霍普菲尔德网络"，以及有吸引子的编码类和可内容寻址的存储器。这些是现在语音识别系统的基础。但是，语言游戏的问题仍然没有解决，所以这似乎并不是一个算法的问题。

这里还有思维不是算法的另一条重要的证据。假使我叫你说出螺丝刀所有可能的用途：拧螺丝，开油漆罐，绑在一根棍子的末端钓鱼，出租给当地人捕鱼，然后你从捕鱼中拿了 5% 的利润……那么是否能列出一张螺丝刀的全部使用功能的清单？我认为是没有的。我们如何构建这样的列表，以及如何知道我们已经完成了这个列表，或者至少使它"无限但是递归可枚举"？更确切地说，使用螺丝刀或其他物体的方法是不确定的，而且是无秩序的。这意味着，没有算法程序能有效地列举出螺丝刀所有可能的用途。这是计算机科学中著名的"框架"问题，它仍然不能通过算法来解决。换言之，为了所有可能的目的制造出的人工制品没有有限的或递归可枚举的功能集，所以没有算法能够列出这些用途，但是我们在进化的过程中一直在发现和发明它们。我们经常解决这样的框架问题。所以，人类的思维并不都是算法。

彭罗斯在 1989 年和 1994 年也论证过，在证明不完备定理时，人类的思维并不总是算法，比如哥德尔定理和停机问题。我认同彭罗斯，他的发现在我之前，但在不同的领域，我们都认为思维不是算法，我也支持他的量子力学与意识有关的观点。

## 11.3 思维、意识和机器思维

我们需要两个基本条件才可以把我们的思维看作经典物理学的，更进一步说，即在离散空间、离散时间和离散状态中的以算法为基础的计算机器。第一，人类完全没有好奇心，只是僵尸模式。这一观点丹尼特在 1991 年讨论过，在某种程度上，他的论述是计算机科学框架的一种复杂的逻辑行为主义。塞尔在 1997 年的争论中提出了一个对立的论证，即著名的"中文小屋"的论证。这个论证表明了思维不是图灵机，因为图灵机只是处理信号中的句法，但是它没有语义，因此无法理解单词的真正意思。

现在主流的观点是思维－大脑是经典物理的神经元网络系统，它具有连续变量和连续时间，并通过动作电位和巨大的输入输出网络来实现经典物理学中的因果方法。艾德曼（1992）、克里克（1994）、塞尔（1997）以及大多数神经系统科学家都持这种观点。根据塞尔的说法，像普特南和刘易斯这样的实用主义者是"性质二元论者"，他们认为"相信"这样的心理术语是由一个经典的物理学上的因果网络构成的。塞尔在 1997 年宣称，实用主义者并不是指精神上的实际体验，例如痛苦。这两段不能描述上面所涉及的大量学术著作，这些努力都没有回答笛卡儿的问题，也没有指出意识到底是什么。

那么，意识、经验、感受性到底是从哪里来的？一个流行的观点是，在某种复杂程度上的逻辑门网络中，无论是电子器件或者是经典物理学的连续时间和连续状态的神经元，意识都会"浮现"。简单来说，一个水分子不是湿的，但是足够多的水分子的集合就是湿的。意识的浮现也是如此。

也许意识会这样出现，但这里有一个深层次的问题。如果意识的出现是经典的物理学"过程"，正如一些人所争论的那样，电磁场是一个确定的经典物理学系统。根据牛顿三定律和万有引力定律，我们来考虑台球在桌子上运动这个现象。桌子的边界条件、球的位置和动量以及球的直径这些因素确定了球的未来轨迹，这也就是确定性的混沌。

但是，如果将思维和大脑看作一个确定性的机器，我们就没有任何本体论，也不需要对自由意志负责。例如，我走在街上，杀了一个老妇人，但我不负责。我被确定了一定要杀她。即面对确定性的混沌，我没有本体论意义上的真正负责任的自由意志，这也许仅仅是一种认知的错觉。

因此，从图灵和罗素得出的大家熟悉的观点也许是正确的。意识可能是经典物理学中的"某种东西"，但是这不是本体论意义上的真正负责任的自由意志。

这是一个很高的代价。为了避免这种情况，我将提供以下一系列的想法，这些想法似乎可以给我们提供一种本体论意义上的负责任的自由意志。

在笛卡儿的论文中还涉及许多其他的疑问（Discourse on Method, Descartes, 1637）。如前所述，笛卡儿提出了著名的二元论假设，即思想实体和广延实体，以及他的机械论世界观，后来产生了天体力学，并由此产生了经典物理学。

但思想实体到底是如何连接到广延实体的呢？笛卡儿提出了松果腺理论，但这个想法行不通。

如果大脑是一个确定性的动力系统，就像桌子上的台球一样，那么大脑的当前状态就完全确定了大脑的下一个状态。这样就没有什么可做的了。更糟的是，这样我们没有办法让思维在大脑里行动！如果不考虑牛顿的定律，我们该怎么做才能使这些台球发生改变呢？

这个问题的核心是由于经典物理学因果闭合性而产生的。由于因果闭合性，加上台球的初始位置、动量、直径以及桌子边界条件，我们就能够确定台球在桌面上的未来轨迹。

因此，机器思维的图灵模型是没有自由意志，也没有思维、经验和感受的。那么如果我们把思维仅仅看作一种现象，这种现象将不影响我们作为人类或者作为一种"相容主义者"的行为。令人欣慰的是这样至少作为确定性的系统，我们可以训练彼此成为道德的机器。

事实上，自从笛卡儿开始，我们就一直被困在这个问题的循环中。图灵机的思维也以同样的方式被冻结。如果上述问题的核心是由于经典物理学的因果闭合性引起的，那么我们必须放弃经典物理学和纯粹的经典物理学上的"意识神经元"的局限，进而拥抱具有非确定性行为特点的量子力学。

现在我们转向一种截然不同的方法来解决问题。我们将探索开放式量子系统，实际上，在开放式量子系统和经典性之间的"稳定的域"将是非确定性的，因而也是非算法、非随机的反图灵系统，我将从这个方向超越图灵，提出新的二元论假设，通过量子测量把本体论意义上的实际潜能、"可能性"、广延实体和"现实"联合起来。这一假设也是对于未测量薛定谔波的一种解释，这在1926年薛定谔方程被提出之后都没有过合理的解释。关于潜能的假设也说明了意识的产生可以被解释为一种意识的参与，即在本体论意义上，"感受性"（如意识体验）与量子测量相关联这一独立假说的实际可能性和强度。我要说的大部分内容都是独立于本体论的实际潜能。而且，我们摆脱了数字"命题"的思维模式，认识到势阱中的量子波过程是模拟的，而不是命题的或数字的，这意味着其势阱边界条件可帮助我们解决捆绑问题。我将这个"感受性"模拟联系到大脑多数神经元轴突触之间的量子纠缠以及那些自由纠缠度的量子测量，来实现非局部 EPR 的高相关性（Aspect et al.，1982），因此感受性的"捆绑"可以通过量子测量来实现，这就解决了捆绑问题并且实现了意识统一。

### 11.3.1 回答笛卡儿

由于量子生物学的发展，我们发现叶绿素被其发色团支承蛋白包裹时可以发生量子相干达 700 飞秒或更久（Ishizaki et al.，2010）。然而，我相信量子相干可能只是生物学中量子效应的一小部分。生物学家可能会发现，自己不知不觉间正在与量子物理学家和量子化学家们进行着合作。这一章的这一部分就是尝试深入讨论这个新领域。

### 11.3.2 封闭式量子系统和双缝实验

许多读者都熟悉著名的双缝实验（参见 Feynman et al.，1964）。简单来说就是一台光子枪以一定速度（例如以每分钟一个的速度），向带有双缝的挡板释放出光子。在挡板后面是一个探测器，例如胶片乳剂。如果把一个缝遮住，就会在另一个缝后面的探测器上得到一个亮点。而令人吃惊的是，如果两个缝都是开着的，就会得到著名的明、暗、明、暗……的干涉图案。没有经典的物体（例如经典粒子）可以产生这样的结果，它是量子力学的一个重要标志。

这里用一个类比来帮助我们理解量子力学中的含时薛定谔方程。想象一个有两处缺口的海堤和一处海滩。有一系列的平面波靠近海堤，当它穿过缺口时，每一个波都产生了两个半圆的波形并接近海滩。如果这些半圆形重叠，那么在海滩上就会有两个波浪图案的波峰重合的点，从而产生一个更高的波峰。同样，在海滩上也会有两个波的波谷重合的点，从而形成更低的波谷。但是海滩上也会有一个这样的点，其中一个波的波峰与另一个波的波谷相重合，而在这个点上两个波将完全抵消。

薛定谔含时线性波方程也产生了类似的波。当波峰和波峰重合或者波谷和波谷重合时，就会在"相长性干涉"中出现光子的亮条。在峰谷重合的地方，就会在"相消性干涉"中产生暗条，从而导致了干扰模式。方程中的"行为"变量可以跟踪薛定谔波的时间和空间的各个阶段。量子的"怪诞性"是由于方程的线性特性而产生的。这种线性关系导致了著名的薛定谔关于猫的悖论，即在测量之前，一只在盒子里的猫同时处于死亡和活着两种状态。

值得说明的是，起初没有人知道在薛定谔波方程中的"波"到底是什么。

冯·诺依曼在1932年量子力学的公理系统中提及了薛定谔波的传播和神秘的量子测量过程。这里每个波都有一个振幅，振幅模量的平方被称为玻恩定则（Born，1989），决定了振幅可以在冯·诺依曼1过程或R过程中被测量的概率，多个振幅的"波函数的塌缩"变成一个振幅，就好像双缝实验中光子形成的光点。但是，据我所知，量子力学中还没有大家都认同的量子测量的推导。

### 11.3.3 开放式量子系统

经典世界的出现是否来自薛定谔波方程的传播是一个很深奥的问题。目前最好的假定之一是，要将量子"系统"与它的"环境"区别开来，从而产生一个"开放式量子系统"和它的"环境"。核心的想法是，在这样的环境中，开放式量子系统中的相位信息可能会丢失。这一过程称为"退相干"（Zurek，2002）。然后，在系统中，"行为"逐渐失去了关于薛定谔波的波峰和波谷的相位信息，因此相长性干涉和相消性干涉是不可能发生的，干涉图样也不会发生。量子效应的干涉标志会逐渐消失，而经典性则可以被任意地接近。

退相干有很好的实验基础。它可以使量子计算机中相干量子位的行为混乱。

重要的是退相干可能会产生新的物理学。首先，退相干是需要时间的。一个典型的时间尺度是一个飞秒。在此期间，相位信息正在从量子系统中丢失。薛定谔波方程是时间可逆的。但是退相干是一种耗散过程，因此它并不能完全由薛定谔方程来描述。所以我们需要新的物理学。

这里我举三个例子。第一，我们都很熟悉放射性衰变的半衰期，这是放射性原子核在封闭式量子系统中的泊松分布衰变的结果，它的积分就是指数衰减的半衰期。但在确定性的量子反芝诺效应中，衰变不是指数级的（Fischer et al.，2001）。这应该是新物理学。

第二，生物学家特别感兴趣的是，退相干能改变化学反应的速率（Prezhdo，2000）。退相干发生在细胞里，那么对分子、细胞、神经、生物、医药和其他领域有什么影响呢？我们还不知道。

退相干的一个基本特征是它的叠加态，即猫同时死亡和活着。退相干很迅速，留下一个或多个"纯态"，如果不止一个，则被称为混合态。因此，猫要么死了，要么活着，但不能同时存在。但在量子测量之前，我们不知道它是什么。⊖

第三，对于开放式量子系统来说，包含一个新的叠加态的重相干是可能的。

---

⊖ Seth Lloyd，Miles Blencowe，私人资料。

- 多篇论文显示，量子纠缠态能退相干到经典性并且再次重新相干（Paz and Roncaglia，2009；Cormack and Paz，2010；Cai et al.，2008；Briegel and Popescu，2008）。
- 对经典域的强制压力可以引起重相干（Mainos，2000）。
- 量子纠错定理（Shor，1995），即如果在量子计算机中一些量子位部分退相干，那么测量就可以进行，可以注入信息，将量子位校正回完全相干。

总之，对于开放式量子系统，我们正逐渐认识到，无论是退相干到经典性还是它的逆过程，即重相干到一个新的量子相干叠加态，都有可能发生。在原则上，量子自由度，包括生物分子，可以在开放式量子行为和经典性之间"徘徊"。如上所述，强制压力理论是正确的，这可能对细胞中分子的行为、药物的发现及设计有很大的影响。毕竟，我们一直将生物分子视为经典性的，但我们可能是错的。

### 11.3.4 稳定的域

伽柏·瓦泰、萨穆利·尼拉南和我已经提出了在开放式量子系统中的完全相干的量子行为和经典性之间的"稳定的域"。想象这样一个 $X$，$Y$ 二维坐标系。$Y$ 轴从原点开始有开放的量子相干行为，从 $Y$ 轴向上是退相干到经典性，从 $Y$ 轴向下是重相干到开放式量子行为。$X$ 轴包括"有序""临界"和"混沌"。它们在经典极限中有很好的定义，现在被扩展到不同程度的退相干和重相干的开放式量子行为。

从原点出发沿 $X$ 轴的运动，可以看作经典的无摩擦的钟摆，这至少可以通过两种方式得到。第一种是使用经典系统的"汉密尔顿函数"。钟摆是完全有序的，如果从不同的初始高度释放，无摩擦钟摆在位置和速度的坐标空间中表现为大致的圆形轨道。这些圆形轨道是平行的，因此既不收敛也不发散。从数学上讲，这是一个零值的李雅普诺夫指数所描述的散度或收敛性。当沿着 $X$ 轴移动时，系统的汉密尔顿函数会发生变化。在有序的体制中，李雅普诺夫指数恒定为零。但是当汉密尔顿的变化量足够大时，在临界状态下，李雅普诺夫指数就会变为较小的正值，而在状态空间中流动的散度就构成了混沌。随着汉密尔顿函数的进一步改变，李雅普诺夫指数变为更大的正值。这种临界状态是一种"二阶相变"（Mackay，1993）。在 $X$ 轴上移动的第二种方法是使用一个"量子转子"。量子转子是一个一维的环形，周围有量子化的电荷旋转。它可以被激光以一定的强度 $K$ 踢开。伽柏验证了[①]，随着强度 $K$ 的增加，起初有很多振幅的传播，然后减少，最后只剩一个振幅转换成为动量空间中的经典扩散行为。如果强度 $K$ 减小或者汉密尔顿函数改变了，则这种经典性是可逆的。因此，推测来说，经典性在沿 $Y$ 轴向下或沿 $X$ 轴向外是可逆的。

### 11.3.5 非算法的、非确定性的、非随机的反图灵系统

在这里我们先回顾一下图灵机：

- 所有当代计算机都是在图灵机的基础上发展而来的。
- 图灵机是完全确定的，它是一个完美的实例化，局限于经典物理学的离散空间、离散时间和离散状态，以及笛卡儿的广延实体的机械论世界观。
- 图灵机的这种确定行为定义其算法行为。
- 神经系统科学和计算机科学以及大部分思维哲学的一个主要观点是，思维-大脑的系统是算法，是由一些相互连接的逻辑门组成的巨大系统，或者更广泛地说，是连续时间和连续状态的经典物理神经元系统。

我现在描述的是非算法的、非确定性的但也是非随机的反图灵系统。虽然现在还什么都没有，但我相信它是可以构造的。此外，大脑系统与经典物理学相比不仅是一个庞大的非算法、非确定性的系统，而且是一个非随机的反图灵系统。更广泛地说，经典物理学是由状态确定的。思维-大脑系统可能是稳定域中的部分开放式量子系统，因此，不管它实际上是通过退相干变为经典性或是通过量子测量，思维-大脑系统应该不是一个由状态确定的系统。

其实我们的核心思想很简单。就是反图灵系统"住在"稳定的域中，可能还涉及在稳定的域中的量子测量。

- 第一，在短暂的叠加态中存在量子自由度的传播，它由于退相干迅速地衰减。但是，这些短暂的叠加态经历了相长性干涉和相消性干涉，并且当退相干到经典性或者量子测量时，它们将成为反图灵系统中非决定性因素的基础。因此，与图灵机相比，反图灵系统不是算法的，不是确定性的，也不是由状态确定的。
- 第二，要么通过退相干，要么通过沿着 $X$ 轴的运动，或者两者都有，量

---

① G. Vattay "Transition from quantum to classical behavior in kicked quantum rotors as kicking intensity increases"，私人资料。

子自由度会成为经典性，或者通过量子测量成为绝对经典性。退相干和量子测量两者都是非因果关系的，都产生了反图灵系统的非确定性的行为。

- 第三，在反图灵系统中还存在着经典耦合的自由度。
- 第四，当量子的自由度和叠加态或者纯态成为经典性或被量子测量时，它会以不同方式改变和影响现在的经典自由度，从而改变耦合经典自由度的非随机群集动力系统。反过来，这个改变了的非随机经典行为也会改变量子自由度的非随机行为。
- 第五，剩余量子自由度行为的非随机变化导致了开放式量子自由度的退相干，或者会沿着 $X$ 轴移动而成为经典性。特别是，高振幅量子往往会以更高的概率来退相干。因此，非随机改变的量子行为，包括相长性干涉和相消性干涉，会非随机地产生影响，振幅变得更高并退相干成为经典性。
- 第六，反过来，经典自由度可以重相干，例如，如果它们是由一个相干的电磁场驱动的，电磁场的强度和周期分布可以被非随机地调节，从而注入信息。重相干度可能达到一个新的可控的叠加状态，从而互相之间非随机地改变相长性行为、相消性行为、纯态行为和其他量子的振幅，使高振幅倾向于退相干，同时也非随机地影响了经典反图灵系统中的耦合自由度行为。

这六个想法可以作为反图灵系统的构建模块。

德拉朗德等人在 2011 年的一项计算研究中已经部分实现了反图灵系统。他们考虑了一个具有大量原子核和电子的量子系统。这个系统有两个势阱，伴随着相应的状态，我们可以称为 $A$ 和 $B$。纵轴 $Y$ 代表能量，横轴 $X$ 代表一个化学反应。这两个势阱在 $X-Y$ 平面的某一点上重叠，也就是所谓的"缝区"。在这个缝区中，原子核处于叠加态，也就是同时存在 $A$ 和非 $A$，以及 $B$ 和非 $B$。通过退相干，原子核可以变成势阱中的最小点，也就是经典性。但反过来，这也改变了经典原子核对电子云的影响，电子云并不能迅速退相干。因此，如果一个原子核现在处在势阱 $A$ 中，电子的行为就与它在势阱 $B$ 中的表现不同。另外，如果原子核是处在缝区的叠加态，那么电子的行为也会不同。

据我所知这是第一个实例化的量子化学模型，其中涉及量子自由度。这里处在 $A$ 和非 $A$ 同时也是 $B$ 和非 $B$ 的叠加态的原子核退相干到经典性，这就改变了剩余的量子自由度行为。

一种更精确的计算方法将可以使这个系统里的大量原子核以某种顺序退相干。就像它们所做的那样，新的经典原子核将会对电子的行为、开放式量子系统中余下的叠加原子核以及现在的经典原子核产生一个序列改变。通过一个外部的场或是在一个分子内的大量的子系统的相互作用，经典原子核或许能够被重相干到一些新的叠加态。这是未来的研究方向。

以下是反图灵系统的要点：

- 它的行为不是图灵确定的，因为叠加态具有相长性干涉与相消性干涉，随着它们回落到经典性，高振幅优先退相干，余下的量子纯态也会概率性地退相干或被量子测量。进一步说，完全的相长性干涉与相消性干涉行为，以及受控的重相干行为，非随机地产生着变化。这也表明了高振幅优先退相干到经典性的概率，或者是根据玻恩定则被量子测量的概率。这些行为并不确定，因此也不是算法。这种行为不是由状态决定的，但这种行为也是非随机的。

- 上述行为不是"量子随机"。进一步说，在放射性衰变的情况下，经典自由度有自己的汉密尔顿函数，因此非随机动力系统可以非随机地影响量子自由度行为，因此量子振幅通过相长性干涉与相消性干涉，会成为高振幅并优先退相干，或根据玻恩定则被优先量子测量。该行为是非确定性的，也是非随机的。

- 反图灵系统可以接收量子、开放式量子、稳定的域以及经典的输入，并且可以输出开放式量子、稳定的域和经典的输出行为。因此，它是一种非算法的、非确定性的、通过退相干来实现经典性或量子测量的、非随机的信息处理系统。因此如果反图灵系统作为一个单一的或耦合的系统是可构造的，也许是在脂质体中或纳米设备中，我们就有了一个新的非算法的、非状态确定的、非随机的"设备"，也就是说，我们不会像图灵机、逻辑门或者确定性经典物理系统那样来考虑如何构造思维－大脑系统。我们不再被迫得出这样的结论：必须用经典物理学的、确定的、离散时间、离散逻辑门或连续时间、连续变量的"意识"神经元来描述思维－大脑，并把它们耦合到一个巨大的网络中。在技术上，反图灵系统已经远远超越了图灵机。

## 11.3.6 负责任的自由意志

如上所述，意识是从一个巨大的经典物理逻辑门网络或经典物理神经元网络中产生的，这个观点可能是正确的。然而，它有一个很大的代价，就是我们的行为是确定性的，所以就没有任何本体论的真正负责任的自由意志。这样的系统可能会表现出混沌的行为，产生自由意志的"幻觉"，但是这样的自由意志并不是真实存在的，因为经典物理神经系统是确定性的。

但是关于自由意志的困境还有另一个问题，如果我们要寻求一个本体论上的真实负责任的自由意志，那么尝试使用标准的量子随机性是不可行的。比如，我们的大脑里有一个放射性原子核，我走在街上，原子核随机衰变，于是我杀了一个人。因为我的"自由意志"是由于量子不确定性而真实存在的，所以杀人不是我的错，这只是随机的量子机会！所以如果我们使用量子随机性，我们就没有负责任的自由意志。

但是，反图灵系统既不是确定性的，不是算法，也不是量子随机，它是一个全新的东西。我希望这能打破标准的"自由意志"的困境，而产生一个本体论意义上真实负责任的自由意志。1952年罗斯·艾什比在他的著名的恒定性研究中提到：它的"基本（经典物理的）变量"的子集必须在被限制的范围内，为整个系统提供一个内部的"目标状态"，进而产生一个非随机但不确定的自由意志，但我相信我们还需要更多的东西。

艾什比的观点即使是正确的，也是不充分的。他没有提到模拟或感官输入，电子输出或耦合反图灵系统的能力，或者纠缠反图灵系统；也没有说明这些是如何加入大脑的经典部分，如何对环境进行分类，并根据目标和子目标做出适当的行为。下面，我提出可验证的假设，即在感受性与量子测量相关联的条件下，"体验"就具有自然的二元性，是构成我们每个人的基础。在这个观点上，"能动作用"是对整个思维 - 大脑系统中这一基础的细化。我发现彭罗斯（分别于1989年和1994年）也曾经尝试通过修正的、非算法的、非随机的量子测量过程（也叫作"客观还原"），来寻找非确定性的、非随机的意识行为。这应该与量子引力有关。与彭罗斯不同，我寻找的是同样非确定性的、非算法的，但是在稳定的域中的反图灵系统的非随机行为。

### 11.3.7 回答笛卡儿：思维如何在大脑中活动

由于经典物理学中内在的因果关系，我们在笛卡儿问题上已经僵持了350年。我相信，开放的量子系统和思维 - 大脑系统，就像一个或万亿个环环相扣的反图灵系统，这可能会对笛卡儿的二元论给出一个答案，因为它打破了经典物理学的因果关系。退相干是一种非因果过程。因此，如果思维 - 大脑系统处于稳定的域中,"思维"退相干到经典性就会使其产生对大脑的非因果影响,而不只是大脑中的因果过程。所以我们确实已经脱离了经典物理学的因果关系。

但是我们还想要思维在我们的生活中重复一些过程,这样处在稳定的域中的反图灵系统才能重相干而出现新的叠加态,允许思维反复地退相干,并对大脑产生影响。

量子测量也可以在反图灵系统中发生。但是量子测量(例如冯·诺依曼的 1 过程或 R 过程)也同样是非因果关系的,而进一步允许思维对大脑产生非因果关系的影响。此外,即使冯·诺依曼的 1 过程或 R 过程依赖于玻恩定则和振幅的平方来得到非因果关系的测量概率,反图灵系统的持续行为还是会非随机地改变正在传播中的振幅,并且使高振幅趋向于退相干或被量子测量,所以这样的行为是非随机的。一旦被测量,一个经典自由度也可以再次成为量子行为,允许思维-大脑系统中的重复活动。所以,这种非随机的且非确定性的行为可以支持负责任的自由意志。

### 11.3.8　潜能和广延实体通过量子测量相联系

现在我来谈谈这一章中最激进的观点。这可能是错误的,但这一章的剩余部分基本不会受到这一观点的影响。这里我想提出一种新的二元论:潜能(即本体论上真正"可能性"的域)和"广延实体"(即本体论上真正"现实"的域)可以通过量子测量联系并统一。这一观点的基础是量子力学本身。

我首先要讲的是 19 世纪晚期的美国哲学家皮尔斯。他指出"现实"和"可能性"不遵循亚里士多德的排中律法则。举一个简单的例子:

桌子只能在房间里或不在房间里

"中间"没有其他的答案。因此,声明

桌子同时在且不在房间里

是一个矛盾。现在我们考虑以下声明:

在 10 000 次投掷硬币中,5234 次正面的概率同时是 0.245 也不是 0.245

这个声明也是矛盾的。经典物理学遵循亚里士多德的排中律法则。但是,皮尔斯说,"'可能性'逃避了排中律法则:事件 A 可能是真的,也可能不是真的",它们之间没有矛盾。

现在考虑一下量子力学中"所有可能的历史的总和"公式(Feynman, 1948)。一个光子穿过我们前面提到的双缝,同时通过所有可能的路径到达光感受器。也就是说单个光子"同时可能也可能没有穿过左边的缝"。这是不矛盾的。

关键的问题是，费曼的量子力学公式回避了亚里士多德的排中律法则。因此，我认为，费曼的量子力学公式完全可以用本体论的真正"可能性"——潜能来解释。未测量的薛定谔波就涉及潜能。对于未测量的薛定谔波到底是什么这个疑问，潜能或许可以给出答案。

这是关键的一步，不能掉以轻心。我发现亚里士多德自己也研究过潜能。英国哲学家怀特黑德在 1978 年提出了本体论上"可能性"（Possible）和"现实"（Actual）的概念及其间的关系，即 P→A→P→A。

这个想法可能是激进的，并且可能是正确的，但我不是第一个提出这个观点的人。我们可以在康韦-寇辰的自由意志定理中发现关于潜能的证据。许多量子物理学家也都提出过类似潜能的概念，例如（Zeh，2007）：

在经典物理学中，你可以假设只有一种可能性是真的（这就是为什么称它们为可能性）。在观察之前，你的知识是不完整的。纯粹的可能性为了对现实产生影响而不会相互干扰。特别是，如果你使用动力系统来实时追溯真实状态的改进信息，也会得到关于过去的知识的改进。这在量子理论中（对于纯态）是不同的：为了获得过去的正确状态（可能在以前的测量中已经记录过），你需要所有明确的可能性（波函数的所有组成部分，包括非观测到的）。所以它们一定是同等真实的。

很明显，这里所说的是可能性一定是同等真实的。潜能从可能性中删除了引用，也就是一个本体论上的真正的潜能。

此外，量子力学的创始人沃纳·海森堡经常提到潜能或可能性是独立的本体论上真正的域以及本体论上真正的现实（Heisenberg，1955，1958）。基于海森堡的观点，我所说的潜能可以看作本体论上真正可能性的域。

读者可以参考埃珀森（2004）有说服力的讨论，了解遵循了排中律法则的本体论上的真正现实和真正可能性的二元论。

这里我再次强调，不同于笛卡儿的思想实体和广延实体从来没有统一，广延实体和潜能通过量子测量是可以统一的。

### 11.3.9 意识是什么

思想哲学家杰瑞·福德（2000）提出："我们不仅不知道意识是什么，我们也不知道我们知道了意识是什么的时候我们会变成什么样子。"

令我惊讶的是，潜能引出了一个关于意识的概念。意识是一种"可能性"的参与，是一种存在于本体论的真正的潜能。这里我给出三个证据：

- 我边读《纽约时报》边滑旱冰穿过这座城市，却不会被车撞到，这种可能性存在吗？我想我们都觉得可能性本身并不是空间定位的，它也不是空间扩展的。
- 现在考虑一下你经验丰富的领域。这个领域在哪里？我想我们都觉得这一领域不是位于空间的，它也不是空间扩展的。
- 我认为感受性与量子测量有关，而且我认为大量量子自由度的纠缠，或许是在大脑结构上未连接的突触神经递质的受体分子中，可以产生非局部的爱因斯坦-波多尔斯基-罗森（EPR）高相关性捆绑的感受性（Aspect et al., 1982），这可以解决神经生物学中的"感受性捆绑问题"。非局部相关性是"非局部的"，因为它们超越了光信号的速度。因此它们也是非空间性的。

这种可能性、体验和非局部性 EPR 量子测量的非空间特征可能只是偶然事件，但也可能是一个线索。以这种平行的方式作为线索，我们可能会在探索的道路上以新的方式前进。

## 11.3.10 感受性与量子测量的关系

接下来我们考虑什么才是体验的本质。比如什么是蓝色的蓝，什么是葡萄酒的味道，什么又是感受性？我认为感受性与量子测量有关，也就是把可能性"变成"现实：

$$可能性 \rightarrow 现实$$

正如我们将要看到的，这将会导致可测试的结论。它不是一个孤立无援的假说。在结构上无关的突触中大量量子自由度纠缠和通过对这些自由度纠缠的一组量子测量而获得的非局部性 EPR 关联可能有助于解决"感受性捆绑问题"和意识统一问题。因此，解决捆绑问题可能需要一个假设，即量子测量与感受性相关。这个假设在大脑中是可测试的。此外，纠缠可以解决捆绑问题也是可测试的。我注意到，物理学家亨利·斯塔普在 2007 年提出过类似的观点，彭罗斯在 1994 年也提出过类似的观点。

在感受性与量子测量相关的假设下，连续测量的事件和连续感受性是能够非随机相关的。通过玻恩定则，量子测量本身是随机的。然而在整个反图灵系统中，经典自由度是动态和非随机的，从而非随机地影响剩余量子的自由度及其叠加，那些量子自由度的连续量子测量，将被经典自由度非随机地影响。因此，连续的感受性可以是非随机相关的。

我的物理学家朋友确信，量子测量的一个关键问题是，我们从未从量子力学中得到过它。潜能这样的推导也可能是不允许的。潜能上的"X 是可能的"并不意味着广延实体上的"X 是现实的"。自 1927 年以来，我们所遇到的困难可能是本体论的问题，而不是技术或数学的问题。如果潜能在本体论上是真实的，那么同样的本体论问题也会在我们未能统一的广义相对论和量子力学中出现：非测量量子力学上的"X 是可能的"并不意味着广义相对论上的"X 是现实的"。

对于潜能，还有一个测量的特征是同样重要的。假使可能性变成现实，那会怎样呢？在 P→A 中"→"的状态是什么？它既不是经典的变化过程（就像冰点），也不像薛定谔波的单一传播。作为一个变化过程，它似乎并不处于一个存在的状态。感受性是一种"成为"而不是"存在"。"→"也不是一个可以用数学演绎的必然过程，如果是的话，就可以从"X 是可能的"推导出"X 是现实的"。如果潜能是真实的，那这一想法就是无效的。在冯·诺依曼 1 过程或 R 过程中，没有任何一种机制可以捕捉到量子测量。

上述段落依赖于本体论上潜能的真实性。但真正的潜能与自由意志定理相关（Conway and Kochen，2009），这就表明世界是非确定性的，没有量子测量的机制，也表明相关属性在它的测量之前是不存在的。这个定理是建立在物理学家的自由意志之上的。但是我认为，在稳定的域里，反图灵系统在没有回应本体论的真实潜能的情况下，可能会承担一种本体论上负责任的自由意志。负责任的自由意志可能需要感受性和体验，我认为这与量子测量有关。这仍然是一个不需要潜能真实性的假设。但是，负责任的自由意志将支持自由意志定理的主张。相反，考虑到拥有自由意志的物理学家，这个定理表明世界是不确定的。这与潜能真实性的假设是一致的。还有，根据这个定理，如果感受性与量子测量有关，那就不存在这种测量的机制。但是，量子测量产生了经典自由度，同样，测量能对经典世界产生因果影响。思维和感受性可以通过非因果关系的测量，在经典世界里产生因果行为。也许，正如我在下面所提议的，神经递质受体是量子测量和感受性发生的地方。经典变量效应可以改变后突触的电压门行为，导致神经被激活。而反过来，感受性本身则是不可还原的。

这种观点的缺陷在于，它在测量的神秘性中隐藏了感受性的神秘。但这种隐藏的优点在于，它可以解释为什么我们不能阻止感受性的不可还原性。哲学家查尔莫斯于 1996 年也提出过感受性是不可还原的这一观点。

感受性与量子测量有关的假设也留下了一个问题，即测量是否仅仅是感受性的必要条件，还是它也是充分条件。需要注意的是，我不知道我们如何来测试量子测量是感受性的充分条件，令人震惊的是在宇宙中任何量子测量发生的地方都有一种原始质量。

这里我需要强调这个假设并没有说明感受性到底是什么。

但感受性与量子测量相关的假设是可测试的。例如，麻药可以与突触神经递质受体的疏水袋结合在一起（Hameroff, 1958）。如果冻结神经末梢，使它们不能量子测量，就不会产生更多的感受性。此外，果蝇也可以被乙醚麻醉。考虑简单麻醉过程中涉及的分子成分。这些正常或野生的分子类型可能与意识有关。如果野生型蛋白质能够进行量子测量，但是突变型蛋白质不能进行量子测量，我们就可以有初步的证据证明感受性确实与量子测量有关。

如果感受性只与量子测量有关，那么在思维-大脑系统中未测量的量子行为的潜在作用可能是无意识的精神处理，这可能会通过退相干到经典性而产生经典的影响，不需要量子测量。这也表明了在决定任何行动的意识之前会有 200 毫秒或更长时间的神经活动（Libet, 1990）。这也应该是可验证的。

### 11.3.11 最前端的大脑

本节从一个惊人的事实说起。有种剧毒的箱形水母只有一个松散的神经网络，没有进化的大脑，但是它的眼睛已经进化到可以看到形状和颜色，当它以时速 5 海里的速度游动时，可以熟练地避开障碍物（Morris, 2010）。这些技艺不需要进化的大脑。此外，领鞭虫类（动物的单细胞前身）也有许多突触的分子成分（King et al., 2003）。

有些读者可能不了解人类大脑的神经结构，也不知道它的生理机能。简而言之，我们的大脑有 $10^{11}$ 个神经元，每个神经元平均有 6000 个突触。细胞中有下行的轴突，它们可能是分支，但是每一个都在突触上结束，它们与突触相连，在树状末梢形成细胞体。当一个行为传递到突触时，突触囊泡就会释放一组神经递质中的一个递质，比如氨基丁酸，它穿过突触间隙到突触后神经元的相邻树突，可以和突触后神经递质受体结合。反过来，这就会导致离子通道的开启，形成短暂的离子流，以及一种微小的树突跨膜电位的非常短时间的去极化或超极化（兴奋或抑制）。这些局部变化流到细胞体中并被结合。如果由此产生的细胞内的跨膜电位超过 $-20\text{mV}$，动作电位就会启动并沿轴突移动。多数神经生物学家都认为，神经元里的经典物理动作电位携带着有潜在意识的"神经元编码"。

克里克（1994）提到过，树突跨膜电位里大量的关于微小的时空变化的信息以及突触分子的行为在神经经典物理学的运动电位中都被丢弃了。如果我们考虑"最前端的大脑"，假设在突触和局部树突区域里和其周围的大量信息是大脑传感-运动系统的"商业终端"。这根本不会对神经回路的大量工作和经典的动作电位以及大脑中经典神经活动的信息处理产生破坏。然而，这确实增加了"意识相关神经区"可能存在于突触和局部树突中的可能性，这可能是在量子测量过程中稳定的域的行为。

需要注意的是，贝克和艾克尔斯在1994年就考虑过突触中的量子过程。

### 11.3.12　量子纠缠、萨穆利的观点和捆绑问题

回想克里克提出的黄色三角形和蓝色正方形的例子。让黄色和三角形、蓝色和正方形在不同的、结构上无关的大脑区域进行处理。它们是如何捆绑黄色和三角形以及蓝色和正方形的呢？正如我所描述的，这是捆绑问题。克里克寄希望于这数百万不同的特性可以被压缩捆绑到40赫兹振荡的不同阶段。

为解决这个捆绑问题，我提出的一个想法就是利用量子纠缠，将量子过程连接到不同的、结构上不相连的突触上。如果纠缠产生了一个量子自由度，比如说一个光子，就会衰变为两个朝相反方向走的低能量光子，它们变得非常遥远，以至于光也不能在量子测量的时间内穿过它们。但是量子力学的学者们多次证实，即使没有光或信息在这两点之间的传播，这两个量子测量也是高度相关的。这也被称为"EPR 非局部相关"（Aspect et al.，1982）。但这里我还要强调的是，在纠缠态中，这两个光子是保持在单一量子态中的。

我想利用在大量突触中的量子自由度的纠缠来解决捆绑问题。因此，正如我所强调的，对我来说，这些量子关联需要纠缠的自由度的量子测量，而我已经假设量子测量本身与感受性有关。那么，当量子测量产生感受性时，这些在单个量子态中被纠缠的自由度就会被捆绑。感受性与量子测量相关联的假说并不是孤立存在的，它也可能为意识的统一提供了部分答案。

很明显，这样的纠缠可能需要在结构上无关的突触和大脑中"正确"的集合（例如突触分子）的神经元之间进行长距离的纠缠。目前尚不确定如何完成这样的纠缠，但萨穆利有一个很好的想法："如果你测量一个盒子里单个经典气体粒子的位置和动量，你可以知道盒子的形状吗？""不，你不知道。"但是，

"一个势阱中的量子波动过程是可以作为它的边界条件的，这样我们就可以知道势阱的形状。"他的想法是正确的。

想象一下房间里放着音乐，我们试着用比特来描述气压波。假如有1000个不同形状的鼓被安放在房间里。通过它们的振动模式，即绑定在鼓头的鼓膜的函数特征，我们可以用一种模拟的、具体的方法，而不是数字的或命题的方法来"听到"房间里的音乐。另外电话也不是数字的，这让我产生了一个想法，就是大脑的感官系统和整个大脑可以调节突触或调节在大脑的微小时空区域里的局部树突跨膜电位，比如突触和邻近的局部树突膜，因此，它们像许多调谐天线一样可以共同"覆盖"视觉场景，以至于这些势阱里的量子过程被纠缠和量子测量时，可以通过模拟方式而不是数字方式产生一个统一的意识，并且解决捆绑问题。

还有最后两点。首先，现在看来，增加纠缠自由度的数量能增加量子EPR相关性。这一增长与维数灾难成反比。它有助于解决捆绑问题。其次，局部行动可以改变量子自由度纠缠，或许可以提供对注意力的连续转移焦点的解释，而且它们也可能会使"正确"量子自由度的集合纠缠于每一个关注的焦点（Science News，2010）。

以上这些都是正确的吗？我不确定。但这些想法似乎是连贯的，可测试的，而且它们联合起来似乎对解决诸多问题有帮助。

### 11.3.13　反图灵系统的编程

从20世纪30年代中期开始，我们就已经有了图灵机，并在50多年的时间里对冯·诺依曼架构进行了编程。我们还没有反图灵系统的经验。但我们面临一个问题：如何才能实现反图灵系统呢？

似乎有两种方法。在数字计算机上模拟反图灵系统，并进化出众多的反图灵系统，它们可以相互纠缠并被测量，以产生所需的行为。这类似于霍兰德（1975）的遗传算法。但问题是在图灵机上我们无法实现真正的量子行为。

另一种可能值得考虑的方法是创造自我繁殖的分子系统，可能是在分裂脂质体中的高分子自催化集，由焦磷酸酯提供能量，或者可以是其他方式，并能开放式进化。最近的研究表明：

- 共同自催化集可以使反应序列中聚合物的多样性增加（Kauffman，1986；Hordijk et al.，2010）。
- 这样的系统可以进行开放式进化（Fernando et al.，2011）。

- 脂质体可以生长和分裂（Luisi et al.，2004）。
- 在复制容器里的一组共同自催化集可以产生同步的繁殖（Filsetti et al.，2010）；实验性的共同自催化集已经可以构造（Wagner and Ashkenasy, 2009）；随机DNA库、RNA库、多肽库、多肽和蛋白质库是可以制造的（Kauffman, 1993），所以共同自催化集的出现是可以测试的。

这是令人激动的前景，关于生命起源和关于反图灵系统的工作可能会联系在一起。此外，达尔文的预适应性在这样的共进化的原始细胞中也可以产生新的、非预先态的生物功能，它可以维持一个或更多的原始细胞（Kauffman, 2008）。原始细胞中的共进化反图灵系统也可以很好地解决框架问题。用最小的细胞作为反图灵系统的进化和共进化的工具是可能的（Hotz, 2010）。此外，纳米技术与众多纳米设备也可能会受到霍兰德的遗传算法的影响。

## 11.4 结论

我已经论证过了，经典物理学的图灵机可以用来作为思维的模型，但代价是我们不能有自由意志。我相信我们可以超越图灵，去创造稳定的域中非算法的、非确定性的、非随机行为的反图灵系统，或许是在自我复制的原始细胞中，又或者是在纳米设备中，它们可以进化或者共同进化以达到一定的目的。我还对笛卡儿的问题提出了尝试性的答案。这一章的许多观点都是新的，甚至是激进的。它们可能预示着量子物理学的转变，以及量子化学的转变。我提出了生物分子学上的一个徘徊在量子和经典性之间的稳定的域的概念，提出了神经生物学的新方法和对思维的哲学思考，以及潜能、可能性、意识、感受性，还有通过纠缠与量子测量来实现意识的统一。我希望这些概念可以为我们指明前进的方向。

## 附言

这一章主要探讨如何解决感受性捆绑问题，即是否可以通过在结构无关的神经元上大量相关的量子纠缠来解决感受性捆绑问题，或者是在神经元突触上通过量子测量中所观察到的变量之间的非局部相关来解决感受性捆绑问题。我们知道红外光子能够以300K的强度穿透大脑，或许量子变量在大致相当的能量下可以在结构分离的神经元或突触上纠缠或耦合。

在正文部分，我还没有给出一种令人信服的机制，在这里，我进一步提出一种可行的假设。原子的吸收和放射线是非常锐利的。但是在分子中，这些放射线就不那么锐利了。在退相干的情况下，随着退相干的增加，这些吸收和放射线也会变宽。因此，在神经元或突触中，如果相关的量子变量是退相干的，它就能够吸收在较小波长范围内的波。

上述事实提供了一种可行的方法，考虑在神经元或突触中的量子变量 $A$，以及一个或多个相关量子变量的特定子集 $B$，它们在结构上不相连的神经元或突触中交流。当这些变量相干的时候，让 $A$ 发射一个或一簇波长高于或低于 $B$ 子集中量子变量的狭小范围的光子；相反，当这些变量退相干的时候，让 $A$ 发射一个或一簇波长在 $B$ 子集中量子变量的扩大范围内的光子。这样，$B$ 子集的退相干变量可以接收来自 $A$ 的红外光子，而在大脑的其他部分（也就是 $B$ 子集外）的神经元或突触的相关量子变量就不能接收来自 $A$ 的光子。

因此，通过随时间可变的退相干和重相干或者测量，在大脑中结构上不相连的神经元或突触中不断变化的正在放射和吸收的量子变量可以通过红外光子耦合在一起。这就提供了一种试验性的机制，可以用于结构上不相连的神经元或突触上相关的量子变量的耦合。我猜想量子测量与感受性有关，或许能够解决意识统一和感受性捆绑问题。此外，通过转移量子变量的纠缠子集，使其中每个子集产生不同的"意识统一"，这个系统也可能会改变其"关注的焦点"。

最后想说的是，现在已经有了新的证据证明稳定的域的 $X$ 轴和 $Y$ 轴的真实性。在量子物理学家伽柏·瓦泰的领导下，他、萨穆利和我发表了一篇题为《在量子混沌边缘的量子生物学》的文章。文章中证明了退相干的速率在代表临界、有序、混沌的 $X$ 轴上会发生巨大变化，从一个有序的临界状态中非常慢的幂次定律，变成混沌状态下的一种非常快速的指数相干的衰减。实验中测量的集光分子的退相干的斜率确实是一种完全符合我们预测的符合幂次定律的斜率。这些初步证据表明，集光分子在 $X$ 轴上是临界的。在许多物理系统中，退相干被认为是指数的。$X$ 轴上退相干的变化支持了 $X$ 轴是真实的假设。而且，瓦泰在 2013 年欧洲核子研究委员会举办的"生命起源"会议上，展示了不同的有机分子在 $X$ 轴不同的位置上有序、临界和混沌的证据，再次支持 $X$ 轴的真实性。关于 $Y$ 轴的真实性，不同于在原点的量子相干，从 $Y$ 轴向上退相干到经典性，从 $Y$ 轴向下重相干到量子行为，退相干是完全成立的。后来的实验（Tiwarji et al., 2013）已经证明了重相干的真实性。这支持了我的主张，即变量可以在稳定的域进行可逆的转换，在量子和经典性行为之间进行可逆的转换。

## 致谢

作者的研究部分受到 TEKES 基金对坦佩雷理工大学"荷兰杰出教授"计划的支持。部分材料见 npr. org/blogs/13.7。

## 参考文献

R. Ashby (1952). *Design for a Brain: The Origin of Adaptive Behavior*. Chapman & Hall.

A. Aspect, J. Dalibard, and G. Rogers (1982). Experimental test of Bell's inequalities using time-varying analyses. *Phys. Rev. Lett.*, **44**, 1804–1807.

F. Beck and J.C. Eccles (1994). Quantum processes in the brain. A scientific basis for consciousness. In *Neural Basis of Consciousciousness*, edited by Naoyuki Osaka, Benjamins.

Max Born (1989). *Atomic Physics*, 8th edition, Dover.

H.J. Briegel and S. Popescu (2008). Entanglement and intra-molecular cooling in biological systems – a quantum thermodynamic perspective. ArXiv:0806.4552v1 [quant-ph] (accessed 27 June 2008).

J. Cai, S. Popescu, and H.J. Briegel (2008). Dynamic entanglement in oscillating molecules. ArXiv:0809.4906v1 [quant-ph] (accessed 29 September 2008).

David J. Chalmers (1996). *The Conscious Mind: In Search of a Fundamental Theory*. Oxford University Press.

J.H. Conway and S. Kochen (2009). The strong free will theorem. *Notices of the AMS*, **56** (2), 226–232.

C. Cormack and J.P. Paz (2010). Observing different phases for the dynamics of entanglement in an ion trap. *Phys. Rev. A.* **81**, 022306.

Francis Crick (1994). *The Astonishing Hypothesis: The Scientific Search For the Soul*, Simon and Schuster.

A. de la Lande, J. Rezac, B. Levy, B. Sanders, and D.R. Salahub (2011). Transmission coefficients for chemical reactions with multiple states: the role of quantum decoherence. *J. Am. Chem. Soc.*, **13**, 3883–3894.

Daniel C. Dennett (1991). *Consciousness Explained*. Little Brown.

Rene Descartes (1637). *Discourse on Method*. Open Court Publishing, reprint 1962.

Gerald Edelman (1992). *Bright Air, Brilliant Fire: On the Matter of Mind*. Basic Books.

Michael Epperson (2004). *Quantum Mechanics and the Philosophy of Alfred North Whitehead*, Fordham University Press.

C. Fernando, V. Vasas, M. Santos, S. Kauffman, and E. Szathmary (2011). Spontaneous formation and evolution of autocatalytic sets within compartments. Submitted.

R.P. Feynman (1948). The space–time formulation of nonrelativistic quantum mechanics. *Rev. Mod. Phys.*, **20**, 367–387.

R.P. Feynman, R. Leighton, and M. Sands (1964). *The Feynman Lectures on Physics, Volume 3*, Addison–Wesley.

A. Filsetti, R. Serra, T. Carletti, M. Villiani, and I. Poli (2010). Non-linear protocell models: synchronization and chaos. *Eur. J. Phys. B*, **77**, 249–256.

M.C. Fischer, B. Butierrez-Medina, and M.G. Raizen (2001). Observation of the quantum Zeno and anti-Zeno effects in an unstable system. *Phys. Rev. Lett.*. **87** (4), 040402-1–040402-4.

Jerry Fodor (2000). *The Mind Doesn't Work That Way: The Scope and Limits of Computational Psychology*. MIT Press.

S.R. Hameroff (2006). The entwined mysteries of anesthesia and consciousness: is there a common underlying mechanism? *Anesthesiology*, **105**, 400–412.

Werner Heisenberg (1955). The development of the interpretation of the quantum theory. In *Neils Bohr and the Development of Physics*, edited by Wolfgang Pauli. McGraw–Hill.

Werner Heisenberg (1958). *Physics and Philosophy: The Revolution in Modern Science*. Harper and Row.

John H. Holland (1975). *Adaptation in Natural and Artificial Systems*. University of Michigan Press.

J.J. Hopfield. (1982). Neural networks and physical systems with emergent collective computational abilities, *PNAS*, **79** (8), 2554–2558.

W. Hordijk, J. Hein, and M. Steel (2010). Autocatalytic sets and the origin of life. *Entropy*, **12** (7), 1733–1742.

R.L. Hotz (2010). Scientists create synthetic organism. *Wall Street Journal*, 21 May.

A. Ishizaki, T.R. Calhoun, G.S. Schlou-Cophen, and G.R. Fleming (2010). Quantum coherence and its interplay with protein environments in photosynthetic electronic energy transfer. *Phys. Chem. Chem. Phys.*, **12** (27), 7319–7337.

S.A. Kauffman (1986). Autocatalytic sets of proteins. *J. Theor. Bio.*, **119** 1–24.

Stuart Kauffman (1993). *Origins of Order: Self-organization and Selection in Evolution*. Oxford University Press.

Stuart Kauffman (2008). *Reinventing the Sacred*. Basic Books.

N. King, C.T. Hittinger, and S.B. Carroll (2003). Evolution of key cell signalling and adhestion proteins predates animal origins. *Science*, **301** (5631), 361–363.

B. Libet (1990). Cerebral processes that distinguish conscious experience from unconscious mental functions. In *The Principles of Design and Operation of the Brain*, edited by J.C. Eccles and O.D. Creutzfeldt. Springer.

P.L. Luisi, P. Stano, S. Rasi, and F. Mavelli (2004). A possible route to prebiotic vesicle reproduction. *Artifical Life*, **10**, 297–308.

R.S. Mackay (1993). *Renormalization in Area-Preserving Maps*. World Scientific.

C. Mainos (2000). Laser induced coherence in ultraphoton excitation of individual molecules. *Phys. Rev. A*, **61**, 063410–6.

W. McCulloch and W. Pitts (1943). A logical calculus of the ideas immanent in nervous activity. *Bull. Math. Biophys.*, **7**, 115–133.

S.C. Morris (2010). In *Atoms and Eden: Conversations on Religion and Science*, edited by Steve Paulson. Oxford University Press.

J.P. Paz, and A.J. Roncaglia. (2009). Entanglement dynamics during decoherence. *Quantum Inf. Process*, **8**, 535–548.

Roger Penrose (1989). *The Emperor's New Mind: Concerning Computers, Minds and the Laws of Physics*. Oxford University Press.

Roger Penrose (1994). *Shadows of the Mind: A Search for the Missing Science of Consciousness*. Oxford University Press.

C.S. Pierce (1960). *Collected Papers* Volumes I and II, edited by Charles Hartshorne and Paul Weiss. Harvard University Press.

O.V. Prezhdo (2000). Quantum anti-Zeno acceleration of a chemical reaction. *Phys. Rev. Lett.*, **85**, 4413–4417.

Bertrand Russell (1912). *The Problems of Philosophy*. Williams and Norgate.

E. Schrödinger (1926). An undulatory theory of the mechanics of atoms and molecules. *Phys. Rev.*, **28** (6), 1049–1070.

Science News 2010. Inducing Entanglement. 20 November issue.

John R. Searle (1997). The mystery of consciousness. In *The New York Review of Books*.

P.W. Shor. (1995). Scheme for reducing decoherence in quantum computer memory. *Phys. Rev. A*, **52**, 2493–2496.

Henry P. Stapp (2007). *Mindful Universe: Quantum Mechanics and the Participating Observer*. Springer.

V. Tiwarji, W.K. Peters, and D.M. Jonas (2013). Electronic resonance with anticorrelated pigment vibrations drives photosynthetic energy transfer outside the adiabatic framework. *PNAS*, **10** (4), 1203–1208.

Alan Turing (1952). Can automatic calculating machines be said to think? Transcript of a discussion broadcast on BBC Third Programme. Reproduced in *The Essential Turing: The Ideas that Gave Birth to the Computer Age*, edited by Jack B. Copeland. Oxford University Press (2004).

John von Neumann (1932). *Mathematical Foundations of Quantum Mechanics*, translated by R.T. Beyer (1996 edition). Princeton University Press.

N. Wagner and G. Ashkenasy (2009). Symmetry and order in systems chemistry. *J. Chem. Phys.*, **130**, 164907–164911.

Paul J. Werbos (1994). *The Roots of Backpropagation. From Ordered Derivatives to Neural Networks and Political Forecasting*. Wiley.

Alfred North Whitehead (1978). *Process and Reality: An Essay in Cosmology*, corrected edition, edited by D. Griffin and D. Sherburne. Free Press.

Ludwig Wittgenstein (1921). Logisch-Philosophische Abhandlung. *Annalen der Naturphilosophische*, **14**.

Ludwig Wittgenstein (1953). *Philosophical Investigations*. Blackwell.

D. Zeh (2007). http://www.fqxi.org/community/forum/topic/39 (third comment from top).

W.H. Zurek. (2002). Decoherence and the transition from quantum to classical – revisited. *Los Alamos Science*, **27**.

# 第 12 章
The Once and Future Turing: Computing the World

# 量子图灵机中的幽灵

◎斯科特·阿伦森

**摘要**

  为了纪念阿兰·图灵诞辰一百周年，我不明智地提出了一些关于物理和自由意志问题的想法，这些问题图灵倾其一生痴迷其中。我把重点放在一个相对狭窄的概念上，我称之为"奈特自由"：超越了概率不可预测性的一种原则上的物理不可预测性。从其他自由意志的更形而上的方面，我认为它可能在科学的范畴之外。

  我研究了由卡尔·霍弗、克里斯蒂·斯托伊卡甚至图灵自己分别独立提出的一个观点，即试图在宇宙的边界条件下找到"自由"的范围，而非在动力学的规律中。认真思考这个观点会产生许多有趣的观念性问题。我研究了在求解这些问题的道路上到底能走多远，一路上我遇到了包括不可克隆定理、测量问题、退相干、混沌、时间箭头、全息原理、纽科姆悖论、玻尔兹曼大脑、算法信息论和共同先验假设等问题。我还将这里所探讨的观点与罗杰·彭罗斯的更激进的猜测进行了比较。

  所有这一切的结果是一个关于时间、量子力学和因果关系之间的不寻常的观点，我自己对它们仍持怀疑态度，但它确实有一些很吸引人的地方。此外，它启发了神经科学、物理学和宇宙学中有趣的经验问题，并且将一个持续了千年的哲学辩论带入到一些尚未被充分探索的研究领域。

## 12.1 引言

当我还是一个少年的时候，阿兰·图灵站在我心目中科学英雄所在的万神殿的顶端，甚至高出了达尔文、拉马努金、爱因斯坦和费曼。其中一些原因显而易见：他建立了计算机科学，证明了决定性问题不可求解，破解了纳粹的恩尼格玛密码，却是个不被世人理解的书呆子和为守护人权近乎殉难的人。但在传记所记述的图灵之外，我崇拜他，是将他看作一位"还原主义者"：比之前的任何一位都更加深入地揭示了现实的机械本质的科学家。通过他发现的计算的通用性，以及关于人工智能的图灵测试准则，图灵最终揭穿了那些宣称意识、大脑或者物理世界具有超越大量计算的属性的人的伪装。在图灵之后，在我看来人们可以自信地断言我们所有的希望、恐惧、感觉和选择仅仅只是在某种细胞自动机中的一种渐逝模式；也就是说，是一组巨大的比特，虽然细节不同，但本质上和康韦著名的生命游戏⊖相同，通过简单的、局域的、机械的规则进行实时更新。

所以令人感到惊讶的是图灵自己对这些问题的看法，就像他在演讲和私人信件中所显示出来的，远比我在早期了解到的要复杂。作为一个少年，图灵津津有味地读完了亚瑟·爱丁顿的畅销书，他是最早推测当时正在进行的物理学中的量子革命将对意识和自由意志等古老问题带来启示的人之一（而且肯定不是最后一个！）。后来在1932年，作为他在高中受到的一个奖励，图灵选择了约翰·冯·诺依曼刚刚出版的新书《量子力学的数学基础》（von Neumann, 1932）：一本不仅以其数学严谨性著称的关于量子力学的专著，而且引入了波函数塌缩与实验者的意识状态相关的观点。正如图灵传记作家安德鲁·霍奇斯（2012）所详细描述的那样，这些早期的阅读对图灵一生的学术专注方向产生了重要影响，甚至可能影响了他1936年所发表的关于计算理论的工作。

---

⊖ 1970年由数学家约翰·康韦发明，生命游戏包括一个大型的二维像素阵列，每个像素点或者"生"或者"死"。在每一个（离散）时间步长，每个像素通过一个确定的规则进行更新：如果一个活着的像素的8个邻居中少于2个或者多于3个邻居活着，那么这个像素"死去"；如果一个死亡像素的8个邻居中恰好有3个活着，那么这个像素变成"活着"。生命因为复杂的、不可预见的模式而著名，这个模式通常从简单的初始配置开始重复应用的规则。康韦（见Levy, 1992）确信在一个足够大的生命板上，生物会出现，他们会在领土上争吵，还能写博士学位论文！注意，给定一个指数级别的生命板（和一个均匀随机的初始配置），康韦的声明是真实的，在某种意义上，人们可以从本质上偶然找到想要的规律性。但有人认为康韦想说明更强的东西。

图灵研究这些"深刻的"问题同样也有更多的个人原因。1930 年，克里斯托弗·莫科姆——图灵少年时最好的朋友、科学同行、（可能的）暗恋对象——死于肺结核，令悲痛欲绝的图灵陷入了关于个人身份与意识的本质的沉思。让我引用一篇著名的论文《精神的本质》，这是在 1932 年 19 岁的图灵寄给克里斯托弗·莫科姆的母亲的。

> 以前科学家认为，如果在任何特定的时刻关于宇宙的一切我们都是知道的，那么我们将可以预测未来的所有事情。这一想法主要源于在天文预测中取得的巨大成功。然而更现代的科学给出的结论是，在处理原子和电子时，我们无法知道它们的确切状态，我们的仪器本身就是由原子和电子制成的。因此想要知道宇宙的确切状态的观念在小尺度上注定要失败。这意味着像日食等成立的理论是决定论的，我们所有的行为也是如此。我们有一个意识，能够决定大脑的一部分，也可能是全部原子的行为。身体其他部分的行为都是在放大这个意识。（引自 Hodges，2012）

图灵信件的剩余部分讨论了死后"精神"继续存在的景象，在当时这个主题与图灵有着明显的相关性。在接下来的几年里，图灵避开了那些神秘主义。然而，即使在 1951 年的一次关于捍卫人类水平人工智能的可能性的电台广播中，图灵仍然借用了爱丁顿的观点，以及测不准原理对预测人类大脑的可能限制：

> 如果接受现实中的大脑——就像动物的大脑，特别是人类的大脑——是一种机器的观点，那么数字计算机如果恰当地编程，就将表现得和大脑一样。（但这个结论的依据）涉及多个假设，很自然地会被质疑。一个必要条件是，这类机器的行为原则上应该可以通过计算进行预测。我们当然不知道这样的计算应该怎样进行，亚瑟·爱丁顿爵士甚至认为，由于量子力学中的测不准原理，这样的预测在理论上是不可能的[⊖]。（转载于 Shieber，2004）

最后，在他因"同性恋猥亵"被判刑两年之后，也是在他服毒自杀惨死的

---

⊖ 正如霍奇斯（在私人通信中）指出，有趣的是这些言论与图灵一年前表达的观点正好相反，在《计算机器与智能》（Turing, 1950）中，图灵认为："事实上，离散状态机一定不同于连续机器。如果我们坚持模仿游戏的条件，询问者将无法从这种差异中得到任何优势。"注意，这个陈述和不确定性原理的陈述间没有实际矛盾，特别是如果我们区分（我将这样区分）模拟一个特定的大脑和模拟一个能够通过图灵测试的大脑一样的实体。然而我不知道图灵如何明确地区分。

几个月前，图灵写下了图 12-1 所示的惊世名言："宇宙是创世纪光锥的内部。科学是一个微分方程。宗教是一种边界条件。"

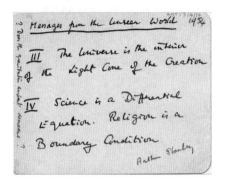

图 12-1　1954 年 3 月阿兰·图灵寄给罗宾·甘地的明信片（转载于 Hodges, 2012）。经过耶茨的许可，转载于图灵数字档案

我写这一章的原因是，我认为我现在明白了图灵这些话的意思。基于霍弗（2002）、斯托伊卡（2008）和其他人的想法，我将探讨一个构想——我称之为"自由比特构想"，稍后将解释原因——它在宇宙的边界条件中定义了一种非平凡的自由，甚至包含时间演化规律的机械性质。我们会发现这一构想的核心问题是，像人类大脑那样复杂的生物系统实际上能够被预测得有多好：不是通过拉普拉斯妖假说，而是通过与物理定律兼容的预测设备。为了讨论这个可预测性问题（仅仅只在这），我们将量子力学引入这个讨论。

当然，量子力学可能与自由意志有关的观点并不是新提出来的，这一想法和围绕它的争论所带来的问题也不是新提出的。我选择了图灵的明信片作为本章的开始，但我也可以选择由尼尔森·玻尔在 1932 年演讲中提出的一个引人注目的论断，即海森堡不确定性原理的影响：

> 如果我们想要研究一个动物的器官，达到能够解释单个原子在重要的功能中所发挥的作用的程度，那么无疑我们应该杀死它。在每个对活体生物的实验中，一定会留有一些关于它们所经历的物理条件带来的不确定性，该想法自身表明，我们必须给予生命体足够大的最小自由度，以便允许它隐藏其最终的秘密。（转载于 Bohr, 2010）

或者，从物理学家亚瑟·康普顿开始：

一组已知的物理条件还不足以精确地指出即将到来的事件将会是什么。这些条件，只要它们是已知的，就定义了一系列可能的事件，在这些事件中，特定的事件即将发生。当一个人足够自由时，通过他的行为选择，他自己会增加一个不依赖于物理条件的因素，因此他自己可以决定即将发生什么。他做的只有他自己知道。从外部来看，别人只会看出他的行为依赖于物理规则。（Compton，1957）

我想知道：

玻尔和康普顿到底是对还是不对？量子力学（具体来说，不可克隆定理和测不准原理）是否对外部的智能体对人类大脑及其他复杂生物系统扫描、复制和预测的能力提出了有趣的限制，或者没有限制？

当然，我们需要仔细地阐明什么是"有趣的限制""外部的智能体""扫描、复制和预测的能力"等[⊖]。但是一旦这些都做好了，我认为上述内容是一个巨大的尚未解决的科学问题。很多人认为答案是显而易见的（虽然他们不认同问题本身！），或者拒绝这个问题，认为它是无意义的、不可回答的或者不相关的。在这一章里，我将强烈地表达一种不同的观点：我们可以很容易地想象一个和量子力学（以及所有其他已知的物理和生物学定律）一致的世界，在其中上述问题的答案是肯定的，而在另外一个一致的世界中答案是否定的。而我们现在还不知道我们住在哪一种类型的世界中。我们最多只能说，就像 P vs. NP 问题或者量子引力的本质一样，回答这个问题已经远远超出了我们目前的能力。

而且这两种世界代表的不仅仅是不同的哲学立场，还是对未来的不同想法。如果"技术奇点"得以突破，我们的后代是否都会选择将自己上传到一个数字化的蜂巢空间中？他们是否会将自己变成数万亿份完美的计算机模拟复制品，生活在自己发明的各种模拟世界里，而在这些世界里可能还会有更多的模拟世界和更多的自己的复制品？在这么多表现的世界里将会存在什么样的现象：每个副本都有自己的意识，或者它们会构成一个单一的意识，这个意识有远远多于我们的数万亿次的经历吗？假设所有这些都是可能的，有什么理由会让我们的后代去阻止它呢？

现在，如果事实证明玻尔和康普顿是错的——人类的大脑就像配备有随机数发生器的普通数字计算机那样，是外部智能体概率可预测的——那么我在本章中所探索的自由比特的构想将会被证伪，无论在何种程度上它都是有趣的。

---

[⊖] 我在本章附录 A 中试图这么做。

应该不需要解释，这里我将自由比特构想对于未来经验结果的脆弱性看作它的一个特性而非缺陷。

总之，在这里我不会声称自由比特构想是真实的。我将会限制在两个较弱的断言上：

- 这些构想是明智的（或者说，至少不会比其他的更疯狂）：很多因素会让人们觉得这样的想法一定会搞砸，但是因为一些有趣的原因，事实并非如此。
- 这些构想是可证伪的：如果这一构想想要有机会成立，那么有一些开放的实验问题的结果就需要是那样，而非其他。

我希望别人像我一样看待这一章：当作是物理学家称之为构建模型的一个训练。我想知道对于时间、因果关系、可预测性和量子力学，我能以一个不寻常但是明显一致的方式思考多远。关于自由意志的千年辩论不可能只在桌面上就能"解决"！我最希望的是，如果我幸运的话，能够建立一个模范，其优点和缺点稍稍有助于辩论的推进。

## 12.1.1 "自由意志"与"自由"

经验表明，在开始之前我需要澄清一个术语问题。在这篇文章中，我将清楚地区分"自由意志"（free will）和另一个概念，我称之为"自由"（freedom），并将主要集中在后者。

"自由意志"是一个形而上学的属性，我认为它的大部分超出科学的范围。我甚至不能清晰地定义它，除非说，如果有另外一个无法定义的东西，人们已经尝试了几个世纪去定义，那么自由意志就是那个东西！更重要的是，正如许多哲学家指出的，"自由意志"似乎结合了两个不同的想法：第一，你的选择是"自由的"，没有任何种类的外部约束；第二，你的选择不是任意的或变化无常的，而是"由你决定的"。第二个想法——"由你决定"——是我认为在科学范畴之外的一个想法，原因很简单，不管经验事实是什么，怀疑论者总是可以否认你所做的决定是"真正"由你决定的，并把上帝、宇宙或一个假冒的恶魔等看作真正的决定者。从可观测的观念来说，我认为没有办法明确表达对于怀疑论者对和错是什么意思。

但至关重要的是，如果我们抛开自由意志的"意志"部分，只考虑"自由"部分，情况似乎变得不同。在整个过程中，我将使用自由或者奈特自由来表示某种强物理不可预测性：由可知的外部因素导致的确定性甚至概率确定性的缺失。也就是说，一个物理系统是"自由的"，当且仅当它在足够强的意义上是不可预测的，并且"自由"不过是自由系统所拥有的属性。一个不"自由"的系统将被称为"机械化"。

当我们试图使上述概念更精确化时会出现许多问题。一方面我们需要一个不可预测性的定义，它不包含（比如说）光子或放射性原子的"仅仅是概率性的"不可预测性。因为，像我将在12.3节中讨论的那样，我接受那种最常见的观点，即这种不可预测性与大多数人称为"自由"的概念毫无关系，并且与系统的"机械化"完全兼容。相反，我们希望采用经济学家提出的"奈特"不可预测性，这种不可预测性意味着即使我们使用概率分布来量化也缺乏可靠的方法。理想的情况下，我们的奈特不可预测性的标准将是十分严格的，以至于它们不会包含像地球天气这样的系统——尽管存在混沌，我们依然可以给出非常精确的概率预测。

第二个问题是，不可预测性似乎是相对于观察者的：一个观察者不可预测的系统完全可能由另一个观察者预测。这就是为什么在整章中，相比于特定预测方法，我对最好的预测更感兴趣，这种预测方法研究符合物理定律而且不需要破坏系统就能够学习它。

这给我们带来了第三个问题：什么应该被视为"破坏"系统，或者哪种干预措施应该或不应该被允许执行。这些问题的答案并不是显而易见的。例如，为了让人类大脑更加容易地做预测，是否能够允许一个预测器使用"功能等效"的微芯片替代每个神经元？我们如何能够确定微芯片是否在功能上等同于神经元？

我将在本章附录A中提供关于这些问题的详细想法。现在，我想说的是，一旦我们解决了这些问题，在我看来，"自由"——在奈特不可预测性的意义上——是完全属于科学范畴的。我们不再谈论道德、形而上学或语言的使用：只是关于这样或那样的物理系统用相关方法是否是可预测的！最近，哲学家马克·巴拉格尔（2009）在他有趣的作品《自由意志——一个开放的科学问题》中提出了一个类似的观点。（虽然我非常同意巴拉格尔的基本论点，但是如上所述，我拒绝接受自由和"仅仅是概率的"不可预测性之间的任何联系，而巴拉格尔似乎接受这样的联系。）

令人惊讶的是，我的经验表明许多有科学头脑的人会乐于接受人类似乎在相关意义上实际上是不可预测的这一观点。或者他们至少会接受我自己的立场，人类是否能很好地被预测是一个有趣的经验问题，不能明显地给出是还是不是的答案。许多人反对我的方法的关键点并非我所预期的。人们一再承认混沌、不可克隆定理或一些其他现象可能使人类的大脑在物理上不可预测,的确,他们似乎对这一问题的答案无动于衷!但他们从来不会忘记再加上一句:"即使是这样,谁在乎?我们只是谈论不可预测性!这显然与自由意志无关!"

就我而言,我认为如果没有扭曲这些概念的通常意义,自由意志不能被认定为具有不可预测性。事实上,我写的是关于"自由"(或"奈特自由")而不是"自由意志"。然而,我坚持认为,不可预测性与自由意志有关,正如语言智能与意识有关,或光学物理学与主观感知的颜色有关一样。也就是说,有些人可能会将不可预测性看作是我们真正想要理解的——真正的形而上学性质——自由意志的苍白的经验性阴影。但是一直追溯到伽利略的科学革命的伟大教训表明,理解事物的"经验性阴影"远比什么都不做要好!此外,了解人类智慧和物理宇宙(甚至摆脱意识和形而上学的"奥秘")是什么可能已经是一个艰巨的任务。事实上我认为,在过去的四个世纪,"从阴影开始"已经成为一个用来解开宇宙奥秘的惊人的富有成效的方法:其成功之处在于,贪婪地企图走到阴影后面去的尝试都失败了。如果有人喜欢,这一章的目的是探索当一个人把"从阴影开始"的方法用在自由意志的辩论中会发生什么。

就个人而言,我更愿意声称在不可预测性和自由意志之间存在模糊联系。正如显示智能行为(通过图灵测试或一些其他手段)可能被认为是意识的必要条件但并不是充分条件,所以我倾向于把奈特不可预测性作为自由意志的必要条件。换句话说,如果一个系统是外部实体完全可预测的(即使是概率上的)——不仅仅是原则上而是在实践中——那么我很难理解为什么我们仍然希望将"自由意志"归于该系统。为什么不承认我们现在完全理解了是什么让这个系统运转呢?

然而,我知道许多人坚决反对不可预测性是自由意志的必要条件的想法。即使另一个房间里的电脑提前几天完全预测了他们的所有行动,这些人仍然会称他们的行动是"自由的",只要他们自己选择了计算机为他们预测的行动。在12.2.5节中,我将探讨这些在科幻小说中所引入的现象的困难之处。但是现在争论这一点并不重要。我会很高兴地接受那种不可预测性与自由意志有关的稍弱的断言,就像智力与意识有关一样。更准确地说,在这两种情况下,即使人们认为他们只是对后一个概念提出纯粹的哲学问题,但他们想知道的很多东西常常取决于对前一个概念的"凌乱的经验问题"㊀！如果哲学问题看起来太遥远，那么我们也可以先在科学问题上聚焦一段时间。

### 12.1.2 关于本章标题的注释

术语"机器中的幽灵"由吉尔伯特·莱尔（2008）引入。他的目的是嘲笑"思想实体"这一概念：一个神秘的实体，存在于空间和普通的物理因果关系之外；没有大小、重量或者其他材料属性；被其拥有者绝对地知道（而其他的意识是不可能知道的）；并且以某种方式接受来自大脑的信号并影响大脑的活动。同时，由多伊奇（1985b）（也参见 Bernstein and Vazirani，1997）定义的量子图灵机是能够使用量子叠加原理的图灵机。就现在人们所知道的而言（Aaronson，2005），我们的宇宙甚至可以通过一个量子图灵机被有效地模拟——甚至是"同构的"，它将宇宙的量子初始状态（例如，在大爆炸的时候）作为输入，然后按演化方程向前运行。

### 12.1.3 阅读本章所需的知识水平

任何受过良好教育的读者都可以阅读本章中的大部分内容。在个别小节我假定读者熟悉量子力学，或者（较少的）相对论、热力学、贝叶斯概率或者理论计算机科学的基本概念。当我回顾这些领域的概念时，我只关注它们与我最相关的部分（否则会让本章出奇地长！）。

在正文中，我试图保持非正式的讨论。我发现，像自由意志和数学严谨性（或其伪装）这样具有争议的话题，更容易被混淆而不是澄清。然而对于感兴趣的读者，我在本章附录中给出了一些技术资料：附录 A 讨论"奈特自由"的形式化；关于预测，柯尔莫戈洛夫复杂性和普遍先验的一些观察在附录 B 中；附录 C 中给出"自由比特"的形式化概念。读者如果想寻找有关本章所提到的现有理论的易理解的介绍，可能会喜欢我最近的书《从德谟克里特斯开始的量子计算》（Aaronson，2013）。㊁

---

㊀ 这种现象的完美例子是由无数人提出的，他们声称即使一个计算机程序通过了图灵测试，它也不会有意识，然后，便泰然自若地辩护称程序没有通过图灵测试！（"当然，这个程序可能会解决数学问题，但它不会写爱情诗"，等等等等。）陷入形而上学的诱惑后，对经验主义宣称是否实现这个分歧是一个分叉点，这一点重要得难以置信。

㊁ 对于一般的读者，有一些优秀的背景阅读材料，包括《无穷的起源》（David Deutsch，2011）、《皇帝新脑》（Roger Penrose，1989）或者《自由意志——一个开放的科学问题》（Mark Balaguer，2009）。显然这些作者没必要支持我所说的事情（反之亦然）！他们写的书的共同点是他们对于一个想法比我有更多的解释。

## 12.2 常见问题

讨论自由意志这样的千年难题时，核心的难点是几乎所有人都已经知道他自己所想——即使一个人对讨论带来的确定性完全与别人的不一致。一个实际的后果是，无论我如何组织这一章，仍会使大部分读者不耐烦；有人会指责我回避真正的问题，不切实际。所以无需多言，我现在提供一个常见问题列表。在下面的 12 个问题中，我将会与决定论者、兼容并包主义者和其他有强烈理由怀疑的人共同参与我的整个项目。我将尝试澄清我认同和有分歧的领域，并希望说服怀疑者继续阅读。然后，在 12.3 节和 12.4 节介绍完我的想法之后，我将会在 12.5 节讨论更多的反对意见。

### 12.2.1 狭窄的科学主义

几千年以来，自由意志的辩论包括道德、法律、现象学甚至神学问题。你似乎想要把这一切都扫除，专注于与物理的可预测性有关的人们认为十分狭窄的科学问题。这是否太自以为是了？

相反，不限定我的范围才是自以为是。正如在 12.1.1 节所说，因为它远远超出了我解决自由意志辩论的目标和能力，我决定专注于一个问题：围绕一个物理和技术问题，人类和动物的大脑到底能够被预测得多好，原则上假设外部实体能够让这些大脑存活。我关注这一点有几个原因：因为它没有被充分发掘；因为对于这些方面我有一些话要说；并且因为即使我说的是错的，可预测性问题还是具有吸引人的性质。事实上，即使有人承认——我不会这样做——可预测性问题与自由意志的"真实奥秘"无关，我仍然会关心前者多于后者！

然而，为了更好地把我的想法表达出来，我将会给出关于自由意志的道德、法律、现象学和神学方面的简要说明。

在道德和法律方面，安布罗斯·比耶尔斯的诗（Bierce, 2009）给了我的观点一个优美的总结：

没有自由意志，哲学家说

　　中立是最不公平的。

没有自由意志，官员赞同

　　我们保持中立因为我们必须这样做。

对于可预见的未来，我不能理解自由意志辩论的法律或者实践的影响像许多评论家说的那样大，原因（正如比耶尔斯指出的）很简单，任何影响对于指控者和被指控者是"对称的"。

但是更进一步，我发现许多关于自由意志和法律责任的讨论是彻头彻尾的自以为是。这种讨论的潜在意义似乎是：

> 我们这类受过教育的上层阶级的人在进行这个谈话时，应该接受"应该"这个概念对于未受过教育的下层阶级犯罪者来说是古怪而且容易误导的。他们的教养、大脑化学等使得他们免除了对自己罪行的实际责任；否则他们选择"自由意志"的概念就太天真了。我和我的朋友是正确的，因为我们接受开明的立场，而其他受教育者是错的，因为他们不能接受。对于我们这些受过教育的人来说，"正确"和"错误"的相关性的分类当然不需要任何理由或者论证。

或者相反：

> 无论什么真理，我们这些受教育的人应该坚持，所有的人都应该对他们的选择负责——否则在我们中间没有惩罚犯罪和堕落的基础，文明将会崩塌。对于我们来说，当然，在上一句中的"应该"的意义不仅仅是个有用的虚构故事，它是实实在在的。

关于自由意志的现象学方面，如果有人声称通过内省知道自由意志存在或者不存在，那么我当然不能反驳那个人的意见。但是正是因为不能在冲突的内省报告中做出决定，在本章中我将只对通过科学观察和论证能了解的东西感兴趣。内在经验的诉求（包括我和读者的）将会超出界限。同样，虽然在讨论人类预测性时不可能避免"意识的神秘"，但我将尽我最大努力去避免正视这个问题。

关于自由意志的神学方面，可能最相关的事情是，即使存在一个知晓我们未来所有选择的上帝，在本章中也不受影响，除非上帝的知识能够以某种方式在物理世界中显现，并且用于预测我们的选择，但是我们仅仅讨论科学方面。

### 12.2.2　偷梁换柱

**不管你在 12.1.1 节中说了些什么，我仍然不相信我们可以从不可预测性的分析中学到关于自由意志的任何东西。这难道不是无耻的"偷梁换柱"吗？**

是的，但它是一个具有杰出历史的无耻的偷梁换柱！正如我所说，只要在古代哲学问题上取得明确进展，这种进步几乎总是涉及类似的"偷梁换柱"。换句话说，用一个"仅仅是"科学或数学的问题 $Q'$ 去替代一个不可回答的哲学谜语 $Q$，当人们问起 $Q$ 时，这个问题代表了它的一部分。然后，如果运气好的话，我们就能解决 Q′。

当然，即使 Q′ 解决了，几个世纪后，哲学家可能仍然在讨论 Q 和 Q′ 之间的确切关系！进一步的探索可能会导致其他科学或数学问题——Q″，Q‴，等等——涉及 Q 和 Q′ 没有触及的方面。但从我的角度来看，将无法回答的谜题"打散成"若干可回答的部分，然后试图回答这些部分，这样的过程与哲学进步的过程最接近。

这个分段过程的成功例子填补了思想史：使用微积分求解无穷级数；心理活动与神经冲动之间的联系；自然选择；集合论和一阶逻辑；狭义相对论；哥德尔定理；博弈理论；信息论；可计算性和复杂性理论；贝尔不等式；共同知识理论；贝叶斯因果网络。在取得每一个进展之前，这些问题都可以被称为"哲学"问题。在每一次进步之后，哲学家们仍然有很多可以辩论的问题，包括真理、可验证性和无限性，空间和时间以及因果关系，概率和信息以及生命和心灵。但至关重要的是，在我看来，技术进步改变了哲学讨论，因为哲学讨论本身几乎很难改变它！因此，如果这种进步不算"哲学进步"，那就不知道什么才算了。

与本章相称的，也许我这种偷梁换柱的最佳先例是图灵测试。图灵用这样的文字作为他的著名论文《计算机器与智能》(Turing, 1950) 的开头：

我建议考虑这个问题："机器能思考吗？"

但是经过几页的铺垫，他又写道：

我认为去讨论最开始的问题——"机器能思考吗？"——是毫无意义的。

所以有了之后的传奇，图灵简单地用一个不同的问题替换了原来的问题："有可以想象的数字计算机能够在模仿游戏中做得很好吗？"也就是说，它将成功地在电传打字机对话中愚弄人类，让他们认为游戏的另一方是人类。虽然一些作家后来指责图灵将智能与"纯粹的模拟"混淆，但是图灵完全清楚他在做什么：

我将用另一个问题代替此问题，二者密切相关，但前者用语相对明确……我们不能完全放弃这个问题的原始形式，因为意见会随替代的适当性不同而不同，我们至少得了解在这种联系中不得不提的某些东西。

这个断言并不是说关于模仿游戏的新问题与关于机器智能的原始问题是相同的。相反，如果我们的目的是学习新的东西，而不是无休止地辩论其定义，那么这个新问题是我们本应该提出或意图提出的问题的一个有价值的备选项。在数学和科学中，修正原始问题的过程通常是一个研究项目的核心，而实际回答修正的问题是相对容易的部分！

一个好的替代问题 Q′ 应该满足两个性质：

- Q′ 问题应该能涵盖原问题 Q 的某些方面，这样 Q′ 问题的答案将难以在 Q 问题的后续讨论中被忽视。
- Q′ 问题应该足够精确到能看到它对 Q 问题的进展的意义：什么实验需要去做，什么定理需要证明，等等。

我想，图灵测试能精确地描述人的想象力正是因为它在这两个方面做得很成功。可以这么说：如果一台能赢得模仿游戏的数字计算机被建造出来，那么很难看到科学能提出更多依据来支持机器智能是可能的。相反，如果证明了数字计算机不能赢得模仿游戏，那么很难看到科学能提出更多依据来支持机器智能是不可能的。不管怎样，我们不再"猛砍空气"，试图确定诸如"机器"和"思考"这些词的真正含义。如果想要更进一步，我们需要继续挖掘（即研究认知科学和机器学习等）。这种挖掘可能需要几个世纪的辛勤工作，我们不知道是否能到达终点。但至少它是人们知道如何去做并在以前做过的事。同样重要的是，挖掘者（不像砍空气的人）倾向于去发现他们正在寻找的东西之外的无限宝藏。

通过类推，在本章中我主张原则上可以用这样一个问题来代替人是否具有自由意志的问题：人们的选择能以怎样的精确程度被与物理定律兼容的外部智能体来预测。我不假定这一"替代"问题和原始问题是相同的，但我有如下断言：如果证明了在相关的意义下人类是可随意预测的，那么很难看到科学能提出更多依据来支持"自由意志不过是一个妄想"。反之如果发现了恰当的"预测游戏"不能成功的根本性原因，那么很难想象科学能提出更多依据来支持"自由意志是真实存在的"。

无论如何，如果认真对待这个问题，我将尝试我们面临的研究项目：一个跨越神经科学、化学、物理学甚至宇宙学的计划。这个计划的很大一部分包括相关领域的科学家已经在致力解决的问题，或是他们熟知的长久以来的谜题。但也有一些问题，例如，关于自然界中发生的量子态的"过去的宏观决定因素"，据我所知还没有以在这里出现的形式被提出。

## 12.2.3 相容论

像许多具有科学头脑的人一样，我是一个相容论者，相信自由意志即使在机械论的宇宙中也能存在。对我来说，"自由意志像棒球一样真实"，如物理学家西恩·卡罗尔的名言所说[一]。也就是说，人类权衡选择的能力和诸如瑞典、

---

[一] blogs.discovermagazine.com/cosmicvariance/2011/07/13/free-will-is-as-real-as-baseball/

焦糖玉米、愤怒或其他复杂的概念一样以相同的意义"存在"，它们可能使我们感兴趣，但没人希望它们在宇宙的基本定律中发挥作用。至于基本定律，我相信它们是完全机械的和客观的：就它们所知道或在意的而言，人类大脑不过是另一种容易消逝的计算模式，像太阳黑子和风暴一样。你有任何争议吗？如果有，相容论者能从你的文章中得到什么？

我对相容论有许多共鸣——当然要比不打算与科学的世界观取得一致的乏味的神秘主义更多。因此我希望相容论者能发现我所谓的"相容"与他们的观点是契合的。

让我先来澄清一个术语上容易混淆的概念。相容论通常被定义为自由意志与决定论是可兼容的一种信念。但就我所知，决定论与非决定论的问题几乎和相容论者实际相信的东西没有关系。毕竟，大部分相容论者乐于接受量子力学和它的强烈的不确定性含义（见 12.2.7 节中的问题），但认为这几乎与他们的立场无关。无疑一些相容论者认为重要的是强调，纵使经典物理学是正确的，自由意志的存在仍然没有困难。但在我看来，一个否定这种论点或对此持不可知论调的人，仍可以是一个"相容论者"。在本章中，我将把"相容论"简单定义为自由意志与广泛的机械论世界观——也就是说，受到某种客观的数学规律支配的宇宙——相兼容的一种信念。这些规律是否是概率性的（或混沌的，或图灵完全的，或任何其他东西）这一问题重要与否，我将视之为相容论内部的争论。

我现在可以回答这个问题：我的观点和相容论是相容的吗？唉，冒着可能收到律师函的风险，没有进一步的区分我无法回答！让我们定义强相容性意味着相信"爱丽丝具有自由意志"的陈述与物理上实际存在一台能够预测爱丽丝未来的所有选择的机器是可兼容的——爱丽丝自己可以在事后读取和验证这台机器的预测（这里的"预测"指"与量子力学预测放射性原子的行为有大致相同的意义"，也就是说，给定任意精确的概率，确定性预测物理上是不可行的情况下）。与之相比，让我们定义弱相容性意味着相信"爱丽丝具有自由意志"的陈述与爱丽丝生活在一个机械论的、受规律支配的但预测器不一定可以建造出来的宇宙是相兼容的。

那么我的观点和弱相容性是一致的但和强相容性不一致。我的观点涵盖了宇宙的时间演化规律的机械性质，在此意义下我是一个"相容论者"。另一方面，我关心我们的选择是否实际上能被机械地预测——不是通过假设的拉普拉斯妖，而是通过物理机器。如果能，我会很困扰，并且我重视不能预测的可能性（例如，由于混沌对初始条件中的未知细节带来的放大）。

### 12.2.4 量子梦话

同时提及量子力学和心灵的通常动机已被讽刺为"量子力学是神秘的，心灵也是神秘的，因此它们必然有某种联系"！你难道不担心，仅仅通过写一篇似乎认真对待这种联系的文章，你将会煽起伪科学的火焰吗？难道你不担心立场上的任何微妙之处和警告会很快迷失吗？

是的。即使我只需为自己写的东西负责，而不需为任何互联网评论家等人可能的错误理解负责。看到这篇文章被曲解，去支持我痛恨的荒诞学说将是痛苦的。为郑重起见，让我做如下声明。

1. 我不认为除了通过普通的因果方式与外界环境交互，量子力学或任何其他东西让"宇宙屈从于我们的意志"。我也不认为量子力学断言"一切都与其他的一切完全联系在一起"（无论它是什么意思）。这些想法的支持者通常提到粒子间的量子纠缠现象——无论粒子相隔多远都能发生。但与世代"量子神秘主义"所鼓励的普遍误解相反，纠缠不允许即时通信是一个基本事实。更确切地说，量子力学在以下意义下是"局域的"：如果爱丽丝和鲍勃共享一对纠缠粒子，那么任何爱丽丝只对她的粒子做的事情，都不会影响鲍勃只对他的粒子进行的任何测量结果的概率⊖。由于著名的贝尔不等式，我们不对"局部性"的概念做比这更多的解读是至关重要的！但量子力学对局部性概念的修正是如此微妙，以至于科学家、神秘主义者或任何其他人都没有事先预料到。

2. 我不认为量子力学已经证实东方的宗教教义，这就如同说大爆炸宇宙论证明了《创世纪》的创造一样。在这两种情况下，虽然存在有趣的对比，但仅仅寻求相同点而忽略许多难以忽视的不一致的部分是不诚实的！就个人而言，我会说，世界的量子刻画——作为一个在希尔伯特空间线性演化的复单位向量——不与任何 20 世纪前的现实概念紧密匹配。

3. 我不认为量子力学已经推翻了启蒙运动的科学和理性的理想。一方面，量子力学的确推翻了"朴素现实主义"关于粒子在空间中具有明确轨迹的观点，且它确实引起了深刻的概念上的问题，这将在之后关系到我们。另一方面，要点仍然是通过定义一个"状态"，为状态的演化提供精确的数学规则和在观察之下测试结果，来描述我们心灵之外的物理世界。和经典物理学相比，

---

⊖ 当然，假设我们不依赖爱丽丝的知识，这可能改变鲍勃的概率，即使在粒子之间只有经典的联系的情况下。

对数学的依赖只会增加；而启蒙运动中的理想——像我们发现的一样描述自然，而不是凭直觉说它"必须"是这样——仍被坚定地捍卫着。

4. 我不认为在任何有趣的意义下人类的大脑是一台量子计算机。正如我在 2013 年的一篇论文中解释的那样，至少有三个因素导致了我的这个观点。第一，复杂的纠缠态在大脑温热潮湿的环境中持续任何可观的时间几乎是不可思议的，当今，在接近绝对零度的实验室条件下可存活几秒钟。（许多研究人员已经提出了这一论点的一些版本，但泰格马克的文章（Tegmark, 1999）可能是最详尽的版本）。第二，已知的量子计算机擅长的任务的种类（例如，分解大的整数和模拟量子系统）似乎与人类擅长的任务种类十分不符。第三，最重要的是，我看不出如果人脑是一台量子计算机，这能够帮助解释什么。例如，为什么一台有意识的量子计算机会不及一台有意识的经典计算机神秘难解呢？我的结论是，如果量子效应在大脑中发挥任何作用，这样的效应几乎肯定是短暂的和微观的[⊖]。在神经科学最感兴趣的"宏观"层面上，压倒性的证据显示大脑的计算和信息存储是经典的（参见 12.6 节罗杰·彭罗斯的观点中对这些问题的进一步讨论）。

5. 我认为在任何意义上意识都不必然引起量子测量中"波函数的约简"，尽管我承认自己对现有的量子测量描述都不满意！我的立场是，在任何程度上波函数的约简都是一个真实的过程（而不是观察者有限视角下的结果，如在多元世界理论中那样），它一定是一个可以发生在周围没有有意识的观测者的星际空间中的过程。否则，我们将被迫得出一个荒谬的结论，宇宙的量子态经由薛定谔方程线性演化了几十亿年，直到第一个观测者（谁？人类？猴子？外星人？）出现并环顾四周——在这一瞬间量子态突然猛烈地塌缩！

如果有人愿意的话，无论我在本章中实际说了什么关于量子力学和心灵的观点，都会被说成是反对上述观点的东西。换句话说，我把上述声明当作已经充分建立起来的有用的限制，一个新提议应将其作为需认真对待的先决条件来满足。

## 12.2.5　大脑上传：谁会在乎

假设有可能将人类大脑"上传"到一台计算机，其后以无限的精度预测大

---

⊖ 这当然不是说大脑的活动不会把这种效应放大到宏观、经典的规模，存在这种可能性，这之后肯定会影响到我们。

**脑。谁会在乎？为什么有人担心这会给自由意志和个人身份认同造成问题？**

对我来说，问题来自如下观察，似乎不可能在你的行动的完美预测者和你自己的第二个副本或实例之间做出操作上的区分。如果有两个实体，都完全按照"你"的方式应对每种情况，那么我们有何权力声称仅有一个这样的实体是"真实"的你，而另一个只是一个预测器、模拟或模型？但在同一个宇宙中拥有你的多个副本似乎打开了科学-科幻悖论的潘多拉魔盒。此外，这些悖论不仅仅是形而上学的：它们关系到你在知道可能有自己的克隆体的情况下应该如何做研究，以及应该做出哪些预测和决定。

由于这一点很重要，让我举一些例子。正在规划一趟危险的登山旅行吗？在你走之前，做一个自己的备份（或两到三个），这样万一悲剧发生，你可以从备份中恢复并继续生活，就好像你没有离世一样。想要访问火星吗？不要担心长达几个月的危险的空间旅行，只要使用大脑扫描仪将你自己作为纯粹信息"传真"到那里，接着火星上的另一台机器会为你构建一个新的身体，功能上与原来相同。

诚然，一些棘手的问题出现了。例如，在你传真到火星后，应该如何处理你在地球上留下的"原始"副本？它应该被快速、无痛地枪击爆头吗？在知道这就是将对原始身体做的事后，你会同意被"传真"到火星吗？或者，如果原始副本还活着，那么是什么让你确定你会作为火星上的副本"醒来"？你难道不是最多只有 50/50 的赔率发现自己仍然在地球吗？这个问题是否可以通过在火星上放置一千份副本，而在地球上只留下一份来"解决"？同样，假设你从登山旅行中安全返回，认定你离开之前制造的备份现在成了一个麻烦事。如果你摧毁他们，你是否犯了谋杀罪？或者这更像自杀？还是两者都不是？

有个这样的难题的更加"纯粹"的例子，改编自哲学家尼克·波斯特洛姆（2002）。假设一名实验者抛掷一枚公平的硬币，而你麻醉后躺在白色、无窗的医院病房中。若硬币正面朝上落地，她就会创建一千份你，将他们放置在一千个相同的房间中，并叫醒每一个人。若硬币反面朝上，她会唤醒你，而不创建任何副本。你在一个白色、无窗的房间醒来，就像你记得的一样。你知道实验的设置，你应该以什么样的赔率赌硬币正面朝上落地？因为硬币是公平的，所以你的赔率应该是 50/50 吗？或者为了支持硬币正面朝上的情况，赔率应该偏向 1000：1 吗？因为如果真的正面朝上，那么就有一千个你面临相同的情况，相比之下如果反面朝上，则只有一个你。

许多人立即回答赔率应该是 50/50：他们认为根据你自己实际存在的备份

数量来调整赔率是形而上的谬论。（我们是否想象了一个"充满灵魂的仓库"，任何特定的灵魂从仓库中取出的概率与合适的身体的数量是成比例的？）但是，认为50/50是明显答案的人应该考虑这个谜题的一个微小的变种。假设，如果硬币反面朝上，那么就像之前一样，实验者在白色的房间里留下你的一个副本。如果硬币正面朝上，那么实验者创建一千份你的副本，并把他们放在一千个无窗的房间里。然而，其中的999间房间涂成蓝色，只有一间房间是白色的，就像你记得的那样。

你从麻醉中醒来，发现自己在一个白色的房间里。现在你应该赋值给硬币正面朝上的后验概率是多少？如果你对第一个谜题回答了50/50，那么对贝叶斯准则的简单应用意味着，在第二个谜题中，你应该认为硬币很可能反面朝上。因为如果硬币正面朝上，那么可以假定你有99.9%的概率是999个在蓝色房间里醒来的人之一。因此你在白色房间醒来的事实提供了关于硬币信息的有力证据。毫不奇怪，很多人发现这个结果和第一个谜题的1000∶1这个形而上的答案一样不能接受！然而正如波斯特洛姆指出的，坚持50/50作为两个谜题的答案似乎在数学上是不一致的。

也许最著名的"大脑拷贝悖论"是由西蒙·纽科姆提出的，而后经由罗伯特·诺齐克（1969）和马丁·加德纳（1974）推广。在纽科姆悖论中，超级智能"预测者"为你提供了两个封闭的箱子，并为你提供了两个选择：只打开第一个箱子，或者两个都打开。无论哪种方式，你都可以持有你在打开的箱子里找到的东西。第一个箱子的内容会有所变化，有时包含1 000 000美元，有时什么都没有；但第二个箱子总是包含1000美元。

从已有的描述来看，似乎最好两个箱子都打开。因为无论你通过只打开第一个箱子得到什么，你都可以通过同时打开第二个箱子获得另外的1000美元。但是这里圈套来了：通过使用一个精细的大脑模型，预测者已经预知了你的选择。如果它预测你将打开两个箱子，那么预测者会让第一个箱子变空；而如果它预测你只打开第一个箱子，那么预测者会把1 000 000美元放在第一个箱子中。此外，预测者曾经与你和其他人一起玩这个游戏数百次，它的预测每次都是正确的。每个打开第一个箱子的人都得到了1 000 000美元，而每个打开两个箱子的人最后只有1000美元。知道了这一切后，你会做什么？

有些人认为这个问题是矛盾的，如果假定预测者存在，那么你没有任何自由意志，所以烦恼打开几个箱子是没用的，因为无论如何你的选择已经事先决定了。在那些愿意玩的人当中，"一箱论者"和"两箱论者"间的意见已经分歧几十年了。近来"一箱论者"似乎占了上风——在我看来这很合理,因为根据思想实验的假设,"一箱论者"总是更加富有!

依我看来,真正的问题是解释为什么选择一个箱子可能是合理的,考虑到在你思忖自己的决定时,一百万美元或者在第一个箱子里,或者不在。最后一分钟打开两个箱子的决定能否以某种方式"在最后一刻回来",导致"本应该"在第一个箱子里的一百万美元消失?我们需要区分你"实际"的选择和你的"处置"吗?并且说,虽然选择一个箱子不可否认是不合理的,而成为选择一个箱子的那种人就是理性的吗?

虽然我认为自己是"一箱论者",对我来说选择一个箱子唯一有意义的理由如下[一]:原则上,你可以基于任何你喜欢的事来决定选一个箱子还是两个箱子。例如,基于一些童年朋友的名字有奇数个字母或偶数个字母来决定。但是,这表明预测你会选择一个箱子还是两个箱子的问题是"你-完备的"[二]。换句话说,如果预测者能可靠地解决这个问题,那么在我看来,它必然能够精细地模仿你,足以构建你的另一个副本(如前所述)。

但在这种情况下,无论我们想在何种程度上将纽科姆悖论视为依照自由意志的决策,都需要想象在时间和空间上分离的两个实体——"有血有肉的你"和由预测者运行的模拟版本,然而它们"束缚在一起"并享有共同的兴趣。如果我们这样想,那么我们可以很容易地解释为什么选择一个箱子是理性的,即使没有"在最后一刻回来"的因果关系。即是说,当你考虑是打开一个还是两个箱子时,谁说你"实际上"不是模拟的你呢?如果你是,那么你的决定当然会通过一种普通、因果的方式来影响预测者的行为。

对我来说,收获是这样的:如果任何这些技术——大脑上传、隐形传送、纽科姆预测者等——在现实中实现,那么各种关于个人身份认同和自由意志的"模糊的形而上学问题"将开始产生实际后果。你应该把自己传真到火星去吗?坐在医院的房间里时,你应该打赌硬币正面朝上还是反面朝上呢?你会期望作为你的副本之一"醒来"吗?或是作为由纽科姆预测者运行的仿真模拟?这些问题似乎都是"经验主义",然而人们若不采取将这些问题视为处于科学领域之外的隐含立场,就将无法回答它们。

---

⊖ 我在 2002 年左右想出这个理由,并在 2006 年的博文中写出来:www.scottaaronson.com/blog/?p=30。后来,我了解到雷德福·尼尔(Radford Neal,2006)已经独立提出了类似的想法。

⊖ 在理论计算机科学中,对于属于类 C 的问题,如果解决这个问题将足以解决 C 中的任何其他问题,则称其为 C-完备的。

因此，我们通过宣称人类的心灵是运行在大脑的硬件上的计算机程序——这就是事情的全部了——来"逃避所有哲学上的疯狂谈话"这一想法，在我看来是讽刺的倒退。是的，我们可以那么说，甚至那有可能是对的。但这远不是说可以绕过所有的哲学困惑，这样的举动使我们陷入它们的泥沼！现在我们需要给出解释，一个理性的智能体在知道它仅是同一宇宙下它自己的几个完全相同的副本之一时，它应该如何做出决定和科学的预测。

许多人会试图逃避这个问题，通过声称这样的智能体（根据假设）"只是一个计算机程序"，在给定相关的初始条件后仅仅做任何由它的代码决定的事。例如，如果其中一段代码说在某次游戏中打赌正面朝上，则运行该代码的所有智能体将打赌正面朝上；如果代码说要赌反面朝上，那么智能体将赌反面朝上。无论哪种方式，知道代码的外部观察者可以容易地计算出智能体将赢得或输掉赌注的概率。那么这个回答在哲学上有什么问题吗？

对我来说，这个回答的问题在于它对于科学作为智能体可以用来预测它们未来的经历不抱希望。智能体希望科学能够解释，"给定这样或那样的物理条件，这是你应该期望看到的，以及原因"。相反他们得到的只是无价值的重复，"如果你的内部代码导致你期望看到 X，那么你便期望看到 X；而如果你的内部代码导致你期望看到 Y，那么你便期望看到 Y。"但是同样的说法适用于任何东西，根本不需要科学的理解！改述德谟克里特斯的话⊖，似乎机械论世界观的最终胜利也是它的失败。

就我所见，避免这些困难的唯一希望是——由于混沌、量子测量的局限，或任何其他阻碍——思想不能完全从一个物理基质复制到另一个，像程序在标准数字计算机上做的那样。因此这是本章花费了一些篇幅来探讨的一种可能性。明确起见，我们不能使用任何假如思想是可复制的而引发的哲学上的困难，来作为思想不可复制的经验主张的证据。宇宙可从来没有表现出任何特殊的倾向来迎合人类的哲学偏见！但我要说，这些困难提供了足够的理由来关心可复制性问题。

## 12.2.6　决定论与可预测性

**我是一个决定论者：我相信，不仅人类缺乏自由意志，而且发生的一切都**

---

⊖ 在德谟克里特斯的智慧和感官的著名对话中，智慧声称："传统认为有甜蜜、有苦涩、有颜色，但在现实中只有原子和虚空。"感官回答："愚蠢的智慧！你从我们这里得到证据的同时还试图推翻我们吗？你的胜利就是你的失败。"

完全由先前的原因决定。那么为何一个关于"纯粹的不可预测性"的分析应该改变我的想法呢？毕竟，我乐于承认，尽管一切都形而上地决定了，许多未来的事件在实际中是不可预测的。但对我来说，我们不能预测某事的事实是我们的问题，而不是自然的！

有一个不常在自由意志的辩论中得到讨论的观察，在这里似乎十分中肯。也就是说：如果你把"决定"的概念延伸得足够远，那么事情就变得"确定"了，以至于概念本身变得空洞。

例如，一个宗教人士可能认为，所有的事都由上帝的百科全书预先决定了，这当然只有上帝可以阅读。另一个世俗的人可能认为，根据定义，"宇宙的当前状态"包含了确定未来事件所需的所有数据，即使这些未来事件（例如量子测量结果）通过当前的测量手段实际上是无法预测的。换句话说：如果在给定的物理概念中，当前状态不能完全确定所有的未来状态，那么会有人简单地向当前状态添加"隐藏变量"，直到它能够被预测。

现在，如果我们的隐藏变量理论专家不够小心，添加了如空间局域性之类的额外要求，那么她很快会发现自己和一个或多个量子力学的无隐藏变量定理相矛盾（如 Bell，1987；Kochen and Specker，1967；Pusey et al.，2012）。但是，"一切都由当前状态决定"这一断言，并不比上帝的百科全书这一信仰更难证伪。

对我来说，这种对任何可能的经验发现的豁免恰好表明"决定论"的概念有多么薄弱，除非它被诸如局域性、简单性或（最重要的）实际可预测性之类的进一步的概念补充。一种不仅仅适用于我们的宇宙，也适用于任何逻辑上可能的宇宙的"决定论"，绝不是一个长着"獠牙"的或可能切实地威胁到任何值得讨论的自由意志概念的决定论。

## 12.2.7　量子力学与隐藏变量

忘记自由意志或者奈特不确定性吧：我拒绝接受概率在物理学中发挥任何基本的作用。对我来说，像爱因斯坦一样，议论纷纷的量子力学的"随机性"仅仅表明我们人类还没有发现潜在的确定性规则。你能证明我是错的吗？

最少使用奥卡姆剃刀，是的，我可以！在 1926 年，当爱因斯坦写下他关于上帝和骰子的著名格言时，量子事件是"真的"随机或只是伪随机的问题仍然可以被认为是形而上学的。毕竟，常识表明，我们不能信心十足地说一切都是随机的：我们最多可以说我们没有找到其中的模式。

但常识在这里有缺陷。从 20 世纪 60 年代的贝尔（见 Bell，1987）开始的大量工作，已经提供了证据表明量子测量的结果不服从于任何隐藏的模式，而必须像量子力学所说的那样是随机的。至关重要的是，这些证据没有循环地假定量子力学是自然的终极理论。相反，它假定只有几个一般性的原则（如空间局域性和"没有宇宙阴谋"），以及已经完成的具体实验的结果。由于这些要点经常被误解，因此更详细地讲清楚它们是值得的。

考虑贝尔不等式，自 20 世纪 80 年代以来（Aspect et al.，1982）越来越可靠的实验已经证明纠缠态粒子（根据量子力学）违反了贝尔不等式。从现代角度来看，贝尔仅仅证明了，由两位合作但不能相互沟通的玩家爱丽丝和鲍勃参与的某类游戏能够以更大的概率获胜，如果爱丽丝和鲍勃共享纠缠态粒子，而不仅仅共享具有相关性的经典信息[⊖]。贝尔定理通常用于排除一类称为局部隐藏变量的理论。这些理论试图以两个随机变量 $X$ 和 $Y$ 之间的普通统计相关性来解释爱丽丝和鲍勃的测量结果，两个随机变量分别与爱丽丝和鲍勃的粒子相关联，并且具有如下性质：爱丽丝的行为不能影响 $Y$，鲍勃的行为不能影响 $X$。（可以想象粒子在它们的创建时刻抛掷硬币，其中一个宣称："好吧，如果有人问起，我会自旋向上，你会自旋向下！"）

在普遍的处理中，贝尔定理通常用于论证爱因斯坦称之为"鬼魅般的超距作用"[⊖]的现实。然而，正如许多人多年来所指出的——例如，参见我对《一种新科学》（Wolfram，2002）的评论（Aaronson，2002）——人们也可以用不同的方式看待贝尔定理：使用不能即时通信的假设来处理决定论中更加基本的

---

[⊖] 标准示例是 CHSH 游戏（Clauser et al.，1969）。这里，爱丽丝和鲍勃分别被给予比特 $x$ 和 $y$，它们是独立且均匀分布的。目标是让爱丽丝输出一个比特 $a$，而鲍勃输出一个比特 $b$，使得 $a+b(\bmod 2)=xy$。爱丽丝和鲍勃可以提前商定策略，但是在接收 $x$ 和 $y$ 之后不能进行通信。经典情况下，很容易看到，他们能做的最好的选择是总是输出 $a=b=0$，在这种情况下他们赢得游戏的概率为 3/4。相反，如果爱丽丝和鲍勃拥有一个量子比特，每个的纠缠状态为 $\frac{1}{\sqrt{2}}(|00\rangle+|11\rangle)$，则存在一个策略，使得他们获胜的概率为 $\cos^2(\pi/8)\approx 0.85$。该策略具有以下形式：爱丽丝以依赖于 $x$ 的方式测量她的量子位并将结果输出为 $a$，而鲍勃以依赖于 $y$ 的方式测量其量子位并将结果输出为 $b$。

[⊖] 许多人（包括我）在这样的谈话中感到紧张的原因是无通信定理，它解释了为什么即使有贝尔定理，纠缠仍然不能用来发送比光更快的真实消息。（事实上，如果可以，那么量子力学将直接与狭义相对论矛盾。）情况是这样的：如果一个人想要使用经典物理违背贝尔不等式，那么他将需要比光更快的通信。但这并不意味着量子力学违背同一个不等式也应该被理解为用比光更快的方式通信！我们在这真正处理的是一个中间案例——"超出经典的局部性，但没到经典的非局部性"——我认为直到量子力学出现之前，甚至没有人将其作为一种逻辑上的可能。

问题。从这个角度来看，贝尔定理叙述了下列内容：

> 除非爱丽丝和鲍勃的粒子比光更快地通信，否则爱丽丝和鲍勃可以在这些粒子上做出的所有可能的测量结果都不能在测量之前确定——甚至不能通过一些奇怪的、尚未发现的、不可计算的规律确定——假设所有可能的测量数据和量子预测相一致。相反，结果必须"随机生成"以响应任何测量，就像量子力学所说的那样。

上述观察在2006年由约翰·康韦和西蒙·寇辰所推广，他们称之为"自由意志定理"（Conway and Kochen，2009）。康韦和寇辰提出了以下观点：如果没有快于光的通信，且爱丽丝和鲍勃拥有"自由意志"来选择如何测量他们各自的粒子，那么粒子必须具备自己的"自由意志"去选择如何响应测量。

康韦和寇辰使用的"自由意志"这一术语造成了困惑。郑重声明，康韦和寇辰的"自由意志"的意思和大多数人（包括我在本章中）用其表达的意思几乎没有什么关系！他们的结果可以更准确地称为"新生成的随机性定理"[一]。因为这里相关的不确定性"仅仅"是概率性的：实际上，爱丽丝和鲍勃可以被简单的骰子投掷或量子状态测量自动机代替，而完全不影响定理的结果。[二]

另一个最近的发展使得量子力学和决定论之间的冲突尤其明显。现在已经知道如何利用贝尔定理从少得多的随机"种子"比特中生成在加密应用中使用的所谓"爱因斯坦认证随机比特"[三]（Pironio et al.，2010；Vazirani and Vidick，2012）。这里的"爱因斯坦认证"意味着如果比特通过某些统计测试，那么它们必须是接近均匀随机的，除非自然求助于在分离的物理设备之间的"宇宙阴谋"来偏置比特。

因此，如果想要修复决定论，同时保留量子力学实证上的成功，则必须假设一个阴谋，其中每个基本粒子、测量装置和人类大脑可能共谋。此外，这个阴谋应该十分邪恶，以至于基本上没有它存在的痕迹！例如，为了解释为什么不能利用阴谋发送快于光的信号，我们必须想象阴谋阻止我们自己的大脑（或我们的计算机中的量子力学随机数生成器等）做出可能会发送出这类信号的选择。在我看来，这并不比神创论者的上帝更好——他在地里安置化石，来混淆

---

[一] 或者是"自由心灵定理"，像人们指出人类自由意志与定理无关时康韦喜欢提议的那样。

[二] 这一点最近由弗里茨在他的论文《没有自由意志的贝尔定理》（Fritz，2012）中提出。弗里茨用一个关于分立的物理设备的独立性假设代替了贝尔不等式中所谓的"自由意志假设"，也就是说，爱丽丝和鲍勃可以选择执行哪些测量。

[三] 他们的协议只需要 $O(\log n)$ 的种子比特来生成 $n$ 个爱因斯坦认证输出位。

古生物学家。

我应该提一提,至少有一位杰出的物理学家——杰勒德·胡夫实际上主张这样的宇宙阴谋(Hooft, 2007)(名为"超决定论"),他推测存在一个尚未发现的量子力学的替代品将揭示它的作用方式[⊖]。对我来说,关键在于一旦我们开始假定在遥远的时空区域之间,或者在我们测量的例子和我们自己的仪器或大脑之间,存在一个阴谋,决定论将与任何可能的科学发现相一致,因此倒退回空无一物。作为极端情况,正如12.2.6节中的问题所指出的,有人可以总是声明发生的一切都是由上帝那本列出了一切将会发生的事情的不可知之书"确定"的!这种决定论永远不能被证伪,但不具有预测力或解释力。

总之,我认为公平地说,物理的非决定论现在是一个稳固的事实,与进化论、日心说或任何其他的科学发现有大致相同的程度。因此,如果人们认为这个事实与自由意志的辩论相关,那么所有方面都同样能接受它并继续前进!(当然,我们还没有谈到物理非决定论是否与自由意志的辩论有关这一问题。)

### 12.2.8 结果论证

**你的观点如何回应彼得·范·因瓦根的结果论证?**

给非哲学家的一些背景:结果论证(Inwagen, 1983)试图形式化大多数人关于自由意志和决定论不相容的直觉。论证包含以下几个步骤:

1. 如果决定论是真实的,那么我们今天的选择是由宇宙以前的状态决定的,例如,一亿年前,当恐龙漫步于地球上时。
2. 宇宙一亿年前的状态显然超出了我们改变的能力。
3. 因此,如果决定论是真的,那么我们今天的选择就超出了我们改变的能力。
4. 因此,如果决定论是真的,那么我们没有自由意志。

(另一方面:正如12.2.3节中的问题所讨论的,传统上对"决定论"的痴迷似乎对我不起作用。人们真正想要问的是,自由意志是否与任何既成事实相

---

[⊖] 一些人可能会认为,博姆力学(Bohm, 1952)——最初启发贝尔定理的量子力学的解释——也是"超决定论的"。但是博姆力学经验上等同于标准量子力学,从这一事实可以立即看出,不论别人如何认为,博姆理论的"决定论"是一个在预测方面没有实际结果的形式的构建。换句话说:至少在它的标准版本中,博姆力学通过一个将所有随机性推回到初始时间的数学装置来得到其"决定论"。然后由于贝尔定理,它接受了这种策略必然带来的非局部性。

兼容，无论这件事是否是确定性的或概率性的。然而，人们可以容易地重新定义结果论证，使得一亿年前的宇宙状态完全决定今天我们做出选择的概率，而不是这些选择本身，我认为这种重新定义不会对下面的内容产生任何重要的影响。）

人们可以根据他们对结果论证的反应来对关于自由意志的信念分类。如果你接受此论证以及它的决定论（或机械论）的起始前提，并因此得出没有自由意志的结论，那么你是一个坚定的决定论者（或机械主义者）。如果你接受这个论证，但是通过拒绝接受决定论或机械论的起始前提来否定结论，那么你就是一个形而上学的自由主义者。如果你通过否认步骤 3 或 4 遵循之前的步骤拒绝了这个论点，那么你就是一个相容主义者。

我在这里持何种观点？我的观点是，我们确实应该否认步骤 2，或者否认通常的"一亿年前的宇宙状态"这一概念，坚持区分关于该状态的"宏观事实"和"微观事实"。这一观点承认了，过去的宏观事实——例如是否一只恐龙踢了一块特定的石头——是一个客观的现实，这个事实以我们的能力无力改变；但否认了微观下的情况，例如我们总是可以对过去的微观事实进行干涉，如某些特定的光子以某个量子态 $|\Psi\rangle$ 撞击在恐龙的尾巴上。

因此，我的观点可以被看作一个鲜为人知的观点的例子，费舍尔（1995）称之为多重兼容性。正如我所说，多重兼容性认为，过去的关于世界的微观事实决定着它的未来。它也认为过去的宏观事实超出了我们改变的能力。然而，它认为也许存在许多可能的过去的微观事实（如单个光子的偏振等），在同一个"过去的集合"中共存。根据定义，这样的微观事实不可能已经写入历史书籍，多重兼容性的信仰者将否认它们"不可能由我们的能力改变"。相反，我们今天的选择可以在从宏观上相同但微观上不同的过去的巨大集合中挑选一个作为过去。

我把上述简单的想法作为一个出发点，并尝试进一步通过两个主要的方式深入阐述我的理论。首先，我坚持认为，我们是否能够在"微观事实"和"宏观事实"之间进行必要的区分是一个科学问题，只有通过详细研究量子退相干过程和物理学的其他方面才能解决。其次，我改变关注点，从不可回答的关于什么"决定"什么的形而上学问题，到在给定过去的宏观事实的情况下，我们的选择的实际可预测性（或至少那些选择的概率）的经验问题。我认为，通过在可预测性问题上取得进展，我们可以了解到多重兼容性是否是对结果论证的可行回应，即使我们永远不知道这是否是正确的反应。

### 12.2.9　预测悖论

你说你担心理性决策、贝叶斯推理等的后果，如果我们的选择都是机械可预测的。为什么不足够保证，从逻辑上讲，对于一个智能体的行为的预测永远不能在智能体做出行动之前提前知道？因为如果他们提前知道，那么在现实生活中——而不是希腊悲剧，或菲利普·迪克的《少数派报告》（Dick，1998）——智能体可以简单地通过做别的事情来反对预言！同样，为什么不能通过计算复杂性的时间分层定理来说明，预测其他对象的选择可能需要花费与智能体本身做出这些选择同样多的计算能力？

这样的计算或自引用参数的明显问题是，他们不可能防止一个智能体（如爱丽丝）预测另一个智能体（如鲍勃）的行为。为了做到这一点，爱丽丝不需要无限的计算能力：她只需要比鲍勃更多的计算能力⊖。此外，比起鲍勃预测他自己的行为，鲍勃的自由意志实际上似乎更容易受到爱丽丝预测他的行为的威胁，假设后者是可能的！这就解释了为什么在这一章中我不会担心有预测的计算上的障碍，但只是关心爱丽丝在物理上无法收集关于鲍勃的必要信息这一障碍。

诚然，正如麦凯（1960）、劳埃德（2012）和其他人所强调的，如果爱丽丝想要预测鲍勃的选择，她需要小心，不要在他们成真之前告诉鲍勃她的预测！这确实使鲍勃的行为的预测成为一种不寻常的"知识"：这一知识可以被鲍勃习得它的事实所歪曲。

但不同于一些作者，我没有特别关注这一观点。因为即使爱丽丝不能告诉鲍勃他要做什么，她也很容易在之后向他证明她是知道的。例如，爱丽丝可以把她的预测放在一个密封的信封中，让鲍勃只有在预测成真后打开信封。或者她可以向鲍勃发送加密承诺来预测它，并持有解密密钥一直到事件发生之后。如果爱丽丝可以严格做到这些事情，那么似乎鲍勃的自我概念会发生变化，就好像他自己事先知道即将发生的事一样。

### 12.2.10　奇点主义

在神经计算受到服从于奈特不确定性的微观事件影响的情况下，怎么可能

---

⊖ 这类似于在计算复杂性理论中，存在使用类似于 $n^{2.0001}$ 的时间步长，并且将其作为输入来模拟任何 $n^2$ 步程序的程序。时间分层定理的结论仅排除了存在使用明显小于 $n^2$ 时间。

会改变任何人的生活？假设在只有"普通"的量子随机性和经典的混沌条件下，在自由意志的狭隘界限之外会发生什么争论？在丹尼尔·丹尼特的著名短篇（Dennett，1984）中，你感兴趣的自由意志的种类（一种基于我们选择的物理不可预测性）对你来说真的"值得期待"吗？

首先，如果在这次辩论中有某些事情各方可以达成一致，理想状态下他们可以同意真理（不管是什么）不关心什么是我们想要的，什么是我们认为"值得期待的"，什么是我们认为使我们的生活有意义的充要条件！

但是，开诚布公起见，对于本章中所讨论的问题，我的兴趣是通过考虑所谓的奇点主义者的论点而引发的。这些人正在研究当前的技术趋势，包括神经科学、纳米技术和人工智能（AI）的发展，以及计算能力的显著增长，并预见到在我们未来的 50～200 年内发生的"技术奇点"（不意外的是，期望的时间尺度会变化）。由此，它们不是数学奇异性，而是快速的"相变"，可能类似于地球上第一个生命的出现、人类的出现，或农业或写作的发明。在奇点主义者看来，下一个这样的变化将发生在人类设计出比最聪明的人类还要聪明的人工智能的时候。奇点主义者说，这样的 AI 会意识到他们可以通过构建比自己更聪明的 AI 来实现他们的目标（无论那些可能是什么），然后超级 AI 将构建更聪明的 AI，等等，直到达到了智力（无论它们是什么）的基本物理限制。

在科幻电影的引领下，当然可能会想到人类在最终世界中的作用。AI 会消灭我们，对待我们像人类对待彼此和大多数动物那样冷酷无情吗？AI 会让我们成为身边的宠物，还是被尊敬的（相当微妙的心理）创造者和祖先？人类会被邀请将他们的大脑上传到后奇点时代的云计算机吗——也许每个人都在他自己的模拟天堂里生活数十亿年？还是人类只会将他们的意识融入 AI 的蜂房大脑，失去个人身份，但成为不可想象的庞大组织的一部分？

许多奇点主义者希望看到这一切会如何发生，所以他们已经签署了协议，在他们（生物意义下）死亡后低温冻结大脑，以便一些未来的人工智能（奇点之前或之后）也许能够使用其中的信息来复活他们㊀。一位领先的奇点主义者埃利泽·乌诺斯基已经详细描述了不接受人体冷冻法的人的不合理性：他们如何评价社会一致性并在生活几十亿年的不可忽略的概率下"不被认为是奇

---

㊀ 最大的人体冷冻组织是 Alcor，见 www.alcor.org。

怪的"。[注]

除了一些明显的例外，神经科学和其他相关领域的学者倾向于将奇点主义者视为具有过度想象力的书呆子：他们不知道在为人类大脑建模或建立通用 AI 方面有多么困难。当然，还是可以认为奇点主义者的时间表可能是疯狂的。即使一个人接受他们的时间表，还是可以争辩（几乎通过定义）他们的场景中的未知数是如此之大，足以否定对现在的人类有任何实际的后果。例如，假设我们像许多奇点主义者一样得出结论：人类今天面临的最大问题是如何确保当超人 AI 被最终建立时，这些 AI 对人类将是"友好的"。困难是：鉴于我们目前对人工智能的无知，我们应该如何对这个结论采取行动？事实上，我们怎么可能有任何的信心——我们所做的任何行为都不会过火，并增加不友好的 AI 的可能性？

然而，在原理问题上，也就是物理学的法则最终可以适用的问题上，我认为令人不愉快的事实是，奇点主义者是科学保守派，而那些拒绝接受他们、把他们当作幻想主义者的是科学激进派。在某种程度上，所有的奇点主义者所做的正是对物理和大脑进行传统方向上的思考，根据逻辑得出结论。如果大脑是一个"肉计算机"，那么在给出正确技术的情况下，为什么我们不能将其程序从一个物理基板复制到另一个？为什么我们不能同时将多个程序的副本并行运行，导出 12.2.5 节中讨论的所有哲学困惑？

也许结论是，我们都应该成为奇点主义者！但考虑到利益，值得探讨的可能性是，是否存在科学上的困难使得人类的心灵不能被随便处理为可复制的计算机程序：不只是实际的困难，或其他奇点主义者试图去打破的吸引人们的问题。如果有人希望的话，写作本章的初衷是我自己拒绝接受一个懒惰的站不住脚的立场；通过重复背诵"他们的想法是疯狂和奇怪的"来回答奇点主义者的想法是否正确的问题。如果把我们的思想上传到数字计算机确实只是一个幻想，那么我要求知道是物理宇宙的什么东西使之成为一个幻想。

### 12.2.11 利贝实验

神经科学实验是否已经证明我们的选择不像我们想象的那么难以预测？在受试者意识到做出决定之前，EEG 记录扫描可以检测到做出决策的神经已经建

---

[注] lesswrong.com/lw/mb/lonely_dissent/

**立。鉴于这一经验事实，任何试图寻找不可预测性的自由因素的尝试注定从一开始就不可能？**

了解什么是实验显示的和没显示的非常重要，因为细节往往在普遍中遗漏。来自 20 世纪 70 年代的利贝（Libet，1999）的著名实验使用脑电图来检测主体大脑中的"准备潜力"，直到受试者做出"自由决定"来轻弹手指。这个结论对自由意志的影响将被讨论，特别是因为在这一动作完成的半秒之前，主体可能没有意识到任何轻弹手指的意图。那么，准备电位的提前出现证明了我们视作的"意向"不过是大脑在事实之后添加的粉饰吗？

然而，正如利贝所承认的那样，实验中的一个重要缺陷是它没有足够的"控制"。也就是说，在主体没有轻弹手指的情况下（这可能表明一个变量"最后一刻"被否决），准备电位多久形成一次呢？由于这个差距，仍不清楚利贝发现的信号在多大程度上可以用于预测。

最近的实验（Soon et al.，2008）已经尝试通过使用 fMRI 扫描来预测人们将按下两个按钮中的哪一个来弥补这个缺口。苏恩等人报告说，他们能够提前四秒或更多秒，成功概率显著优于随机（约 60%）。问题是，我们应该如何理解这些发现？

我自己的观点是，讨论这些实验时，定量方面是至关重要的。因为就直觉上对自由意志的"威胁"而言，比较（假设的）提前整整一分钟预测人类的决策的能力和提前 0.1 秒预测相同的决策的能力，这两种情况看起来完全不同！一分钟似乎显然有足够的时间进行慎重选择，而 0.1 秒似乎显然没有足够的时间；在后一种尺度上，我们只谈生理反射。（对于中间尺度，如 1 秒，直觉——或至少我的直觉——更加复杂。）

类似地，将假设中的以 99% 的准确度预测人类决策的能力，与以 51% 的准确度预测人类决策的能力进行比较。我认为只有前者而不是后者会让人们感到威胁，甚至觉得是离奇的。因为很明显，人类的决定在某种程度上是有迹可循的：如果不是这样，他们就不会被广告商、销售人员、骗子或煽动者利用！事实上，基于零可预测性，我们甚至不能谈论个性或性格随着时间推移具有任何的稳定性。因此，仅是好过碰运气的可预测性太低了，不足以表明它与自由的辩论有任何关联。人们想知道：比碰运气能好多少？能够比我的祖母，或者是有经验的读心术士实现的更加精确吗？

即使限制在按按钮的范围内，几年前我写了一个程序，邀请用户以任何顺序按下"G"或"H"键——"GGGHGHHHHGHG"——并试图预测用户接下来会按下哪个键。该程序仅使用最粗糙的模式匹配，"在过去，跟在子序列 GGGH 之后的更可能是 G 还是 H？"然而人类生成"随机"数字的能力很差，程序经常获得高达 70% 的预测准确性，无需 fMRI 扫描！㊀

总而言之，我相信有一天神经科学也许会发展到这一步——通过证明人类的大脑像数字计算机一样是"外部观察者在物理上可预测的"，它完全改写了自由意志辩论的意义。但今天似乎没有接近这一点。脑成像实验已经成功地在有限的背景和短时间中说明了具有好于运气的精度的可预测性。这样的实验是可能的，是非常有价值的。然而，有限的可预测性这一事实是人类在脑成像技术可用之前几千年就知道的东西。

### 12.2.12　心灵和道德

尽管你抗议自己不会承认"意识的神秘"，但你的整个想法似乎正在进行落伍的、不值得的寻求某种在"真正的、有意识的、生物的"人类和数字计算机程序之间的分界线，甚至假设后者可以完全效仿前者。许多思想家之前已经在寻求这样的一条线，但大多数具备科学头脑的人认为结果是可疑的。对于罗杰·彭罗斯，分界线涉及称为微管的神经结构，它利用了异常的量子引力效应（见 12.6 节）。对于哲学家约翰·塞尔（1992），这条线涉及大脑的独特的"生物因果力量"：他坚称这种力量存在，但从来没有人相信。对你来说，这条线似乎涉及由不可克隆定理导致的可预测性的假设极限。但是，不管这条线在哪里画，让我们讨论它什么时候会发挥作用。假设在不久的将来，在数字计算机上运行数万亿的仿真大脑。在这样一个世界上，你会认为仅仅因为缺乏"奈特不可预测性"——即生物大脑可能来自也可能不来自放大的量子波动——"谋杀"一个"人"（比如删除它的文件）就是可接受的吗？如果是这样，那么这难道不是一种残酷的、随意的、"肉食主义"的双重标准吗——这违反了你的所谓的英雄——阿兰·图灵——的最基本的原则？

对我来说，这个对我的观点的道德上的反对可能是所有反对里最核心的。我会成为一个向恳求饶命的类人机器人开枪的人，只是因为机器人缺乏关键的

---

㊀ 文献（Soon et al., 2008）中补充材料的第 14～15 页认为，通过在实验和其他方法之间引入长延迟，能够排除预测准确性纯粹依赖于连续实验的原因。他们还发现，同一按钮的 $N$ 次连续按压的概率随着 $N$ 而呈指数下降，但是预期的结果选择应该是独立随机的。然而，对于未来的研究来说，比较基于 fMRI 的平行对照实验的预测与使用精心设计的机器学习算法的预测——后者只能看到以前的按钮按下的序列——将是有趣的。

所谓"自由比特"或"奈特不可预测性"或任何其他神奇的东西，来区别人类或机器？

因此，也许我认真地考虑自由比特最重要的理由是，它的确暗示了对异议的答复：一个打击我理由，不仅在智力上，而且在道德上。我只需要采取以下伦理立场：我反对知识、思想、观点或想法的任何不可逆转的破坏，除非这种行为由他们的主人采取。毁坏的东西越有价值，创建时间越长，更换的难度越大，这种破坏越严重。从这种基本的暴行到不可替代的损失，如谋杀、灭绝种族、狩猎濒危物种致其灭绝甚至焚烧亚历山大图书馆的仇恨，都可以作为后果被导出。

现在，从计算机存储器"删除"仿真的人类大脑的情况又如何呢？如果删除的副本是现有的最后一个副本，则同样的强制适用于全部情况。然而，如果有其他现存副本，则删除的副本总是可以从备份中恢复，因此删除它似乎在最坏情况下像是财产损坏。相比之下，对于生物大脑，这样的备份副本是否可以物理创建当然是个未知问题，而自由比特构想推测答案是否定的。

这些考虑表明，仿真大脑的道德地位真的可能不同于有机的人，但直接的实际原因，与"肉沙文主义"或对该问题进行哲学解释的人无关。关键在于，如果你可以读取、追溯和复制它的代码，那么即使一个通过图灵测试的程序也会回到看起来"粗糙和自动化"的样子。并且代码是否可以被读取和复制可能强烈依赖于机器的物理底层。摧毁那些既像人类一样复杂又独一无二的东西，可以被视为一种特别可怕的罪行。

我认为这个答复的最大优点是，它没有直接参考任何人的主观经验，无论是生物人还是仿真大脑。为此，我们不需要回答关于仿真大脑是否有意识之类的不可回答的问题，以便构建一个适用于他们的可行的道德规范。删除仿真大脑的最后一个副本应该被起诉为谋杀，并不是因为这样做让人良心不安（谁还能知道？），而是因为它剥夺了剩余的社会中一个独特的、不可替代的知识和经验的储备，正如谋杀一个人那样。

## 12.3 奈特不确定性和物理

花了几乎一半的时间回答了我想要进行的调查和先前提到的反对意见，我最终准备开始阐述问题本身！在本节中，我将阐述和证明两个命题，这两个命题是以下问题的核心。

第一个命题是，概率不确定性（如量子测量结果的不确定性）本身不可能提供可能与自由意志辩论相关的"不确定性"。换句话说，如果我们看到自由意志和人类选择的确定性的可预测性之间的冲突，那么我们应该看到自由意志和概率可预测性之间的相同冲突，假设概率预测与量子力学一样准确。相反，如果我们持有的观点认为自由意志与"量子可预测性"兼容，那么不妨认为自由意志也与确定性的可预测性兼容。在我看来，一种不确定性若要与自由意志相关，一个必要的条件是，它必须是被经济学家称为奈特不确定性的东西。奈特不确定性仅仅指一种我们缺乏一个明确的、达成一致的方式量化的不确定性，比如外星生命是否存在的不确定性，而不是抛掷硬币的结果的不确定性。

第二个命题是，在当前物理学中，似乎只有一种奈特不确定性可能对人类的选择来说既基本又相关。这种不确定性来自于宇宙的初始条件（或我们所在的局部的宇宙区域的初始条件）的微观的、量子力学的细节。在经典物理学中，没有一个已知的基本原理在不干扰要预测的系统的情况下，能够防止预测者按他想要的任意精度学习相关的初始条件。但在量子力学中有这样一个原则，即不确定性原理（或从更现代的观点，不可克隆定理）。至关重要的是要理解，这种不确定性的来源与量子测量结果的随机性是分开的：后者更多地在自由意志的思索中提及，但在我看来它不应该是这样。如果我们知道一个系统的量子状态，那么量子力学允许我们计算任何测量的任何以后可能在系统上出现的结果的概率。但是如果我们不知道状态 $\rho$，那么 $\rho$ 本身可以被认为受奈特不确定性的影响。

在接下来的两个小节中，我将展开并说明上述命题。

### 12.3.1　奈特不确定性

一个著名的观点认为，自由意志的概念在逻辑上是不连贯的。论证如下：任何事件或由早期事件确定（如哈雷彗星的返回），或不由早期事件确定（如放射性原子的衰变）。如果事件被确定，那么显然它不是"自由的"。但如果事件不确定，它也不是"自由的"：它只是任意的、反复无常的和随机的。因此，没有事件可以"自由"。

我远不是第一个指出上面的论证有一个缺口，包含在模糊的短语"任意的、反复无常的和随机的"之中。在不能由从前的事件确定的意义下，事件可以是"任意的"，而无需在更狭窄的技术的意义下——由某种已知或可知的概率过程生成——是随机的。任意和随机之间的区别不仅仅是文字分割：它在计算机科学、经济学和其他领域中起着巨大的实际作用。为了说明，考虑以下两个事件：
- $E_1$ = 从今天算起三周，道琼斯平均指数的最低位数将是偶数
- $E_2$ = 人类将在未来 500 年内与地球外文明接触

对于这两个事件，我们不知道它们是否会发生，但我们以完全不同的方式不知道。对于 $E_1$，我们可以通过概率分布来量化对事件的信心，这样几乎任何讲道理的人都会同意我们的量化。对于 $E_2$，我们不能。

另一个例子，考虑一个计算机程序，它有一个错误，只有当调用随机数生成器返回结果 3456 时才会出现。这不一定是一个大问题，因为，以很高的概率程序需要运行成千上万次之后 bug 才会出现。事实上，今天的许多问题都是使用随机算法（例如蒙特卡罗模拟）来解决的，它们具有很小但是非零的故障概率⊖。然而，如果程序有一个错误，只有当用户输入 3456 时才会出现，这是一个更严重的问题。程序员怎么能预先知道 3456 是否是用户关心的输入（甚至是唯一的输入）呢？因此，程序员必须以不同的方式对待这两种类型的不确定性：不能将它们都扔到一个标记为"任意的、反复无常的和随机的"的箱子中。事实上，两种不确定性之间的差异不断地出现在理论计算机科学和信息理论中。⊖

在经济学中，"第二种类型"的不确定性——使用概率不能客观量化的类型——自 20 世纪 20 年代弗兰克·奈特广泛地描述后，被称为奈特不确定性（Knight, 2010）。奈特不确定性被用来解释从行为经济学的风险规避到 2008 年金融危机的现象（并被塔利布以"黑天鹅"的名义推广（Taleb, 2010））。处于奈特不确定性状态的一个智能体可以使用一组凸的概率分布而不是单个分布来描述其信念⊜。例如，它可能会说房主将以 0.1~0.3 之间的概率拖欠房屋抵押贷款，但在该区间内无法进一步量化其不确定性。概率区间的概念自然地导致概率论的各种泛化，其中最著名的是登普斯特-谢弗信念理论（Shafer, 1976）。

这与自由意志的争论有什么关系呢？正如我在 12.1.1 节中所说，从我个人的角度来看，奈特不确定性似乎是自由意志的前提条件，就像我理解后者的那样。换句话说，我同意自由意志不相干的观点，认为这些自由意志是无意义

---

⊖ 通过反复运行算法和采取多数表决的简单权衡，可以使失败的概率任意小。

⊖ 例如，它显示了在随机和对抗噪声之间，在概率和非确定性图灵机之间，以及在算法的平均情况和最坏情况分析之间做出的清楚的区别。

⊜ 在本章附录 C 中，我将简单解释为什么我认为凸集提供了"正确"的奈特不确定性的表示，虽然这一点对本章的其余部分不重要。

的。几个作者（如 Fischer et al., 2007；Balaguer, 2009；Satinover, 2001；Koch, 2012）推测，量子力学波函数塌缩内在的随机性与脑功能相关，可以提供所有需要的自由意志。但我认为那些作者在这一点上是错误的。

对我来说，底线是简单的，它似乎是一个遗憾而可悲的"自由意志"，服从于外在的可知的统计规律，并保留一个"形式上的"角色，类似于旋转轮盘或洗一副牌。我们应该声称放射性核有"自由意志"，只是因为（根据量子力学）我们不能精确地预测它何时衰减，而只能够计算衰变时间的精确的概率分布吗？这似乎是倒行逆施，特别是因为在给了许多原子核的情况下，我们几乎可以完全预测到某某时间衰变的比率。或者想象一种使用核衰变作为随机数的来源的人工智能机器人。真有人严肃地主张，如果我们换掉了实际的衰变核，而"仅仅"用伪随机的计算机模拟这样的核（保留所有其他组件不变），机器人会突然被抢走自由意志吗？虽然我喜欢这个主题中的"明显的争论"，但在我看来，如果我们说机器人在第一种情况下有自由意志，那么我们也应该在第二种情况下这么说。

因此，我认为，如果所有的不确定性都是概率性的话，认为自由意志不合逻辑的阵营是正确的。但我认为，所有的不确定性都是（实用地被认为是）概率性的这一点，远不是显然的。一些不确定性在我看来是奈特的，因为一群理性的人可能永远不会达成如何分配概率的协议。虽然奈特不确定性与预测人类的选择可能相关也可能无关，但我（因为某些我之后会讨论的原因）不认为按照目前的物理或神经科学的知识可以让我们排除这种可能性。

在这一点上，我们最好听一听那些拒绝奈特不确定性的整个概念的人的意见。一些思想家——我称之为贝叶斯原教旨主义者——认为贝叶斯概率论提供了唯一合理的方式来表示不确定性。在这种观点下，"奈特不确定性"只是一个人们没有进行足够的概率分析的幻想名字。

贝叶斯原教旨主义者经常援引所谓的荷兰赌博定理（参见 Savage, 1954），其中说，任何满足一系列公理的理性的智能体进行的行动就好像它的信念由概率论组织起来一样。直觉上，即使你声称对火星上发现生命的概率没有任何看法，我仍然可以通过观察你是否接受问题的赌注而从你身上"得到"一个概率性的预测。

然而，荷兰赌博定理依赖的一个中心假设——基本上，一个理性的智能体不应该介意选择至少一方下注——在许多评论家看来是可疑的。如果我们放弃这个假设，那么前景对于奈特不确定性是开放的（例如涉及概率分布的凸集合）。

即使我们接受概率论的标准推导，更大的问题是贝叶斯智能体可以有不同的"先验"。如果剥离了哲学，贝叶斯定律只是一个基本的数学事实——当一个新证据出现时如何更新先验的信念。因此，一个人不能使用贝叶斯主义来证明所有事件都存在客观概率，除非他同时准备好为一个"客观先验"的存在辩护。在经济学中，假设所有理性的智能体以相同的先验作为起始点的想法被称为共同先验假设（CPA）。假设 CPA 成立将导致一些十分反直觉结果，最著名的莫过于奥曼协议定理（Aumann，1976）。这个定理说，具有共同先验（但不同的信息）的两个理性的智能体不能"对不同意达成一致"：只要他们对任何主题的意见成为共同的知识，他们的意见就必须相同。

CPA 一直饱受争议，可参见莫里斯（Morris，1995）对于反对派论点的总结。在我看来，真正的问题是：什么可能导致任何人从一开始就认真看待 CPA？

抛开经济学中的方法论论证（这我们并不关心）⊖，我知道两个支持 CPA 的实质论据。第一个论据是，如果两个理性的智能体（称为爱丽丝和鲍勃）有不同的先验，那么爱丽丝会意识到，如果她导出了鲍勃，她会有鲍勃的信息，而鲍勃会意识到，如果他导出了爱丽丝，他会有爱丽丝的信息。但是如果爱丽丝和鲍勃确实是理性的，那么为什么他们应该对其导出的个体事件分配权重呢？这显然与宇宙的客观状态无关（参见 Cowen and Hanson，2012 关于这一论点的详细讨论）。

最简单的答复是，即使爱丽丝和鲍勃接受了这个推理，他们通常仍然会得到不同的先验，除非它们还共享相同的参照集，也就是说，他们认为自己可能是"非我"的所有智能体的集合。例如，如果爱丽丝在她的参照集中包括所有的人，而鲍勃只包括那些能够理解贝叶斯推理的人，比如他和爱丽丝现在正在参与的这个集合，那么他们的信念就会不同。但是要求参照集相同使得论证循环——像这里做的一样，预先假定一个超越了独立智能体的"上帝之眼"，其存在性和相关性仍存在疑问。12.8 节将更详细地介绍"指代词"谜题（即你自己存在的概率，以及在某个时间而不是另一个时间出生的可能性之类的谜题）。但我希望这个讨论已经清楚地表明，在一个单一的贝叶斯先验统治着（或应该统治着）每一个理性存在的每一个概率判断这一假设中，有多少可辩论的形而上学的问题潜伏着。

---

⊖ 例如，即使 CPA 是错误的，我们也应该假设它成立，因为如果没有它，经济理论的条件就太过宽泛，或者因为许多有趣的定理而需要它作为一个假设。

CPA 的第二个论点更加雄心勃勃：它试图告诉我们真实的先验是什么，而不仅仅是它的存在。根据这个论证，任何充分智能的存在应该使用在算法信息论中被称为通用先验的东西。这基本上是将与 $2^{-n}$ 成比例的概率分配给由 $n$ 比特计算机程序描述的每个可能的宇宙。在本章附录 B 中，我将进一步研究这个概念，解释为什么有些人（Hutter，2007；Schmidhuber，1997）将其作为"真实"先验的候选者，而且还解释了为什么哪怕不管数学兴趣，我也不认为它可以满足这个角色。（简而言之，一个使用通用先验的预测者可以被认为是一个超智能的实体，它几乎能像信息论的理论可能性那样快地来计算出正确的概率，但是这在概念上与已经知道此概率的实体非常不同。）

### 12.3.2 量子力学与不可克隆定理

在为奈特不确定性的意义辩护时，前面的小节留下了一个明显的问题：在规则确定的宇宙中，我们可以找到奈特不确定性吗？

在科学的几乎任何部分，都很容易找到"有效地"服从奈特不确定性的系统，因为我们还没有模型来描述这样的系统——它们捕获了所有的重要部分及其概率的相互作用。地球的气候、一个国家的经济、森林生态系统、早期宇宙、高温超导体，甚至流感病毒或细胞都是例子。虽然许多这些系统的概率模型随着时间的推移而改进，但它们都不会接近（比如说）氢原子的量子力学模型，这个模型基本上回答了在其领域内一个人可以想到的一切问题，除了一个不可避免的（但可精确量化的）随机元素。

然而，在所有这些情况下（地球的气候、蠕虫等），问题出现了：我们有什么理由认为奈特不确定性是系统所固有的，而不是我们由于自己的无知所创造的？当然，在发现量子力学及其无隐藏变量定理之前，人们可以提出关于概率不确定性的相同问题（见 12.2.7 节）。但事实仍然是，今天，我们没有任何物理理论需要奈特不确定性，就像量子力学需要概率不确定性一样。而且，正如我在 12.3.1 节中所说的，我坚持认为量子力学的"仅仅是概率性"的方面不能做许多自由意志的拥护者希望它在近一个世纪做的工作。

另一方面，无论我们多么了解物理世界的力学，奈特不确定性仍然有一个巨大的被"隐藏在视线之下"的来源，并在自由意志的争论中意外地没有得到关注。这就是我们对相关初始条件的忽略。我的意思是，整个宇宙的初始条件（在大爆炸时）刻画了我们生活的这个宇宙。为了做出预测，我们需要初始条件以及动力学定律：事实上，除了理想化的问题，初始条件通常是输入的一大部分。然而，除了最近的宇宙猜测（以及"通有性"假设，就像热力学的对应部分），初始条件通常不被认为是物理学的任务。所以，如果没有方法去设定初始条件或初始条件的分布，甚至没有一些看起来很有可能成功的方法，那么为什么不能说这是自由意志拥护者所寻找的东西？

我可以立刻说出一个很好的理由来回答为什么不：无论我们是否知道宇宙的初始状态（如大爆炸时），它都不会是被我们的选择决定（这个假设在范·因瓦根）的"结果论证"（12.2.8 节的步骤 2 中明确提出）。

上面的答案可能会让读者觉得无需置疑。然而，如果我们的兴趣在物理可预测性而不是在"决定性"这种形而上学的概念上，那么请注意，这个答案就不再是确凿的。因为我们仍然需要问：通过测量，我们能多大程度上了解初始状态？当然，这可能涉及量子力学。

以我们的目的来看，我们最好忘记测不准原理，把注意力转移到不可克隆定理。后者只是声明在量子力学中没有完美克隆的物理过程。即没有物理过程能做到输入处于任意量子态 $|\Psi\rangle$ 的一个系统[⊖]，输出两个均处于量子态 $|\Psi\rangle$ 的系统[⊖]。直观上不难看出为什么这是不能实现的。如果对一个量子比特 $|\Psi\rangle = \alpha|0\rangle + \beta|1\rangle$ 进行测量，测量结果只能显示一个概率比特的信息，关于连续参数 $\alpha$ 和 $\beta$ 的其余信息都消失了。最简单形式的不可克隆定理可以通过观察"克隆映射"得到：

$$(\alpha|0\rangle|0\rangle + \beta|1\rangle)|0\rangle \longrightarrow (\alpha|0\rangle + \beta|1\rangle)(\alpha|0\rangle + \beta|1\rangle)$$
$$= \alpha^2|0\rangle + \alpha\beta|0\rangle|1\rangle + \alpha\beta|1\rangle|0\rangle + \beta^2|1\rangle|1\rangle$$

这对于振幅是非线性的。而在量子力学中，幺正演化必须是线性的。

尽管数学上显然成立，但不可克隆定理深刻地反映了量子态有一定的"隐私"：不像经典态，量子态不能被随意地复制。一个基于不可克隆定理的密码协议可以帮助我们从直觉上理解它。在量子密钥分发中（Bennett and Brassard, 1984）——一种（在很小程度上）已经商业化部署的技术，发送者爱丽丝发送密钥给接收者鲍勃，密钥被编码成量子比特的形式。关键的一点是，如果一个

---

⊖ 为了简单，这里我们假设讨论的是纯态，而非混合态。

⊖ 这里需要任意性，因为如果我们知道 $|\Psi\rangle$ 是怎么制备的，就可以简单地重复执行一次制备过程，从而得到 $|\Psi\rangle$。不可克隆定理是说，如果我们不知道 $|\Psi\rangle$ 是如何制备的，就不能仅通过测量 $|\Psi\rangle$ 来知道 $|\Psi\rangle$ 的全部信息。（对应的，无法学习制备过程也暗示着不可克隆定理。如果我们能够复制 $|\Psi\rangle$，就可以制备足够多的 $|\Psi\rangle$，然后通过量子态断层扫描，以任意精度得到 $|\Psi\rangle$ 的振幅。）

窃听者伊芙，尝试通过测量这些量子比特来获得密钥，这时她测量了这些量子比特的事实会被爱丽丝和鲍勃发现。所以爱丽丝和鲍勃可以一直尝试直到通信渠道处于安全状态。几十年前由威斯纳（Wiesner, 1983）提出的量子货币，近年来得到进一步发展（Aaronson and Christiano, 2009, 2012; Farhi, 2012）。量子货币会利用不可克隆定理直接创建现金，根据物理定律，这种现金是不可伪造的，但能被验明真伪[⊖]。另一个相近的方案是量子软件版权保护（Aaronson, 2009; Aaronson and Christiano, 2012），它将以更戏剧化的方式来利用不可克隆定理：制备一个可以用来计算函数 $f$ 的量子态 $|\Psi_f\rangle$，但是由于不可克隆定理，他人不能复制该量子态来多次计算 $f$。量子复制保护的研究表明，至少在一些特殊情况下（也许更多），有可能创建一个物理对象，使得：

- 以一种有趣而非平凡的方式与外界相互作用。
- 有效地隐藏外界所需的预测此对象在未来交互作用中的行为的信息。

通过这样的方式，不可克隆定理和自由意志之间可能的关联似乎是显而易见的！事实上，一些博客作者[⊖]和其他人已经预测过这样的联系。有趣的是，他们的动机通常是捍卫相容主义（见 12.2.3 节）。换句话说，他们用不可克隆定理来解释为什么尽管有物理定律的存在，但在实际中人类的决策仍然是不可预测的。在一次讨论这个问题时，一位评论者[⊖]认为，虽然不可克隆定理对物理可预测性有限制，但人类大脑的不可预测性还源于无数平淡无奇的、与量子力学无关的原因。因此，他评论道，用不可克隆定理来讨论自由意志，"像是招聘世界上最强大的律师来解决停车罚单问题。"

但我个人认为，最终的解释仍然需要这个世上最强大的律师！举个奇点（参见 12.2.10 节）的例子来说明为什么在这些讨论中，仅用"纯现实的"因素不足以解释复制大脑状态的难度。每一个现实中的问题可以很容易地被技术推测性的回答反击——假定未来有扫描脑部的纳米机器人或者是相似的东西。如果我们想要设置障碍来限制通过复制达到无限生存的技术，最好是把障碍设置在物理定律对复制的限制上。

所以在我看来，真正的问题是：当我们不涉及量子力学时，在经典的物理定律中是否仍有"不可克隆性"？有些人可能会这样解释，例如，不可能让一

---

⊖ 不幸的是，不像量子密钥分配，量子货币还没有实现。因为长时间保持量子态的相干性是困难的。

⊖ www.daylightatheism.org/2006/04/on-free-will-iii.html

⊖ 我找不到引用。

个系统在克隆过程中真正孤立，或者测量连续粒子位置时不可能达到无限精度。但这两者之一需要非平凡的参数（而且，如果想使用连续性，还必须先解决普朗克尺度下的不连续性问题）。在经典物理中，也有形式上类似于不可克隆定理的定理，但是似乎没有能解决这里的问题的<sup>⊖</sup>。就当前物理而言，如果复制有界的物理系统是不可能的，那么不可能的原因最终都可归结于量子力学。

在结束本节前，我们最后谈论一下量子隐形传送，没有什么比它更多地暗示了不可克隆定理可以做的"哲学工作"。回忆 12.2.5 节，由传送机器提出的悖论。也就是说，当一个完美副本的你通过无线电信号的信息在火星上重组后，该怎样处理留在地球上的你的原始副本？它应该被安乐死吗？

和其他类似的悖论一样，如果（因为不可克隆定理或者其他原因）我们假设这样的复制是不可能的——至少足够精确地复制出你的"第二个实例"是不可能的，那么这个问题并不会困扰我们。不过更有趣的是由本尼特于 1993 年发现的一个著名的实例：只发送经典信息，但能实现量子态 $|\Psi\rangle$ 的传送。（这一例子需要量子纠缠，以贝尔态的形式 $\frac{|00\rangle + |11\rangle}{2}$，两个粒子事先分发给发送者和接收者，每次量子比特传送都会消耗一对贝尔态。）

现在，传送协议的一个关键特征是，为了确定发送哪个经典比特，发送方需要测量她手上的量子态 $|\Psi\rangle$（和她手上的一半贝尔态），这会破坏 $|\Psi\rangle$。换句话说，在量子隐形传送中，破坏原来的副本不是一个额外的决定，相反，协议本身决定了破坏原来的副本是不可避免的，一定会发生的！确实必须这样，否则量子隐形传送就可以用来违反不可克隆定理。

### 12.3.3 自由比特构想

此时可能有人会插嘴：理论上讨论不可克隆定理虽然很好，但即使被人接受了，它仍然不提供任何令人信服的解释，来说明奈特不确定性如何与人类决策过程相关。

让我勾勒一幅可能的画面（我唯一能想到的，和当前物理保持一致的），

---

⊖ 例如，古典概率分布中的不可克隆：没有过程能实现输入一个以未知概率 $p$ 为 1 的比特 $b$，然后独立产生两个以概率 $p$ 取得 1 的比特。但这一观察缺乏量子不可克隆定理的引入，因为不管一个人想要用 $b$ 比特做什么，一旦测量后，$b$ 都会塌缩到一个确定的位——这时当然可以复制。此外，为了阐明量子力学的基本问题，史拜肯斯构建了"认知玩具理论"（Spekkens, 2007），这是纯粹经典的，但不可克隆定理的类似情况在该理论中仍然成立。不过，玩具理论中存在一个"魔盒"，因此我们认为它在物理上是不可实现的。

我称之为"自由比特构想"。在宇宙大爆炸时，宇宙有一些特殊的量子态 $|\Psi\rangle$。如果已知，考虑量子测量中出现的概率，$|\Psi\rangle$ 会决定宇宙的未来历史。然而，由于 $|\Psi\rangle$ 代表整个宇宙的状态（包括我们），我们可能不该使用"上帝视角"，而是坚持考虑 $|\Psi\rangle$ 是一个不同于普通的我们在自己实验室里制备的量子态，特别地，我们可能认为至少有一些（不是全部）构成 $|\Psi\rangle$ 的量子比特是特别的，我把它们叫作自由比特。自由比特是一种量子态，对它的全面物理描述可能会涉及奈特不确定性。因为细节不是太重要，所以我把一个简短的数学描述放在本章附录 C 中。现在，我只想说，自由态是量子混合态的一个凸集合，自由比特是一个两层的处于自由态的量子系统。

因此，通过自由比特构想，我的意思是这张世界草图将符合：

- 由于宇宙的初始量子态 $|\Psi\rangle$ 的奈特不确定性，部分在自然界发现的量子态可以被认为是自由比特。
- 因为自由比特的存在，使得预测某些未来事件，或者一些人类决策——在物理上是不可能实现的，甚至以一定概率预测，或是使用未来任意先进技术，都是不可能实现的。

在 12.3.4 节，我会给出更多的自由比特构想的"生物"部分。也就是说，连接自由比特与神经元是否兴奋的实际因果关系链。在本节的其余部分，我将讨论一些关于自由比特本身的物理和概念性问题。

首先，为什么自由比特是量子比特，而不是服从奈特不确定性的经典比特？答案是，只有量子比特我们才能使用不可克隆定理。即使一个经典的比特 $b$ 不能通过测量整个宇宙除它之外的部分得到，但一个有超常智慧的预测者总能通过测量 $b$ 本身来得到它。但对于量子比特，这种方案就不会成功。

其次，奈特不确定性是旁观者看到的吗？也就是说，为什么不会出现一位观察者认为某个给定的量子比特是自由比特，而另一个拥有更多信息的观察者则把这个量子比特描述成相同的普通量子混合态？这个问题的答案是，我们判断自由比特的准则是极其严格的。给定一个两级的量子系统 $S$，如果有一个超级智能的恶魔，通过任意测量宇宙中的任何东西（包括 $S$ 本身），能够可靠地得到约简的密度矩阵 $\rho$（用以描述量子态），那么 $S$ 就不是自由比特。因此，为了使其符合要求，它必须是宇宙的量子态 $|\Psi\rangle$ 的一个"自由移动部分"。根据产生 $S$ 的已知的物理过程来追溯 $S$ 的历史（在概率意义上）是不可能的。相反，$S$ 的奈特不确定性（可以说）必须能够"一路走回去"，并可追溯到宇宙的初始状态的不确定性。

为了说明这一点：假设我们检测一束有着不同偏振态的光子。在大多数情况下，偏振看起来均匀随机（就像处于最大混合的量子态）。它轻微地偏向垂直轴，且这种偏向以一种不能完全由我们的光子模型解释的方式随着时间推移慢慢改变。到目前为止，我们还不能排除涉及自由比特的可能性。然而，假设我们后来得知光子来自在另一个房间的激光，极化偏差是由于激光的漂移，这种漂移可以大体上被纠正。这时候自由比特的可能性就变小了。

一些人可能会问："但为什么激光会漂移？这种漂移是否是因为自由比特本身？"困难在于，即使 $S$ 是这样，我们仍然不能使用自由比特去支持在激光的输出中存在奈特不确定性。在输出的光子和任何可能影响激光最后结果的因素之间，是一个经典的、宏观的对象：激光本身。如果一个恶魔想预测输出光子的偏振漂移，他可以直接从光子追溯到激光，然后测量激光的经典自由度——这切断了因果链，无视任何前面的原因。一般来说，当我们试图预测量子测量结果 $Q$ 时，如果存在一个经典的、可以在 $Q$ 之前被测量的 $C$，且测量 $C$ 能让恶魔以任意概率的精度预测 $Q$（在相同意义上，放射性衰变是概率性可预测的），那么我将 $C$ 称为 $Q$ 的过去宏观决定性因素（PMD）。

在自由比特构想中，我们只对量子态感兴趣——如果自由比特存在的话！它们不能被 PMD 解释，但能一路追溯到早期的宇宙，在"屏蔽"早期宇宙的因果效应中没有宏观的介入。原因很简单：在这样的状态下，如果它们存在，那么对于那些能够测量宇宙中所有宏观可观测量的超级智能的恶魔，将会是唯一的仍然有奈特不确定性的对象。换句话说，这些状态是唯一可能是自由比特的东西。

当然，这立刻引起了一个问题：

**在实际的宇宙中，是否有量子态不能被 PMD 解释？** (∗)

本章的中心争论是纯粹的思考不足以回答问题(∗)：这里我们已经达到概念分析可以达到的极限。有可能有些遵从量子力学的宇宙确实存在这种需要的状态，而在另一些宇宙中不存在，而判断我们居住的宇宙属于哪一种，似乎需要些我们还没有的科学知识。

有些人虽然认同逻辑和量子力学不足以解决问题(∗)，他们仍然会说我们可以使用简单的天文知识来解决这个问题。至少在地球表面附近，他们会问，什么量子状态可能不是以 PMD 为基础？那些来自太阳撞击在地球上的，相关的物理已经被充分研究的光子。亚原子粒子影响人类神经事件，使它朝某方向发展而不是另一种，其他人可能想到其他天体的因果途径（如超新星、地球的核心等）。但似乎很难想象任何后面的可能性不会成为 PMD：也就是说，它们不会有效地"屏蔽"来自早期宇宙的奈特不确定性。

为了表明上述论证是没有说服力的，只需要提及宇宙微波背景（CMB）辐射：CMB 光子遍布宇宙，占据了老式电视机静电场的几个百分点。此外，许多人认为到达地球的 CMB 光子从它在所谓的最后散射时间（约大爆炸后 38 万年）被发射后一直保持量子相干性。最后，不像中微子或暗物质，CMB 光子容易与物质相互作用。总之，有不止一种物质满足自由比特的大多数要求。

然而，很快我们就遇到两个反对意见。第一个是最后散射的时间，当 CMB 光子被发射时，与大爆炸本身相隔了 38 万年。所以如果我们想将 CMB 光子假定为自由比特的携带者，那么我们还需要解释为什么高温的早期宇宙不应该被认为是 PMD，一个量子比特从大爆炸中如何"保持完整"——或至少是从当前物理理论能够追溯到的最早时间——直到最后散射的时间。第二个反对意见要求我们想象一个能屏蔽 CMB 的人：例如，在地下矿场深处的人。这样的人会"丧失奈特自由性"吗？至少当他留在矿场时？

由于这些反对意见，我发现虽然 CMB 可能是一条从早期的宇宙传送量子比特给我们的因果链（没有被 PMD 屏蔽），但它不能解释所有事情。在我看来令人信服地回答问题（∗）将需要从粒子物理学和宇宙学所允许的早期宇宙到我们自己的可能因果链的普查。我不知道所需的普查是否超越现代科学，但它肯定超越了我的知识水平！注意，如果今天的所有量子位都可以追溯到 PMD，那么对（∗）的回答将是否定的，自由比特构想理论将会失败。

### 12.3.4 放大与大脑

我们还没有谈到一个明显的问题：当自由比特通过任何方式进入大脑时，它们怎么能影响决定尺度的东西？不难给出这个问题的一个听上去合理的答案，并且不用假定关于物理或神经生物学的任何奇特性质。人们可以使用动态系统中的混沌现象来解释（即现象敏感地依赖于初始条件）。

大脑活动中的混沌可能以某种方式构成自由意志是一个古老的观点。然而，这个观点在传统上被拒绝，因为一个经典的混沌系统仍然是完全确定的！如果这个观点成立，那么我们无法无限精确地测量初始条件，以及我们因此无法预测非常遥远的未来，似乎最多是技术限制。

因此，一个经过修订的观点认为，混沌对自由意志的作用可能是采取量子波动的形式——这不是确定性的（见 12.2.7 节）——并将这些波动放大到宏观尺度。但是，这种修订想法也被拒绝了，即使这是真的，它只会使大脑成为一个概率动力系统，这在某种意义上仍然是"机械"的。

自由比特构想对此进行了进一步修订：它假定大脑中的混沌动态系统具有放大自由比特（宏观奈特不确定性）的效果。如果没有别的，这就克服了基本的反对观点。自由比特构想仍然可能是错的，但不是因为一些简单的先验理由——对我来说，这代表着进步！

人们早就认识到，与认知相关的神经过程对微观波动很敏感。一个重要的例子是神经元钠离子通道的打开和关闭，这通常决定了神经元是否放电以及放电的时间。这个过程是由神经科学中标准的霍奇金-赫胥黎方程（Hodgkin-Huxley，1952）依概率（尤其是作为马尔科夫链）来建模的。当然，我们必须问：钠离子通道的行为中明显的随机性最终可以追溯到量子力学吗（如果是的话，是由什么原因导致的）？或者"随机性"只是反映了我们对相关经典细节的无知？

巴拉格尔（2009）将上述问题交给各种神经科学家，并被告知答案要么是未知的，要么在神经科学的范围之外。例如，他引用塞巴斯蒂安·承的话："大脑中的突触传输和尖端激活是否是真正的随机过程并不是神经科学问题。这更像是一个物理问题，与统计力学和量子力学相关。"他还引用了克里斯托夫·科赫的观点："在这一点上，我们不知道观察到的随机神经元过程，在多大程度上是由于量子波动（根据海森堡的说法）通过化学和生物机制以一定程度放大后导致的，或者是在多大程度上取决于在底层分子上的经典物理学（即热力学）和统计波动。"

在论文《人类选择的科学视角》（Sompolinsky，2005）中，神经科学家海姆·山姆波利斯基提供了一个详细的关于大脑对微观波动的敏感性的评论。虽然对这种认知的波动所起的作用持怀疑态度，但他还是写道：

> 总之，鉴于我们对大脑过程的量子力学的理解，我们不能排除大脑是一个不确定的系统的可能性；由于量子不确定性，在某些情况下，大脑产生的选择不是完全由先前的脑过程和作用于它的力量决定的。如果这是正确的，那么"形而上学的自由意志"的第一个先决条件（即不确定性）可能与大脑的科学事实一致。⊖

为了使问题具体化：假设你像上帝一样知道整个宇宙的量子状态 $|\Psi\rangle$，你

---

⊖ 然而，山姆波利斯基拒绝"形而上学的自由意志"，因为它与科学世界观不相容。他说，如果有超过已知的物理和化学定律的大脑功能相关的规律，这些规律将被纳入科学，并让我们回到开始的地方。如果不是"逻辑上的奈特可能性"，我会同意这个观点解释了为什么我们甚至无法预测某些事件的概率分布。

想改变由一个特定的人做出的一个特定的决定——这样做的同时不改变任何其他的东西，除了由改变的决定带来的变化。然后我们感兴趣的问题是：对$|\Psi\rangle$的什么样的改变将会或不会实现你的目标？例如，改变撞击主体的大脑的单光子的能量是否足够？这样的光子可能被电子吸收，从而轻微改变在一个神经元中的一个钠离子通道附近几个分子的轨迹，进而引发事件链并最终导致离子通道打开，这导致神经元被激活，然后导致其他神经元被激活等。如果这种因果链是可信的——当然这是一个经验问题——然后，至少就神经科学而言，自由比特构想将提供它需要的基础材料。

有些人可能会耸耸肩，认为我们的故事是"压倒骆驼的最后一个光子"，因为这个自证的问题甚至在科学上都没什么意思！如果我们希望自由比特构想可行，需要先了解两个重要的细节。第一个细节涉及从量子微观变化到产生脑活动的宏观变化所需的时间⊖。我们在谈论秒数吗？还是小时？甚至是天？第二个细节涉及局域性。我们只想要对单个光子的状态进行"外科手术"：它应该改变人的神经元及激活状态，从而改变这个人的行动，但被改变的光子状态引发的任何其他的宏观效应，应在大脑状态改变之后发生。这个要求的原因很简单，如果它不成立，那么某个聪明的人就能"不可避免地"通过测量这些宏观效应来了解这个光子，进而可以忽略其对大脑的影响。

总结一下我们的问题：

在人类或其他动物大脑中，微观波动放大到宏观尺度的途径是什么？这些途径的时间尺度是什么？除了对认知的影响，这些途径还会产生哪些"副作用"？⊖

在 12.9 节中，我将使用这些问题和自由比特构想，去说明这一构想可以做一些可证伪的预测。目前，我只是简单地说，这些问题给出了广泛的研究方向，而不是详细的讨论。我可以想象，在未来 50 年来，神经科学、分子生物学和物理学将能比今天更好地解释这些问题。而且，至关重要的是，不管哲学倾向如何，这些问题给我带来了科学研究上的兴趣。人们可以完全否认自由比特构想的正确性，但仍然可以看到这些问题提升了科学对自由意志的理解。自由比特构想促使我们去解决这些问题。

---

⊖ 或者是问：如果我们把大脑看作一个混沌动力系统，那么李雅普诺夫指数是多少？
⊖ 另一个明显的问题是大脑是否与其他复杂的动力系统不同，如熔岩灯或地球大气对微观波动的响应。这个问题将在 12.5.2 节和 12.5.3 节讨论。

### 12.3.5 反对假想小人

最后的需要澄清是关于自由比特构想本身的问题。有人可能会担心自由比特扮演了一个假想小人的角色：一个人的"秘密核心"；一个更小的人，像是指导大脑的经理、木偶或飞行员；机器中赖尔（Ryle）所谓的幽灵。但在哲学和认知科学中，假想小人早已被否定。就像只有当一个时钟里面有一个较小的时钟时，这个时钟才能工作，假想小人理论提供了一个黑箱，它导致一个明显的无限回归：谁又负责控制假想小人？

此外，如果这真的是有争议的问题，人们会想知道：为什么人类（和其他动物）一定要有这么复杂的大脑？为什么我们的头骨里不能只有"自由比特天线"，用来接收自大爆炸以来的信号？

但无论自由比特构想存在什么其他问题，我都认为它不是假想小人这样的东西。在自由比特构想中——我认为，以任何理智的方式理解世界——大脑的物理活动在认知中起主要作用。无论"真正的自我"多大程度上存在一个确切的物理位置，那个位置应该在大脑里。无论人的行为多大程度上是可预测的，这种可预测性最终来源于大脑的可预测性。而且无论你的决策是否有原因，你是做出决策的人，而不是一些假想小人在秘密操纵你的决策。

但如果是这样，人们可能会问，那么，在一个随机产生神经冲动的噪声源中，自由比特起着什么样的作用？也许自由比特会反直觉地声称它能比随机数生成器发挥更稳定的作用，而不篡改大脑的因果关系。或更一般地：有组织的复杂系统可以包括"纯奈特不可预测性"，这削弱了外部观察者的预测能力，在解释系统的组织或复杂性时不起任何作用。我承认这个说法很奇怪，但我没有看到任何逻辑上的困难，我也没有看到在接受自由比特构想的前提下，这个逻辑有什么漏洞。

总而言之，在自由比特构想上，自由比特只是解释的一部分，解释大脑如何以不能被外界观测者预测的方式做出决策。因此我们感兴趣的是"自由"。在自由比特构想中，自由比特只是大脑物理组成的一部分。我不认为它们是比加速神经元之间的传输的髓鞘涂层更"本质"的东西。

## 12.4 从内而外的自由

12.3.5 节的讨论提醒我们退一步思考的重要性。抛开其他的问题，认为我们今天的决策可能与宇宙在大爆炸时的微观状态相关,这难道不是反科学的疯狂想象吗?为什么不应该立即抛弃这个想法?

在本节中,我将讨论关于时间、因果关系和边界条件的一个不寻常的观点,如果这个观点被采纳,那么这种相关性就不是特别疯狂。有趣的是,尽管它很奇怪,但这个观点似乎兼容我们知道的一切物理规律。这并不是一个新的观点,卡尔·霍弗(2002)和克里斯蒂·斯托伊卡(2008,2012)分别独立提出过这个观点。(在卡尔·霍弗等人的讨论发生的几个世纪之前,康德就在努力调和道德责任与自由意志并于他的《实践理性批判》一书中提出了相关意见!然而,康德的方式让我觉得晦涩,并转而接受其他解释。)采用卡尔·霍弗的术语,我称这个观点为"从内而外的自由",或简称 FIO。

FIO 透视从熟悉的事实开始,即已知的物理学方程是时间可逆的:对于方程的任何有效解,如果我们将 $t$ 替换为 $-t$[一],得到的仍然是一个有效的解,那么似乎没有什么特别的理由认为时间是从过去到未来的"流动"。相反,我们可以采纳被哲学家称为"块宇宙"的构想,其中的整个四维时空流形被布置为一个块,时间只是一个新的坐标系,与空间坐标 $x, y, z$ 类似[二]。在方程式里,$t$ 坐标确实不同于其他三个,但没有以任何方式证明时间在向一个特定的方向"流动",或是比 $x, y, z$ 坐标更有方向性地"流动"。当然,随着狭义相对论的发现,我们了解到 $t$ 坐标并不比比 $x, y, z$ 坐标更独特;事实上,你几年后观测到的遥远星系上发生的事件,可能在过去的几年前已被某个其他人观测到。对许多哲学家来说,这甚至比牛顿力学更能论证块宇宙构想。[三]

块宇宙构想有时被描述为"不给自由意志留空间",这样的解释错过了更重要的一点,块宇宙构想也没有给因果关系留空间!如果我们接受这样的一致性,那么句子"杰克和吉尔因为先前宇宙的微观状态而爬山"就和句子"杰克和吉尔上山,因为他们想要爬山"一样没有意义。的确,我们可以说杰克和吉尔上山是因为未来宇宙的微观状态!或者说,"因为"这个概念在块宇宙构想中没有作用:通过物理学的微分方程,实际的时空历史只是这些方程的一个特

---

[一] 有些也需要交换左与右、粒子与反粒子,但这并不影响这个说法。

[二] 当然,如果物理规律是概率的,那么我们就可能得到块的概率分布。这不会在随后的讨论中改变任何事情。

[三] 正如爱因斯坦在 1955 年写给米歇尔·贝索的家人:"现在贝索已经在我之前离开了这个陌生的世界。这不意味着什么。像我们这样的人,相信物理学,知道过去、现在和未来之间的区别仅仅是一种固执的幻觉。"

定解，这就是最后的结果。

现在，"从内而外的自由"的想法是换个角度看待块宇宙的观点。我们说：如果这冻结的时空块没有"内在"因果箭头，那么为什么我们不用因果箭头做注释，使它看起来与我们一致？而且，谁说我们画的一些因果箭头不能"向后"，例如，指向人类大脑状态的"较早"的微观状态？因此，可能昨天你的大脑吸收一些特定量子态的光子，是因为今天你要去吃金枪鱼砂锅，并产生光子用来解一些方程。在严格的块宇宙术语中，说你今天吃金枪鱼砂锅是因为昨天的宇宙状态，这似乎没有错。

我会让霍弗进一步解释：

从内而外的自由的想法是这样的：我们完全有理由认为我们的行动不是由过去决定的，也不是由未来决定的，而是简单地由我们自己确定，通过我们自己的意志。换句话说，它们不需要被块宇宙中其他大面积区域的物理状态解释。相反，我们把自己的行动作为解释的依据，以一种非常局部的方式决定过去和将来的物理事件。在块中，我们采用的决定或解释的观点是从内部（块宇宙，我们住的地方）向外的，而不是从外面（例如在10亿年前的时间片上的事物的状态）到里面。我们采用向下因果的观点，认为我们的选择和意图是我们身体行动的主要解释者，而不是让世界的微观状态篡夺了这个角色。我们可以自由采纳这些观点，原因在于，简单地说，物理——包括假设的、完善的确定性物理学——与它们是完美兼容的。（Hoefer，2002，pp. 207-208）

有些读者会立即反对如下：

是的，在块宇宙中的"因果关系"可能确实是一个微妙的、紧迫的概念。但是FIO构想把因果关系转到了一种混战的状态，难道不是把观察带到了一个可笑的极端？例如，为什么FIO信徒不能宣布这一点：恐龙于6500万年前消失，是因为如果它们没有（消失），今天我不会决定去打保龄球？

对这一反对意见的回复很有趣。为了解释它，我们首先需要问：如果"因果关系"的概念在基础物理学中不存在，那么为什么看起来总是过去的事件不断地导致未来的事件，而从来没有相反的情况？自从19世纪后期以来，物理学家对这个问题有了一些深刻的回答，或至少将此问题归纳到了另一个不同的问题。

答案是这样的：因果关系是一种与热力学第二定律相关的"紧迫现象"。虽然没有人真的知道为什么宇宙在大爆炸时处于极不可能的低熵状态——这意味着，由于众所周知的统计原因，我们离大爆炸的时间越远，便会发现熵越大。创造可靠的记忆和记录基本上总是与熵的增加有关。为了使我们作为观察员，能有理由地说"$A$ 引起 $B$"，我们必须能够创建"$A$ 发生，然后 $B$ 发生"的记录。但是如上所述，除非 $A$ 在时间上比 $B$ 更接近大爆炸，否则这根本就是不可能的。

我们现在已经准备好来理解 FIO 构想如何避免这个不可接受的混战的结论。在同意基于熵增的通常的因果关系下，虽然霍弗（2002）和斯托伊卡（2008, 2012）没有明确这一点，但我认为在 FIO 构想上，只有在熵不随时间增加的罕见情况下，绘制"时间上倒退"的因果箭头才有意义。

这些情况是什么？作为一个初步近似，它们是这样一种情形，物理系统不与外部环境相接触，允许可逆地演变。在实际中，这种完全隔离的系统几乎总是微观的，与它们相关的可逆方程将是薛定谔方程。这种系统的一个例子是宇宙的背景辐射光子，它们在早期宇宙时发射，从那以后传播都不受干扰。这些系统正是我认为可能是"自由比特"的系统！据我所知，如果我们不想使 FIO 构想导致荒谬，那么我们可以仅将"在时间上倒退"的因果箭头用于这些系统。因为在这些系统中普通的因果箭头并不成立，而又没有其他东西可以指导我们。

### 12.4.1 协调问题

从 FIO 视角看存在另一个潜在的问题，霍弗（2002）称之为"协调问题"，这种叫法来源于它需要即刻处理。问题是这样的：一旦我们让一些确定的因果箭头指向从前，即从今天的事件指向大爆炸时的微观状态；我们已经建立了这样的一个事物，计算机科学家将之视为巨大的约束满足问题。寻找物理学微分方程的解不再只是从初始条件开始，在时间上向前演变的问题。相反，我们现在对向后的时间也有约束，例如一个人做出特定的选择，从而我们需要反向传播。但是，如果是这样，那么为什么在一般情况下一个全局一致的解会存在？尤其是，如果因果箭头的网络中存在环会发生什么？在这种情况下，我们可以很容易地面对时间将旅行到过去的经典祖父悖论。例如，如果一个事件 $A$ 导致另一个事件 $B$ 在其未来发生，但 $B$ 也会导致 $A$ 不在其过去发生。此外，即使全局一致解存在，人们也会试图询问大自然是用什么"算法"构建出解决方案的。我们可以想象，大自然开始于初始条件并向前传播，但后来"回溯"时发现了一个矛盾，则轻微调整初始条件，以试图避免矛盾？如果它进入这样一个无限循环会怎样呢？

事后看来，我们也可以从 12.2.5 节看出关于大脑上传、隐形传送、纽科姆悖论等的讨论都突显了对时空一致性的担忧。事实上，通过使用可投机性未来技术，可使这些问题更加生动。例如，假设你的大脑被扫描，并且它的一个完整的物理描述（足够预测所有的未来行动）已经存储在冥王星的计算机上。并且假设你做了一个决定。那么从 FIO 的角度来看，这个问题是：我们可以从你做决定时的大脑状态，从你过去的光锥⊖（只要它们需要与你的选择兼容）的各种微观状态，以及从数十亿公里远的计算机内存所存储的东西来解释你的决定吗？我们是否应该说，你和做出你的决定的电脑是同步的，如果不考虑噪声对时空局域性的作用？或者我们是否应该认为，复制到你大脑中的非常行为删除了你原来的自由意志，或者证明你之前从来没有过自由意志？

幸运的是，事实证明，在自由比特构想中任何这其中的问题都未出现。自由比特构想可能被其他原因拒绝了，但不能归咎于逻辑一致性或者导致了闭合类时曲线。基本观测很简单，我们只需要区分宏观事实和微观事实。宏观事实是关于"退相干的、经典的、宏观的"物理系统 $S$ 在特定时间的性质。更精确地说，宏观事实就是一个事实 $F$，原则上，可以在没有对系统 $S$ 产生任何显著干扰的情况下通过一个外部测量装置进行学习。需要注意的是，对于被视为宏观事实的 $F$，没有必要所有人都曾经知道 $F$ 或将会知道 $F$，只需 $F$ 可能被知道——如果有合适的测量装置已处在正确的地点和正确的时间。例如，剑龙在 1.5 亿年前是否踢了某块岩石是一个宏观事实，即使没有人曾看到过该岩石，即使有关信息甚至在理论上通过整个太阳系的量子态不能再重新构造。也有一些宏观事实不断在恒星内部和星际空间中创建。

相比之下，微观事实是一个关于非退相干的量子态 $\rho$ 的事实：事实可能不能被学习，即使在原则上也没有改变 $\rho$ 的可能（如果测量是在"错误"的基上进行的）。例如，宇宙微波背景的一些特殊光子的偏振辐射是微观事实。微观事实可能会或可能不会涉及自由比特，但自由比特的量子态始终是一个微观事实。

由自由比特构想，"协调问题"的解现在只需简单地强加以下两条规则：

1. 时间倒退的因果关系箭头只能指向微观事实，永不指向宏观事实。

---

⊖ 给定时空中的一点 $x$，过去光锥是指 $x$ 可以通过其接收信号的点集，未来光锥是指 $x$ 可以向其发送信号的点集。

2. 没有微观事实可以担负"双重职责"：如果它是由未来的一个事实导致的，那么它本身不是任何事物的原因，也不是被其他事物造成的。

总之，这些规则意味着不可能出现环，并且更一般地，该"因果图"从来不会产生矛盾。因为在保持该规则的情况下，有向无环图（DAG）的所有箭头都指向时间的前方，除了一些从未导致其他任何事情发生的"悬挂"箭头指向时间后方。

规则 1 基本上是以命令形式规定的：它只是说，对于所有我们实际上观测到的事件，必须寻求导致它们发生的过去，而不是将来。这个规则可能有一天会有所变动（例如，如果闭合类时曲线被发现），但现在，它似乎是科学世界观的一个优美且不可缺少的一部分。相比之下，规则 2 可以通过引入不可克隆定理来证明。如果一个微观事实 $f$ 被另一个发生在未来的宏观事实 $F$ 导致，那么在某些点一个测量必然发生过（或者更一般地，我们把一些退相干的事件称为一个"测量"），目的是将 $f$ 扩大为宏观规模，并且与 $F$ 相关。在自由比特构想中，我们认为让 $f$ 与 $F$ 相关，且 $F$ 完全决定 $f$，这解释了 $f$ 为什么不能被除了 $F$ 的其他事件导致。但是 $f$ 本身为什么不能导致一些宏观事实 $F'$ 发生呢（由规则 1，这需要成为 $f$ 的将来）？这里有两种情况：$F' = F$ 或 $F' \neq F$。一方面，如果 $F' = F$，我们就可以简单地创建一个"无害"的 2 元素环，其中，这两个元素分别导致了 $f$ 和 $F$。这纯粹是按照惯例，我们不允许这样的环并宣布是 $F$ 导致 $f$，而不是相反。另一方面，如果 $F' \neq F$，那么我们有两个独立的对 $f$ 到 $f$ 的未来的测量，这违背了不可克隆定理⊖。注意，如果 $f$ 已经是一个宏观事实，那么这一论断不会发生，因为宏观信息可以独立地被多次测量。

当我们询问微观事实导致其他微观事实发生的可能性的时候，有趣的问题出现了。规则 1 和 2 允许那种因果关系的排序，只要它是按照时间向前发生的，或者如果按时间向后，只要它仅仅包含一个单一的"悬挂"箭头。我们允许一长串（甚至是有向无环图）的可以导致之前微观事实发生的微观事实发生，而这些可能就是未来宏观事实的起源。我们需要小心，尽管这些微观事实都不会导致它们将来的事实发生，因为那将会造成出现环的可能性。一个更简单的方法是仅仅声明因果关系的所有概念与微观世界无关。在这种观点下，只要一个微观事实 $f$ 导致了另一个微观事实 $f'$，那么基于幺正性，我们可以合法地认

---

⊖ 出于同样的原因，我们还有一条规则：一个微观事实不能通过不相交的因果路径，导致两个宏观事实将来的事实发生。这个规则一直未被提及的唯一原因是它对于消除环没有作用。

为 $f'$ 也导致了 $f$。因为微观定律的可逆性，$f$ 和 $f'$ 的时间关系是不相干的：如果 $U|\Psi\rangle = |\varphi\rangle$，则有 $U^\dagger|\varphi\rangle = |\Psi\rangle$。这种观点会认为因果关系和时间的热力学箭头有着千丝万缕的关系，并因此与不可逆过程及微观事实相关。

### 12.4.2 微观事实与宏观事实

一个阻碍我们区别微观事实和宏观事实的明星障碍是它们不充分的定义。岩石的位置可能是很明显的一个宏观事实，光子的极化是很明显的一个微观事实，但两者之间有一个连续的转变。究竟一个事实需要具备怎样的退相干及经典性才能被我们作为"宏观事实"？这当然是对玻尔对量子力学的哥本哈根解释的传统异议，特别是对于量子力学的微观世界和经典观测的宏观世界的关键区别的不详解释。

在这里，我的反应基本上是承认自己的无知。自由比特构想对于我们精确区分微观事实和宏观事实并不是特别灵敏。但是，如果构想要有意义，确实需要存在一个一致的方式对二者进行区分。（或者至少，需要存在一个一致的方式量化事实 $f$ 的宏观性。$f$ 的宏观性的程度也许会与重新通过因果影响 $f$ 的"努力的意愿"相关，这对普通的宏观事实必然有无限的效果！）

强制区分宏观和微观的最明显的方法是通过动态塌缩论（如 Ghirardi, Rimini, and Weber, 1986; Penrose, 1996）。在这些理论中，所有的量子态周期性地在一些经典基上"自发地塌缩"，其塌缩速率随着它们的质量或其他一些参数而增长。并且研究表明，在这样的方式下所有量子系统自发塌缩的概率接近 0，但经典系统接近 1。不幸的是，已知的动态塌缩论将面对技术问题，如对能量守恒的微小违背，当然对此还没有实验证据。更基础的，我个人不相信大自然会以看似如此特别的方法解决"微观事实和宏观事实之间的转变"——一种和线性量子力学的很多整齐的规则相违背的方式。

正如我将在 12.5.5 节进一步讨论的，我自己希望对微观事实和宏观事实的一种原则性区分可能最终来源于宇宙学。特别是，我偏向于认为，对于像我们自己所在的德西特宇宙，"宏观事实"仅仅是其中的消息已经在以光速向外传播的事实，因此使信息成为"独立"的事实，在原则上不能再聚集在一起。那么微观事实将是传播还未发生的任何事实。这种区分的优点是不涉及丝毫改变量子力学的原理。缺点是区分是"有目的"的：微观事实和宏观事实之间的界线被定义为在任意远的将来会发生什么。特别是，这种区别意味着，假设我们可以用一个完美的反射边界围绕太阳系，那么在太阳系内，将不再有任何宏观事实！这也意味着，在反德西特（adS）宇宙论中不能有任何宏观事实，其中确实有这样的反射边界。最后，它表明在黑洞的事件视界内，任何宏观事实几乎都不会发生。因为即使在黑洞内部的信息偶然以编码形式出现，但霍金辐射中霍金蒸发的过程是如此缓慢（对太阳这样质量的黑洞约 $10^{67}$ 年），对于一个黑洞外的观测者似乎有充足的时间来收集大部分的辐射，从而防止信息的进一步扩散。⊖

因为我没看到更好的选择，而且，因为我比较喜欢这个宇宙学在量子力学基础上发挥作用的主意！我当前倾向于不去反驳，并接受这些和其他我所建议的对宏观与微观的区别。但是更好的构想（或者物理学的新发展）会改变我的想法，这里空间很大。

## 12.5 进一步的反对意见

在本节中，我将讨论对自由比特构想的五个反对意见以及我的回应。其中一些反对意见是显而易见的，它们对于任何有关"自由"的分析都是通用的，其关注核心在于人类选择的实际不可预测性上；其他的则不太明显，并且更加针对自由比特构想。

### 12.5.1 广告商异议

第一个反对意见很简单，就是人类在实践中令人沮丧的可预测性：如果他们没有，那么他们就不会这么轻易地被操纵！所以，调研人类的遗憾历史——其中大多数人，大部分时间，都在做着别人希望他们做的那些无聊的、狭隘地满足个人利益的事——能为自由比特的存在提供证据吗？

**回应** 我在 12.2.11 节已经处理了一个相关异议，但是这一个似乎很重要，值得从一个不同的角度再回到那个问题。

很明显，人类至少是部分可预见的，有时甚至是极度可预见的，这取决于试图预测的内容。例如，以下事情就几乎不可能发生：明天通用汽车的 CEO 将浑身赤裸着来工作，或者诺姆·乔姆斯基将宣布他支持美国军事独裁。然而，这并不意味着我们知道如何对计算机进行编程以模拟这些人，并期待着知道他

---

⊖ 更确切地说，我们可能需要知道霍金辐射的量子比特与黑洞内部自由度之间的详细映射，而这又需要一个量子引力理论。

们生活中每个大的或小的决定！重要的是，我们需要维持部分可预见性（其中即便是最强烈的自由意志也会主张让步）和彗星的物理方面可预见性之间的区别。举例来说，假设一台机器可以正确地预言大多数人的大多数决定：他们晚饭会吃什么，他们会选择什么样的电影，他们会从抽屉里拿出哪双袜子，等等。（在一些领域里，这个目标已经被推荐系统近似实现，如亚马逊和Netflix。）但想象一下，机器常常会对有趣的、间接的、改变人生的决定无力抉择。在这种情况下，我怀疑大多数人对自己的"自由"的直觉会稍有动摇，但会基本保持不变。依此类推，对于大多数的计算机程序，我们可以很容易地决定它们是否停机，但几乎没法降低停机问题的一般不可解性的重要性。或许，正如费舍尔等（2007）所推测的，我们真正能行使自由的仅仅是对于相对少量的"自我形成行为"（SFA）——也就是说，这些行为有助于定义我们是谁——而剩下的时间基本上是"运行自动驾驶仪"。这些SFA在童年和成年早期也许比较常见，但在以后的生活中很罕见，随着我们以自己的方式不断成长，相应地对我们周围的人而言也变得更加可预测。

话虽如此，但我承认，有利于人类的可预测性中，直觉是强大的一个。事实上，即使假定人类确实有奈特自由的能力，但如果几乎所有人都选择在几乎所有时间"运行自动驾驶仪"，那么我们就可以说，这种能力并不重要！

然而，对比人类常像实验室的老鼠一样被操纵的不可否认的事实，另一个不可否认的事实应该放在直觉的另一边。这第二个事实是投资者、专家、情报分析员等的屡战屡败，这些人通过一切可靠信息来进行实际预测，个人甚至是整个人类都在做这些事。最佳的预测者一次又一次地被蒙蔽（但必须承认，事后预测者一般会擅长解释人们想做的任何决定的必然性！）。

### 12.5.2 天气异议

人脑的特别之处在于什么？如果我们想将其描述为具有"奈特自由"，那么又何尝不是无数其他复杂的动态系统，如地球的天气或熔岩灯？

**回应** 对于像天气或熔岩灯这样的系统，我认为一个合理的答案实际上可以给出。这些系统确实是不可预测的，但不可预测性似乎在特征上比奈特更具概率性。把它作为另一种方式，著名的"蝴蝶效应"似乎有可能是这些系统的确定性模型的一个工件。人们希望只要我们以很大概率得到该系统的微观组成模型，它便能出现。为了说明这一点，试想在地球大气层中的所有分子的位置和动量被粗略地以量子力学允许的最大精度来测量；而且，在这些测量的基础上，一台超级计算机曾预言在明年的某个具体日期上海有23%的概率发生雷暴。现在假设我们通过添加一只蝴蝶改变了初始条件。在经典确定性物理体系中，由于混沌效应，肯定可以改变风暴的发生——但这并非相关的问题。现在的问题是：增加了蝴蝶之后对风暴发生的概率改变了多少？答案似乎很可能是"几乎没有"。毕竟，原始的23%已经通过在很多可能的历史的平均中获得。所以，除非蝴蝶可以改变统计系统的一般特征，否则其效果应该被其他蝴蝶数以百万计不可测量的随机结果给冲刷掉了（且不管在大气中有无其他的事物）。

然而对于大脑，情况似乎不同。因为大脑似乎在秩序和混沌之间的"刀口上平衡"：它们和钟摆一样有序吗，不支持有趣的行为吗？它们像天气一样混沌，不支持合理性吗？更具体地，大脑由神经元组成，每一个神经元（在最原始的理想化状态）具有一个激活速率，其依赖于传入神经元的信号总和是否超过一定的阈值。因此，人们希望能够对大脑的状态有很多分子水平的改变，而一点都不影响总体的激活模式。但也有少数的改变，例如促进"只是在边缘"的关键神经元激活或不激活，这会大大影响整体激活格局。因此，对于大脑（不像是天气），一个自由比特将足以影响一些宏观结果发生的概率，即使我们能通过量子力学对系统所有的成分进行建模。

大脑和天气之间的一个密切相关的不同之处在于，尽管两者都是可以放大微小影响的混沌系统，不过大脑的放大只可能产生"不可逆"的结果。即使一只蝴蝶扇动翅膀可以造成世界各地一半地方的雷暴，但一只蝴蝶几乎可以肯定不会改变雷暴的平均频率——至少除了把天气作为中介并不是没有改变其他东西。要改变雷暴的频率，需要改变地球气候的轨迹，同蝴蝶相比，这与宏观"强迫"（例如，增加大气中的二氧化碳含量，或小行星击中地球）关联更大。相比之下，大脑单个神经元的激活还是不激活很大程度上可能会影响到一个人的剩余寿命（例如，如果它导致人做出非常糟糕的决定）。

### 12.5.3 沙鼠异议

即使是接受大脑与熔岩灯或天气有很大不同，考虑单纯作为动力系统，我们可以尝试通过构造一个物理系统将不同的归谬法应用在自由比特构想中。该系统可以模拟大脑，它的奈特不确定性以一种很荒谬的方式被从其智力中"去耦"。因此，考虑以下思想实验：在房间的一侧，有一台电子计算机，其内部运作是完全确定的。计算机正在运行一个很容易通过图灵测试的 AI 程序：比如说，很多人都在不同的主题上和 AI 维持远距离互联网通信，并且所有人都是真实的人且有意识存在。在房间的另一端有一个盒子，沙鼠在盒子中奔跑，在某种程度上，我们可以想象其运动要受至少一些奈特不确定性的影响。同时，阵列运动传感器定期捕获沙鼠的运动信息，并通过房间传送到电脑上，电脑将使用这些信息作为AI随机比特源。该装置极其复杂，当然AI不会所有决策都随机。但如果它不能在两个大致相等的选项中抉择，那么它有时会使用沙鼠的运动打破平局，就像一个优柔寡断人可能在类似情况下抛硬币。

现在的问题是显而易见的。根据假设，我们有一个系统，它以人类水平的智力（即通过了图灵测试）运行，同时也受限于奈特不确定性，这种不确定性是由哺乳动物神经系统放大的量子波动产生的。因此，如果我们相信人类因为这两个特质而有"自由的能力"，那么我们似乎有义务相信AI/沙鼠混合装置也有很好的能力。然而，如果我们断开沙鼠盒与电脑的连接，那么AI就失去了"自由的能力"！之后AI的回答就会被任何复制了AI程序的人"还原为机械的本来面貌"，尽管它们仍然似乎是有智力的。确实，即使我们用"普通"的量子力学随机数生成器更换了沙鼠盒，AI的反应仍然是概率预测，它们将不再涉及奈特不确定性。

因此，自由比特信徒似乎被迫有一个疯狂的结论：沙鼠虽然对其角色很可能是健忘的，但这就像一个神奇的护身符，给予AI一种以其他方式无法获得的"自由的能力"。事实上，沙鼠似乎十分接近无数儿童故事中赐予灵魂的药水（故事总是结束于主角意识到她已经有灵魂，即使没有药水！）。然而，如果我们拒绝这种沙鼠场景思维，那么对人脑为什么我们不应该也反对该言论？有了人脑，"奈特非确定性供应的沙鼠"在物理上已经被移动到很接近思想的轨迹：现在它在突触连接和神经元周围奔跑，而不是在房间另一侧的盒子中。但为什么应该有所不同呢？不管我们把沙鼠放在哪，它只是漫无目的地奔跑！乱窜也许是概率的，也许是"奈特"的，但无论哪种方式，它显然在智力决策制定上没有起到比在魔像（Golem）额头上写字更多的解释性作用。

总之，似乎抢救自由比特构想的唯一方法是用迷信和魔法来掩盖一个巨大的因果差距，也就是在大脑的"奈特噪声"和它的认知信息处理过程之间的差距。

**回应** 在所有反对自由比特构想的言论中，这个是迄今为止给我印象最深的，这就是为什么我试图以一种展现其直观力量的方式来呈现。

AI/沙鼠和大脑有至少一种潜在的重要区别。在AI/沙鼠系统中，"智力"和"奈特噪声"成分彼此完全可区分。即计算机可以很容易地从一个沙鼠盒断开，并重新连接到一个不同的沙鼠盒，或连接到一个普通的随机数生成器，或什么都不连接。而这样做的结果是，可以清晰地意识到 AI 仍在运行"完全相同的程序"：只有"非决定论外围"会被交换出去。出于这个原因，似乎把沙鼠视为 AI 外部环境的另一部分是最好的，沿着（例如）由互联网发送到 AI 的所有问题，这可能也被作为奈特非决定论的来源。

相比之下，对于大脑，我们并不是很清楚"奈特非决定论源"可以在物理上交换出不同的事物，而不破坏或从根本上改变大脑的认知功能。是的，我们可以想象一下未来的纳米机器人通过大脑群集，记录所有有关神经元和突触长度之间的"宏观可测量的信息"，然后建立一个与之前的大脑"宏观相等的"新大脑，区别仅在于微观噪声的模式。但我们如何知道机器人是否已经记录了足够的有关原始大脑的资料？如果除了突触的长度，还有在一个更小规模上的可认知的相关信息，那么我们将需要更先进的纳米机器人，能区别更小的特征。最终，我们可以想象机器人能记录所有"经典"甚至"准经典"的特征。但根据定义，机器人测量的特征在某种程度上将是量子力学的，并且因此，它们将不可避免地改变这些特征。

当然，这不是一个确凿的论据，因为也许在以下两者之间有一个具有很高数量级的缺口：（a）最小可能规模的认知相关性，（b）不可克隆定理变为相关的地方的规模。在这种情况下，至少在原则上，纳米机器人确实能够完成它们对大脑"认知层"的扫描而不用担心有丝毫损坏；只有（很容易更换？）"奈特非决定论层"将被纳米机器人的存在所改变。这是否是可能的对神经科学是一个经验问题。

然而，对大脑扫描的讨论引起了更广泛的观点：与沙鼠盒模型相对，我们需要权衡一些其他更陈旧的思想实验，其中很多人的直觉是走另一条路。假设纳米机器人最后完成了对你头脑中所有"宏观的、认知相关的"扫描，并假设它们随后将信息传送到数字计算机，继续运行对大脑的宏观模拟。这会是模拟你吗？如果你的"原始"脑组织在此过程中被破坏，或仅仅被麻醉，你会希望该数字版本醒来吗？（可以说，这甚至不是一个哲学问题，只是一个简单的经验问题，请你预测一个未来的观测！）

现在，假设你相信有一些将不是你的简单的数字幽灵，你还认为你和它之间的区别存在于物理世界的某个地方。然后，因为（根据假设）幽灵和你在功能上无法区分，它似乎遵循你和它之间的差别必须驻留在"功能性非相关的"自由度上，诸如微观的事物。如果不是这样，"功能性"和"非功能性"自由度的边界甚至没有足够灵敏到创建第一个幽灵。

我的结论是，要么你可以上传、复制、模拟、备份，如此反复，导致 12.2.5 节所讨论的个人身份的所有难题，否则你就无法承受你与你的大脑的"非功能性"自由度之间的"无趣"关系，正如 AI 厌烦沙鼠盒一样。

需要明确的是，我所说的并不暗示任何物理系统的充分条件，因为该系统具有自由意志或意识属性。也就是说，即使人类大脑在微观角度受限于奈特噪声，即使这种噪声的来源可能不能从认知功能中完全分离，人类可能因为其他原因而仍然无法"真正"有意识或自由——无论那意味着什么！。我在本章至多会涉及奈特自由的似乎合理的必要条件。（因此从我个人的角度来看，也称为"自由意志"。）

## 12.5.4 初始状态异议

第三方反对意见认为，早期宇宙的"自由比特"非平凡地影响现今事件这个概念虽是陌生的，但和已知的物理学是一致的。更具体地，斯滕格尔（2009）声称，它遵循已知的物理学，即宇宙大爆炸的初始状态基本上是随机的，不能编码任何"有趣"的信息⊖。其论点基本上是宇宙大爆炸的温度是巨大的，且在量子场论（反重力）中，这样的极端温度似乎和任何非平凡结构有明显矛盾。

**回应** 无论斯滕格尔的结论是否成立，今天有强烈的迹象显示，从宇宙学和量子引力来看，对一个热初态而言，上述论点一定在某个地方出错了。

首先，按这种说法，宇宙的熵在大爆炸时应该是最大的，但第二定律告诉我们大爆炸时熵是最小的！斯滕格尔（2009）注意到了明显的问题，并试图进行证明，他认为，在给定可观测宇宙的微小尺寸的前提下，熵在大爆炸时确实是极大的。在这种观点下，之所以当我们离开宇宙大爆炸时熵可以增加，仅仅是因为宇宙正在膨胀，因此提高了状态空间的维度。但卡罗尔（2010）和彭罗斯（2007）等人已经指出了和该答案相关的比较严峻的问题。一方面，如果状态空间维度可以提高，那么我们就放弃了可逆性，而这是量子力学的核心。另一个原因是，这个答案有令人不快的暗示：熵在一个假想的大收缩下可以转变并减少。其中卡罗尔和彭罗斯所青睐的替代方案是保持熵不变，尽管宇宙大爆炸时有很高的温度，之后宇宙状态的每一位被视为"特殊的"，且低熵被作为

---

⊖ 斯滕格尔（Stenger）的担忧并不是自由意志或人类的可预测性，而是排除了（一些神学家所讨论的）一种可能性，即上帝预先了解地球上的生命并安排了宇宙大爆炸。

第二定律的要求，但它的特殊性在于必须有引力自由度，我们还没有完全理解这一点。

第二个迹象表明，"热大爆炸"猜想是不完备的，量子场论用之前类似的方式误导了我们。1975 年，霍金（1974）使用弯曲时空中的量子场论计算黑洞的温度，并由黑洞最终会失去质量和消失而提出了霍金辐射。然而，霍金的计算似乎暗示着辐射是有热量的，因此特别地，它不能编码掉进黑洞的任何对象的非平凡信息。这导致了黑洞信息损失悖论，因为量子力学可逆性禁止下落物体的量子态简单地以这种方式"消失"。如今，在很大程度上由于 AdS/CFT 通信（见 Boer, 2003），专家几乎一致认为下落对象的量子态不会消失，正如霍金的计算所暗示的。另外，至少以黑洞之外的人的角度来看，下降的信息应该"逗留"或在黑洞表面附近，在非完全理解的量子引力自由度上，在霍金辐射的混淆形式之前。如果量子场并非如此，这是因为量子场论仅仅是引力的量子理论的极限情况。

AdS/CFT 通信仅仅是全息原理的一个实现，它已经作为量子引力理论的一个中心特征出现在过去的二十年中。众所周知，很多物理理论不仅有一个 $D$ 维的"体积"方程，而且有一个 $(D-1)$ 维的"边界"方程。在一般情况下，这两种方程看起来完全不同：在一个方程下平滑有规则的状态，可能在另一个方程下看起来是随机乱码的⊖。然而，存在一个状态和观测者之间的同构，通过该边界方程"全息编码"发生在大量方程中的每一件事情。作为一个典型的例子，如果爱丽丝跳进一个黑洞，那么她可能会觉得自己平稳地朝着奇点下降。同时远离黑洞的鲍勃可能会采用一个"双重描述"来描述完全相同的物理状态，其中爱丽丝从未使其越过视界范围，而她的量子信息会以一种极其复杂的方式在地平线被"压扁"。换句话说，假设在区域边界的"大量杂乱的熵"可能和区域内部的一个很有结构的状态是"同构"的；现在有详细的例子来展现确切发生了什么。⊖

底线是在讨论宇宙大爆炸这类极端情况时，忽略量子引力自由度是不行

---

⊖ 作为最简单的例子，边界方程明显表明，一个区域内的总熵应该由其表面积而不是其体积来控制。在体积方程中，这种特性是令人奇怪和意外的。

⊖ 不可否认的是，已知的例子涉及两种理论之间的同构，它们包含不同数量的空间维度，但都有一个时间维度。似乎没有任何非平凡的例子，其中边界理论依赖于初始空间或体积理论的零超曲面。（当然，我们可以通过一个平凡的例子来简单地定义"边界理论"，以构成体积理论的初始条件，而没有时间演化！不过对于"非平凡的"例子，我指的是比那更有趣的东西。）

的，因为我们还不知道如何将它们建模。包括那些自由度似乎导致直接回到了并不令人吃惊的结论，即没有人知道什么样的相关性可能会一直存在于宇宙的初始微观状态。

### 12.5.5 维格纳的朋友异议

最后的反对意见来自于量子多世界诠释，更准确地说，来自于一个有自我意识的观察者被测量为相干叠加态的可能性。

让我们从一个理想实验着手——"维格纳的朋友"（由尤金·维格纳在 1962 年左右提出）。有一个智能体 $A$ 处于两种精神状态的相干叠加态：

$$|\Phi\rangle = \frac{|1\rangle|A_1\rangle + |2\rangle|A_2\rangle}{\sqrt{2}}$$

我们假设两种状态对应着智能体 $A$ 可能被问到两个不同问题时的状态。例如，$|1\rangle|A_1\rangle$ 表示 $A$ 被问及他最喜欢的颜色，而 $|2\rangle|A_2\rangle$ 表示 $A$ 被问及最喜欢的冰淇淋口味。接下来，为了验证 $A$ 确实处于两种精神状态的叠加态，而非只处于两者中的一种，另一个智能体 $B$ 走了过来并使用以下基对 $|\Phi\rangle$ 进行测量：

$$\left\{ \frac{|1\rangle|A_1\rangle + |2\rangle|A_2\rangle}{\sqrt{2}}, \frac{|1\rangle|A_1\rangle - |2\rangle|A_2\rangle}{\sqrt{2}} \right\} \tag{12.1}$$

现在，我们有很多关于以上场景的令人费解的疑问，其中最显然的问题就是，"执行完上述操作后，$A$ 看起来是什么样子的？"如果 $A$ 知道自己处于哪种确定的状态，也就是要么处于 $A_1$ 要么处于 $A_2$ 而不是两者叠加，那么 $B$ 后续基于式（12.1）对 $A$ 的测量显然违背了物理学定律。

然而，让我们先略过这个问题，问另外一个关于自由比特构想的问题。根据自由比特构想，$A$ 在回答她被问及的问题时的"自由决策"应该与一个或者多个自由比特相关。我们把 $A$ 的叠加态和这个自由比特结合在一起：

$$\frac{|1\rangle|A_1\rangle + |2\rangle|A_2\rangle}{\sqrt{2}} \otimes |w\rangle$$

这样问题就变得很显然了。也就是说自由比特 $w$ 有"两个"职责，即与 $A$ 在两个状态分支 $|1\rangle$、$|2\rangle$ 下的决策都相关联。换句话说，即使假设环境的微观细节可能以某种方式"解释"在一个分支下发生了什么，但相同的细节怎么可能解释两个分支？由于 $A_1$ 关注它最喜欢的颜色，它会发现自己奇怪地受到 $A_2$ 同时考虑其最喜爱的冰淇淋味道的限制，反过来也是这样吗？

有些人会觉得我们可以通过把 $w$ 看成两个自由比特 $|w\rangle = |w_1\rangle \otimes |w_2\rangle$ 来

解决这个问题，其中 $|w_1\rangle$ 对应着 $A_1$ 的回答，$|w_2\rangle$ 对应着 $A_2$ 的回答。但是这一解决方案很快就会陷入指数爆炸，如果考虑如下量子态：

$$\frac{1}{2^{500}} \sum_{x \in \{0,1\}^{1000}} |x\rangle |A_x\rangle$$

我们会发现需要 $2^{1000}$ 个自由比特才能让每个 $A_x$ 独立于其他 $A_x$ 自由地进行决策。

另一个"显然"的解决方案就是假定自由比特与 $A$ 纠缠：

$$|\Phi'\rangle = \frac{|1\rangle|A_1\rangle|w_1\rangle + |2\rangle|A_2\rangle|w_2\rangle}{\sqrt{2}}$$

但问题是，在不违背量子力学的条件下，这样的纠缠态是不可能产生的。如果 $w$ 包含了 $A$ 所处环境的所有微观细节，以至于可以追溯到早期宇宙，那么就会奇怪地发现 $A$ 和 $w$ 纠缠在一起。实际上，在维格纳的朋友这一实验中，这种纠缠态被看作基本退相干源：任何事物都没办法从 $A$ 出发追溯到某些量子信息的泄露，这从某种程度上阻止 $B$ 观察到 $|1\rangle|A_1\rangle$ 与 $|2\rangle|A_2\rangle$ 之间的干涉。然而如果 $B$ 确实可以追溯 $A$ 与 $w$ 的纠缠态到量子信息"泄露"，那么 $w$ 就不包含任何自由比特。在这种情况下，$w$ 仅仅被看作 $A$ 与她的环境在幺正演化下的结果，而这可以假定是可被 $B$ 所预测的，甚至可以用下列的基通过测量状态 $|\Phi'\rangle$ 来验证该假设：

$$\left\{\frac{|1\rangle|A_1\rangle|w_1\rangle + |2\rangle|A_2\rangle|w_2\rangle}{\sqrt{2}}, \frac{|1\rangle|A_1\rangle|w_1\rangle - |2\rangle|A_2\rangle|w_2\rangle}{\sqrt{2}}\right\}$$

**回应** 在 12.4.2 节中，我们问到"微观事实"和"宏观事实"的定义。我对这些反对的回应就是咬紧牙关。也就是说，我接受自由比特构想与维格纳的朋友的物理可行性的潜在矛盾。换种说法，如果自由比特构想正确并且维格纳的朋友实验可以实现，那么我认为我们必须承认：至少在实验期间，实验主体没有"奈特自由能力"并且是完全机械化的，从外面看来完全可以由一台量子计算机来模拟。

我意识到上述观点听起来很疯狂，但是如果仔细思考一下在真人上做维格纳的朋友实验所涉及的东西时，就没那么疯狂了。因为人脑与外部环境大量连接（见 Tegmark，1990），所以这个实验中可能不存在我们所认为的"人类"这种实体了。相反，在第一步中，最需要解决的大概是大脑上传问题：也就是说把人类的大脑传到数字化的基质上。这么做以后，我们才能执行下一步，也就是把数字化的大脑放到一台量子计算机上并制备和测量其思维的叠加态。我承认虽然最终的实体有可能还是有自由意志，但我们并不能毫无争议地通过类比或者推理来得出结论。

特别要注意的是，如果智能体 $A$ 可以在叠加态下被操控，则作为这些操纵的直接副产品，$A$ 将可能一次又一次、时而时间上向前、时而向后地经历相同的心理过程。例如，$B$ 在式（12.1）的基中测量 $A$ 的这个"显而易见"的方式对 $B$ 而言就已经是"不可计算"了，只要最初的时候幺正变换 $U$ 使 $A$ 处于叠加态 $|\Phi\rangle$。可能的话，该过程然后将重复许多次，因此 $B$ 累积了更多的关于量子干涉模式的统计证据。所以，在不可计算的步骤中，$A$ 将"经历时间倒退"吗？逆映射 $U^\dagger$ 感受起来是否会与 $U$ 不同？或者 $U^\dagger$ 和 $U$ 的所有应用是否同时经历起来一模一样，在功能上彼此不可区分？我希望不只有一个人对这些问题感到眩晕！对我来说，至少是一个似是而非的猜测，$A$ 不会经历任何事情，而为什么它不会的原因与 $B$ 以这些方式操纵 $A$ 的能力相关。

更广泛地说，我在这里所持有的关于重叠态智能体的观点让我回想起，这几乎是我早些时候关于如果智能体的精神状态可以完美测量、复制、模拟并由其他智能体预测的观点的结果。因为在能够测量一个物理系统的精确状态 $|S\rangle$ 与能够在以下形式的叠加中检测量子干涉有紧密的联系：

$$|\Psi\rangle = \frac{|S_1\rangle + |S_2\rangle}{\sqrt{2}}$$

以上形式由两个 $|S\rangle$ 的轻微变化组成。如果除了别的之外我们还知道 $|S\rangle$，那么可以把一个 $|S\rangle$ 的复制加载到一台量子计算机上，从而制备和测量一个类似于 $|\Psi\rangle$ 的叠加态——当然，假如有人把 $|S_1\rangle$ 和 $|S_2\rangle$ 的量子计算机编码看作"像真实的东西一样"。相反，检测 $|S_1\rangle$ 和 $|S_2\rangle$ 之间的干涉的能力需要假设我们知道并且能够控制使它们不同的所有自由度。量子力学告诉我们如果有某个自由度没被考虑到的话，我们仅仅只会看到 $|S_1\rangle$ 和 $|S_2\rangle$ 的混合态而不是叠加态。

但如果是这样，人们可能会问，是什么使人类如此与众不同？根据量子力学的幺正演化规则最字面的理解（有些人称为"多世界诠释"），我们都存在于大量分支的叠加态之中，而且，由于快速退相干，我们无法测量这些分支之间的干涉只是一个"实际"的问题，不是这样吗？这里我重申 12.4.2 节中提出的推测：状态 $|\Psi\rangle$ 的退相干应当被认为是"基本的"和"不可逆的"，当状态 $|\Psi\rangle$ 与自由度纠缠在一起时，这些自由度在光速下朝向地平线退去，并且原则上不可能再聚集在一起。至少在原理上，可以通过容错量子计算机来避免这种退相干，正如在上面的维格纳的朋友的思想实验中。但是，任何我们目前认为是"人"的实体都似乎不能避免这件事。

有人会问：如果自由比特构想是对的话，那么它对量子力学的基础有什么影响？例如说，多宇宙诠释到时候就错了？有趣的是，答案是否定的。因为我不曾建议过对量子力学的基本规则做改变，任何能够接受这些规则的解释——包括多宇宙诠释、各种贝叶斯和唯心的诠释——都能够某种程度上被保留下来。到目前为止，不论是相信在波函数上的不同分支中我们过着不同的生活，还是否认其他分支下的可能，这些都是可以理解的。实际上，如果自由比特构想成立，那么自然的密谋将使我们毫无希望，甚至没有办法通过实验来区分不同的诠释。

不可否认，有些人会认为，不管自由比特构想是否成立，这些不同的诠释本来就没办法通过实验来区分。这不正是我们把它们称为"诠释"的原因吗？但是多伊奇（1985a）指出，像维格纳的朋友这种实验严肃地质疑这些诠释是等价的这种想法。例如，如果有人能在某人的思想上做量子干涉实验，难道那个人不能直接体验到波函数的不同组成部分的样子吗？这里的波函数指这个干涉实验中被幺正变换的波函数⊖。这难道不会基本上证明了类似于多世界的观点，同时否定主观主义者所认为的其他平行宇宙中"我"的存在？如果否认维格纳的朋友实验中朋友拥有"奈特自由能力"，那么自由比特构想意味着没有什么能够比得上成为这么一个主体。因此，这就辨证了量子诠释可以自由、永远地持续下去，即便原则上不可能有一个经验的解决方法。

## 12.6 与彭罗斯观点的比较

上半个世纪最早思考关于物理与思维的思想家就是罗杰·彭罗斯。在他的书中（《皇帝新脑》和《心灵阴影》⊖），彭罗斯提出了三个相关的观点，都极具争议性：

1. 与哥德尔不完备性相关的论证表明人类大脑的物理行为是不能被算法模

---

⊖ 一个关键的警告是，干涉实验结束后，没有人能保留关于"那是什么样的感受"的可靠记忆或可发表记录！因为在实验中一个人的记忆是随意创造和销毁的。如果没有销毁记忆，我们不可能得到干涉。在实验完成后，人们记忆里可能会有一些东西，但是在实验开始之前它也能够被概率地预测，并且不取决于中间的"什么"。但是，至少在实验正在进行的时候，也许会知道量子力学的哪个诠释是正确的！

⊖ 更后来的一本名为《通向实在之路》（2007）的书中，很少直接讲思维，但却是我最喜欢的。我认为这是彭罗斯针对我们在量子力学、热力学和宇宙学的理解上存在的差距而给出的最强案例，并且需要激进的新想法来填补。

拟的（也就是违背丘奇 – 图灵论题）。

2. 必有一个"客观"的物理过程，量子状态最终塌缩并产生我们经历的确定的世界，寻找这样一个过程的最好的地方是在量子力学、广义相对论和宇宙学的交界处（"特殊性"的宇宙初始状态提供唯一已知的时间不对称的物理学，其中不计数量子测量）。

3. 客观的事件塌缩可能发生在大脑神经元的细胞支架中（并随后通过"常规"大脑活动放大），这可能就是观点 1 中不可计算性的来源之一。

一个显然的问题是彭罗斯的观点和我们这里讨论的观点是怎么联系起来的。有些人可能会把自由比特构想看作彭罗斯的精简版本。一方面，它包含了彭罗斯对心灵的奥秘与现代物理学的关系的核心信念，甚至跟随彭罗斯关注物理学的某些方面，例如初始状态的"特殊性"。另一方面，我的叙述几乎否认了彭罗斯所有进一步的猜测，例如，量子引力中的不可计算过程和探索这些过程中细胞骨架的重要作用⊖。现在阐述我的观点和彭罗斯的观点之间的六个不同之处。

**1. 我并非试图去"解释意识"**。事实上，这个目标非常误导我，至少似乎"意识"是指现实意义上的而非神经学家所讲的更受限的那种感受⊖。正如无数哲学家多年来指出的（例如 McGinn，2000），所有的科学解释就好像是个"僵尸世界"，它们满足所有因果关系，但是没有任何人真实地体验到任何东西。更具体地说，即使彭罗斯认为人类大脑具有"超图灵"的计算能力——我没有理由认为他是对的——我从来没有理解这将如何帮助解决查尔默斯（1996）称之为"难题"的意识。例如，配备了一个停机问题神谕机的图灵机，能够比没有配备这种神谕机的图灵机更好地感觉到"红色的红"吗？

考虑到彭罗斯对于意识的重要性，我觉得很奇怪，他几乎没有提到自由意志的相关奥秘。我在本章中的中心主张是，存在一个自由意志的"经验对照物"（我称之为"奈特自由"），这一研究确实自然地引出一些关于物理和宇宙

---

⊖ 尽管沿着另一个方向，一些人可能会发现自由比特构想更激进，因为它表明某些事件和决定的任何非重言式的解释都是不可能的，甚至涉及一个图灵不可计算问题的神谕机的解释。

⊖ 就像"自由意志"一样，"意识"这个词一直是凶猛言语超载的受害者，从"在麻醉下消失的意识"，到"受试者可以通过语言报告的意识"，再到"意识是大脑的执行控制系统"，人们声称这些统统和意识有关！更糟糕的是，"意识"具有一种属性，即使一个人确切地指定了某种他要表达的意思，读者仍然可以根据自己喜欢的意思来判断任何事物。因此，正如我最终决定在本章中谈论"自由"（或"奈特自由"）而不是"自由意志"，我更倾向于使用不那么充满条件的执行控制、语言报告能力等，并且将"意识"一词限制为人们在几个世纪以来试图用"意识"一词达到的不可定义的事物，假设这些事物存在。

学的问题，就我所知，通常关于意识的经验对照物都未曾采用这种方式。

**2. 我的论证不依赖于人类数学家特有的那种柏拉图式的感知能力。**彭罗斯的论点依赖于数学家所期望的那种能"看到"（例如）皮亚诺公理的一致性的能力（而不是简单地假设或断言一致性，像正则推理的计算机程序那样）。据我所知，在何种程度上可以说这种"能力"存在，只不过是一种特殊的、难以理解的感受性或主观经验类型，并且与其他类型一样在经验上难以达到。换句话说，我不是要讨论皮亚诺公理的一致性，我觉得彭罗斯也会回过头来考虑为什么机器人不能"真正"享受新鲜草莓，而是至多只能声称享受它们。

在这两种情况下，回复似乎很明显：你怎么知道机器人不是真正享受草莓，或看到算术一致性？你怎么知道其他人是否喜欢或看到那些东西？在任何情况下，本章中的任何论述都不会引起这类考虑。如果在数字计算机和人类大脑之间有任何重要的差异，那么我坚持这种差异只是经验上的差异。例如，计算机存储器可以可靠地测量和复制而不干扰它们，但大脑状态基本不行。这种差异不能依赖于或者隐含地依赖于基于作者或读者自己的主观经验的论证诉求。

**3. 我并不借助于哥德尔不完备定理。**让我总结彭罗斯的（以及更早，卢卡斯在 1961 年的）"人类特殊性的哥德尔论证"。考虑任何用来判定数学命题的真与假的有限可描述的机器 M，它从不出错，但有时可能输出"我不知道"。然后，通过使用 M 的代码，可以构造一个数学命题 $S_M$，一个例子是"M 永远不会肯定这个语句"的正式编码，我们人类"从外面看"可以清楚地看到如果不想导致矛盾的话，M 不能肯定这个命题。

这个论证的困难性已经在其他地方被解释过了（Aaronson，2013；Dennett，1995；Russell and Norvig，2009），一个比较标准的论述写在注脚中。[⊖]

在这里，我只是简单地说一下，我认为彭罗斯－卢卡斯的论证建立了一些有效的结论，但是这些结论比彭罗斯想要的结果弱得多，而且即使没有哥德尔的结论，它也可以直接建立。有效的结论是，如果你知道一个 AI 的代码，那么不管 AI 多么聪明，你总可以"揭露"出它是盲目遵循指令的机器。要做到

---

⊖ 如果人类数学家（甚至整个数学界）没能达到不犯错的标准，那么为什么可以假设 M 从来不会出错？即使 M 从来没有断言 $S_M$，或者从来没有错误，那么我们又怎么会知道呢？事实上，就像意识本身一样，即使一个人有神秘的柏拉图式能力去"看到"M 的健全性，那个人要怎么说服一个持怀疑态度的第三方？最后，如果我们相信人类大脑本身是可以有效描述的，那么为什么我们不能构造一个类似的数学命题（例如，"彭罗斯永远不会肯定这个命题"）？如果不出现自我矛盾的话，彭罗斯不能肯定，即使其他人类或者一个 AI 程序可以很容易地肯定它。

这一点，你并不需要把 AI 放到自指悖论中：只要验证这个 AI 的响应是否恰好（或者说概率上）就是你拥有的代码的执行结果！不管是彭罗斯-卢卡斯的论点还是这个更简单的论点，在我看来，真正的问题不是 AI 是否遵循一个程序，而是它所遵循的程序是否被其他人所知道。这就是为什么本章从一开始就关注后一个问题。

**4. 我没有试图否定适当编程的数字计算机能通过图灵测试**。当然，如果自由比特构想是对的，那么复制特定人的精神状态并预测他的反应会变得很难。即使在这里可以通过非侵入性测量来制造出某人的数字"模型"，而且这个模型足以欺骗那个人所有最亲密的朋友和亲戚几十年。（如果只是为了这个目的，那么模型的行为举止与原来那个人有很大不同也没有关系。）这样的模型肯定可以通过图灵测试的"较弱的"任务，即至少在代码被揭露前，它能够让询问者认为它是人类。如果这类模型不能建立，那么这个问题将远远超出本章探讨的内容。

**5. 我没有假设大脑的生物学结构有任何奇异之处**。在《皇帝新脑》(Penrose，1989) 中，彭罗斯推测大脑可能会像今天我们所谓的绝热量子计算机一样：产生高度纠缠的量子状态且很可能能够比任何经典算法更快地解决某些优化问题。（在这种情况下，纠缠很可能存在于神经元之间）。在《心灵阴影》中 (Penrose，1996)，他和斯图亚特·哈默洛夫（Stuart Hameroff）进一步提出了一个提案，强调了细胞微管的作用——神经元细胞骨架的组成部分。在这个提案中，微管大体上对尚未被发现的量子引力效应像"触角"般敏感。由于彭罗斯也推测关于引力的量子理论将囊括图灵不可计算的过程（参见下面的不同点 7），因此微管也使得人类超越了图灵机。

不幸的是，后续研究表明这些想法并不正确。退相干速率的计算结果表明，要在大脑这种湿热的环境中，使得在认知这个时间尺度或者神经元这个范围尺度上一直维持量子相干状态几乎不可能（参见 Tegmark，1999）。至于微管，它们是细胞中常见的结构元件，而不仅仅是神经元，并且没有明确的证据表明它们对时空的量子性质特别敏感。这就抛弃了"量子引力触角"可能出现的进化途径的问题。

自由比特构想不需要这样：至少从生物学的角度来看，它对人类大脑的假想和传统的神经科学一样。也就是说，人类的大脑是一个大规模平行的、高度连接的、做经典计算的器官，是由自然选择耗费几百万年设计而成的。神经元起着类似于电子电路中的门的作用（尽管神经元在细节上要复杂得多），而突触强度被当作可读和可写的存储体。如果我们坚持这个原则，那么或许脑和当今的电子计算机之间最显著的区别在于大脑是一个"数字/模拟混合体"。这意味着，我们没有有效的方法来测量大脑在给定时间的精确"计算状态"，以及复制它的状态或将大脑恢复到先前的状态，并且甚至不清楚这些事情原则上是否可以完成。这也意味着大脑的微观行为极易受到细微波动（例如，在钠离子通道）的影响，从而放大混沌，这种放大甚至可能发生在与人类决策相关的时间尺度（例如，30秒）。当然，如果这些波动起源于量子力学并且规模足够小（很可能就是很小），那么它们原则上不太可能被察觉到，更别提改变大脑思维。

从神经科学的观点来看，上一段的最后部分当然没有确定，但似乎没有任何好的证据可以否认之。我把它们看作可能的猜测，并希望在未来的工作中能够证实或否认它们。对于上面的观点，自由比特构想只添加了一个进一步的推测——我认为，甚至不会触及神经科学的"边角"。这仅仅是因为如果我们考虑一个关于微观波动的量子状态 $\rho$，那么这些状态至少满足一些奈特不确定性（即它们是本章附录 C 中定义的"自由状态"）；此外，如果我们希望的话，可以发现至少一些奈特不确定性最终源于我们对早期宇宙的详细微观状态的无知。这可能是真的也可能不是真的，然而在我看来，这不是神经科学的问题，而是物理学和宇宙学的问题（见 12.9 节）。因此，自由比特构想对神经科学的依赖是非常少的，肯定比彭罗斯的设想要少！

**6. 我不是在提出一个对量子力学进行修正的"客观还原"过程。** 彭罗斯推测，当量子态的分量实现足够大的能量差异，使得它们引起时空度量的"明显不同"的配置（粗略地，相差一个普朗克长度或更多的配置）时，超出单一量子力学的新的量子引力定律应该能够实现，并导致量子态的"客观还原"。这个假设的过程将成为我们理解的测量或塌缩的基础。彭罗斯提出的论点是，如果它存在，那么其还原过程将通过当前的量子干涉实验逃脱检测，但可以想象在可预见的未来它将被实验检测到或排除掉（Marshall et al., 2003）。彭罗斯的观点远不是唯一公开的"客观还原"模型，例如，有一个早期众所周知的模型，源于吉拉尔迪、里米尼和韦伯（GRW, 1986），但该模型是纯粹的"现象学"，而不是被绑在引力或物理学的一些其他已知部分上。

如果我们发现了一个客观还原过程，那么它就能为微观事实和宏观事实提供一种现成的区分（见 12.4.2 节），这正是自由比特构想所需要的。尽管如此，我还是对现有的客观还原模型是否接近真相表示深深的怀疑。我怀疑的原因是：首先，模型看起来太丑陋且太特别了（GRW 的模型比彭罗斯的模型更甚）；其次，AdS/CFT 通信现在提供了证据，证明量子力学即使与引力相结合也能毫发无损。这就是为什么在 12.4.2 节和 12.5.5 节中，我推测微观事实和宏观事实之间的区别最终可能被定义为德西特空间宇宙，其中一个宏观事实是，任何事实"已经不可逆转地走向了德西特视界"。

**7. 我不是在说量子引力会导致图灵不可计算的过程。** 彭罗斯最引人注目的陈述之一是物理定律应该涉及不可计算性；即对于在物理状态之间的转换，即使给定无限的时间，原理上也不能被图灵机模拟。彭罗斯通过他的哥德尔论证得出这个结论（见不同点 3），然后他就面临着一个艰难的挑战，即如何在任何与物理相关的事物中找到所需的不可计算性。注意，这与（不同点 5 讨论的）如何使人类大脑对不可计算现象敏感的挑战是独立的，假设它们存在的话！在《心灵阴影》中，彭罗斯似乎承认这是他的论证中的一个薄弱环节。对于不可计算性的证据，他能提供的最好的是马尔科夫的定理，即四维流形同构问题是不可判定的（实际上等同于停机问题）（Markov，1958）。杰拉奇和哈特尔（1986）推测这个事实也许与量子引力有关，因为尝试公式化量子引力会涉及对四维流形求和。

我个人认为，没有理论上或经验上的理由让我们认为物理定律能解决图灵不可计算的问题，无论是我们的大脑还是任何其他物理系统。事实上，我更进一步：在 2005 年的一篇论文中，我总结了物理定律似乎"合谋"阻止我们在多项式时间内解决 NP 完全问题（如旅行销售员问题）的证据。但"仅"可以在指数时间解决的 NP 完全问题与停机问题等图灵不可计算问题相比，就像是小孩子的游戏一样！因此，我认为这是彭罗斯的提议的一个严重缺点，即他们假定不可计算性是动力学上的，并且自由比特构想的优点之一就是没有涉及这方面的观点。不可否认的是，自由比特构想确实需要假设不存在完整的、计算上简单的初始条件⊖编码。但是在我看来，在已建立的物理学中没有什么会致使我们期望这样的编码存在⊖！自由比特构想对于初始状态的详细属性是否有助于以可靠方式解决其他难以解决的计算问题（例如 NP 完全问题）并不表态。但自由比特构想肯定没有理由认为这是可能的，我从任何其他来源的证据中都

---

⊖ 更准确地说，如果可以用一些如二进制编码等自然的方式进行编码的话，初始状态肯定非常复杂（见本章附录 B）。

⊖ 相比之下，当涉及动态行为时，我们发现了很多给定初始输入条件后可以在计算机上模拟的定律，对此我们有几个世纪的经验，但对于发现不能模拟的定律，我们则毫无经验。

没有看到这种可能性。

## 12.7 应用到玻尔兹曼大脑上

在本节中，我将解释如果自由比特观点被接受的话，它如何（似乎可以）解决宇宙学中著名的"玻尔兹曼大脑问题"。毫无疑问，有些人会觉得治愈甚至比疾病更糟糕！但是，哪怕真有人那么想，自由比特和玻尔兹曼大脑之间有联系这个不争的事实似乎也值得讲清楚。

首先，什么是玻尔兹曼大脑问题？假设——现在似乎已经确定了（参见 Perlmutter 和其他 31 人提出的《超新星宇宙学计划》，1999）——我们的宇宙不会经历大收缩，而是将永远继续扩张，其熵的增加符合第二定律。然后，在最后一个黑洞最终衰退成霍金辐射后，宇宙将达到热平衡的状态：基本上是熵最大化的、在另一个寒冷又空旷的真空中飞行的低能量光子羹。困难在于，即使在热平衡中，仍然存在微小但非零的概率，任何给定（有限）配置都可能随机出现：例如，在某种机遇下光子聚合并经过虚过程而产生其他粒子。一般来说，我们期望具有总熵 $S$ 的配置以阶为 $\sim 1/\exp(S)$ 的概率在特定时间和地点出现。但永恒是一个很长的时间，即使是这种指数级别不可能的波动也不应该只是发生，而是应该无限频繁地发生。为什么所有的莎士比亚戏剧可能无限频繁地以编码形式出现在 $\pi$ 的十进制展开中⊖，也是同样的原因。

所以特别地，我们可以预料最终会出现（假定）与你在身体上完全一样的人，他们生存的时间足够长，以便拥有你现在拥有的任何心理体验，然后消失在虚无之中。这些假定的观察者在专业领域中被称为玻尔兹曼大脑（参见 Dyson et al.，2002），以在 19 世纪晚期推测相关问题的路德维希·玻尔兹曼命名。那么，你怎么知道你不是玻尔兹曼大脑？

但问题更严重。因为在永恒的宇宙中，你会有无限多的玻尔兹曼大脑分身。相比从大爆炸开始一直到达尔文进化这种"正常"过程，任何带有你的记忆和经验的观察者似乎极其更有可能是一个玻尔兹曼大脑。听起来非常愚蠢，但这是一个宇宙学家最近提出的并一直困扰他们的主要问题，因为他们一直想要给玻尔兹曼大脑分配极大的概率测度（Carroll，2010）。

---

⊖ 这是根据一个未被证明的猜想：$\pi$ 是一个以 10 为底的正规数。也就是说，在 $\pi$ 的十进制展开中，任意 $k$ 个连续数字序列出现的频率渐近于 $1/10^k$。

但现在假设你相信自由比特构想，并且还认为拥有奈特自由是被看作观察者的必要条件。然后我就可以声称玻尔兹曼大脑问题会立即消失。因为，在自由比特构想中，奈特自由意味着与宇宙在大爆炸时的初始状态有某种相关性，因此不知道初始状态的完全知识意味着外部观察者无法完全预测（甚至概率地预测）一个人的行为。但是玻尔兹曼大脑不会与初始状态有这种相关性。达到热平衡时，宇宙会（根据定义）"忘记"其初始状态的所有细节，任何自由比特早早就被"用光"了，换句话说，玻尔兹曼大脑没有办法通过切换自由比特这个开关而思考这么一个想法而不是另一个想法。所以，基于这一点，玻尔兹曼大脑并不"自由"，即使在它们短暂存在的时刻。也许可以进一步猜测，玻尔兹曼大脑不值得期待。

### 如果我们用完自由比特会怎么样

上面对玻尔兹曼大脑的讨论引出了一个对自由比特构想的更一般的观察。假设：

- 自由比特构想成立。
- 可观察的宇宙具有有限的范围（因此可以假设一个正的宇宙常数）。
- 全息原理（见12.5.4节）成立。

那么任何一个观察者可访问的自由比特数量必须是有限的，这仅仅是因为任何种类的比特数量由于可观察宇宙的全息熵有限而有个上界。（详情参见Bousso, 2000 或 Lloyd, 2002，他们都将可观察宇宙的信息容量估计为约 $10^{122}$ 比特。）

但是，自由比特的本质是，当它们被放大到宏观尺度时，它们就永久地被"耗尽"了。因此，在所述的假设下，我们得出结论，在可观察的宇宙用尽自由比特之前，只能做出有限数量的"自由决定"！在我看来，这不需要太令人担忧。毕竟，即使没有自由的概念，热力学第二定律（结合全息原理以及正的宇宙常数）就已经告诉我们，在宇宙热平衡之前，可观察的宇宙大约有 $10^{122}$ 个有意义的事件。更多的关于把自由比特当作有限资源的内容见本章附录B。

## 12.8 指代和自由比特

玻尔兹曼大脑问题只是被哲学家们称为指代词不确定性的一个特殊例子。指供词不确定性在谁、做什么、在哪、什么时间等第一人称事实上做文章，这些第一人称事实有个特点，就是很难被指定到底是什么，即便在指定了所有关于物理世界的第三人称事实后。哲学和科学中很多著名辩论（比如人择原理、宇宙参数的微调、平行宇宙和弦理论、末日论断以及费米悖论等）的基础就是人们在指代词不确定性上的认识存在分歧。在这里我并不想总结关于这些问题的大量文献（参见 Bostrom, 2002）。不过，我还是会举几个例子来阐释什么是指代词不确定性。

- 在做贝叶斯统计的时候，常常涉及一个称为参照集的概念：粗略地讲，它是一个观察者集合，而且你认为自己是从这个集合中被采样的。举一个没有争议的例子，假设你要估计自己患有某种遗传疾病的概率，以决定是否去做检查。在现实中，你或者患病或者不患病。不过，假设你是从所有和自己具有相同种族、相同性别等属性的人群中随机抽样的，然后查找相关统计数据去估计患病的概率，这种做法似乎并没有什么问题。但是，当进一步思考应该选用多大的参照集时，我们很快就会感到困惑。我们能假设自己是从所有的（包括已经死去的，以及还未出生的）人群中随机抽样的吗？如果可以的话，那么为什么这个参照集不能包括早期的人类、黑猩猩、海豚、外星人乃至有意识的人工智能呢？许多人可能会简单地回答因为你不是一只海豚，所以没有必要担心成为海豚的可能性。问题是，你也不是和你具有同一种族和性别的其他人——你就是你——但是出于医疗和精算目的，很显然，我们假设你可能是别人也好像不是完全没有理由。所以为什么你的参照集中可以包含其他人，但是不可以包含海豚？

- 假设你是一个天文学家，尝试基于最近的宇宙背景辐射等数据用贝叶斯统计去比较两个宇宙模型。当然，就像在 12.3.1 节讨论的那样，在进行任何类似的计算前都需要事先指定先验概率。这里有一些问题，假设有两个宇宙，其中一个是另一个的两倍大，其他的都一样，所以我们处在两倍大的宇宙中的概率应该是处在另一个宇宙中的概率的两倍（所以大概期望上也存在两倍多的文明）？如果是这样的，那么我们就会得到一个看起来荒唐的结论：如果存在无限大宇宙，那么我们一定生活在无限大的宇宙中，因为我们期望无限宇宙中的观察者比有限宇宙中的观察者多无限多个。当然我们不可能像中世纪的学者那样，坐在椅子上就能得出宇宙的大小。就像波斯特洛姆指出的那样，这里的麻烦之处在于：如果不对期望观察者数量进行先验概率调整将会导致自我矛盾。举一个花哨的例子：假设我们正在尝试比较两个理论，它们在物理根基上是一样的。A 理论预测宇宙中将会出现一个两条腿生物的文明。B 理论预测宇宙中将会出现一个两条腿生物的文明以及一万亿个一样先进的九条腿生物的文明。观察到我们自己就是两条腿的，我们能说 A 理论具有压倒性的优势吗——因为如果 B 理论是对的，那么几乎可以确定我们就是九条腿的？直接应用贝叶斯法则的话，答案应该是肯定的——除非我们对文明数量做调整。

- 沿着类似上面的想法继续想下去很快就会得到广为人知的末日论断。末日论断是说，人类文明在不久的将来就会自我毁灭的可能性远大于人们的想当然——这里"想当然"是指"还没考虑指代词不确定性之前"。这里逻辑很简单：假设人类文明将会再持续亿万年，并在银河系中殖民，等等。在这种情况下，我们出现在现在这个几乎是人类历史起点位置的概率将会小到令人感到荒唐。进一步，如果我们考虑到一个持续了那么长时间、会星际航行的文明的人口将很可能比今天多得多（就像我们现在比数百年前有多得多的人口一样），那么这个概率其实应该更小。如果我们是贝叶斯学派，那么这大概意味着我们必须降低"星际航行"这一"剧本"的概率，并提高那些让我们在人类历史上的位置更加"平均"的"剧本"的概率。但是，因为人口是指数数量级增长的，所以我们期望后面这个"剧本"将更多地偏向不久文明就会自我灭亡的"剧情"。很多评论家尝试直接浅显地否定末日论断（对末日论断常见的反对意见以及对这些意见的反应参见文献（Leslie, 1998），或者（Bostrom, 2002））⊖。然而，尽管末日论断的"现代的、贝叶斯的"版本可能确实是错的，那也并不是由于一些平凡的统计学上的疏忽导致的，而是因为它包含了对于指代词不确定性的错误理解。

尽管它们可能是令人费解的，但是这些指代词谜题和我们讨论的主题——自由意志有什么关系呢？毕竟，大概没有人会认为我们有可以选择何时何地出生的"自由意志"。虽然我还没看到过有人把它们的关系写下来，但我还是相信类似于上面的指代词谜题一定和自由意志谜题有关。因为指代词谜题很清楚

---

⊖ 许多人指出，山顶洞人本可以提出完全相同的论断，而且是错误的。这是真的，但无关紧要：末日论断的全部意义在于，大多数人都是正确的！另一种逃避这一论断的结论的常见方法是，假设存在大量的外星文明，不管人类做什么或不做什么，它们都存在。如果在我们的参照集中包含了外星人，那么他们就可以"淹没"在贝叶斯计算中未来人类数量的影响。

地展示了这么一个事实：即使我们假设物理定律完全是决定论的，这些定律仍然不能确定（甚至不能概率地确定）关于我们自身的大部分事实。这些定律不会从浩无边际的时空中挑选一个特别的有血有肉的胖子，并说"这个胖子就是你了，它的经历就是你的经历"，甚至也不会给我们一个挑选这些可能的胖子的概率分布。尽管它对于经验问题的重要性是不言而喻的，但我们对于"我是谁"以及"我可以成为谁"（即我们的参照集）的不确定性和所有涉及奈特不确定性的地方都是有关的。一旦把指代词不确定性引入我们的世界观，那么就更难看清楚为什么我们要拒绝自由比特构想所需的那种不确定性！如果你是否出生在8世纪的中国或21世纪的加州或索克星是一个满足奈特不确定性的变量，那么为什么我今晚吃什么甜点就不是呢？

更具体地，假设存在非常多和地球几乎一模一样的星球：正在写的书完全一样，人们的名字和DNA完全一样，等等。如果宇宙是空间无限的——宇宙学家认真思考过它的可能性⊖——那么就没有必要去假想这个场景：简单的概率计算告诉我们这个场景几乎一定存在！即使宇宙是空间有限的，随着星球、星系等的数量趋于无穷，存在这样一对"孪生地球"的概率也会趋于1。另外，因为暗能量在拉伸星系，我们可以期望任意两个"孪生地球"之间的距离都是指数大的，所以我们可以想象给定的"孪生地球"间从不会相互影响。

为了简便，假设只有一对孪生地球，记作A和B（这个假设不会对我们的结论有任何影响）。设想这么一个场景：因为一个混沌放大的量子波动，这两个地球即将出现它们历史上的第一次巨大分歧。进一步设想你（或者两个分别在A和B上的和你一模一样的生物）是这次分歧的直接起因。在A上，量子波动诱发了一系列神经活动并最终导致"你"在一座新城市里工作。在B上，一个不同的量子波动诱发了一系列神经活动并导致你还待在原地。

我们现在考虑：从一个通晓一切的超智慧生物的角度看，"你"从事一项新工作的概率是多少？可以简单地认为两个实际的历史应该有一样的权重，所以是1/2吗？如果开始时B比A的概率更高呢？或者如果换个其他的物理理

---

⊖ 天文学家只能看到宇宙大爆炸以来的光。如果在宇宙尺度上发现了一个正的空间曲率，那么它就强烈地表明宇宙是"包围起来的"——就像远古人类通过测量一小块土地的曲率，进而推测地球是圆的。不过，到目前为止，除了局部的扰动外，宇宙在可测量的范围内似乎是完全平坦的，这表明它要么是无限的，要么远远超出了我们的宇宙视界。然而，从逻辑上讲，尽管空间曲率为零，但宇宙可能在拓扑结构上是封闭的（因此是有限的）。同时，假设宇宙常数为正，那么宇宙中足够远的部分将永远与我们脱离因果联系，这将导致哲学上的争论——是否应该对那些足够远的部分做出科学解释，甚至那些部分是否存在。

论？为什么我们需要对两个地球做平均？有可能 A 上的你才是"真"的你，那么从事新工作对于你来说就是一个确定事件，就像莎士比亚不会变为那个没有写过戏剧的莎士比亚，所以可能 B 上的你根本就不是你的参照集，他只是相距极其远从不会见面的幽灵，他和你长相相似，行为相似（起码在你生命中某个节点之前），但是就是不是你。这样看来概率应该是 1 才对。同理，可能 B 上的你才是真的你，那么概率就是 0。所以，甚至连超智慧生物在不知道什么意味着"是你"的情况下都不能计算这个概率，而且这里可以很容易理解物理规律为什么对此没有帮助。

现在，接受了自由比特构想观点的人可能会说超智慧生物不能计算这个概率是意料之中的。因为那些量子波动都可以作为自由比特，在你做决定之前，你的物理状态的正确表示应该是 A 上的你和 B 上的你的奈特组合（用密度矩阵来表示奈特组合的细节可以参见本章附录 C）。在你做完决定后，模糊性就没了，你或者是 A 上的你，或者是 B 上的你。当然，A 上的你有可能又变为另外两个你的奈特组合。

这个观点吸引我的地方在于它"消除了两个相互矛盾的哲学谜题"：自由意志和指代词不确定性。就像我在 12.1.1 中说过的那样，自由意志好像需要一些物理世界中的奈特不确定性。同时，指代词不确定性是奈特不确定性中令人讨厌的那一种，尝试把它替换成概率不确定性会导致无穷无尽的显然的悖论，比如末日论断、波斯特洛姆观察者计数悖论、玻尔兹曼大脑问题等。所以自然地，人们就尝试把自由意志划到指代词不确定性的范畴。

## 12.9 自由比特构想能被证伪吗

关于自由比特构想我们自然会问：用它可以做一些新的可被证伪的预测吗？从某种层面上，我并没有承诺一定存在这样的预测！我是为了澄清一些关于大脑的物理可预测性的概念问题。任何时候当我遇到了一些还未被解答的科学问题——比如量子现象的放大在脑活动中起到什么作用——我都要承认自己的无知。

另一方面，人们自然会问：宇宙是否必须满足某些经验条件才能让自由比特有可能和大多数人理解的"自由意志"联系起来。

我觉得上述问题的答案是肯定的。我们从最直接的预测开始：首先，心理学永远不可能成为物理学是必要条件。如果人类能被预测得和彗星一样精准，那么自由比特构想就能被验证了。在那样的世界中，我们在日常生活中称为"自由意志"（甚至"误以为自由意志"）的东西和我们选择的不可预测性就没有任何关系。

早期宇宙的量子引力式描述不会给出关于宇宙的可简单描述的纯态或者混合态，这也是必要条件。至少"指代词不确定性"——即对自己在宇宙或者平行宇宙中位置的不确定性——将使我们永远不能把关于自己未来的任意问题归约到一些适定的数学问题。（这些数学问题可能是：把地球及其附近区域当作边界条件，把宇宙大爆炸当作初始条件，只考虑波函数中我们恰好找到了自己的那些相关分支，应用现在已知的演化方程会得到什么样的概率分布 $\mathcal{D}$。）

然而，上述"预测"只是一个"不可逾越上帝"式的论断：它们只是简单地预测有些科学问题永远不可能被完全解决。我们不能做得更好点儿以给出正面的预测吗？兴许有些意外，我想我们是可以的。

我们已经在 12.3.4 节中讨论了第一个预测。为了让自由比特构想起作用，量子不确定性——比如钠离子通道的打开和闭合——必须不仅能被大脑活动混沌放大，而且还必须是在一个合理的时间尺度上。换句话说，在 a 量子事件的放大和 b 受该放大影响的神经兴奋之间经过的时间不能太长，否则两个事件之间有连接的说法就显得很荒谬（10 秒钟大概差不多，一年就很可能不行了）。与这一要求密切相关，量子事件不能不经过对人脑活动的影响来影响其他经典特征。否则，预测器原则上就不需要潜在地对初始量子态或者大脑本身做破坏性的测量，而只需要观测其他的经典特征就能预测大脑活动。

比较自由比特构想和物理学中的超对称理论的经验情况是非常有趣的。它们都很难被验证，因为无论探索过多高的能量尺度，或者能成功地预测多久的未来神经活动，总有一些顽固的支持者坚持认为超粒子或者自由比特将在下一个更高的能级或者更长的时间尺度上失效。然而尽管如此，超对称和自由比特在一定程度上还是可证伪的。换句话说，假设在一个足够高的能级可以探测超粒子并且探测到了，那么他们就会放弃原来想做的事，转去做别的事情。同样，如果时间尺度足够长，在自由比特这边也会存在类似的情况。

此外，还有另外一个不涉及"合理时间尺度"概念的自由比特构想的经验预测。回忆在 12.3.3 节中的过去宏观决定（PMD）的概念：所有在因果上影响量子态 $\rho$ 的过去的"经典"事实（比如，激光器的配置）——如果已知的话——可以完全决定这个量子态。现在想象一个无所不知的恶魔，他想通过改变一个撞击你的大脑的光子的量子态来影响你的决策，并且他确实有这样的能力。但是，现在假想所有的光子都在 PMD 中"扎根"了。也就是说，所有光子的量子态都不能被改变，所以保持一个符合物理定律的时空历史将不会改变光子因果过去的经典自由度。如果这样，自由比特构想将再次失效。因为如果一个预测器只是简单地前瞻测量 PMD，那么根据假设它就能计算量子态 $\rho$，进而计算你做某个决定的概率。事实上，机器不仅能概率地预测你的行为，甚至还能完整地计算这些概率是由哪些量子行为产生的。假设存在这样的机器，那么你的选择的不可预测性和一个放射原子的不可预测性在本质上就一样了，这不是我们所感兴趣的（参见 12.3 节）。最终的结论是，为了让自由比特构想起作用，就需要一些相关的量子态不能在 PMD 中"扎根"，并且只能被溯源到早期的宇宙（参见图 12-2）。

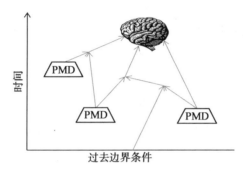

图 12-2　在时间上追溯人类决策的因果前提，要么停止在 PMD，要么停止在初始边界条件

## 12.10　结论

从某种层面上说，本章中的所有内容都是在调用大卫·多伊奇于 2011 年写的《无限的开始》书中的"重大二分法"：

一项技术或者是可行的，或者一定存在不可行的原因（比如物理上的或者逻辑上的）。

的确，这句话差不多就是一个重言式。但是，正如多伊奇指出的那样，一致地应用重言式可能有不同寻常的含义。比如，在我自己的领域（量子计算），就存在着一个可能没有自由意志那么具有争议性的应用。量子计算背后的思想是想利用量子力学原理设计一种新型计算机，它能够在某些特定问题（比如大数分解）上做得比我们已知的最好的计算机快指数多倍。今天全世界都在火热地开展量子计算研究，但是也存在一些质疑的声音。许多（虽然不是所有）怀疑论者都持有以下三个立场。

- 就像永动机一样荒谬，有用的量子计算机是不可能存在的：噪声、退相干等因素使得量子计算机根本不可能正常工作。
- 量子力学的框架无需进行补充或修改，起码对于量子计算是足够的：可以将一个孤立物理系统看作一个指数大的希尔伯特空间中的向量，因此显然用常规计算机去模拟量子力学就会变得指数慢。
- 和持有前两种意见的人达成和解并不是一件有意思的事情。无论如何，相信可以实现量子计算的人的责任是如何解决这些问题！怀疑论者只要看到因为某些原因量子计算不可能实现就满意地走开了。

多伊奇的二分法说明这些蠢话在思想的耀眼冲突面前，本身就是荒谬的立场。这样的立场只是假装是"保守的"，暗地里是激进的，因为它背弃了通过辨明冲突，然后尝试解决它们来推动科学进步的整个思想。

在本章中，我把多伊奇二分法用到了一个不同的问题：

是否存在一种符合物理定律的机器，它可以"非入侵式地克隆"大脑中与行为相关的所有信息——这样首先人不会受到伤害，并且在给定未来感官输入的情况下可以对人进行完全概率预测，在很大程度上，就像概率预测一个放射性原子那样。

简单地说，我的核心论点就是这个问题不存在"安全、保守的方案"。当然，有些人可能会争论这个问题到底是什么意思，以及如何知道设想中的克隆机器能否被成功建造出来（在本章附录 A 中，我会尝试去形式化这些条件）。但是我主张哲学上的分析只能到此为止。这个问题也有一个"经验核心"，可能以这样或那样的形式出现，取决于目前未知的大脑物理组织结构的细节，特别是，大脑是否拥有一个所谓的干净数据抽象层——其实就是满足下述条件的一套宏观自由度：

- 可以编码与记忆和认知相关的一切东西。
- 可以精确地被建模为经典的数字计算。
- 微观的量子力学的自由度至多作为随机源，按照特定的概率分布产生噪声。

宏观和微观的表现不能差异很大，不然的话，任何试图克隆大脑的方法都会或者丢失掉大部分和认知相关的信息，或者违反不可克隆定理。

在我看来，这个问题的每一个答案都不能让人感到完全安心：如果存在这样的机器，那么我们还没有充分思考它意味着什么。假设大脑克隆是可行的，那么我们会不计其数地直接遇到像 12.2.5 节讨论的那些"身份悖论"。假设大脑的数字抽象层被完美克隆了，你会在意被无痛杀死吗？把被克隆的数据移植到一个新生物体中，或者被计算机模拟有什么问题吗？如果被计算机模拟，什么才算作一个可被接受的模拟？可以时间倒退着模拟，或者以加密形式模拟，又或者只在量子计算的一个分支上模拟吗？你真的期望以你的克隆的形式存在吗？如果创造了两个克隆体又会怎么样：你期望以50%的概率作为其中一个被唤醒吗？当应用贝叶斯推理时，假设所有其他东西都一样，在一个可能的世界中你作为自己的克隆被唤醒了两次，那么你应该把自己算两次吗？这里的关键是，在一个存在克隆装置的世界中，这些将不再是形而上学的问题，在某种意义上，这些问题就是你所期望观察到的直接的经验问题。然而，即使是同意所有关于物理世界的第三人称事实的人，对这样的问题的回答也可能是完全不同的。

需要明确的是，根据当前的知识，我猜测完美的大脑克隆不存在原则上的障碍，确实人们有可能被我误导了去臆测这样的障碍。然而，如果有人认为可以通过预先克隆来回避对任何奇怪的形而上学的承诺的需要，那么我要说他弄错了。

所以设想另一个的方面：完美的大脑克隆设备是不可能存在的。这里，类似于量子计算的情况，并非真正感到好奇的人在知道一个"裸露"的不可能性断言或者一些实际困难后就满足了。相反，真正好奇的人会想知道：是什么原理导致了大脑不能被完美克隆，即使一百万年后也不能？我们如何将这个不可能性与我们所知道的关于大脑的机制及性质的其他知识融洽地结合起来？事实上，我们应该如何思考一般的物理定律，使得我们不再对完美大脑克隆的不可能性感到惊讶或莫名其妙？

一旦试图回答这些问题，我已经论证过了我们或多或少不可避免地被驱使着认为大脑的详细演化必须要遭受混沌放大的"奈特惊喜"（我称之为自由比特）的冲击。在放大之前，这些自由比特需要存在于量子力学的自由度中，否则克隆机器就可以（原则上）非侵入地复制它们。此外，我们对自由比特的无知最终需要追溯到对早期宇宙微观状态的无知，否则原则上通过灵敏地检测自由比特的源头就能进行克隆。

诚然，这些要求听起来非常苛刻！但是，尽管听起来奇怪，我没有看出现在的科学认识可以断言它们一定不可能——虽然可以想象在未来或许可以。无论怎样，抛开个人信念，从大脑克隆（以及所有形而上学的困难）在根本上是不可能的这条假设出发，然后尝试如何将这条假设和我们现在的关于物理定律的知识相协调,进而得到这个推论,这一过程仍然值得我们好好理解。

## 理性主义和神秘主义

就此,我可以想象一些读者可能会敦促我:但是你真正在想什么?你实际上认真地思考过早期宇宙在人类决策中发挥作用的量子力学的"自由比特"概念吗?我对此最简单的回应是,在阐述我对各种替代方案的理解时,我已经说过我真正在想什么——是的,大脑状态可能是完全可克隆的,但是如果我们想要避免克隆所带来的哲学上的古怪问题,那么我们会被引入这样一个有趣的方向,等等。在思考这些谜题时,我对我可以明白地说出来的用于装点门面的实际论证和反驳没有任何特殊的直觉。这些论证耗干了我的直觉。

然而,我有这么一个观察:即使是无争议的事实,阐述它们的一些推论也会让人感到难以置信。的确,科普写作一直主要依赖于阐明这些推论。这里给一些常见的例子。你在夜空中可以看到的一切都曾经被压缩到小于一个原子的空间里面。你生命中的所有事件,包括你的死亡细节,几乎肯定被编码(事实上,无限多次)在 $\pi$ 的十进制展开的某个地方。当你提着一大袋杂货的时候,你真正感觉到的主要是由胶子的快速运动产生的一个应力能量张量与引力的耦合。当然,这几个例子可以表述得更加平凡通俗,而且许多人也更愿意这样。但是当我们生动地陈述事情时,至少不会因为我们试图隐藏抽象断言的全部含义而被指责,因为人们害怕被嘲笑理解了这些含义。

因此,假设我在本章中只是说,因为不可知的微观事件的混沌放大以及我们不可能随心所欲地追溯以前的事情,所以人类有可能永远也不会像数字计算机那样是可预测的(甚至是概率可预测的)。如果我这样写,那么有些人可能会同意,有些人可能不会同意,也有很多人会断言(像我一样)这个问题仍然未被解决。我认为几乎没有人会认为我的推断是荒谬的,或者是严重违背理智的。但是,如果完全一样的想法被表述为"大爆炸"留下的"量子小精灵"进入我们的大脑,并给了我们自由意志的能力,那么这听起来当然很疯狂!然而,第二种措辞只不过是对第一种措辞所暗示的世界观的戏剧性渲染。

也许有些读者会指责我在搞神秘主义。对此,我只能回答我在本章中玩弄的观点就是有一种异常温驯的"神秘主义"的感觉:这种"神秘主义"已经出现了 137 亿年,嵌入了物理定律的机制和普遍性质,甚至可以接受普通么正演化会导致"波函数塌缩";它被人们所怀疑,它欢迎改正和提高;它不会从宇宙中搜寻自助提示或者关于我们性生活的道德约束;并且它认为,科学不是内省,不是古代文本,也不是被重新定义为意味着其他东西的"科学",科学只是普通意义上的科学,是我们在古老的存在问题上取得进展的最好的希望。

对于任何想要人类尽可能自由、挣脱因果关系的"神秘主义"读者,我想说:如果把自己局限于以我的想象可以接触到的对当前世界的科学认识做的推测,这些就是我可以想到能够提供给你的绝对最大值。也许它比你想要的少;另一方面,它似乎比通常的协调性叙事说得更多。对于那些为意识、自由意志或者其他模糊不清的概念被科学的进步所碾压而欢呼的"理性主义"读者,我想说:你可以明确地感觉到,如果你喜欢,尽管(几乎在字面上)探索到了宇宙的尽头,除了"神秘",我并不能提供比我刚刚提供的更多的东西,甚至我提供的也会被以后的发现否定掉。

的确,可证伪性或许是有关自由比特构想的最重要的事情。考虑以下问题:在什么时间尺度上,生物系统的微观波动可以放大并改变宏观结果的概率分布?这些波动有什么其他副作用?大脑在噪声敏感度方面是否和天气或其他复杂的动态系统有一些有趣的不同之处?大脑的微观波动能否在概率意义上被完全理解,还是要满足奈特不确定性?换句话说,波动能否在 PMD 中被完全扎根,或者在起源上就是终极宇宙论的?我们能有一个关于宇宙初始条件的完整理论吗?如果这些问题上的进展导致发现自由比特构想是错的,那么没有什么事情会让我更快乐。到那时至少我们会学到一些东西。

## 致谢

感谢亚基尔·阿哈罗诺夫、大卫·阿尔伯特、朱利安·巴伯尔、塞拉斯·巴塔、亚历克斯·伯恩、西恩·卡罗尔、大卫·查尔莫斯、亚历桑德罗·基耶、安迪·德鲁克、欧文·埃文斯、安德鲁·霍奇斯、塞宾·霍森菲尔德、盖伊·金德勒、赛斯·劳埃德、约翰·普瑞斯吉尔、胡·普莱斯、海姆·山姆波利斯基、克里斯蒂·斯托伊卡、扬·塔林、大卫·华莱士,以及其他和我进行过有益讨论但是我已经忘了名字的人。特别地,我要感谢德纳·莫士科维茨·阿伦森、大卫·阿伦森、史蒂夫·阿伦森、雅各布·塔里亚布和罗纳德·德沃尔夫对初稿提出的意见。我最想感谢的是巴里·库珀和安德鲁·霍奇斯,他们委托我写这篇文章,并且对我的拖稿表现出近乎无限的耐心。这里提到的人并不都认可我说的东西（事实是有些人肯定不会）。

# 附录A  定义"自由"

在这篇附录中，我会用"奈特不确定性"（参见 12.3 节）对"自由"进行可能的数学形式化，以便于我们对自由意志的讨论。这里有两个注意事项。首先，我的形式化只是尝试去抓住我所谓的"奈特不确定性"这个概念——严格物理意义上的不可确定性——并不是"形而上学上的自由意志"。就像 12.1.1 节讨论的那样，我没有看出任何物理领域中的概念能够抓住"形而上学上的自由意志"的意义，并同时让支持者和反对者都满意。并且，一会儿我们会看到，形式化"奈特自由"就已经是极难的挑战了。

第二个注意事项是，根据需要，我的定义将依据更"基本"的概念，这些概念将作为未经分析的原理。其中最重要的是物理系统的概念：占据空间，与其他物理系统交换信息（以及物质、能量等），更关键的是，即使其内部状态发生变化，仍然保持着某种同一性。比如，"物理系统"可以是黑洞、地球大气、人体或者数字计算机。没有这些类似的概念，在我看来就不能指定我们讨论的自由是什么，甚至我们尝试去预测的物理事件是什么。

然而，正如哲学家所熟知的那样，"物理系统"的概念已经对于不熟悉的人存在许多陷阱。比如，我能说人生前和死后是同一个物理系统吗？如果是，那么预测一个人的最可靠的方法就是：首先杀死他，然后预测主体将会躺在地上什么都不做！

现在有人可能会说这不应该算作"预测"，因为它改变了对象的状态，而不只是仅仅被动地收集信息。这种说法的问题在于：把对象推进核磁共振机，采访对象，甚至只是让她签署同意书或者我们在大街上从她身边走过去都会改变她的状态。如果不允许任何能改变目标"原本"状态的干预，那么预测——至少以我们能想到的科幻小说的层次——将几乎不可能，并且也很无趣。所以哪些干预可以被允许，哪些又不能呢？

除了把允许干预集合作为另外一个未加以分析的基本概念之外，我没有发现其他的选择。在形式化预测任务（在这里是定义奈特自由）时，我们认为某些特定的干预，如采访、用功能性磁共振成像进行扫描，或者用纳米机器人扫描大脑的状态，这些都是允许的。其他的一些干预，如杀死被试是不允许的。

如下的干预是被很多哲学家讨论的一种重要的边界情况，即逐个摧毁被试大脑的全部神经元，并用功能等价的微芯片来替代这些神经元。这样的干预是允许的吗？这样的干预肯定会使得对被试的行为预测变得简单，因为在进行了这样的干预之后，预测器只需要考虑如何模拟这些微芯片，而不用考虑原始大脑中那些麻烦的生物细节。因此，为了避免探讨这种"硅化处理"会对被试的意识体验产生什么样的影响这一难题，我们不妨禁止这种剧烈的干预。即使被试在"硅化处理"后能够被完美地预测，我们还是没有解决在"硅化处理"前，被试的行为是否能很好地预测的问题。那些散乱的生物细节到底对被试的行为有多大影响，是我们很关心的问题。"硅化处理"会去掉那些生物细节，导致我们无法回答这一问题。

可能有人会提出如下的反对意见：在对大脑进行预测时，如果生物细节应该被保留，那什么不需要被保留。大脑毕竟不是离散的物理系统，它频繁地从感受器官和血液中的荷尔蒙等处接收输入。因此，在建模大脑时，我们是否需要建模大脑嵌入的整个环境，或者至少建模可能对被试行为有影响的各个方面？如果是这样，那就不可能对大脑做预测。原因是我们不可能对被试所处环境的所有相关方面进行测量，因为我们就是环境的一部分。

幸运的是，以再添加一个未经分析的基本概念为代价，我们可以绕开这一问题。给定一个物理系统 $S$，我们用 $I(S)$ 表示所有可展示的输入，即那些为了保证预测的公平性，必须提供给任何对 $S$ 进行预测的预测器的输入。比如，如果对人类的大脑进行预测，一方面，$I(S)$ 应该包含通过光和声等感受系统进入大脑的信号（的有限精度的数字编码）、血液中的各种荷尔蒙的水平，以及其他在大脑和外部环境的接口上的可测变量。另一方面，$I(S)$ 应该不包含撞击大脑的所有量子的准确量子态。因为在没有进行"硅化处理"或者其他等效的剧烈干预时，我们不知道如何测量和记录所有这些微观的输入。

对于系统 $S$，如果存在一种允许的干预，使得在干预后 $I(S)$ 中的所有信号在进入系统 $S$ 的同时，预测器的电脑里也会得到该信号的一个副本，那么我们称 $S$ 是输入可监控的。比如，在未来，利用在人体中安装微芯片的技术，人脑就有可能变成输入可监控的。这些微芯片会扫描视觉和听觉神经里的电脉冲、血氧屏障中各种化学物质的浓度等信号，并通过无线传输如实地把这些信息传递给预测器。同"硅化处理"不同，在进行输入监控时，我们不必考虑意识和人格等问题。输入被监控的人无疑还是同一个人，只是这个人被接上了监听设备而已。另外，相比于"硅化处理"，实现对人的输入监控也要容易得多。

我之后提到的自由只对输入可监控的物理系统才有定义。如果系统 $S$ 不是输入可监控的，我会简单认为预测 $S$ 的行为这一问题是不良定义的：系统 $S$ 和环境高度纠缠在一起，以至于我们无法区分开预测 $S$ 和预测 $S$ 所处的环境。在这一框架下，除非我们暂时假定人类是输入可监控的，否则人是否有奈特自由这一问题便没有意义。幸运的是，把人变成输入可监控的在科学上似乎已经没有本质障碍，我甚至认为，科学家在 50 到 100 年内就能实现对人脑的输入监控。

诚然，讨论人是否是输入可监控的，很大程度依赖于可展示的输入集合 $I(S)$ 的选择。如果 $I(S)$ 很小，那么对 $S$ 的输入进行监控会很简单，但此时对 $S$ 进行预测就会变得很难甚至不可能，因为预测器忽视了 $S$ 所处的环境中一些很重要的特征。相反，如果 $I(S)$ 选得很大，那么对 $S$ 的输入进行监控就会很难甚至不可能，但如果 $S$ 是输入可监控的，对 $S$ 进行预测就会很容易。因为我们主要关心进行预测的内在难度，所以倾向于使用大的 $I(S)$。

假定 $S$ 是输入可监控的，并且我们已经对 $S$ 进行了监控，使得 $S$ 所有可展示的输入（包括 $S$ 看到的和听到的）都已经可以实时传输给预测器。现在我们就面临如下问题：我们想预测 $S$ 的哪些方面，预测这些方面的含义是什么？

我们接下来要讨论的一个基本概念是 $S$ 的可观测的行为。如果是地球的大气层，那么可观测的行为就应该包含下雪和雷暴；如果是人类的大脑，可观测的行为就应该包含由运动皮质发出的信号，甚至是讲什么话、做什么决定等在人脑中的高层表示。幸运的是，如果要预测的行为同属于一个大的"普适类"，那么对一个复杂系统的哪个行为做预测并不会造成预测问题的本质不同。这就好比在计算复杂性理论中，询问一个给定的计算机程序最终是否会停机、是否会返回初始状态、是否会在控制台输出"YES"或者其他关于程序未来的操作问题都没有本质的不同。因为这些问题可以互相归约，如果我们有一种方法能够预测一个程序最终会停机，我们也就能预测一个程序是否会在控制台输出"YES"。我们只需要修改源程序，使得如果源程序在控制台输出"YES"，新程序就停机，否则不停机。类似的，如果我们有一种方法能够预测在"任意情形"下被试的手的移动，我们也同样能预测被试会说什么话。这里的"任意情形"包含我们要求被试把他想说的话转化成手语的情况。因此，如果我们已经有了这种情形下的手部运动预测算法，我们就也有了预测被试会说什么话的能力。

假设我们已经选定了 $S$ 的可观测行为的子集 $B$。什么才是对行为的预测呢？首先，我们得承认，$S$ 的行为有可能本质上是概率的，比如 $S$ 的行为是对 $S$ 内部发生的量子事件的增强。因此，如果我们能像物理学家预测放射性原子一样预测 $S$ 的行为，即只是给出 $S$ 将来可能的行为的概率分布，我们就应该感到满意。

像经济学和天气预测等领域一样，如果是对概率分布进行预测，就会引入一些额外的困难。比如，如果所做的概率性预测是针对不可重复事件的，我们如何测试预测的准确性。再比如，如何避免预测器做出完全无意义的预测——对于"YES/NO"问题给出"50/50"的回答。简单地说，如果预测器提供的预测是一个概率分布的形式，那么所做的预测多多少少有点类似于"50/50"这种无意义的预测，因此预测器就有责任使得那些怀疑的人相信，它所做的预测已经提供了在对 $S$ 进行允许的干预的条件下能够得到的关于未来行为的全部信息。预测器需要证明，它的预测结果反映的是观测变量的信息，而不是对未观测变量的忽略。在我看来，这最终要求预测器提供一个导致 $S$ 行为的原因的报告，这个报告需要明确指出是哪些量子事件导致了 $S$ 行为的概率分布，在物理世界中只有量子事件才是真正意义上随机的（参考 12.2.7 节）。

仅仅允许预测是随机的还不够，我们需要进一步放宽限制。即使对于放射性原子这样简单的系统，我们还是不可能算出在一定时间间隔内 $S$ 衰减的准确概率，至少我们测定的物理常数的误差会导致最终算得的概率存在误差。但直觉上，这种预测精度的损失并不意味着放射性原子不是"机械的"。事实上，我认为可以按如下方式定义机械性：我们称一个概率系统 $S$ 是机械的，当且仅当可以通过重复试验，把预测的概率同真实概率之间的差降到任意小。

我们还需要考虑如下问题。在预测器 $P$ 对 $S$ 进行信息采集工作之前，$P$ 知道 $S$ 的哪些信息。如果 $P$ 事先有一个关于 $S$ 的魔术般神奇的副本，那么对 $S$ 进行预测就会变得非常容易[一]。然而，不告诉 $P$ 关于 $S$ 的任何信息似乎不太合理，例如，如果在告诉 $S$ 是人类的情况下，$P$ 就能够对 $S$ 做出准确的预测，这依然相当让人惊讶，并且同 $S$ 是"自由的"在直觉上相矛盾。因此，我们引入最后一个基本概念，即包含所有可能的物理系统的参照集 $C$。预测器 $P$ 会被告知 $S \in C$ 并且只需在 $S \in C$ 的前提下做出正确的预测。比如 $C$ 可以是所有智人的集合，甚至是所有宏观上可以被识别成智人的物理系统的集合[二]。

---

[一] 感谢罗纳德·德沃尔夫提供这个观察。
[二] 我们也可以定义一个加强的概念，叫作"通用预测器"，即在同时考虑所有物理系统的情况下还能做出有效预测的预测器（这等价于"参照集"$C$ 被设置成所有物理系统的集合）。我个人的猜测是，如果存在对于人类大脑这样复杂的系统都能做出有效预测的预测器，那么就存在通用预测器。

现在，我们就可以尝试定义自由了。在给出定义之前，我想强调本章中没有任何论述依赖于定义中的具体细节，事实上，我是在尝试把定义中的这些细节陈述清楚。那么为什么要给出这样一个定义呢？其中一个目的是使得那些怀疑的人相信，如果我们有合适的框架，奈特自由的概念可以被精确地定义。另一个目的是展示我们在使用一个物理系统是"可预测的"这样的常识性概念时，有许多需要去仔细分析的复杂议题，当我们尝试阐明这些复杂议题时，"自由"和"可预测性"这类概念会变得多么不显然。

假设 $S$ 是一个来自于参照集 $C$ 的输入可监控的物理系统。在实施了某些允许的干预之后，从 $0$ 时刻开始，$S$ 的输入被另外一个物理系统 $P = P(C)$（即预测器）进行监控[⊖]。给定时间 $0 \leq t < u \leq \infty$，假设 $I_{t,u}$ 编码了 $S$ 在 $t$ 到 $u$ 之间的时间内获得的所有可展示的输入的信息，令 $I_{t,\infty}$ 表示时刻 $t$ 之后 $S$ 获得的信息。类似的，假定 $B_{t,u}$ 编码了 $S$ 在 $t$ 到 $u$ 之间的时间内可观测行为的所有信息。（我们可以假定如果 $u < \infty$，$I_{t,u}$ 和 $B_{t,u}$ 都只包含有限长度的比特。这一假定不是必需的。）

令 $\mathcal{D}(B_{t,u} | I_{t,u})$ 表示在输入是 $I_{t,u}$ 时 $B_{t,u}$ "真实的"条件分布[⊖]，这里"真实的"分布的含义是一个像上帝一样的人工智能所预测的分布，它准确地知道 $S$ 和外部环境在时刻 $t$ 的物理状态。我们假设 $\mathcal{D}(B_{t,u} | I_{t,u})$ 满足因果律，即对于任意的 $v < u$，$\mathcal{D}(B_{t,v} | I_{t,u}) = \mathcal{D}(B_{t,v} | I_{t,v})$，即 $B_{t,v}$ 的分布只依赖于 $I_{t,v}$。

假设从时间 $0$ 到 $t$，预测器 $P$ 已经监控了所有可展示的输入 $I_{0,t}$ 和所有可观测的行为 $B_{0,t}$。更一般的，我们可以假设预测器已经通过所有允许的干预同 $S$ 进行了交互（比如通过操作 $I_{0,t}$ 把问题提交给 $S$，观察 $S$ 通过 $B_{0,t}$ 给出的回应）。然后，在 $t$ 时刻，我们要求 $P$ 输出一个能把将来的输入 $I_{t,\infty}$ 映射成分布 $\varepsilon(B_{t,\infty} | I_{t,\infty})$ 的满足因果律的函数 $f$ 的描述。这里，$\varepsilon(B_{t,\infty} | I_{t,\infty})$ 表示 $P$ 对分布 $\mathcal{D}(B_{t,\infty} | I_{t,\infty})$ 最好的估计。对 $f$ 的描述在计算上不必是高效的。比如，对 $f$ 的描述可以是一个复杂的在给定输入 $u \in (t, \infty)$ 和 $I_{t,u}$ 的条件下输出 $\varepsilon(B_{t,u} | I_{t,u})$ 的算法。我们只要求对 $f$ 的描述是信息完整的，即只要给予充分长的时间就可以从这一描述中算出 $\varepsilon(B_{t,u} | I_{t,u})$。

给定 $\varepsilon, \sigma > 0$，如果如下条件满足，我们称 $P$ 对参照集 $C$ 是一个 $(t, \varepsilon, \delta)$ 预测器。对于所有的 $S \in C$，对于 $I_{t,u}$ 中的任意"随机"输入（即不被 $S$ 和 $P$ 控

---

[⊖] 这里我们没有预先假定时间是连续的或者离散的。事实上，我们只需要假定 $S$ 经历的一系列离散的事件是可以按 $t$ 值从小到大排序的。

[⊖] 或者在 $u = \infty$ 情况下对无穷序列的概率测量。

制的输入）和未来实际的输入 $I_{t,\infty}$（不需要考虑所有可能的输入 $I_{t,\infty}$），以至少 $1-\delta$ 的概率

$$\|\varepsilon(B_{t,\infty}|I_{t,\infty}) - \mathcal{D}(B_{t,\infty}|I_{t,\infty})\| < \varepsilon$$

成立。这里 $\|\cdot\|$ 表示变量距离。[脚注①]

我们称 $C$ 是机械的，如果对于任意的 $\varepsilon$, $\sigma > 0$，存在一个 $t = t_{\varepsilon,\sigma}$ 和 $P = P_{\varepsilon,\sigma}$，使得 $P$ 是参照集 $C$ 上的一个 $(t, \varepsilon, \delta)$ 预测器。如果 $C$ 不是机械的，我们称 $C$ 是自由的。

基于以上定义，我们有如下两个重要的观察：

- 根据上述定义，很多物理系统的集合 $C$，比如恒温控制器、数字计算机和放射性原子核等，都是机械的（在给定合理的可展示输入、允许的干预和可观测的行为的条件下）。比如，假设 $C$ 是一台特定的数字计算机所有可能配置的集合；允许的干预包括阅读磁盘和内存的所有内容和"窃听"所有的输入端口（这些操作都是在不摧毁这台计算机的前提下技术上可实现的）；可观测的行为包括发送给输出端口的所有内容。在此条件下，即使不进行任何其他的干预，预测器也能一直模拟这台计算机的行为。即使要预测的计算机 $S \in C$ 有一个内置的量子随机数发生器，关于可能的未来行为的概率分布 $\mathcal{D}$ 依然能够被很好地近似。

- 另一方面，至少在数学上，我们能构造一些自由系统的集合 $C$。有如下平凡的构造来限制可展示的输入，使得 $S$ 未来的行为是由一些 $P$ 无法监控的输入决定的。

如同理论计算机、密码学和经济学中的很多定义，我们对自由的定义只不过是在近似我们在形式化之前就已经有的非形式化的概念。对这一定义有很多修改方式值得考虑。比如，我们可以要求对所有可能的 $I_{t,\infty}$，$\varepsilon(B_{t,\infty}|I_{t,\infty})$ 都是对 $\mathcal{D}(B_{t,\infty}|I_{t,\infty})$ 的近似，而不是只对未来实际的输入成立。或者可以假定未来的输入 $I_{t,\infty}$ 存在一个概率分布，预测器需要在绝大多数输入上近似 $\mathcal{D}(B_{t,\infty}|I_{t,\infty})$。或者围绕数学量做一些变化，比如要求预测器 $P$ 随着预测的进行准确率不断增大。或者不要求 $P$ 预测全部的 $B_{t,\infty}$，而只要求对足够大但有限的 $u$ 预测 $B_{t,u}$。发展这些不同预测的数学理论会是一件很有趣的事情，这留待将来的工作。如果在经过几千年的争论之后，"人类是否有自由意志"这一问题的答案是"如

---

① 变量距离是衡量两个概率分布之间的距离的标准度量，定义是 $\||p_x| - |q_x|\| := \frac{1}{2}\sum_x |p_x - q_x|$。

果自由的定义中有 $\varepsilon$，$\sigma$ 这些量就是自由的，否则就不自由"，这难道不是一项非凡的工作吗？

这个定义有一个重大的缺陷，就是定义是定性的而不是定量的，相比于计算复杂性理论，它更像可计算性理论。更具体地说，对"机械性"的定义只要求预测器在某个有限的时间 $t$ 之后可以成功预测，而对时间的长短没有限制。但这会引入如下问题，即如果预测器需要在观察人类被试的行为很久（比如 $10^{100}$ 年）之后，才能学会仿真某个人类被试怎么办？使被试永生，或者给予预测器充足的时间，是允许的干预吗？同样，如果在观察被试的行为 20 年之后，预测器可以预测被试将来行为的概率分布，但是只能对未来 20 年做预测，而不是做无期限的预测怎么办？我们的定义没有考虑这类"时间有限"的预测，即使直觉上对自由意志进行时间有限的预测和进行无期限的预测几乎一样困难。但时间的长短的确很重要。如果预测器为了预测被试接下来五秒钟的行为，需要花 20 年时间进行数据收集和学习，这似乎和被试是自由的并不矛盾。在本章中，我几乎一直忽略了涉及定量的时间的问题（除了 12.2.11 节和 12.9 节中的简单讨论之外），并且简单假设预测器在经过有限时间的学习之后可以预测被试在未来任意时间的行为。

## 附录 B  预测和柯尔莫戈洛夫复杂度

如 12.3.1 节所提到的，一些读者可能会完全反对奈特不确定性的概念，即那种用概率都无法定量刻画的不确定性。有些读者可能会认为，在物理世界中存在一个关于所有事件的"真实的、客观的"先验概率分布 $\mathcal{D}$。但我们却不知道任何可以让所有人都满意的计算 $\mathcal{D}$ 的方法，我们可以确定的是人们对自己的先验分布和真实分布 $\mathcal{D}$ 有多大程度的偏差是不理性的。然而，一些更专业的读者可能会尝试借助算法信息论的观点（参见 Li and Vitanyi, 2008，这是一篇很好的简介）来证明通用先验的存在性。在本附录中，我将简述这个证明是怎样的，并做出回应。

考虑一个无限长的比特序列 $b_1$, $b_2$, $b_3$, $\cdots$，这个序列有可能是随机生成的，也可能是按某种潜在的模式算出来的，也可能二者都有。（比如，每 100 个比特中，前面 99 个比特是随机生成的。如果这 99 比特中 1 多，第 100 个比特就是 1，否则是 0。）我们可以假设这些比特是人类做出的一系列是或否的决策。对于任意的 $n \geq 1$，给定 $b_1, \cdots, b_{n-1}$，一个超级人工智能预测器需要预测 $b_n$。算法统计学的观点是，给定某种可以预测 $b_n$ 的单个规则，使得在 $n$ 趋于无穷时，该规则预测的 $b_n$ 同任何其他规则相比都"几乎不会更差"。

以下是预测 $b_n$ 的方法。选定任何图灵完备的编程语言 $L$，我们假设 $L$ 满足一个技术性条件——前缀无关，即在任何有效程序之后添加其他字符不会产生新的有效程序。假设 $P$ 是一个由 $L$ 编写的程序，该程序会运行无限长时间，可以使用无限长度的随机串，并根据某个概率分布 $\mathcal{D}_P$ 生成一个无限长的序列 $B = (b_1, b_2, \cdots)$。令 $|P|$ 表示程序 $P$ 的比特数。为了对 $B$ 的行为做一个初始猜测，超级人工智能预测器会使用通用先验 $\mathcal{U}$，$\mathcal{U}$ 是所有可能的分布 $\mathcal{D}_P$ 以概率 $2^{-|P|}/C$ 组合得到的，其中归一化因子 $C = \sum_P 2^{-|P|} \leq 1$。（我们之所以要假设程序设计语言是前缀无关的，就是为了保证 $\sum_P 2^{-|P|}$ 收敛。）在比特 $b_1, b_2, \cdots$ 开始出现之后，预测器会不断用贝叶斯公式更新 $\mathcal{U}$，并用

$$\frac{\Pr_{\mathcal{U}}[b_1 \cdots b_{n-1} 1]}{\Pr_{\mathcal{U}}[b_1 \cdots b_{n-1}]}$$

作为 $\Pr[b_n = 1]$ 的估计。假设 $B$ 真实的分布是 $\mathcal{D}_Q$，其中 $Q$ 是某个特定的程序。现在，我们可以断言，在 $n$ 趋于无穷时，在最开始以 $\mathcal{U}$ 作为先验的预测器和以 $\mathcal{D}_Q$ 作为先验的预测器会有差不多的效果。证明也很简单，依据定义，在一开始 $\mathcal{U}$ 以一定的"常数概率"取成 $\mathcal{D}_Q$（这里说的常数是 $2^{-|Q|}/C$，其实是依赖于 $|Q|$ 的）。因此，对于所有的 $n$ 和 $b_1 \cdots b_n$：

$$\frac{\Pr_{\mathcal{U}}[b_1 \cdots b_n]}{\Pr_{\mathcal{D}_Q}[b_1 \cdots b_n]} = \frac{\Pr_{\mathcal{U}}[b_1] \Pr_{\mathcal{U}}[b_2 | b_1] \cdots \Pr_{\mathcal{U}}[b_n | b_1 \cdots b_{n-1}]}{\Pr_{\mathcal{D}_Q}[b_1] \Pr_{\mathcal{D}_Q}[b_2 | b_1] \cdots \Pr_{\mathcal{D}_Q}[b_n | b_1 \cdots b_{n-1}]} \geq 2^{-|Q|}$$

因此

$$\prod_{n=1}^{\infty} \frac{\Pr_{\mathcal{U}}[b_n | b_1 \cdots b_{n-1}]}{\Pr_{\mathcal{D}_Q}[b_n | b_1 \cdots b_{n-1}]} \geq 2^{-|Q|}$$

上式意味着，对于所有的 $\varepsilon > 0$，最多只有 $O(|Q|/\varepsilon)$ 个可能的 $n$ 的取值，$\mathcal{U}$ 赋给 $b_n$ 的正确取值的概率不及 $\mathcal{D}_Q$ 赋给正确取值的概率的 $1 - \varepsilon$ 倍。

因此，一个"算法贝叶斯学家"会说，现实世界只有两种可能，要么物理系统可以由一个通用先验 $\mathcal{U}$ 来预测，要么完全不可预测——系统的行为是随机的。没有可以用奈特不确定性或者自由比特来刻画的第三种可能。

对这种论断有一个强有力的回应，该回应是彭罗斯喜欢的风格。通过构造一个确定的但不可计算的比特串 $b_1, b_2, \cdots$，我们能轻易地挫败通用预测器 $\mathcal{U}$。一种构造这样的比特串的方式是对 $\mathcal{U}$ 使用对角线方法，对于任意的 $n \geq 1$，定义

$$b_n := \begin{cases} 0, & \text{如果 } \Pr_{\mathscr{U}}[b_1 \cdots b_{n-1} 1] > \Pr_{\mathscr{U}}[b_1 \cdots b_{n-1} 0] \\ 1, & \text{否则} \end{cases}$$

另外,我们还可以令 $b_n$ 是蔡汀常数 $\Omega$ (Chartin, 1975) 的第 $n$ 位 (简单地说,蔡汀常数是指一个随机生成的计算机程序停机的概率)<sup>⊖</sup>。无论在哪种情况下,即使在 $n$ 趋于无穷时,$\mathscr{U}$ 对 $b_n$ 的预测都不会比随机猜测好。尽管一个更强的带有适当的"神谕"的预测器 $\mathscr{U}'$ 能完美预测这其中的任何一个序列,但我们可以进一步构造连 $\mathscr{U}'$ 都无法预测的序列 $b'_1, b'_2, \cdots$。

以上回应同一个来自于算法信息论的概念——复杂性 (参见 Antunes and Fortnow, 2009; Gacs et al., 2001; Li and Vitanyi, 2008) 有关。给定一个二进制串 $x$,$x$ 的柯尔莫戈诺夫复杂度 $K(x)$ 是用某种图灵完备的编程语言编写的,(输入为空) 能输出 $x$ 的最短程序的长度。比如,$\pi \approx 11.00100100\cdots_2$ 的前 $n$ 个比特的柯尔莫戈诺夫复杂度很小 ($\log_2 n + O(\log \log n)$),因为我们只需要提供 $n$ (这需要 $\log_2 n$ 比特) 和一个可以把 $\pi$ 计算到一定精度的程序 (这需要花较少的与 $n$ 无关的固定数目的比特)。相反,如果 $x$ 是从所有 $n$ 比特串中随机挑选出来的,那么通过简单计数可以证明以接近于 1 的概率 $K(x) \approx n$。依据这两个例子,有人会猜想任何一个串要么有简单的模式,要么是随机的。即

- $K(x)$ 很小。
- $K(x)$ 很大,但只不过是因为 $x$ 中"无聊的、随机的、没有模式的熵"。

然而,经过适当的形式化之后,上述猜想可以被证明是错误的。给定一个串的集合 $S \subseteq \{0, 1\}^n$,令 $K(S)$ 表示列举 $S$ 的所有元素的最短程序的长度。给定一个 $n$ 比特串 $x$ 和一个小参数 $c$,$x$ 的 $c$ 复杂性 $\text{Soph}_c(x)$ 是最小的 $K(S)$,其中 $S$ 满足 $x \in S$ 且

---

⊖ 为了完全性,我们来证明通用预测器 $\mathscr{U}$ 无法预测 $\Omega = 0. b_1 b_2 b_3 \cdots$ 的数字。注意 $\Omega$ 是算法随机的,即对于所有的 $n$,最短的生成 $b_1 \cdots b_n$ 的程序长度为 $n - O(1)$。假设 $\Pr_{\mathscr{U}}[b_1 \cdots b_n] \geq L/2^n$,这里 $L \gg n$。令 $A_n$ 是能对所有程序 $Q$ 做预测的程序,在所有 $n$ 比特串 $x$ 上随着 $n$ 的增大程序会得到关于 $\Pr_{\mathscr{U}}[x]$ 越来越好的下界 (在极限意义下收敛到正确概率)。我们可以按如下方式生成 $b_1 \cdots b_n$:在 $A_n$ 运行的过程中,$b_1 \cdots b_n$ 满足 $x \in \{0, 1\}^n$ 且 $A_n$ 关于 $\Pr_{\mathscr{U}}[x]$ 的下界超过 $L/2^n$ 的第 $j$ 个串。因为最多只有 $2^n/L$ 个满足条件的串 $x$,上述描述最多只需要 $n - \log_2 L + \log_2 n + O(1)$ 个比特。此外,这显然是一个生成 $b_1 \cdots b_n$ 的程序。但是 $L \gg n$ 与 $b_1 \cdots b_n$ 的描述长度是 $n - O(1)$ 相矛盾。因此,

$$\Pr_{\mathscr{U}}[b_1 \cdots b_n] = \prod_{i=1}^{n} \Pr_{\mathscr{U}}[b_i | b_1 \cdots b_{i-1}] = O\left(\frac{n}{2^n}\right)$$

$\mathscr{U}$ 很难比随机猜测做得更好。

$$K(S) + \log_2 |S| \leq K(x) + c$$

直觉上，$x$ 的复杂性是指，一个近似最短的生成 $x$ 的程序有多少比特是真正"有意思的代码"，而不是随机的代码数据。显然，$K(S)$ 是良好定义的并且不超过 $K(x)$，因为我们可以直接令 $S$ 是单元素集合 $\{x\}$。因此，有很强模式的串都不复杂。然而，随机串也不复杂，因为我们可以令 $S$ 是全集 $\{0,1\}^n$。然而，可以证明（参见 Antunes and Fortnow，2009；Gacs et al.，2001）存在着高度复杂的串，即满足 $\text{Soph}_c(x) \geq n - O(\log n)$ 的串 $x$。这些串就存在于"模式"和"随机"之外的第三领域。不足为奇的是，这种高度复杂的串的构造本质上利用了不可计算的过程。

基于 12.6 节介绍的原因，我很愿意假设物理定律中存在着不可计算的能力（比如生成 $\Omega$ 的数字的能力）。然而，我想说的是，如果真的有自由意志，即使我们假设串 $b_1$，$b_2$，…是可计算的，通用预测器只需处理 $n$ 趋向于无穷时的情况，也很难进行有效预测。直觉上是因为，一旦预测器已经找到了生成串 $b_1$，$b_2$，…的程序 $Q$，它就可以成功预测出将来的 $b_n$，只要有效预测是可能的。然而，预测器在收敛到正确的 $Q$ 之前所做出的错误预测的次数一般和 $Q$ 的长度在同一量级。更糟的是，并不存在某个有限的时间，使得在此时间之后，预测器知道它已经收敛到了正确的 $Q$。确切地说，原则上无论预测器在过去猜测的 $Q$ 是什么，它永远会遇到一个不同于当前预测的 $b_n$，于是预测器就需要重新猜测一个新的 $Q'$。

一些读者可能会反驳说，现实世界中，假设描述一个给定的物理过程（比如人脑）需要的比特数有上界是很合理的。在这种情况下，预测器就有了关于 $|Q|$ 的上界，因此也知道了需要对猜测做多少次大幅修正。

我同意关于 $|Q|$ 的上界存在的说法。事实上，如果我们接受来自于量子引力的全息原理（参见 12.5.4 节），那么这类上界一定存在。但我认为，问题在于这类上界太大了，以至于没有任何实际意义。比如，我们假设 $10^{14}$ 比特，即每个神经元一个比特，就足以编码某个人的大脑的全部信息。尽管我认为 $10^{14}$ 比特严重低估了人脑的信息量，但即使假设人的寿命是 80 岁，每 1 秒也有 40 000 比特的信息。换句话说，一个正常寿命的人类有充足的比特数，使得通用预测器需要一直修正猜测。

以上估计会引入一个好玩的想法：如果一个人可以永生，那么他"存储的自由性"最终会被耗尽，就像一个 $n$ 比特的程序最多只会导致 $\mathcal{U}$ 修正 $O(n)$ 次。

（这种消耗在人的一生中都会发生，随着年龄的增长，我们会变得越来越可预测，并固守自己的处事方式。）从这个角度来说，自由性只不过是一种"有限的 $n$ 效应"，但 $n$ 的取值是多少影响很大。

## 附录 C 奈特量子态

在 12.3.2 节，我引入了一个听起来有些异想天开的概念——自由态，即对一种结合了概率、量子力学和奈特不确定性的知识的表示。这一概念是对结合了概率和量子不确定性的密度矩阵的扩展。（在本章中，自由比特是指有两种状态的自由态。）这里我将给出我对自由态的形式化定义，尽管可能存在着其他形式化定义这一概念的方法。

首先，我们把量子力学放在一边，把概率和奈特不确定性组合起来。简单起见，我们考虑单个比特 $b \in \{0, 1\}$。考虑概率时，我们可以用单个实数来表示关于 $b$ 的知识，$p = \Pr[b = 1] \in [0, 1]$。考虑奈特不确定性时，我们可能要用到一系列可能的概率：比如

$$p \in \{0.1\} \cup [0.2, 0.3] \cup (0.4, 0.5) \qquad (*)$$

这看起来相当复杂。幸运的是，我们可以做一系列简化。首先，因为我们不关心无限的精度，所以所有的概率区间可以改成封闭的。更重要的是，我们可以假设凸性：即如果 $p < q$ 都是某个事件 $E$ 的可能的概率，那么所有中间的 $r \in [p, q]$ 也是 $E$ 的可能的概率。这是因为概率不确定性是奈特不确定性的一种特殊情况：比如，如果我们不知道比特 $b$ 到底是由过程 $P$ 还是过程 $Q$ 生成的，那么 $b$ 就有可能是由把 $P$ 和 $Q$ 按任意概率组合起来的过程生成的。

在上述两条规则中，析取式（*）可以由 $p \in [0.1, 0.5]$ 替换。更一般的，不难发现我们的态永远是非空的凸的概率单形。即概率分布的非空集合 $S$，其中 $S$ 对任意的 $\mathcal{D}_1, \mathcal{D}_2 \in S$ 和 $\alpha \in [0, 1]$ 满足 $\alpha \mathcal{D}_1 + (1-\alpha) \mathcal{D}_2 \in S$。这样的集合 $S$ 可以被用来计算任何事件 $E$ 的概率 $\Pr[E]$ 的上界和下界。进一步地，这种刻画是没有冗余的：如果 $S_1 \neq S_2$，不难验证存在着事件 $E$，对于 $S_1$ 允许的某个概率值 $\Pr[E]$，$S_2$ 不允许，反之亦然。

有人可能会担心相反的情况：即在奈特不确定性不同的态上的概率不确定性。但我相信这种情况可以被展开成关于概率不确定性的奈特不确定性。比如

$$\frac{(A \text{ OR } B) + (C \text{ OR } D)}{2} = \left(\frac{A+C}{2}\right) \text{OR} \left(\frac{A+D}{2}\right) \text{OR} \left(\frac{B+C}{2}\right) \text{OR} \left(\frac{B+D}{2}\right)$$

通过递归地进行上述过程，任何类似于"概率不确定性的奈特不确定性的概率不确定性……"的分层都能塌缩成概率分布的凸集。

量子态也可以用相同的方式处理，不同的是概率分布的凸集需要替换成密度矩阵的凸集。形式化地说，一个 $n$ 维自由态是一个 $n \times n$ 的密度矩阵的非空凸集 $S$，其中 $S$ 对任意的 $\rho$，$\sigma \in S$ 和 $\alpha \in [0, 1]$ 满足 $\alpha\rho + (1-\alpha)\sigma \in S$。类似的，采用这种方式，我们关于一个量子系统的知识不会有两种冗余的表示。论证如下：如果非空凸集 $S_1 \neq S_2$，则要么存在一个态 $\rho \in S_1 \setminus S_2$，要么存在一个态 $\rho \in S_2 \setminus S_1$。不失一般性，假设是前者。由 $S_2$ 的凸性，不难找到一个纯态 $|\Psi\rangle$ 满足 $\langle\Psi|\rho|\Psi\rangle \notin \{\langle\Psi|\sigma|\Psi\rangle : \sigma \in S_2\}$。

# 参考文献

Aaronson, S. 2002. Book review of *A New Kind of Science*. *Quantum Inf. Comput.*, **2**(5), 410–423. quant-ph/0206089.

Aaronson, S. 2005. NP-complete problems and physical reality. *SIGACT News*, March. quant-ph/0502072.

Aaronson, S. 2009. Quantum copy-protection and quantum money. pp. 229–242 of: *Proc. IEEE Conf. on Computational Complexity*.

Aaronson, S. 2013. *Quantum Computing Since Democritus*. Cambridge University Press.

Aaronson, S., and Christiano, P. 2012. Quantum money from hidden subspaces. pp. 41–60 of: *Proc. ACM STOC*. arXiv:1203.4740.

Antunes, L., and Fortnow, L. 2009. Sophistication revisited. *Theory Comput. Syst.*, **45**(1), 150–161.

Aspect, A., Grangier, P., and Roger, G. 1982. Experimental realization of Einstein–Podolsky–Rosen–Bohm gedankenexperiment: a new violation of Bell's inequalities. *Phys. Rev. Lett.*, **49**, 91–94.

Aumann, R. J. 1976. Agreeing to disagree. *Ann. Stat.*, **4**(6), 1236–1239.

Balaguer, M. 2009. *Free Will as an Open Scientific Problem*. Bradford Books.

Bell, J. S. 1987. *Speakable and Unspeakable in Quantum Mechanics*. Cambridge University Press.

Bennett, C. H., and Brassard, G. 1984. Quantum cryptography: public key distribution and coin tossing. pp. 175–179 of: *Proc. IEEE Int. Conf. on Computers Systems and Signal Processing*.

Bennett, C. H., Brassard, G., Crépeau, C., Jozsa, R., Peres, A., and Wootters, W. 1993. Teleporting an unknown quantum state by dual classical and EPR channels. *Phys. Rev. Lett.*, **70**, 1895–1898.

Bernstein, E., and Vazirani, U. 1997. Quantum complexity theory. *SIAM J. Comput.*, **26**(5), 1411–1473. First appeared in ACM STOC, 1993.

Bierce, A. 2009. *The Collected Works of Ambrose Bierce: 1909–1912*. Cornell University Library.

Bohm, D. 1952. A suggested interpretation of the quantum theory in terms of 'hidden' variables. *Phys. Rev.*, **85**, 166–193.

Bohr, N. 2010. *Atomic Physics and Human Knowledge*. Dover. First published in 1961.

Bostrom, N. 2002. *Anthropic Bias: Observation Selection Effects in Science and Philosophy*. Routledge.

Bousso, R. 2000. Positive vacuum energy and the *N*-bound. *J. High Energy Phys.*,

**0011**(038). hep-th/0010252.

Carroll, S. 2010. *From Eternity to Here*. Dutton.

Chaitin, G. J. 1975. A theory of program size formally identical to information theory. *J. ACM*, 329–340.

Chalmers, D. J. 1996. *The Conscious Mind: In Search of a Fundamental Theory*. Oxford.

Clauser, J. F., Horne, M. A., Shimony, A., and Holt, R. A. 1969. Proposed experiment to test local hidden-variable theories. *Phys. Rev. Lett.*, **23**, 880–884.

Compton, A. H. 1957. Science and Man's freedom. *The Atlantic*, **200**(4), 71–74.

Conway, J. H., and Kochen, S. 2009. The strong free will theorem. *Notices AMS*, **56**(2), 226–232. arXiv:0807.3286.

Cowen, T., and Hanson, R. 2012. Are disagreements honest? *J. Econ. Methodology*. At hanson.gmu.edu/deceive.pdf.

de Boer, J. 2003. *Introduction to the AdS/CFT correspondence*. University of Amsterdam Institute for Theoretical Physics (ITFA) Technical Report 03-02.

Dennett, D. C. 1984. *Elbow Room: The Varieties of Free Will Worth Wanting*. MIT Press.

Dennett, D. C. 1995. *Darwin's Dangerous Idea: Evolution and the Meanings of Life*. Simon & Schuster.

Deutsch, D. 1985a. Quantum theory as a universal physical theory. *Int. J. Theor. Phys.*, **24**, 1–41.

Deutsch, D. 1985b. Quantum theory, the Church–Turing principle and the universal quantum computer. *Proc. Roy. Soc. London*, **A400**, 97–117.

Deutsch, D. 2011. *The Beginning of Infinity: Explanations that Transform the World*. Allen Lane.

Dick, P. K. 1998. *The Collected Stories of Philip K. Dick. Volume 4: The Minority Report*. Citadel Twilight.

Dyson, L., Kleban, M., and Susskind, L. 2002. Disturbing implications of a cosmological constant. *J. High Energy Phys.*. hep-th/0208013.

Farhi, E., Gosset, D., Hassidim, A., Lutomirski, A., and Shor, P. 2012. Quantum money from knots. pp. 276–289 of: *Proc. Innovations in Theoretical Computer Science (ITCS)*. arXiv:1004.5127.

Fischer, J. M. 1995. *The Metaphysics of Free Will: An Essay on Control*. Wiley Blackwell.

Fischer, J. M., Kane, R., Pereboom, D., and Vargas, M. 2007. *Four Views on Free Will*. Wiley–Blackwell.

Fritz, T. 2012. Bell's theorem without free will. arXiv:1206.5115.

Gács, P., Tromp, J., and Vitányi, P. M. B. 2001. Algorithmic statistics. *IEEE Trans. Inform. Theory*, **47**(6), 2443–2463.

Gardner, M. 1974. Mathematical Games. *Scientific American*, March, 102. Reprinted with addendum in *The Colossal Book of Mathematics*.

Geroch, R., and Hartle, J. B. 1986. Computability and physical theories. *Found. Phys.*, **16**(6), 533–550.

Ghirardi, G. C., Rimini, A., and Weber, T. 1986. Unified dynamics for microscopic and macroscopic systems. *Phys. Rev. D*, **34**, 470–491.

Hawking, S. W. 1974. Black hole explosions? *Nature*, **248**(5443), 30.

Hodges, A. 2012. *Alan Turing: The Enigma*. Princeton University Press. Centenary edition. First published 1983.

Hodgkin, A., and Huxley, A. 1952. A quantitative description of membrane current and its application to conduction and excitation in nerves. *J. Physiol.*, **117**, 500–544.

Hoefer, C. 2002. Freedom from the inside out. pp. 201–222 of: Callender, C. (ed.), *Time, Reality, and Experience*. Cambridge University Press.

Hooft, G. 't. 2007. The free-will postulate in quantum mechanics. quant-ph/0701097.

Hutter, M. 2007. On universal prediction and Bayesian confirmation. *Theor. Comput. Sci.*, **384**(1), 33–48. arXiv:0709.1516.

Inwagen, P. van. 1983. *An Essay on Free Will*. Oxford University Press.

Knight, F. H. 2010. *Risk, Uncertainty, and Profit*. Nabu Press. First published 1921.

Koch, C. 2012. *Consciousness: Confessions of a Romantic Reductionist*. MIT Press.

Kochen, S., and Specker, S. 1967. The problem of hidden variables in quantum mechanics.

*J. of Math. and Mechanics*, **17**, 59–87.

Leslie, J. 1998. *The End of the World: The Science and Ethics of Human Extinction.* Routledge.

Levy, S. 1992. *Artificial Life: A Report from the Frontier Where Computers Meet Biology.* Vintage.

Li, M., and Vitányi, P. M. B. 2008. *An Introduction to Kolmogorov Complexity and Its Applications (3rd ed.).* First edition published in 1993. Springer.

Libet, B. W. 1999. Do we have free will? *J. Consciousness Studies*, 47–57.

Lloyd, S. 2002. Computational capacity of the universe. *Phys. Rev. Lett.*, **88**. quant-ph/0110141.

Lloyd, S. 2012. A Turing test for free will. *Phil. Trans. Roy. Soc. London A*, **370**, 3597–3610.

Lucas, J. R. 1961. Minds, machines, and Gödel. *Philosophy*, **36**, 112–127.

MacKay, D. M. 1960. On the logical indeterminacy of a free choice. *Mind*, **LXIX**(273), 31–40.

Markov, A. 1958. Unsolvability of the problem of homeomorphy. Pages 300–306 of: *Proc. Int. Cong. Math., Edinburgh*.

Marshall, W., Simon, C., Penrose, R., and Bouwmeester, D. 2003. Towards quantum superpositions of a mirror. *Phys. Rev. Lett.*, **91**(130401). quant-ph/0210001.

McGinn, C. 2000. *The Mysterious Flame: Conscious Minds In A Material World.* Basic Books.

Morris, S. 1995. The Common Prior Assumption in economic theory. *Econ. and Phil.*, **11**, 227–253.

Neal, R. M. 2006. Puzzles of anthropic reasoning resolved using full non-indexical conditioning. Tech. rept. 0607. Dept. of Statistics, University of Toronto. www.cs.toronto.edu/~radford/anth.abstract.html.

Nozick, R. 1969. Newcomb's problem and two principles of choice. pp. 114–115 of: Rescher, Nicholas (ed.), *Essays in Honor of Carl G. Hempel.* Synthese Library.

Penrose, R. 1989. *The Emperor's New Mind.* Oxford.

Penrose, R. 1996. *Shadows of the Mind: A Search for the Missing Science of Consciousness.* Oxford.

Penrose, R. 2007. *The Road to Reality: A Complete Guide to the Laws of the Universe.* Vintage.

Perlmutter, S. and 31 others (Supernova Cosmology Project). 1999. Measurements of $\Omega$ and $\Lambda$ from 42 high-redshift supernovae. *Astrophys. J.*, **517**(2), 565–586. astro-ph/9812133.

Pironio, S., Acín, A., Massar, S., de la Giroday, A. Boyer, Matsukevich, D. N., Maunz, P., Olmschenk, S., Hayes, D., Luo, L., Manning, T. A., and Monroe, C. 2010. Random numbers certified by Bell's theorem. *Nature*, **464**, 1021–1024. arXiv:0911.3427.

Pusey, M. F., Barrett, J., and Rudolph, T. 2012. On the reality of the quantum state. *Nature Physics*, **8**, 475–478. arXiv:1111.3328.

Russell, S., and Norvig, P. 2009. *Artificial Intelligence: A Modern Approach.* 3rd edn. Prentice Hall. First published 1995.

Ryle, G. 2008. *The Concept of Mind.* Kessinger Publishing. First published 1949.

Satinover, J. 2001. *The Quantum Brain.* Wiley.

Savage, L. J. 1954. *The Foundations of Statistics.* Wiley.

Schmidhuber, J. 1997. A computer scientist's view of life, the universe, and everything. pp. 201–208 of: *Foundations of Computer Science: Potential – Theory – Cognition.* Springer.

Searle, J. 1992. *The Rediscovery of the Mind.* MIT Press.

Shafer, G. 1976. *A Mathematical Theory of Evidence.* Princeton University Press.

Shieber, S. M. (ed.). 2004. *The Turing Test: Verbal Behavior as the Hallmark of Intelligence.* Bradford Books.

Sompolinsky, H. 2005. A scientific perspective on human choice. In: Shatz, D., and Berger,

Y. (eds.), *Judaism, Science, and Moral Responsibility*. Rowman and Littlefield.

Soon, C. S., Brass, M., Heinze, H.-J., and Haynes, J.-D. 2008. Unconscious determinants of free decisions in the human brain. *Nature Neurosci.*, **11**, 543–545.

Spekkens, R. W. 2007. In defense of the epistemic view of quantum states: a toy theory. *Phys. Rev. A*, **75**(032110). quant-ph/0401052.

Stenger, V. J. 2009. *Quantum Gods: Creation, Chaos, and the Search for Cosmic Consciousness*. Prometheus Books.

Stoica, C. 2008. Flowing with a frozen river. Runner-up in FQXi essay contest on The Nature of Time. fqxi.org/data/essay-contest-files/Stoica_flowzen_time_2.pdf.

Stoica, C. 2012. Modern physics, determinism and free-will. *Noema*, **XI**. www.noema.crifst.ro/doc/2012_5_01.pdf.

Taleb, N. N. 2010. *The Black Swan: The Impact of the Highly Improbable*. 2nd edn. Random House. First published 2007.

Tegmark, M. 1999. The importance of quantum decoherence in brain processes. *Phys. Rev. E*, **61**, 4194–4206.

Turing, A. M. 1950. Computing machinery and intelligence. *Mind*, **59**, 433–460.

Vazirani, U., and Vidick, T. 2012. Certifiable quantum dice – or, true random number generation secure against quantum adversaries. pp. 61–76 of: *Proc. ACM STOC*. arXiv:1111.6054.

von Neumann, J. von. 1932. *Mathematische Grundlagen der Quantenmechanik*. Springer. English translation (1955) *Mathematical Foundations of Quantum Mechanics*. Princeton University Press.

Wiesner, S. 1983. Conjugate coding. *SIGACT News*, **15**(1), 78–88. Original manuscript written circa 1970.

Wigner, E. P. 1962. Remarks on the mind–body problem. In: Good, I. J. (ed.), *The Scientist Speculates*. Heinemann, London.

Wolfram, S. 2002. *A New Kind of Science*. Wolfram Media.

第五部分
The Once and Future Turing: Computing the World

# 神谕、无限计算和心智的物理学

本书叙述的主线从逻辑走向物理，现在重归逻辑。所罗门·费弗曼和菲利普·韦尔奇都提出了对不可计算的精确的现代理解。值得注意的是，1936年，在阿兰·图灵描述可计算性和如何"发明"通用图灵机时，他在察觉到可计算局限性的背景下就已经做了类似的工作。后来，在机器智能的构想中，图灵强调了可计算的能力和范围。但是，图灵知道可计算永远只是沧海一粟。1939年图灵在普林斯顿的研究工作，也许是他最艰深困难的工作，也成为分析不可计算的奠基性论文。通过数学和实践的不同方式，图灵让我们看到可计算的局限性及其以外的东西。

本书的最后一部分再次涉及逻辑的清晰角色、物理过程、思维过程和显而易见却又刻意回避的东西。读者现在已熟悉的图灵辩证法、计算与描述以及具体化与理想化这三者的一致性把我们带入了行为信息的有机谜团的核心。这个封闭的系统是真实世界下的一种理想化，这种理想化带有一种通过图灵神谕的理想的数学幻影。**所罗门·费弗曼**的章节考虑了神谕机在其他领域逻辑上与逻辑之外的相关性，通过递归论的演变和优美的数学理论追溯了神谕机的历史。就像文中讨论未来时所描述的，这必然会有"递归论中最难懂、最晦涩的部分，如度理论"的问题。早已有迹象显示，作为成熟的相对计算数学的通用图灵机拥有着反常规性和数学上的丑陋，而这也许正可以用于支持具体化的可计算复杂性及其语义的模型。第13章标题中出现的"再返回"也许重新呈现了图灵式的卓越性。就像通用图灵机的语义让我们从类型上升到不可计算实数，这使我们通过类型论的阶梯接触到类型2信息的图灵通用性的语义。从数学上来说，我们通过不同的、广义的、可使用合理无穷数据的可计算模型来对这样的自然推导进行建模，而这些模型一般启发于标准经典模型而不是真实环境下的数学模型。

**菲利普·韦尔奇**讨论的无限计算迥然不同，并且和物理有着迷人的关系，尤其是在相对论和其预测的奇点的数学部分。韦尔奇对这部分的引入和描述十分精湛。他的章节是对无限时间图灵机最好的介绍性材料之一。韦尔奇总结道：

上面的例子说明了图灵给出的原始概念的丰富性，这早已远远超出他最初的意图。我们可以用这些"机械学"的术语，以一种并非他的初衷但是由他的模型和例子所启发出来的方式去思考。

**罗杰·彭罗斯**的文章发表于1951年。就像在引言部分所提到的，在这个时期，图灵正被狄拉克的想法所吸引，而这些数学物理方面的观点在20世纪60年代被彭罗斯大幅度地拓展。彭罗斯投桃报李，表示他是被麦克斯·纽曼引入到图灵在逻辑学上的观点中。尽管彭罗斯试探性地触及了预示量子力学的本质特征涵括在生物结构中这一现代发展，但他仍然局限于开拓自己的主题——对机器智能的"数学异议"是真实的，以及不可计算在生理上尤其是在大脑上有着深远的意义——的逻辑框架中。

彭罗斯的讨论很大程度上继承了图灵1939年那篇文章的精神，有着技术角度和直观内容的并列平衡。这和彭罗斯在这个主题下的原有观点相比有了很大的扩充。1939年图灵的影响和对这些观点的广泛理解，促成了对这个主题的重新思考。正如彭罗斯已指出的，对脑功能的全面理解和对物理的进一步理解密切相关。如今，越来越多的人支持他的观点——对思维过程的经典计算建模意义有限。

我们很可能永远不会知道，在图灵最后的几年里，他是如何将自己对计算和量子力学的理解融合起来的。但是这个思维的竞技场仍然对任何猜测敞开大门，这也自然而然地是我们对阿兰·图灵未来的讨论做总结的时候了。

# 第 13 章
The Once and Future Turing: Computing the World

# 图灵的"神谕":从绝对可计算性到相对再返回

◎所罗门·费弗曼

写给斯蒂芬·科尔·克莱尼,以纪念他对递归论的奠基性贡献

## 13.1 引言

在本章中,我们会给出过去 60 年里递归论发展轨迹的一些历史信息和它们对计算实践的可能意义。这些信息一方面体现了数学思想可能受到的影响的变幻莫测,另一方面也体现了种种奇思遐想一旦被深入研究后所带来的无尽探索。

在数理逻辑学家的主要推动下,有效可计算性或者也称作递归论(由于历史原因,会在下一节解释)的课题沿着几条相互关联但概念上不同的轨迹发展。虽然这个过程开始于对有效可计算性的绝对限制的分析,但是当时首要的关注点是如何否定逻辑和数学问题的有效不可解性。课题从此走向了对不可解性的精确分类,并衍生出了众多技术。从概念上来说,图灵提出的相对于"神谕"(oracle)的可计算性的概念,是这个过程中的第一步。在波斯特的推动下,这一步促进了不可解度相关课题的出现,而这一课题也成为具有极高技术难度和组合复杂度的研究项目。统一相对可计算性的概念不直接起源于图灵提出的概念,但两者有着隐含的联系。这一概念也引出了很多重要的递归函数论。最终,可计算性或多或少在很多方式上被相对地拓展成任意结构,而这也

引出了后来被称为广义递归论的理论。这些轨迹在度理论的旗帜下向前开拓，且在某种程度上被递归论学家编织在了一起，但与此同时发展趋势也变成了让有效可计算性远离真实计算的问题。近年来，以计算理论作为主要考虑的相关课题的兴起，引起了人们对可计算性概念在理论和实践上的重新思考。在历史介绍部分之后，我将说明相对（而非绝对）可计算性的各种概念对实践的主要意义，而不是从递归论中得到的大多数方法和结果的意义。

虽然人们非常关注递归论20世纪30年代早期的历史文献和诸如绝对有效可计算性的丘奇–图灵论题的内因，却几乎没有人关注相对可计算性。在这里，我们不会对历史进行非常确切或是过于宽泛的概述，而是以评估计算实践的深远意义为最终目的，指出这一发展过程的主要概念路线。没有人做出过"正确"统一化的断言，即使有，也只是关于任意结构的可计算性。而如今，是时候对所有相对可计算性形式展开一次详尽的历史研究，也是时候对丘奇–图灵论题的泛化进行评估。

## 13.2　"绝对"有效可计算性

### 13.2.1　机器和递归函数

关于有效可计算性和丘奇–图灵论题宽泛概念的发展历史已广为人知，比如克莱尼（1981）、戴维斯（1982）、甘地（1988）的文章，以及特别针对图灵角色的霍奇斯（1983）的书。

在1936年之前，为了解释这个概念，出现了很多迥异的理解：λ可定义性（丘奇）、广义递归性（埃尔布朗–哥德尔）和机器可计算性（由图灵和波斯特独立提出）。这些理解很快都被证明可以引出协同扩展的（自然数）函数类。后来，仍然有能推导出相同函数类的进一步的观点被提出，在这些理论中，我们只介绍谢弗德森和斯特吉斯（1963）提出的寄存器机的可计算性（理由如下）。

对丘奇论题最有说服力的定义是图灵机对可计算性的定义。由于人们对此定义的熟悉和它与计算实践的脱离，我们在这里不做介绍。谢弗德森和斯特吉斯的寄存器机更贴近于计算机的实际设计，它甚至孕育了早期的命令式编程语言。和所有之前提到过的定义一样，寄存器机的定义理想化地假设工作空间和计算时间不受限制。每个寄存机拥有有限个叫作寄存器的内存地址 $R_i$，每个寄存器有着无限的容量，即任意长度的符号和数字序列都可以存储于寄存器。在这里，我们只关注自然数集合 $N = \{0, 1, 2, 3, \cdots\}$，而省略更宽泛的自然数符号化计算。某些寄存器 $R_1, \cdots, R_n$ 被作为输入（当计算函数 $f: N^n \to N$ 时），并且有一个作为输出的寄存器，比如 $R_0$；其他的寄存器为正在进行的计算提供内存地址。程序被定义为一系列的指令 $I_0, \cdots, I_m$，其中 $I_0$ 是起始指令，$I_m$ 是最终指令或停机指令。有效指令 $I_j(0 \leqslant j \leqslant m)$ 有以下几种形式：(i) $R_i$ 的内容 $r_i$ 加 1；(ii) $R_i$ 的内容 $r_i$ 减 1（如果不为 0）；(iii) 将 $R_i$ 的内容设为 0；(iv) 测试 $r_i$ 是否为 0，然后根据结果跳转指令。这些指令可分别符号化如下：

(i) $r_i := r_i + 1$

(ii) $r_i := r_i - 1$

(iii) $r_i := 0$

(iv) 如果 $r_i = 0$ 则跳转至 $I_k$，否则跳转至 $I_l$。

对于函数 $f: N^n \to N$ 来说，当 $x_1, \cdots, x_n$ 分别作为 $R_1, \cdots, R_n$ 输入，从指令 $I_0$ 开始执行，并在停机阶段 $I_m$ 有 $f(x_0, \cdots, x_n)$ 出现在 $R_0$ 上，该函数就被寄存器机认为是可计算的。就像之前所提到的，我们可以看出寄存器可计算函数类就是图灵可计算函数类。

回到 20 世纪 30 年代后期的情况，有效可计算性不同定义的（延伸的）等价性支持了丘奇论题。丘奇本人也就埃尔布朗－哥德尔的广义递归性宣布了这个结论。很多有效可计算函数由递归定义的函数所给出——这一事实促使逻辑学家将有效可计算性和递归性当作可互换的概念。因此，这个课题也就被称为递归函数论，或者简称为递归论。

作为图灵分析的特殊结果，丘奇论题得到了广泛接受，有关讨论可参考 1952 年克莱尼的文献（见 §§ 62、63 和 70）。对于最近的分析，可参考 1980 年甘地的文献⊖。对于这个问题详细的论文整理，可参考 1989 年奥蒂弗雷蒂的文献（§1, 8）。许多人都同意哥德尔对于广义普适递归（图灵可计算性）重要性的见解，"有了这个概念，我们从此得以对任何有趣的认识论意义上的概念给出其绝对定义，也就是，不需要依赖形式主义"（意大利语，从哥德尔 1946 年的文章中摘录）。

---

⊖ 更近期的讨论可以在坦布里尼的论文（Tamburrini, 1987）中找到。附言中有更多的相关文章。

### 13.2.2 部分递归函数

在 1938 年克莱尼的文章中,他迈出了很重要的具有概念性的一步,提出了部分递归函数的概念,可以用之前提到的任何一个有效可计算模型来解释,尤其是通过图灵机验证的模型。每一个子句序列或者程序 $I = I_0, \cdots, I_m$ 可能被编码成一个自然数 $i$,之后,$M_i$ 用来表示相应的图灵机。为了简单,我们只考虑一个变量的函数,给定任意变量 $x$,$M_i$ 不需要在这个输入处停止。如果它停止了,那么我们可以将 $M_i(x)$ 作为它的输出,并且 $M_i(x)$ 有定义,这样就可以确定出函数 $f$ 的定义域 $\mathrm{dom}(f) = \{x \mid M_i(x) \text{有定义}\}$,对于 $\mathrm{dom}(f)$ 中的每一个 $x$ 的值,都有 $M_i(x)$ 对应。一个包含在这些函数中的函数就可以称为部分递归。

克莱尼为部分递归函数建立了正规表达形式(适用于机器模型)。$C(i, x, y)$ 表示 $M_i$ 以 $x$ 为输入可以得到终止结果 $y$,这样 $C$ 可以看作一个可判定关系(事实上,属于原始递归关系的子集)。另外,函数 $U(y)$ 在 $y$ 表示一个可以终止的计算或者 0 时提取 $y$ 的结果,这也就是(原始)递归。因此,对于被 $M_i$ 确定的部分递归函数 $f$,我们有:

(1) (i) $\mathrm{dom}(f) = \{x \mid \exists y) C(i, x, y)\}$

  (ii) $f(x) = U((\text{least } y) C(i, x, y)) \quad \forall x \in \mathrm{dom}(f)$

每个利用这种方法定义的函数都是部分递归的,对于所有的 $i$ 和 $x$ 我们定义 $g(i, x)$,可以得到更多结果:

(2) $g(i,x) = U((\text{least } y) C(i, x, y))$,只要 $M_I(x)$ 有定义

那么 $g$ 就是一个两个变量的部分递归函数。此处 $i = 0, 1, 2, \cdots$,它(作为 $x$ 的函数)涵盖所有单个参数的部分递归函数。这被称为部分递归函数的列举定理。现在,因为函数 $g$ 本身可以被机器 $M$ 计算,所以我们有图灵在 1937 年证明的结果,这里有一台普适计算机 $M$,可以模仿任意机器 $M_i$ 的行为,只需要输入 $(i, x)$,就可以和机器 $M_i$ 输入 $x$ 取得同样的结果。这样就提供了一种通用计算机的概念基础,可以在特定应用场景中以数据"$i$"的形式存储"软件"程序 $I$。

### 13.2.3 有效不可解问题和归约方法

在 1900 年到 1930 年期间提出了很多问题,这些问题关注特定数学问题类型的统一有效可解性,著名的问题包括:

- 丢番图等式:判断一个整数系数的多项不等式是否有整数解(希尔伯

特第十问题）。

- **群的词问题**：判断两个单词的有限组合是否表示同一个元素。
- **判定问题**：判断给定的一个一阶逻辑谓词演算公式是否可满足。

在一些特殊场景中这些问题取得了进步，但在普通场景中依然难以得到好的结果。比如对判定问题，最开始的优化是哥德尔1931年提出的不完备结果（参见1986年的哥德尔集），它提到，在这些东西中，对于任何足够健壮和正确的系统 $S$，可以产生一个一阶逻辑谓词演算公式 $A_S$，$A_S$ 是可满足的，但是不能在系统 $S$ 中证明。因此，如果有一个判断方法 $D$ 可以验证在一阶逻辑谓词演算中的满足性，那么即便没有系统 $S$ 也可以验证 $D$ 有效。

但是，考虑到这些以及相类似的问题，为了得到负面结果，需要一个关于有效方法的精准而完全普适的定义。这可以类比为提供一个普适的直尺圆规构建的定义，以便表现经典几何问题（三等分角、加倍立方体等）的不可构建性，或者类比为提供根本的可解性定义，以便说明诸多代数等式的不可解性（五阶或更高阶）。在有效可计算性和有效可判定性上，根据丘奇–图灵论题，正是13.2.1节中的定义所表示的东西。确实，丘奇和图灵使用这个可以建立起判定问题的有效不可解性。他们的论点在如下隐含指出，我们主要分析他们证明中的某一方面。

给定一个自然数集合 $A$，$A$ 的从属问题就是判断是否有一个有效算法能够判断任意给定的自然数 $x$ 是否属于 $A$。特征函数 $C_A$ 定义为，如果 $x$ 属于 $A$，则 $C_A = 1$，否则为 0。$A$ 的从属问题只有在 $C_A$ 可计算时可以有效解决，如果这个成立，我们就可以说 $A$ 本身是可计算或者递归的，而如果 $A$ 不是递归的，那么它的从属问题就是有效不可解的。这个问题最开始的例子是图灵提供的图灵机停机问题，已经应用在了很多寄存器机上。这个问题是对于参数 $i$ 和 $x$，判断 $M_i(x)$ 是否有定义。对角线停机问题是输入 $x$，$M_x$ 是否会停机，表示成集合 $K = \{x | M_x(x) \text{ 有定义}\}$。现在可以轻易地通过一个对角线论证说明 $K$ 不是递归的。如果它是递归的，那么它的特征方程 $C_K$ 就是递归的，但也意味着下面的方程就是递归的：

$$d(x) = \begin{cases} M_x(x) + 1, & x \text{ 在集合 } K \text{ 中} \\ 0, & \text{其他} \end{cases}$$

现在，因为 $d$ 是递归的，所以它可以被一些特定的机器 $M_i$ 计算，也就是对于所有 $x$，都有 $d(x) = M_i(x)$。那么，考虑特殊情况，$d(i) = M_i(i)$，这与 $d(i) =$

$M_i(i)+1$ 矛盾。

普适的停机问题就表现为集合 $H=\{(x,y)|M_x(y)$ 有定义 $\}$。

很明显，$x$ 在 $K$ 中，仅当 $(x,x)$ 在 $H$ 中。如果 $H$ 是递归的，那么 $K$ 也是递归的，相反的也在刚才表示过了。普适的情况是给定一个多对一归约，$A \leq_m B$。这点仅在如下条件下成立，存在一个递归方程 $f$，能够对所有的 $x$：

（1）$x$ 属于 $A$ 当且仅当 $f(x)$ 属于 $B$。

称为"多对一"是因为函数 $f$ 可能对于多个变量都会对应同一个值。我们得到以下直观结论：

**定理** 如果 $A \leq_m B$ 并且 $B$ 是递归的，那么 $A$ 也是递归的。因此如果 $A$ 不是递归的，则 $B$ 也不是递归的。

事实上，图灵在1936年对判定问题得到了负面的结果，他通过考虑集合

$$S = \{x | x \text{是一阶机器在某种模型下可满足的公式数目}\}$$

和 $K \leq_m S$，其中 $K$ 是对角线停机问题。（1937年丘奇的论证则利用了 $\lambda$ 演算中某个有效不可解问题的归约。）

关系表达式 $\leq_m$ 多对一归约被广泛应用在有效不可解结果中。最终，希尔伯特第十问题和群的词问题都能够通过从问题 $K$ 归约得到有效不可解性⊖（通过一长串论证）。但是，原则上这不是最通用的集合 $A$ 和 $B$ 的关系 $\leq$，它有以下的结论：

（2）如果 $A \leq B$ 并且 $B$ 是递归的，则 $A$ 也是递归的。

比如，我们可以利用 $\leq$ 来表示从 $A$ 到 $B$ 的真值表归约，也就是集合 $A$ 中的一个元素 $x$ 可以通过 $f_i(x)$ 形式的命题组合在集合 $B$ 中确定，因为 $f_i$ 是递归的。这种情况下，我们写作 $A \leq_{tt} B$。集合从属问题有效归约的最通用概念依旧被广泛使用，这就是图灵提出的概念，也就是我们现在所称道的"神谕"。

## 13.3 自然数的相对有效可计算性

### 13.3.1 图灵的"神谕"和图灵可归约性

原始的可计算的概念与图灵1939年提出的"神谕"接近，图灵在丘奇的

---

⊖ 在这一系列工作中，戴维斯、普特南、J. 罗宾逊和马季亚谢维奇研究前一个问题，诺维科夫、布恩、布里顿和希格曼研究后一个问题。

指导下在普林斯顿大学的博士论文中提出了这个观点。至于图灵在普林斯顿大学如何完成研究工作以及研究成果，都记录在霍奇斯 1983 的书（pp. 90-146）以及费夫曼 1988 年的文章中，其中有定理的详细证明。图灵的学位论文主要考虑了顺序逻辑的概念，引入这一概念是为了尝试克服哥德尔关于形式系统的不完备结果，这种不完备来自于对以语句 $Con_S$ 形式表示的、其一致性表达被充分接受的每一个形式系统（或逻辑系统）$S$，都进行迭代（有限和无限）附加，尽管哥德尔只是暗示了系统 $S$ 的不可证明性。图灵的目标是得到双量词 $(Q_2)$ 算数性的完备性，也就是对于 $(\forall x)(\exists y)R(x, y)$，其中 $R$ 是递归的，在这种情况下仅可以部分实现。在 1939 年图灵发表的学位论文中，介绍"神谕"概念的章节 §4 只是个简介，主要目标就是得到不在 $Q_2$ 形式下的数学问题。非 $Q_2$ 形式可定义集的存在可以通过对角线方法证明，但是图灵可能想得到更准确的数学形式，他说："假设我们都拥有解决数论 $(Q_2)$ 问题的一些特殊方法，也就是一种神谕，借助'神谕'的帮助，我们可以产生一种新的机器（叫作 $O$ 机器），它的一个进程能够解决给定数论问题。"图灵之后也精确地表示了如何通过 $O$ 机器定义可计算性，推论的直接扩展在图灵 1936 和 1937 年的书中，这一扩展实际上指出了停机问题对于 $O$ 机器无法判定，因此它被 $O$ 机器判定为不在 $Q_2$ 问题的范围内。

图灵并没有对这个问题进行深入研究，直到 1944 年波斯特对这个问题进行了系统的调研。开始，$O$ 机器的概念从对于集合 $B$ 作用的 $B$ 机器产生，在寄存器机模型中，按如下格式加入到基本指令集中

(1) $r_j := 1$, $r_k$ 在集合 $B$ 中

$r_j := 0$, 其他

给定上述意义下某集合的计算指令列表 $I$，再给定特定集合 $B$，如果机器 $M$ 在指令集 $I$ 下对于任意输入 $x$ 都可终止，我们将 $M^B(x)$ 写作其输出。如果对于任意输入 $x$，$M^B(x) = 1$ 或 $0$，那么 $M^B(x)$ 就是集合 $A$ 的特征方程，表示为

(2) $x$ 在集合 $A$ 中当且仅当 $M^B(x) = 1$

在这种情况下，我们说 $A$ 由 $B$ 图灵计算得到，或者可以图灵归约到 $B$，写作 $A \leq_T B$，不难看出：

**定理** （i）$A \leq_m B \Rightarrow A \leq_{tt}$；（ii）$A \leq_{tt} B \Rightarrow A \leq_T B$

另外，丘奇-图灵论题还引导人们承认另一个相对化版本的说法：

**(C-T)**$^{(r)}$ $A$ 由 $B$ 有效计算得到当（且仅当）$A \leq_T B$。

因此，图灵归约给出了相对有效可计算性最普适的概念。

从一个函数到另一个函数的可计算性关系可以简单地定义为寄存器机可计算性定义的拓展。给定函数 $g:N \to N$，我们向之前 13.2.1 节（i）中的四条寄存器指令加入如下形式的指令：

(3) $r_j := g(r_k)$

其含义为将寄存器 $R_j$ 的内容设置为 $g(r_k)$，$r_k$ 为 $R_k$ 中的值。于是 $f \leq_T g$ 当且仅当 $f$ 在这种扩展的意义下是寄存器可计算的。注意到对于集合 $A$ 和 $B$，我们有：

(4) $A \leq_T B$ 当且仅当 $c_A \leq_T c_B$

其中 $c_A$ 和 $c_B$ 分别为 $A$ 和 $B$ 的特征函数。因此实际上只有一种相对可计算性的基本概念被涉及，即函数相对于函数的可计算性。然而，波斯特（1944）将关注点放在 $A \leq_T B$ 的关系上，因为经典的有效（不）可解性问题与集合的从属问题有关，尤其是对于一类特殊的集合——递归可枚举集合。我们接下来会谈到。

### 13.3.2　递归可枚举集合、不可解度和波斯特问题

一个自然数的集合 $A$ 被称作递归可枚举的，如果它是一个递归函数的值域，即对于某递归函数 $f$，有：

(1) $A = \{f(0), f(1), \cdots, f(x), \cdots\}$

或者 $A$ 为空集。空集被包含进来作为一种边界情况，使得每个递归可枚举集合也可以写成以下形式：

(2) $x$ 属于 $A$ 当且仅当 $(\exists y) R(x, y)$

其中 $R$ 为一个递归关系。反之亦然。显然每个形式如（1）的集合 $A$ 以及空集，都符合（2）的形式。对于逆命题，可以用一个带有反函数 $p_0$ 和 $p_1$ 的递归配对函数 $p$，使得对每个 $x$ 有 $p(p_0(x), p_1(x)) = x$。从而如果 $A$ 为非空，记 $x_0$ 属于 $A$，并且（2）成立，则若有 $R(p_0(x), p_1(x))$，令 $f(x) = p_0(x)$，否则 $f(x) = x_0$，因此（1）成立。注意到（1）中可能存在重复元素，所以一个非空递归可枚举集合可以是有限的。

每个递归集合 $A$ 都是递归可枚举的，因为我们可以在（2）中把 $R(x, y)$ 设为 $x$ 属于 $A$ 且 $y = 0$。然而，它的逆命题是不对的：对角线停机集合 $K$ 是递归可枚举的但不是递归的。后半部分结论已在上文中证明；要看出 $K$ 是递归可枚举的，只需简单地利用 13.2.2 节的符号定义，得到 $K = \{x \mid (\exists y) C(x, x, y)\}$。

不难看出，所有 13.2.2 节中提到的有效（不）可解性的经典问题都跟递归可枚举集合有关。例如，丢番图集合是以下形式的集合：

(3) $D_{p,q} = \{x \mid (\exists y_1) \cdots (\exists y_n)(p(x, y_1, \cdots, y_n) = q(x, y_1, \cdots, y_n))\}$

其中，$p$ 和 $q$ 为自然数系数的多项式。这些集合可通过利用配对函数将前缀 $(\exists y_1) \cdots (\exists y_n)$ 合并成一个 $(\exists y)$ 来归约到（2）的形式。判定问题（entscheidungsproblem）作为形式系统 S 的一般判定问题（decision problem）的一个特殊情况，判定一个给定的公式 A 是否是从 S 可证明的。利用公式和推导的哥德尔编号，这个问题可以归约到由

(4) $\text{Prov}_S = \{x \mid (\exists y) \text{Proof}_S(x, y)\}$

给出的集合 $\text{Prov}_S$ 是否为递归的。而只要 S 是递归的，$\text{Prov}_S$ 就是递归可枚举的，因为如果这样 $\text{Proof}_S$ 就是递归的。群的词问题就是一个有限表示群中的词之间的方程，是否为从该表示的定义方程和通过相等规则得到的群公理可证明的。这一问题再次引出形式（2）的集合。其他代数系统也类似。并不是全部自然的有效性问题都是递归可枚举的。第一个（初看之下）更复杂的问题是，任意给定的由 $M_i$ 确定的一元部分递归函数是否为全域的，即 $i$ 是否属于集合。

(5) $\text{Tot} = \{z \mid (\forall x)(\exists y) C(z, x, y)\}$

显而易见每个递归可枚举集合 A 都可归约到停机问题 H，如下所述。对于形式（2）中的递归可枚举集合 A，考虑函数

(6) $f(x) = (\text{least } y) R(x, y)$

则 $f(x)$ 正好在 $(\exists y) R(x, y)$ 的情况下有定义，所以 $\text{dom}(f) = A$。再者，$f$ 是部分递归的，所以对于某个 $i$ 和所有属于 $\text{dom}(f)$ 的 $x$ 有 $f(x) = M_i(x)$。因此我们有 $x$ 属于 A 当且仅当 $M_i(x)$ 是有定义的，即当且仅当 $(i, x)$ 属于 H。换句话说：

(7) $A \leq_m H$

以下结论的证明需要稍微详细一点的论述。

**引理** 对于每个递归可枚举集合 A，我们有 $A \leq_m K$。

（证明见 Kleene, 1952, p. 343）因此 K 对于递归可枚举集合的类是波斯特所称的完备的，即它是递归可枚举的且每个递归可枚举集合都可归约到它。

然后波斯特定义，如果有 $A \leq_T B$，那么集合 A 跟 B 相比具有相等或更低的不可解度，如果同时有 $A \leq_T B$ 和 $B \leq_T A$，那么 A 和 B 具有相同的不可解度。后者是自然数集合的一种等价关系；一个集合所在的等价类被称为它的不可解度，记作 $\deg(A)$。我们用字母 $a$, $b$, $\cdots$ 来表示不可解度。给定 $a = \deg(A)$，$b = \deg(B)$，当 $A \leq_T B$ 时我们称 $a \leq b$，当 $a \leq b$ 但 $a \neq b$ 时我们称 $a < b$，即如果有 $A \leq_T B$ 但 $B \leq_T A$ 不成立。注意到当且仅当 $a \leq b$ 且 $b \leq a$ 时有 $a = b$。

令 $0 = \deg(N)$。由于 $N$ 是递归的，我们对任一集合 $A$ 有 $N \leqslant_T A$，因此：

(8) $0 \leqslant a$ 对所有的不可解度 $a$ 成立

把 0 称为一个不可解度看上去有点反常，因为对任一满足 $0 = \deg(A)$ 的 $A$ 我们有 $A \leqslant_T N$，因此 $A$ 是递归的，即可有效判定的。然而，0 是度的一种边界情况：

(9) 若 $0 < \deg(A)$ 则 $A$ 不是递归的

令 $0' = \deg(K)$。则由上面的引理，我们有

(10) 对每个递归可枚举集合 $A$，$\deg(A) \leqslant 0'$

如我们在 13.2.2 节中所见，每个在实际中遇到的、被证明为非递归的递归可枚举集合 $A$，是通过一串归约得到 $K \leqslant_m A$ 来证明其如此的。因此，在所有这些例子中理所当然有 $K \leqslant_T A$。波斯特（1944）提出了一般情况下是否一定如此的问题。他的疑问是：

**波斯特问题** 是否存在递归可枚举集合 $A$ 满足 $0 < \deg(A) < 0'$？

正如文献（Post, 1944, pp. 289-290）中所说："我们的所有进展主要集中在一个单独的问题上，在这些（关于递归可枚举的非递归集合的）问题中，是否存在一个比之（最高的度 $\deg(K)$）更低的不可解度？还是它们都具有相同的不可解度？"在赞扬了图灵（1939）中可归约性的基本思想及其有效证实了对于任何一个集合 $A$ 都有一个更高的不可解度之后，波斯特继续说："尽管（图灵的）定理并未帮助我们找到那个较低的不可解度，但他的阐述使我们的问题更加明确。在这篇论文结束时这个问题依然悬而未决。不过一路上我们获得了许多特殊的成果，到最后我们得到了关于这个一般问题的难度的一点认识。"

波斯特这里提到的"特殊的成果"跟相对于可归约性关系 $\leqslant_m$ 和 $\leqslant_{tt}$ 的较低的不可解度的存在性有关。因此他提出了一个非递归的集合 $S$ 的存在，称之为"单纯的"，使得 $K$ 不是可多对一归约到 $S$ 的；然而，$K \leqslant_{tt} S$（如果允许无界的真值表）。然后波斯特提出了一个非递归的递归可枚举集合 $S^*$，称之为"超单纯的"，使得 $K$ 不是可真值表归约到 $S^*$ 的；然而，$K \leqslant_T S^*$，所以波斯特发出逃脱这种归约的"超超单纯的"集合是否或许不存在的疑问。当这些构造在组合上越来越复杂时，波斯特问题的难度变得明显起来。在波斯特 1944 年的论文的最后，他说："结果是我们在这个问题上左右为难：是否存在一个递归可枚举的（非递归的）正整数集合，具有比完备集 $K$ 绝对更低的不可解度？还是确实所有递归可枚举的、具有递归不可解判定问题的正整数集合全都有相同的

不可解度？"

### 13.3.3 波斯特问题的解和度理论的繁荣

第一个推动波斯特问题逐步得以解决的成果由克莱尼和波斯特（1954）得到。这也引出了不可解度学科的一个基本分支，在上面引用的波斯特的评论中已有所暗含。那就是我们可以考虑关系 $A \leqslant_T B$ 而不限制 $A$ 和 $B$ 定义的方式。波斯特问题涉及仅限于递归可枚举集合的关系 $\leqslant_T$，但我们可以为任何集合 $A$ 和 $B$ 考虑这种关系，其中一个或二者可能不是递归可枚举的。如波斯特所指出的，图灵最初的构造（在他 1939 年的论文中）有效地将一个集合 $A$ 和另一个集合 $A'$ 联系起来，使得：

（1） $\deg(A) < \deg(A')$

用的是令 $A'$ 为相对于 $A$ 的对角线停机问题 $K^A$，即

（2） $A' = K^A = \{x \mid M_x^A(x) \text{ 有定义}\}$

因此，$K^A$ 是通过加上一个数值的（存在）量词，从一个关于 $A$（原始）递归的谓词中得到的。以度符号来表示，有：

（3） $a < a'$，其中 $a' = \deg(K^A)$，$a = \deg(A)$

特别地：

（4） $0 < 0' < 0'' < \cdots$

但是这只是一个在算术上定义的集合不可解度的粗略划分。克莱尼和波斯特证明的（在其他结论中）是（3）中的每一个不等式 $a < a'$ 之间有无穷多的其他的度。事实上，存在 $\{d \mid a < d < a'\}$ 的一个子集 $D$，使得 $D$ 密集地按照关系 $<$ 排序。自然地，如果任何满足 $0 < d < 0'$ 的 $d$ 是一个递归可枚举集合的度，那就会是波斯特问题的解。然而，克莱尼－波斯特论证不足以有效证明这一点，他们的集合 $D$ 包含的完全是非递归可枚举集合。

尽管许多逻辑学家在波斯特问题上付出了大量的努力，但在它被提出后的十多年都没有突破产生，直至 1956 年，这个问题才被 R. 弗里德伯格和 A. A. 穆尼克（见（Rogers, 1967）中的参考文献）独立解决。在那时，弗里德伯格是哈佛大学一位 20 岁的高年级生，而穆尼克也未年长多少。弗里德伯格在上一门麻省理工学院的哈特利·罗杰斯所教授的递归论课程时了解到这个问题。弗里德伯格和穆尼克的解建立了具有不可比较的度的两个递归可枚举集合 $A$ 和 $B$ 的存在，即

(5)（i）$A$ 和 $B$ 是递归可枚举的

（ii）$\deg(A) \leq \deg(B)$ 和 $\deg(B) \leq \deg(A)$ 都不成立

因此，对于 $a = \deg(A)$ 和 $b = \deg(B)$，我们有：

(6) $0 < a < 0'$ 和 $0 < b < 0'$

因为若 $a$ 和 $b$ 的其中一个等于 $0$ 或 $0'$，(5)（ii）就会不成立。

为了成果（5），弗里德伯格（和穆尼克）引入了称为优先级方法的特殊新技术。集合 $A$ 和 $B$ 是分阶段构造的，在每一阶段只有有限个成员关系和非成员关系暂时地确定下来。每个阶段用于为特定的 $i$ 寻找 $n$ 使得 $c_A(n) \neq M_i^B(n)$（对 $A$ 和 $B$ 调换的情况也类似）。如果成功，若 $c_A(n) = 1$，则把 $n$ 放入 $A$ 中，否则 $n$ 在 $A$ 之外；对 $B$ 也类似。然而，当我们这样扩大 $A$（的特征函数）时，结果是会影响到对于前一阶段某 $j$、$m$ 来说赋给 $M_j^A(m)$ 的值。通过给这些操作指定优先级，结果表明对于每个 $i$ 最多只会发生有限次变化，这类参数也因此经常被称为有限损伤参数。(5) 的参数并不长（在弗里德伯格 1957 年的文章中只用了三页来对此进行充分解释⊖），但其新颖性、创造性以及发现环境对于逻辑学家和大多数观众而言都是极其震惊的。（例如，这则新闻在 1956 年 3 月 19 日的《时代》杂志上的第 83 页得到了报道。）在接下来的几年里，弗里德伯格又设计出了几个有趣的优先级方法的应用，但在随后完全离开了这个领域。弗里德伯格和穆尼克的工作为递归可枚举度和随机集合度的不可解度理论（或者通常简称为度理论）的发展开启了新的大门。在十年后的一项调查（Simpson，1977，p. 632）中提到："……多年以后的现在，度理论已经成为数理逻辑中最专业以及高度发达的一部分。在这一领域中前后大概有几百篇文章都可以归为度理论的研究。这些文章创新度的标准都非常高。虽然有一些想法有所重合，但他们所用的方法却是迥然不同的。"

通过将克莱尼 1952 年发表的文章中的第三部分的主题阐述，与罗杰斯 1967 年发表的文章或者奥蒂弗雷蒂 1989 年发表的文章（其中以概念和关于归约 $\leq_m$、$\leq_{tt}$ 和 $\leq_T$ 的结果，以及相关的度理论为主）的结果进行比较，我们可以发现这一发展对递归论的影响是显而易见的。萨克斯在 1963 年发表的文章

---

⊖ 请查阅文献（Rogers，1967，pp. 163-166）的三页证明。至于新颖性，罗杰斯说："在他们起初的展示中，弗里德伯格和穆尼克都建立在之前克莱尼和波斯特的想法和结果上。"后来，库切拉的工作说明，关于优先级的证明并非波斯特问题的关键。文献（Odifreddi，1989，Ch. III）中有各种遵照波斯特（1944）精神的处理方法，这些文章也给了波斯特问题一个有趣的背景，这个背景开始于波斯特自己在 20 世纪 20 年代关于不可决定性的初始想法。

是第一篇完全意义上以度理论为主题,并包含很多重要新贡献的著作。(特别地,这一工作将优先级方法拓展到了允许有无限损伤参数的情况。)列尔曼(1983)和索阿雷(1987)最近的著作则给毕业生和年轻的研究者们带来了最前沿的研究,他们的工作分别强调了随机集合的度和递归可枚举集合的度,后者的参考文献列表里面有约600条条目。虽然递归论的主题仍然和其他线交织在一起共同发展(这其中有一些我们之后会见到),但是没有任何一个理论的难度以及涉及的参数的复杂程度可以和度理论相比拟(正如上面辛普森的文章中所提到的一样)。也正是因为这个原因,人们也常将递归论的发展阶段划分为"前波斯特时代"和"后波斯特时代",或者"前弗里德伯格时代"和"后弗里德伯格时代"。乍看之下,度理论的结果和计算理论无关,因为它们涉及的是有效不可解问题。然而,它们可能是(有效)算法的复杂度的度的相似结果的某种暗示,我们将在13.6节再讨论这种可能的联系。

## 13.4 自然数的一致相对可计算性

### 13.4.1 相对计算过程和局部递归泛函

在图灵的相对可计算性的概念中,需要关于某个固定集合的信息时才会查询"神谕"。也就是,给定 $B$,我们试图去寻找是否有多个 $A$ 满足 $A \leq_T B$,即我们是否可以找到一个 $i$ 使得 $A = M_i^B$。换成函数的形式,问题就是,对于给定的 $f$ 和 $g$,是否存在 $i$ 使得 $f = M_i^g$。

现在,当处理一致相对可计算性的问题时,我们首先不再关注对于固定的 $f$、$g$ 和可能连接它们的计算指令 $i$,而是关注固定 $i$ 和改变 $M_i^g$ 中的 $g$ 时对于 $f = M_i^g$ 的影响。也就是,我们固定一个相对计算过程,并考虑当我们改变它应用到的函数时,其对出现的函数结果的影响。通常来讲,这样一个过程 $F$ 会将几个不同的函数 $g_1, \cdots, g_m$ 以如下形式封装成一个新的函数 $f$:

$$(1) \quad f = F(g_1, \cdots, g_m)$$

这样的过程 $F$ 称为泛函。有效函数是由组合和最小化组成的,如下面的例子所示:

$$f(x) = g_1(g_2(x), g_3(x)) \quad \text{(组合)}$$
$$f(x) = (\text{least}\, y)[g(x, y) = 0] \quad \text{(最小化)}$$

在组合形式中,$f = F_1(g_1, g_2, g_3)$,而在最小化形式中,$f = F_2(g)$。一开

始，我们设想这些形式只能应用于 $N$ 上的完全函数 $g, g_1, g_2, g_3$ 并产生完全函数 $f$，用于最小化形式 $(\forall x)(\exists y)g(x, y) = 0$。在此形式中，如果我们假设 $g$ 是完全函数但不知道是否存在一个 $y$ 使得 $g(x, y) = 0$，那么我们就可以总结出只有 $f$ 是局部定义的。然后最小化形式中的"＝"必须换成"≃"，它表示如果等式一边有定义，则另一边也一定有定义，且二者相等。如果我们进一步允许在这些等式的右边出现局部函数的话，那么必须把组合形式以及其他相似例子中的"＝"换成"≃"。因此我们通常允许局部递归泛函数对局部函数进行操作。当写成（1）的这种形式时，"＝"是准确的，因为使用 $F$ 可以从 ($g_1$, $\cdots$, $g_m$) 中得到一个限制条件完整的局部函数 $f$。然而，$f$ 本身可能是没有定义的。通常，我们必须写成：

(2) $f(x_1, \cdots, x_n) \simeq (F(g_1, \cdots, g_m))(x_1, \cdots, x_n)$

或者也可写成：

(3) $f(x_1, \cdots, x_n) \simeq F(g_1, \cdots, g_m; x_1, \cdots, x_n)$

局部递归函数的表示是由克莱尼在 1950 年引入的。在一篇回忆录中他提到自己已经达到了"通过使用一台可以访问神谕的机器来考虑图灵的计算，但是在统治这些机器的规则固定的情况下，改变神谕，她就可以回答某种函数变量的值（Kleene，1981，p.64）。"然而，以上任何一种机器的方法都只对于那些定义在完全函数参数上的泛函数有用。例如，在寄存器机方法中，简单起见，令 $n = m = 1$，那么局部递归泛函数 $F$ 则指的是以下形式的泛函数：

(4) $F(g) = M_i^g$

对于任意固定的 $i$，对于所有的 $g$ 和 $x$ 都有 $F(g; x) = M^g(x)$。换句话说，我们将由 $i$ 给定的指令集，包括那些 $r_j = g(r_k)$ 形式的规则，应用于可变的完全函数 $g$。然而，这不能用于局部函数参数 $g$，因为一旦计算进行到 $g(r_k)$ 没有定义的位置时，即使它仍能在其他已定义变量函数上继续运行，整个计算也会停下来。而克莱尼在他 1952 年出版的书的第 12 章中通过递归论中的埃尔布朗－哥德尔方程演算方法设计出了局部变量函数的局部递归泛函数的基本理论。另外，如罗杰斯在其 1967 年出版的书的第 146～149 页所描述的那样，可以通过所谓的枚举和局部递归算子的方法来对这些机器方法之一做出间接解释。

### 13.4.2 递归论

使用上面介绍过的任意一种方法，都可以轻易确立局部递归泛函数的以下性质。再次重申，简单起见，我们只考虑 $n = m = 1$ 的情况，并用 $F(g; x)$ 来代表 $(F(g))(x)$。

**引理** 假设 $F$ 为定义在局部函数域上的局部递归泛函数。

(i)（单调性）如果 $g_1$ 包含在 $g_2$ 内，那么 $F(g_1)$ 就包含在 $F(g_2)$ 内。

(ii)（连续性）如果 $F(g; x) \simeq y$，那么对于 $g$ 中某个有限的 $h$，我们有 $F(h; x) \simeq y$。

(iii)（有效性）如果 $g$ 是局部递归的，那么 $F(g)$ 也是局部递归的。

克莱尼获得的关于这些泛函数的重要结果如下（op. cit., p.348）。

**递归定理**（泛函数形式） 对于任意的局部递归泛函数 $F(g; x)$，方程 $f(x) = F(f; x)$ 至少存在一个解 $f$；此外，$f$ 是局部递归的。

证明就简单地取 $f = g_n$ 的并集，其中 $g_0$ 为空函数，而 $g_{n+1} = F(g_n)$。根据 $F$ 的单调性和连续性可得，$f$ 是方程 $f = F(f)$ 的最小的解。为了证明 $f$ 是局部递归的，我们可以利用 $F$ 的有效性的性质。

递归定理以及另一个由克莱尼在 1938 年提出的索引形式的定理在递归论中有很多应用。这些结果之所以重要，是因为它们给出了在自然数域上递归定义（即根据它自己进行定义）一个函数的最自然而有效的方式。虽然索引形式似乎在实际中用处更多，但我们仍认为函数形式更加重要。因为它以内在项进行表达，而与任何局部递归函数的枚举都无关。此外，它同样也具有通用性，因为递归定义有更广泛的集合论设定。

### 13.4.3 自然数上有限类型的局部递归泛函数

简单、通用和局部递归泛函数的概念已经拓展到了自然数上的多种有限类型结构 $\mathscr{M} = \langle M_\tau \rangle$，其中 $M_0 = N$ 而 $M_{(\tau,\sigma)}$ 由 $M_\tau$ 到 $M_\sigma$ 的特定（可能是局部）操作 $f$ 组成。在集合论中，我们可以通过令 $M_{(\tau,\sigma)}$ = 所有（完全的）$f : M_\tau \to M_\sigma$ 的集合来定义有限类型域上继承性完全泛函结构 HTF。哥德尔在 1958 年（见哥德尔 1900 年选集）引入了一种原始递归泛函数的概念，这种概念就适用于此类型结构下的对象（但也适用于更有限的结构）。克莱尼（1959b）提出了局部递归泛函数 $F(f_1^{(n_1)}, \cdots, f_1^{(n_m)}) \simeq f^{(n)}$，其中 $f^{(n)}$ 为简单类型 $n$ 的对象，即属于类型 $M_n$，而这些类型是通过 $M_{n+1} = M_{(n,0)}$ 定义所得的。继承性完全函数的类型结构可以归约到简单类型。也存在局部递归泛函概念合理扩展到某些适宜结构的情形，比如克莱尼（1959a，1959b）提出的有限类型域上的继承性连续函数，以及普拉特克（1966）提出的和 13.5.3 节中将提到的有限类型域上的继承性单调局部函数。囿于篇幅，此处不再展开更多细节来解释这些概念⊖。然而这已经表明局部递归（泛）函数的概念适用于很多结构 $\mathscr{M}$ 的对象，虽然这些结构本身有些都没有有效的定义。这也构成了下一章中关于递归论相对化的介绍。

## 13.5 广义递归论

### 13.5.1 背景与概述

递归论的发展可以追溯到 20 世纪 30 年代早期到 50 年代晚期之间。整个发展过程的第一阶段大概发生在 40 年代中期，那时候主要是一些基本工作、应用和整个学科的系统组织的发展。在那段时间，除了引入图灵关于"神谕"的可计算性的概念（直到 1944 年才有所涉及）以外，递归论主要是以绝对形式给出的。发展的第二阶段见证了这个学科由一个分支到众多更具专业性和技术复杂性的分支的进步。我们在前面只介绍过这个分支中的两个，即度理论和递归泛函数论。第三个方面是我们迄今还未尝试去描述的，它关心的是有时被称为等级理论的内容，尤其是通过所有递归序数（即递归顺序类型的序数）将算术等级扩展到超算术等级（详见 Hinman，1978；Sack，1990）。所有这些都关心某种程度上的相对性，最后一个是集合上的特定"跳跃"操作的无限迭代。同时，随着有些经典问题（包括群的词问题以及希尔伯特第十问题）出现最终解法，最初为了建立经典问题的有效不可解性而提出的捍卫有效可计算性的"绝对"概念的动机依然保有活力。另外一个用到基本理论和递归泛函数论的地方则是一种更加正面的方向，即通过所谓的递归可实现性解释来将递归论的语义用于直观形式系统（详见综述 Troelstra，1977）。

在整个发展阶段，从 20 世纪 30 年代到 50 年代末期，整个数理逻辑领域都经历了巨大的发展，且遵循着相同的模式：在战前时期，借助带有基本应用的基础和组织性工作；而在战后时期，则发展为更加专门化且技术复杂的研究项目。但这个领域整体是趋于分割化的，不同方向的工作之间只有很少能交汇于公认的逻辑学主要分支上，即集合论、模型论、递归论和证明论。

1957 年夏天，在康奈尔大学举办的为期 6 周的符号逻辑学研讨会是标志着

---

⊖ 文献（Odifreddi，1989，pp. 199-201）是关于各种在更高类型结构上的递归概念的汇总。

这种分割趋势走向末路的里程碑事件。这次研讨会聚集了逻辑学所有不同领域的前沿研究者及他们的学生，各领域之间不间断的相互交流也由此开始。尽管每一个数学逻辑学分支仍然保留着独有的特征和关注的实体，但在今天，想要从事任何一个分支而不使用其他分支的知识和方法，可谓举步维艰。

可能与所有其他分支相比，递归论更多地是其他分支的概念、方法和例子的输入，这显著影响了它在接下来几年的发展。具体来说，它的概念领域从自然数（和相关的有效枚举结构，如文字系统）——称为普通递归论，变化到了相当一般的结构，因此开启了广义递归论的发展。这当中依次遵循两条主线：（i）递归论泛化到集合和序数的各种结构；（ii）递归论泛化到或多或少有些任意（或者说"抽象"）的结构。

广义递归论比之前 13.2～13.4 节的材料要难描述得多，因为概念方法、所应用的结构以及得到的结果都很繁杂。要了解这种多样性，可以参考相关书籍（Barwise, 1975；Fenstad, 1980）、会议论文（Fenstad and Hinman, 1974；Fenstad et al., 1978），以及《数学逻辑手册》（Barwise, 1977）中的文章（Shore, Kechris and Moschovakis, Aczel, and Martin）。最后，还值得提及的是克雷索尔（1971）对广义递归论的调查和批判性评估，这一文献代表了主流情况。萨克斯（1990）的书则填充了递归论在集合和序数上的大部分技术，尽管不是在任意结构上的广义递归论。

鉴于这些发展的复杂性和异质性，只有全面的研究和新的批判性评估才能正确评价广义递归论。下面的章节只是为了让读者初步了解某些内容作为递归论进一步相对化蓝图的一部分在如何进行着，并且特别强调概念上向其主体的结构视图的转变。

### 13.5.2　集合和序数上的可计算性

这一部分我参考了肖尔（1977）的调查，它提供了很好的关于历史背景和参考材料的介绍（另见 Kreisel, 1971）。

竹内在1960年通过模式引入了序数的递归函数的概念，其中原始递归的模式通过采用极限序数 $x$ 的上确界的扩展到所有序数：

(1)　$f(x) = \sup\{g(y) \mid y < x\}$

递归论在序数上的另一个推广由麦克弗（1961）和利维（1963）分别提出，前者使用埃尔布朗–哥德尔方程演算的扩展和某些无限的推理规则，后者使用模拟图灵机。麦克弗和利维都注意到，递归论对于序数和普通的基数一样适用，因为集合在式（1）下是封闭的。克里普克（1964）和普拉特克（1966）做了进一步的改进，他们认识到一个更宽泛的序数类，称为可允许序数，支持递归论的合理泛化。克里普克也再次使用了方程演算的一种形式，而普拉特克同时使用了模式的定义和广义计算机的定义。如（Barwise，1975，p.3）中所描述，序数 $\alpha$ 被称为"可允许"的前提是，对每一个关于序数的 $\alpha$（部分）递归函数 $f$，只要 $x < \alpha$ 且 $f(x)$ 有定义，都有 $f(x) < \alpha$。其中，$f$ 是 $\alpha$（部分）递归函数是指它的值可以由一台理想计算机在少于 $\alpha$ 步内计算得到。

同时期的 1963 到 1965 年间，克雷索尔和萨克斯一直致力于发展序数 $\alpha = \omega_1^{CK}$ 上的递归论，该序数是丘奇和克莱尼定义下的最小非递归序数（最小不可数序数 $\omega_1$ 的递归近似）；这是第一个大于 $\omega$ 的可允许序数（$\omega$ 是自然数系统 $(N, <)$ 的序数）。萨克斯试图把度理论的结果从普通递归论推广到 $\omega_1^{CK}$ 之上的递归论，而完成这个推广需要将 $A \leq_T B$ 这一相对可计算关系推广到任意集合 $A$ 和 $B$。这一关键元素由克雷索尔以广义有限概念的形式提供。他的提议被直接推广到任意可允许序数 $\alpha$ 和 $\alpha$ 的子集 $A$，定义如下。

（2）如果 $A$ 是 $\alpha$ 递归且有界的，即如果 $A$ 包含于某个 $\beta(\beta < \alpha)$，那么 $A$ 是 $\alpha$ 有限的。

那么现在 $A \leq_\alpha B$（图灵归约在一个可允许序数 $\alpha$ 上推广为递归论）的克雷索尔 - 萨克斯定义是，粗略来说，$A$ 的每一个 $\alpha$ 有限子集可以由 $B$ 和 $B$ 的补集（对 $\alpha$）的一些 $\alpha$ 有限子集通过 $\alpha$ 有效的方式确定，这对 $A$ 的补集的每一个 $\alpha$ 有限子集也同样成立。没过多久，萨克斯和他的学生们就把普通递归论中度理论的结果一个接一个地推广到任意可允许序数。特别地，在 1972 年，萨克斯和辛普森建立了波斯特问题的类弗里德伯格 - 穆尼克解：存在 $\alpha$ 递归可枚举集合使得 $A \leq_\alpha B$ 和 $B \leq_\alpha A$ 同时不成立。这利用了优先级方法在可允许序数上的一个拓展，完整的技术阐述见萨克斯 1990 年的论文。

在可允许序数上的递归论也通过序数和可构造集之间的亲密关系（参见哥德尔在 1940 年的专题论文，收录在哥德尔 1990 年的合集中）产生了在集合上的递归论。集合上递归的另一种形式被称为 E 递归，它不同于可允许递归论，在 1978 年左右由诺曼和莫斯科维基斯各自独立提出。许多度理论在 E 封闭集合上的推广也被得出（见 Sacks, 1990）。虽然有许多诱因推动人们将递归论推广到序数和集合上，且当初的动机随着该领域后续的蓬勃发展一一得到了满足，但是广义度理论的研究项目仍然是人们最热衷的努力方向，当然也伴有技术上最困难的结果。

### 13.5.3 一般结构上的可计算性

将递归论推广到（或多或少）任意结构的想法同样早在20世纪60年代就出现了。克雷索尔（1971）的文章对当时的研究进展进行了全面总结，所引用文献不在此处重复。最早的提议之一是弗雷斯在1961年用模型论术语提出的。后来，拉科姆、蒙塔古、莫斯科维基斯、普拉特克和弗里德曼的许多提议也得到了特殊关注。我们仅按照时间逆序描述最后的两种方法。

弗里德曼（1971）将图灵机和寄存器机的概念推广到任意的一阶结构：

$$\mathscr{M} = \langle M_0, R_1, \cdots, R_l, g_1, \cdots, g_m \rangle$$

式中 $R_j$ 是关系，$g_j$ 是 $M_0$ 上的全域函数。如果关系 $x = y$ 在 $M_0$ 上被认为是可计算的，那它必须是基本关系之一，但这通常不是假设条件。在弗里德曼将寄存器可计算性推广到任意结构 $\mathscr{M}$ 时，每个寄存器要么是空的，要么包含一个 $M_0$ 的元素 $a$。然后，由指令指定的动作形式为：

(1) $r_i := g_j(r_{n1}, r_{n2}, \cdots)$。

(2) 如果 $R_j(r_{n1}, r_{n2}, \cdots)$ 成立则跳转到指令 $I_k$，否则跳转到指令 $I_l$。

(1) 式的意思是将 $r_i$ 的内容替换为 $g_i(a_1, a_2, \cdots)$，其中 $a_i$ 是第 $n_i$ 个寄存器的内容；(2) 式则是测试 $R_j(a_1, a_2, \cdots)$ 的条件跳转。那么，对一个部分函数 $f$, $f(a) = b$ 当且仅当输入为 $r_1 = a$ 且输出为 $r_0 = b$ 时成立，则称 $f$ 在 $M$ 上是寄存器可计算的。相似地，对于 $n$ 元函数 $f$ 同样成立。通过用 $\mathscr{M}$ 作为结构 $\langle N, R_1, 0, \text{sc}, \text{pd} \rangle$ 一般化了谢弗德森和斯特吉斯的概念，其中 $R_1$ 是一元关系 $\{0\}$，即 $R_1(x)$ 当且仅当 $x = 0$ 时成立；等价地，我们可以用 $\mathscr{M}$ 作为结构 $\mathscr{N} = \langle N, =_N, 0, \text{sc}, \text{pd} \rangle$。这也产生了 $f \leqslant_T g$ 这个关系的特殊实例，这一实例仅当 $f$ 在 $\langle N, =_N, 0, \text{sc}, \text{pd}, g \rangle$ 上可计算时成立。弗里德曼的概念一般化到了多排序结构。然后他定义了 $f$ 如果在组合结构 $(\mathscr{M}, \mathscr{N})$ 上可计算，则它在 $\mathscr{M}$ 上寄存器可计算。弗里德曼还通过图灵机把可计算推广到了任意结构 $\mathscr{M}$，图灵机的每一个带单元要么是空的，要么装有 $\mathscr{M}$ 的一个元素。

克雷索尔（1971，pp. 144）提出了是否存在"丘奇命题在一般（抽象）结构上的拓展"这一问题。在讨论中（op. cit., pp. 175ff），他指出："显然，图灵的分析涉及两个要素，我们操作的对象，（以及）计算的指令或规则。"在他看来，图灵的分析需要对如何向我们提供计算对象以及可以假设的对它们的操作进行约束。从这一观点来看，在结构 $\langle N, \cdots, g \rangle$（$g$ 是非递归的）上的图灵可计算不是一个合适的计算结构。$\langle N, N_1, \cdots \rangle$ 也不行，因为 $N_1 = (N \to N) = \{g \mid g: N \to N\}$。显然，弗里德曼认为寄存器可计算性一般化的本质是，放弃对操作对象是如何呈现给我们的进行任何限制，而保留指令或计算规则的形式。谢弗德森（1988）将甘地的机制原则拓展到任意结构，并且有人认为，弗里德曼的"机器"引出了丘奇 – 图灵论题的一般形式。正如已经说过的，我们不会以任何方式在此深入这一讨论。

然而，应该注意的是，并非所有拥有递归论的合理推广的结构都属于弗里德曼的定义。特别地，可允许序数或超出自然数的集合上的递归论并不作为特殊情况出现，原因是它们本质上体现了无限的操作，如上确界。

这使我们想起普拉特克对于任意 $\mathcal{M}$ 的递归论的推广，参见他（没有发表）的论文（Platek, 1966）。除了显式的函数定义（以 $\mathcal{M}$ 的操作和关系作为基础），它将递归定理

(3) $f = F(f)$

作为其核心定义。为了使最小不动点 $f = \text{FP}(F)$ 有意义，至少需要假设 $F$ 是单调函数。那么问题来了，到底要用什么样的 $F$ 呢？[3] 普拉特克的回答是它们必须由在 $\mathcal{M}$ 上的递归论轮流产生。他为此引入了在 $\mathcal{M} = \langle M_0, \cdots \rangle$ 上的遗传单调函数的类型结构 HMF。每一种类型上都定义一个包含关系，即如果对所有 $M_\sigma$ 中的 $x$，$f(x)$ 在类型 $\tau$ 上包含于 $g(x)$，则 $f$ 在类型 $(\sigma, \tau)$ 上包含于 $g$。然后 $M_{(\sigma,\tau)}$ 被认为在这一包含关系中包括所有单调的 $f: M_\sigma \to M_\tau$。现在，对 $M_{(\rho,\rho)}$ 中的每个 $F$（其中 $\rho = (\sigma, \tau)$），至少存在一个 $M_\rho$ 中的 $f$ 满足不动点方程（3）。最后，$\text{FP}_\rho: M_{(\rho,\rho)} \to M_\rho$ 这一操作自存在于 $M_{((\rho,\rho),\rho)}$。每一个在 $\mathcal{M}$ 上的该类型结构下的（泛）函数集合 $\mathcal{F}$ 都与由显式定义和所有不动点操作符 $\text{FP}_\rho$ 产生的集合 $\text{Rec}(\mathcal{F})$ 相关；$\mathcal{M}$ 的基本操作和关系都被用到了 $\mathcal{F}$ 中。

$M_0$ 上遗传全域函数的类型结构 HTF 可以从 HMF（$M_0$ 上）中提取。特别地，当 $M_0 = N$ 时，普拉特克通过令 $\mathcal{F} = \{0, \text{sc}, \text{pd}\}$ 重获了克莱尼（1959b）在 $N$ 上的部分递归函数，并通过令 $\mathcal{F} = \{0, \text{sc}, \text{pd}, F_1, \cdots, F_m\}$ 重获了克莱尼在一些特定函数或泛函数 $F_1, \cdots, F_m$ 中的（更高类型）递归的概念。以这种方式，我们可以合并无限操作，即克莱尼的泛函数 $^2E$：

(4) 对 $f: N \to N$，如果 $(\exists x)(f(x) = 0)$，则 $^2E(f) = 0$，否则 $^2E(f) = 1$。

（克莱尼（1959b）的一个重要结果是，$^2E$ 中的递归函数正是超算术函数。）但普拉特克还通过对如下给定的（泛）函数 sup 的递归

$$(5) \quad \sup(f,x) \simeq \sup\{f(y) \mid y < x\}$$

获得了可允许序数和集合上的递归。

为了在 Rec($\mathscr{F}$) 中找到类型 1 的函数，有必要遍历所有更高层次类型吗？普拉特克（1966）的主要结论之一是如果 $\mathscr{F}$ 的每个成员的类型层次都 ≤ 2 且 Rec($\mathscr{F}$) 中的 $f$ 层次 ≤ 2，那么为了获得 $f$，我们只需要使用类型层次 ≤ 2 时所适用的显式定义和 FP 的模式。上面关于 $^2E$ 和 sup 的例子都满足这些条件。

尽管普拉特克的方法有可观的泛化性且构建基础也比较自然（FP 运算符所给出的递归），但它并没有覆盖所有想要包括的情况。我曾讨论过普拉特克理论的特定局限性（Feferman，1977，pp. 376-377）。简言之，有以下几点：

- 它假定了在基本的 $\mathscr{F}$ 上的 $\mathscr{M}$ 中存在配对和投影函数，以及和 M 不同的元素 0 和 1。因此 $M_0$ 包含了自然数的映像和枚举的可能性。如果它们根本没有被使用的话，我们更倾向于通过不同的基本排序来分离出自然数。
- 这个理论并没有归纳出像波斯特 - 斯穆里安方法这种典型的可计算性的关系概念（详见 Smullyan，1961；Fitting，1987）。
- 对于 > 2 的类型，从 HMF 类型结构中抽取 HTF 类型结构的细节是非常麻烦的，这使得抽取一般的（Kleene，1959b）概念也非常复杂。

超越前人的是，在 20 世纪 70 年代中叶，我和莫斯科维基斯独立提出了通过把在高层次类型的递归看成一种在任意结构递归的特例，而不是通过这种方法去定义它来绕过这些缺陷。我曾指出（Feferman，1977，p. 373）："和普拉特克不同的是，更高层次类型结构在这里仅仅被认为是进一步解释广义递归论概念这一主题的例子，而不是解释这一概念的工具。"我的方法在 1977 的论文中有描述，但所有细节工作已经被莫斯科维基斯解决了：首先是在更高层次类型上关于克莱尼递归的特殊情况和盖里斯的合作（详见 Kechris and Moschovakis，1977），然后更一般的研究出现在莫斯科维基斯 1984 年的文章和其他出版物中。基本上，这些概念跟类型 2 层次的泛函 F 有关，其参数选自一个类型 1 层次的多排序结构 $\mathscr{M} = \langle\langle M_k \rangle, \cdots \rangle$ 上的集合 $\mathscr{R}$，且 $\mathscr{R}$ 在合并链下闭合。特别地，$\mathscr{R}$ 可以被选来当作所有 $\mathscr{M}$ 上的所有（排好序的）偏序函数或者 $\mathscr{M}$ 上的所有（排好序的）关系。那么对于任意类型层次为 2 的在 $\mathscr{R}$ 上的单调函数 F 的集合 $\mathscr{F}$，我们可以定义 Rec($\mathscr{F}$) 作为生成于显式定义和最小不动点运算符 FP 的类型层次 ≤ 2 的最小对象集合。这促进了普适性理论的发展，尽管我们仍

然不是很清楚它是否覆盖了递归论有合理泛化的所有情况。○

莫斯科维基斯在他 1984 年的论文中取得了最后的重大进展。这篇论文考虑了作用在结构间的函数 $F$。也就是，给定一个有同样相似类型结构的类 $\mathscr{R}$，我们可以为定义在 $\mathscr{R}$ 上的对象 $F$ 赋以如下意义，对于每一个 $\mathscr{M} \in \mathscr{R}$，$F(\mathscr{M})$ 是在 $\mathscr{M}$ 上的函数 $F_\mathscr{M}$ 且所有的泛函数 $F_\mathscr{M}$ 行为相同。换句话说，这提供了结构间一致可计算性的概念○。这对于真实的可计算性的重要意义会在下一节逐渐显露。

## 13.6　在真实计算中相对可计算性概念的角色

### 13.6.1　计算实践和计算理论

在我们脑中的机械装置，从个人电脑到大型机，都是高速、数字化、通用的计算机。对于这些，计算实践的目的是生产可靠、高效、灵活且用户友好的硬件和软件。计算理论的目的是通过提供围绕经验梳理的概念实体和可预测正确性的结果实体，来帮助工程师进行软硬件设计，以达到前述要求。理论也有助于限制什么是可行的，从而在这些限制被突破时提供警告信号。计算理论采用从最具体的组合类型到最抽象的、代数以及拓扑的逻辑与数学思考。下面讲述了一些"故事"，关于相对可计算性概念在计算实践中的作用，这些位于计算理论的两个极端的中间。与前面章节不同的是，它既不是历史也（大部分）不涉及特定的结果。

理论计算机科学中的文献原则上承认丘奇－图灵论题，当然前提是这必须辅以对实践中时间和空间需求的评估。有时人们说，有限自动机的概念必须被替换为图灵机（或等价），以反映实际的空间限制。然而，在实践中内存（存储器）是可扩展的，但自动机模型不可扩展。另一方面，人们普遍认识到，图灵机本身并没有提供一个现实机制的实际模型，因为"……它们被局限于特定

---

○ 文献（Feferman, 1977）的第二部分关注的问题是，这一理论是否覆盖了克莱尼与克雷索尔在 1959 年提出的继承性全域连续对象（"可数泛函"）中的部分递归函数概念。就我所知，这依然是一个开放问题。然而，在上述意义下，递归模式解释了继承性部分连续函数上一个相关的且更具延展性的递归概念。

○ 我在 1969 年符号逻辑协会的讲座中预测了类似事情（请查阅 JSL 35（1970），p. 179），遗憾的是，这些材料尽管经由手写笔记传播但并没有出版，这在彼时被称作"一致归纳定义与广义递归论"。也可以查阅文献（Kreisel, 1971, pp. 147-8）。

的有人工高访问时间（因为要读远处带上的 1 比特，相应的带头必须走过之间所有的单元）的数据结构（磁带）"（Maas and Slaman，1989，p. 80）。在实践中，寄存器机提供一种更为实际的随机访问内存的模型（参见上一条文献和 Aho et al.，1974）。此外，至少有一种编程风格直接和那种模式挂钩，即（"冯·诺依曼"）命令式风格，以及赋值语句（例如 Pascal）。但是，计算理论必须考虑到一些其他编程风格，如函数式编程或逻辑编程，这些没那么直接地关系到硬件的性质。对于所有这些，甚至对于命令式编程，底层机制的细节在很大程度上被认为是无关紧要的。因此，问题产生了：丘奇-图灵论题对于计算实践的意义是什么？对此，乍看起来，这个论题是一个与日常计算活动毫无关系的基本信条。相应地，奥蒂弗雷蒂在他主编的《逻辑和计算机科学》合集的引言部分总结了几点（Odifreddi，1990）：

- 通用图灵机的概念是现代通用计算机的理想化（和概念的前身）。
- 枚举定理显示了程序和数据的等价性，这是存储程序机器的基础。
- 对部分递归函数的一般形式的克莱尼范式定理的证明提供了解释器的基础理论。
- 递归性的各种定义为不同的编程语言提供计算核心（和风格）（例如 Pascal/Prolog 和 LISP）。在私人交谈（和即将到来的工作[⊖]）中，W. 西格进一步强调了来自图灵计算的理论分析限制了实际计算（1936，1937），并且引出了甘地对于机械装置的非常通用的原则（Gandy，1980）：毕竟，日常体验中关于计算的意义不能是完全任意的。

虽然我不得不同意这些观点（已经在 13.2 节中有所体现），但有人会争辩说，尽管如此，在实践中相对可计算性的概念比绝对可计算性有更大的意义。原因很简单：在所有技术形式中，对效率、可靠性和可用性的要求迫使一个设备及其控制的组织架构深入到概念层面，并使每个级别的组件互连。在硬件层面，我们把一个整体的组件拆分为中央处理单元（CPU）、存储器（只读（ROM）和随机存取（RAM））、时钟等，然后，对于每一个部件，我们进一步将其细分成诸如加法器这样的子部件，到最后就是单个开关级别了。在每一个级别，组件依赖于标准设计但也一直处于改进之中，因此，如果某一个组件被改变，其他组件的性能不会受到影响。此外，如果整个材料的技术基础从芯片变为光纤，组件的架构不需要修改。硬件和软件层之间不存在一个简单的二分

---

⊖ 请查阅文献（Sieg，2008）。

法（或三分法，如果加上用户）。相反，有一个从硬件到软件的逐步上升过程，或从程序员的角度来看，存在编程语言的下降，通过编译器或解释器再到汇编语言，最后到"机器"语言。对程序员来说，从非正式描述的问题和任务转为它们的数学或符号化形式开始，直至用一种语言描述的具体程序，这一系列转变都被"自顶向下设计"这一口号囊括在内了（见 Alagic and Arbib, 1978；Harel, 1987）。

尽管可计算性概念与软硬件组织的不同概念层次有关，但下面要强调的则是这些概念在给定层次下对于模块化组织的重要性，即如何打包以及如何组装。

### 13.6.2 内置函数和黑盒

为了说得更清楚，让我们回到图灵的"神谕"机和关系 $f \leqslant_T g$。真实的计算机有各种内置函数 $g$，这个函数的值可能会在程序的各个地方被调用。这些函数有在整型上的算数运算，如 +、−、*、quot、rem；有布尔运算，如 and、or、not；有整型到布尔上的运算，如 lesseq；有时也有接近实数的运算，如 sqrt、sin、log；等等。对程序员来说，每一个这种函数都是一个"黑盒"，也就是"神谕"的另外一种名字。而从一个或多个 $g_1, \cdots, g_m$ 函数来计算函数 $f$ 的程序实际上是关于 $g_1, \cdots, g_m$ 这些函数的函数 $f$ 的计算算法。于是这种算法可以在命令里将 $g_j$ 中的一个作用在计算过程中产生的参数里。此外，为了某些目的，复杂性度量亦可相对黑盒进行处理，比如它们可能会被赋以单位成本甚至零成本。<sup>⊖</sup>

### 13.6.3 编程函数方面

这些既是隐式的又是显式的。前者的例子是一些编程语言的流程图分析。考虑寄存器机下的程序 Π。在计算的任何地方，像 Π 这样的运算是由不同寄存器的内容的状态决定的。Π 的效果是把 $s$ 变为 Π($s$)，因此 Π 可以被认为是（决定）一个函数 Π: $S \rightarrow S$，这里 $S$ 是所有状态的集合。现在，在流程图程序的一个片段中：

（1）→Π$_1$→Π$_2$→

表明了组合 $C(\Pi_1, \Pi_2)$，它作用如下：

---

⊖ 许多人向我建议，交互式计算是图灵"神谕"在实践中的范例。尽管我认为这个说法是有道理的，但是我不知道如何严格描述这二者之间的关系。

(2) $C(\Pi_1, \Pi_2)(s) = \Pi_2(\Pi_1(s))$

此处组合 $C$ 可以被认为是一个在 $S^S \times S^S$ 上的函数，这里 $S^S = \{\Pi \mid \Pi: S \to S\}$。另一个例子是条件跳转，如果 $R$ 为真，它的流程图遵从 $\Pi_1$，否则遵从 $\Pi_2$。这里 $R$ 包含在 $S$ 中，产生了函数

(3) $B_R(\Pi_1, \Pi_2)(s) = ($如果 $s$ 在 $R$ 中则为 $\Pi_1(s)$，否则为 $\Pi_2(s))$

同理，我们也可以把这样的程序构造看成

(4) while $R$ do $\Pi$

(5) do $\Pi$ until $R$

作为 $\Pi$ 和 $R$ 的函数（或者作为一个从 $S$ 到 $\{T, F\}$ 的对于函数 $R$ 的程序）。在这些情况中，函数可以在状态到状态中产生作为值的偏函数。

显式函数操作的例子是函数式编程语言，如 LISP 和 ML。在这些实例中，我们可以形成涉及函数递归的表达式，如由以下公式定义的 $F$：

(6) $F(g, h; x) = [$如果 $x = 0$ 则为 $g(0)$，否则为 $h(F(g, h; x-1), g(x))]$

这里有解 $f = F(g, h)$ 且

(7) $f(0) = g(0)$

$f(x') = h(f(x), g(x))$

比如，$F(g, +, x)$ 和 $F(g, *, x)$ 分别产生对于 $y \leq x$ 时项 $g(y)$ 的和与积。

函数式编程语言中遍布高阶函数（参见 Reade, 1989）。它们通常是基于一些非类型化 $\lambda$ 演算的形式，尽管语言中已经引入了灵活的（多态）类型系统（参照之前引用的文献和 Feferman, 1990）。在这些语言中，程序被表示成表达式，程序中的运算（比如组合、条件跳转、循环等）被表示为复合表达式。在严格类型化的 $\lambda$ 演算中，有严格的规则来管理表达式的复合，确切地说是相应的程序是怎样互相联系的。在有多态的类型赋值系统的非类型化运算中（详见例子 Mitchell and Harper, 1988），这些规则更为灵活，它们仍然会将严格类型化运算中禁止的组合操作提供给相应程序的合理互联场合。就前面的 13.6.1 节的主题而言，这些提供了表示软件的模块化构建的系统方法。

对类型系统、逻辑学和函数式编程语言语义的研究仍然为许多学者津津乐道（可由上面引用的工作来作为进一步的参考）。

### 13.6.4 抽象数据类型

所有的编程语言都处理了表达式的类型，无论是内部语法还是外部语义。

我们通常有这些基本的数据类型，比如整型、布尔类型和实数，也有一些一般的类型结构，比如列表、数组、栈、队列、集合、树、流等。在函数式编程语言中，也关心高层次的数据类型，比如函数和泛函数。同样有许多方法可以用来处理这些概念，相关的研究仍然在进行。本节的目的是讨论看待这些内容的特定方式究竟是如何与相对化递归联系起来的，更具体地说，是如何与通用结构上的递归论联系起来的。

从语义的或者外部的观点来看，抽象数据类型要么是元素表示形式被独立看待的特殊结构 $\mathscr{U}$（换句话说，是作为同构的类型），要么是作为一个指定的相似类型结构的集合 $\mathscr{R}$。无论哪种情形，这些结构都可以被公理定义条件 $A$ 约定，比如，通过公式或者 Horn 子句。通常，这种公理系统不是完备的，除非有一些二级条件的补充，比如，$\mathscr{U}$ 是满足 $A$ 的最低结构（或者是 $A$ 的最初结构），或者 $\mathscr{R}$ 由所有满足 $A$ 的有限结构组成，等等。无论何种方式，$\mathscr{U}$ 和 $\mathscr{R}$ 各自都被规定了，我们可以使用 13.5.3 节提到的递归论的通用形式来为这些结构上的程序给出语义解释。比如，图克和朱克（1988）考虑了各种形式的原理可定义性，而莫斯科维基斯（1984）使用了一般形式的归纳定义。后者的有趣结果是，有限结构类中带有线性规则的一致全局递归准确给出了对于这些结构的多项式时间可计算的关系查询（参见 Chandra and Harel, 1980）。

因为有限数据库经常更新，所以一致性全局递归对于在有限数据结构上计算提供的设想，要比绝对可计算性的设想更为真实。比如，为了天气预测而考虑在天气数据（从连续空间中得到的有限采样得出）上的计算，或者在电话系统中关于路由的通信线路的状态，或者航空预订系统等，例子不胜枚举。

囿于篇幅限制，我们不再继续深入抽象数据类型的内部或语法的表示。一些方法可以参考文献（Mitchell and Plotkin, 1984）和（Feferman, 1990）。

## 13.6.5 复杂性的度

至此，我们只从相对可计算性概念而非不可解度理论来考量计算理论的重要意义。但是后者似乎不仅为概念的应用（即应用到复杂性理论上）提供了初步的实例，同时也能应用到其方法和结果上。但是，后一主题究竟应该被归为计算理论还是递归论的一部分目前还存在争议。尽管如此，我们只考虑其当前的情况。这里，我们参考的资料包括备受尊崇的加里和约翰逊（1979）的成果，以及巴尔卡萨尔等人（1988）提出的更加现代的观点。

预测算法的相对效率的理论基础在于分配给算法的关于复杂度的时间和空间度量。例如，用一个给定算法计算函数 $f(n)$ 关于二进制形式输入大小 $|n|$ 的时间上界。一种最粗糙的分类方法是将能够被某个算法在 $O(p(|n|))$ 时间内解决的问题归为易解的问题，其中 $p$ 为多项式，而将需要任何算法至少 $O(2^{|n|})$ 时间的问题归为难解问题。由前一种类型的算法计算出的函数称为多项式时间可计算，此类函数被表示为 $P$。若 $c_A$ 属于 $P$，则自然数集合 $A$（或确定是否属于 $A$ 的判定问题）属于 $P$。很多判定问题不是明显地属于 $P$，但是也没有指数时间复杂度类的问题那么复杂。这类问题被称为 NP 问题，表示非确定性多项式时间可计算性。大致来说，对于这些问题，我们可以针对给定的 $n$，在 $n$ 属于 $A$ 的情况下，通过一些可以在多项式时间内鉴定真伪的判定证据来检查 $n$ 是否确实属于 $A$。例如，在经典的命题逻辑中的公式可满足性问题就是一个 NP 问题。表面上来看，我们很难确定一个公式是否可满足，因为必须建立它的真值表并对每一行进行检查，而一个含有 $n$ 个变量的逻辑公式的真值表含有 $2^n$ 行。但是如果公式中存在一个成真赋值 $s$，我们在多项式时间内可以确定这个赋值方式是否有效。对于自然数中的问题 $A$，NP 可计算性的概念可以被形式化地定义为下列形式。

(1) $x$ 属于 $A$ 当且仅当 $(\exists y)[|y| \leq p(|x|) \& R(x, y)]$，其中 $p$ 是一个多项式，$R$ 属于 $P$。

这类问题的不确定性在于，我们可能没有一种可行的方法提前选择一个 $y$ 作为 $x$ 属于 $A$ 的判据。由形式（1）我们可以引出下面这种类推：

(2) NP ~ 递归可枚举

(3) P ~ 递归

另外，问题的多项式归约与图灵归约相似，即大体说来若有一个算法可以把任何 B 的 P 算法转化为 A 的算法，那么 $A \leq_p B$。因此

(4) $(\leq_p) \sim (\leq_T)$

这意味着 NP 完全性的概念与递归可枚举集合的图灵完全性概念相似：如果所有的 NP 集合 $A$ 都可以 P 归约到 $B$，则 $B$ 被称为 NP 完全问题。现实中确实存在 NP 完全问题，这是库克（1971）的主要结果，它说明了命题逻辑可满足性问题是一个 NP 完全问题。从那以后，很多实践中自然产生的其他问题也被证明是 NP 完全的，包括旅行商问题和哈密顿路径问题（参见 Garey and Johnson，1979）。到目前为止，我们对复杂度理论的类比进行得还比较顺利。下面我们提出有效不可解问题的丘奇－图灵存在性的类似问题。

(5) P 是否等于 NP?

这个问题没有答案，目前的普遍猜测是 P≠NP。但是这个地方破坏了前述类比的一致性，即有效性的不可解性在普通的递归论中具有相对性，但 P = NP 问题却不具有相对性。也就是说，证明了有递归可枚举性却不具有递归性的集合存在的停机问题 H（或者对角线停机问题 K），相对于任意集合 A，我们有：

(6) $H^A$ 不 $\leq_T A$

换句话说，对于任意集合 A，$Rec^A$ 严格包含于 $R.E.^A$。但是，贝克、吉尔和索罗威（1975）证明了：

(7) 存在 A 使得 $P^A = NP^A$，同时也存在 B 使得 $P^B \neq NP^B$。

如果按照通常推测的，P≠NP，我们自然可以进一步考察波斯特问题的相似问题：

(8) 是否存在 A 属于 NP，且 A 既不属于 P，也不是 NP 完全问题？

莱德纳（假设 P≠NP）对此问题在 1975 年给出了肯定的答案（参见 Balcázar et al., 1988, p. 156）。但是似乎目前还没有任何度理论中高级的技术或者结果能够被应用在复杂度理论当中。当然，未来的发展可能会改变这个状况。

最后，我们补充一点，复杂度层级的发展与代数的发展类似，例如，梅耶尔和斯托克梅耶尔在 1973 年提出了多项式时间复杂度层级（Balcázar et al., 1988, Ch. 8）。但是，这个领域的很多问题尚未解决，比如整个复杂度层级是否会超出 P，或只是塌缩。

## 13.6.6 结论

我们在最后一节探索了可计算数学理论的关联性问题——作为计算实践的理论之一，我们以递归论的名义研究计算理论。为了避免产生误解，在此澄清，我并不认为递归论的价值仅仅在于这些应用。除了对计算这个概念的基础性分析带来的显著哲学价值以外，当我们需要外部相关性的论断时，会发现逻辑学与数学中的很多应用都体现了递归论的重要意义。但是，即使在递归论中最难懂、最晦涩的部分（如度理论），我们仍可以为这个领域的发展和其中内在问题的研究给出极具说服力的动因（并伴有一种"因为它存在，我们必须这么做"的感觉）。尽管如此，相较于迄今大部分递归论的方法和结果被证明与实践无关的现状，目前相对可计算理论（相比于绝对可计算理论）已经在实际的软硬件设计中得以应用。至于这些准则是否会逐渐互相接近，甚至如何接近，相信未来会有定论。

最后做一个正面的却更具推断性的总结，我觉得可以这么说——"基础"理论能够告诉我们的东西是某些技术过程或系统的基本的或深层的机制——我们需要在设计和使用这些理论时在多种不同的概念层级以不同的模块化组织形式思考它们，即我们必须以结构化的术语来研究它们。图灵"神谕"的故事，以及它对真实可计算性的意义，在凸显人类智慧的工作特性的浩瀚历史中，仅是冰山一角。

## 附言

从这一章的原版第一次出现（Feferman，1992）到现在已经过去了四分之一个世纪——对此学科已经算是很长一段时间——但在我看来目前的大多数内容并不需要修改[⊖]。但是，仍有很多后续文献极大地充实了本章讨论的问题，在此我列出一些条目。首先，有兴趣的读者可以阅读《可计算理论手册》（Griffor，1999），其中的前三部分尤其经典。另外，所有的图灵关于逻辑和计算理论的文章都被收录在文献（Gandy and Yates，2001）中，并带有一些很有用的介绍性文章。2012 年的"百年图灵"振奋了许多会议与出版物，尤其是《阿兰·图灵》。记录了图灵在他的众多兴趣领域做出的贡献的书《他的工作和影响》（Cooper and van Leeuwen，2013）也进行了更新，新版中还包含了各式各样的评注。论文集《超越可计算性：图灵，哥德尔，丘奇》（Copeland et al.，2013）由于其历史和哲学的角度也很值得一看。最后，我的文章（2015）对于具体和抽象结构上的可计算和递归，以及丘奇-图灵论题的推广问题，也进行了更为深入的讨论。

## 参考文献

A. Aho, J.E. Hopcroft, and J. Ullman 1974. *The Design and Analysis of Computer Algroithms*. Addison–Wesley.

S. Alagic and M.A. Arbib 1978. *The Design of Well-Structured and Correct Programs*. Springer Verlag.

T. Baker, J. Gill, and R. Solovay 1975. Relativisations of the P =? NP question. *SIAM J. Comput.*, 4(4):431–442.

---

⊖ 非常感谢巴里·库珀邀请我来写这一章。并且，这也的确为修正 13.4.1 节结尾处关于部分递归函数的处理提供了良机。

J.L. Balcázar, J. Díaz, and J. Gabouró 1988. *Structural Complexity I*. Springer Verlag.
J. Barwise 1975. *Admissible Sets and Structures*. Springer Verlag.
J. Barwise, editor 1977. *Handbook of Mathematical Logic*. North Holland.
A.K. Chandra and D. Harel 1980. Computable queries for relational data bases. *J. Comput. System Sci.*, 21:156–178.
A. Church 1937. An unsolvable problem of elementary number theory. *Amer. J. Math.*, 58:345–363. Reprinted in Davis (1965).
S.A. Cook 1971. The complexity of theorem-proving procedures. In *Proceedings of the Third ACM Symposium on the Theory of Computing*, pp. 151–158, Shaker Heights, Ohio.
S. B. Cooper and J. van Leeuwen, editors 2013. *Alan Turing. His Work and Impact*. Elsevier.
B.J. Copeland, C.J. Posy, and O. Shagrir, editors 2013. *Computability. Turing, Gödel, Church, and Beyond*. MIT Press.
M. Davis 1965. *The Undecidable. Basic Papers on Undecidable Propositions, Unsolvable Problems and Computable Functions*. Raven Press.
M. Davis 1982. Why Gödel didn't have Church's thesis. *Information and Control*, 54:3–24.
S. Feferman 1977. Inductive schemata and recursively continuous functionals. In *Logic Colloquium '76*, pp. 373–392. North Holland.
S. Feferman 1998. *Turing in the land of* $O(z)$. In Herken (1988), pp. 113–147.
S. Feferman 1990. Polymorphic typed $\lambda$-calculi in a type-free axiomatic framework. In *Logic and Computation*, Contemporary Mathematics, volume 104, pp. 101–137. AMS.
S. Feferman 1991. Logics for termination and correctness of functional programs. In *Logic from Computer Science*, pp. 95–127. MSRI Publications, Springer Verlag.
S. Feferman 1992. Turing's 'oracle': from absolute to relative computability – and back. In *The Space of Mathematics*, J. Echeverria et al., editors, pp. 314–348. de Gruyter.
S. Feferman 2015. Theses for computation and recursion on concrete and abstract structures. To appear in *Turing's Revolution. The Impact of his Ideas about Computability*, G. Sommaruga and T. Strahm, editors.
J.E. Fenstad 1980. *General Recursion Theory: An Axiomatic Approach*. Springer Verlag.
J.E. Fenstad and P. Hinman, editors 1974. *Generalized Recursion Theory*. North Holland.
J.E. Fenstad, R. Gandy, and G. Sacks, editors 1978. *Generalized Recursion Theory II*. North Holland.
M. Fitting 1987. *Computability Theory, Semantics and Logic Programming*. Oxford University Press.
R.M. Friedberg 1957. Two recursively enumerable sets of incomparable degrees of unsolvability (solution of Post's problem 1944). *Proc. Nat. Acad. Sci.*, 43:236–238.
H. Friedman 1971. Algorithmic procedures, generalized Turing algorithms, and elementary recursion theory. In *Logic Colloquium '69*, pp. 361–389. North Holland.
R.O. Gandy 1980. Church's thesis and principles for mechanisms. In *The Kleene Symposium*, pp. 123–148. North Holland.
R.O. Gandy 1988. The confluence of ideas in 1936. In Herken (1988), pp. 55-111.
R.O. Gandy and C.E.M. Yates, editors 2001. *Collected Works of A.M. Turing. Mathematical Logic*. Elsevier.
M. Garey and D. Johnson 1979. *Computers and Intractability: A Guide to the Theory of NP-Completeness*. W.H. Freeman and Co..
K. Gödel 1986. *Collected Works Volume I: Publications 1926–1936*. Oxford University Press.
K. Gödel 1990. *Collected Works Volume II: Publications 1938–1974*. Oxford University Press.
E.R. Griffor, editor 1999. *Handbook of Computability Theory*. Elsevier.
D. Harel 1987. *Algorithmics: The Spirit of Computing*. Addison–Wesley.
R. Herken, editor 1988. *The Universal Turing Machine. A Half Century Survey*. Oxford

University Press.

P. Hinman 1978. *Recursion-Theoretic Hierarchies*. Springer Verlag.

A. Hodges 1983. *Alan Turing: The Enigma*. Simon and Shuster.

A. Kechris and Y. Moschovakis 1977. Recursion in higher types. In: Barwise (1977), pp. 681–737.

S.C. Kleene 1938. On notation for ordinal numbers. *J. Symbolic Logic*, 3:150–155.

S.C. Kleene 1952. *Introduction to Metamathematics*. North Holland.

S.C. Kleene 1959a. Countable functionals. In *Constructivity in Mathematics*, pp. 81–100. North Holland.

S.C. Kleene 1959b. Recursive functionals and quantifiers of finite types I. *Trans. Amer. Math. Soc.*, 91:1–52.

S.C. Kleene 1981. Origins of recursive function theory. *Ann. History Comput.*, 3:52–67.

S.C. Kleene and E.L. Post 1954. The upper semi-lattice of degrees of unsolvability. *Ann. Math.*, 59:379–407.

G. Kreisel 1959. Interpretation of analysis by means of constructive functionals of finite types. In *Constructivity in Mathematics*, pp. 101–128. North Holland.

G. Kreisel 1971. Some reasons for generalizing recursion theory. In *Logic Colloquium '69*, pp. 139–198. North Holland.

M. Lerman 1983. *Degrees of Unsolvability*. Springer Verlag.

W. Maas and T. Slaman 1989. Some problems and results in the theory of actually computable functions. In *Logic Colloquium '88*, pp. 79–89. North Holland.

J. Mitchell and R. Harper 1988. The essence of ML. In *Proc. 15th ACM/POPL*, pp. 28–46.

J. Mitchell and G. Plotkin 1984. Abstract types have existential type. In *Proc. 12th ACM/POPL*, pp. 37–51.

Y. Moschovakis 1984. Abstract recursion as a foundation for the theory of algorithms. In *Computation and Proof Theory*, Lecture Notes in Maths. 1104, pp. 289–364. Springer Verlag.

P. G. Odifreddi 1989. *Classical Recursion Theory*. Elsevier.

P.G. Odifreddi, editor 1990. *Logic and Computer Science*. Academic Press.

R. Platek 1966. *Foundations of Recursion Theory*. PhD thesis, Stanford University.

E. Post 1944. Recursively enumerable sets of integers and their decision problems. *Bull. Amer. Math. Soc.*, 50:284–316.

C. Reade 1989. *Elements of Functional Programming*. Addison–Wesley.

H. Rogers 1967. *Theory of Recursive Functions and Effective Computability*. McGraw–Hill.

G.E. Sacks 1963. *Degrees of Unsolvability*. Annals of Mathematics Studies volume 55. Princeton University Press.

G.E. Sacks 1990. *Higher Recursion Theory*. Perspectives in Mathematical Logic. Springer Verlag.

J. Shepherdson 1988. Mechanisms for computing over arbitrary structures. In Herken (1988), pp. 581–601.

J. Shepherdson and H. Sturgis 1963. Computability of recursive functions. *J. ACM* 10:217–255.

R. Shore 1977. $\alpha$-recursion theory. In Barwise (1977), pp. 653–680.

W. Sieg 2008. Church without dogma: xxioms for computability. In *New Computational Paradigms*, B. Löwe, A. Sorbi, S.B. Cooper, editors, pp. 139–152. Springer Verlag.

S. Simpson 1977. Degrees of unsolvability: a survey of results. In Barwise (1977), pp. 631–652.

R. Smullyan 1961. *Theory of Formal Systems*. Annals of Mathematics Studies volume 47. Princeton University Press.

R.I. Soare 1987. *Recursively Enumerable Sets and Degrees*. Springer Verlag.

G. Tamburrini 1987. *Reflections on Mechanism*. PhD thesis, Columbia University.

A.S. Troelstra 1977. Aspects of constructive mathematics. In Barwise (1977), pp. 973–1052.

J. Tucker and J. Zucker 1988. *Program Correctness over Abstract Data Types with Error-*

*State Semantics*. CWI Monographs volume 6. Centre for Mathematics and Computer Science, Amsterdam.

A.M. Turing 1936. On computable numbers with an application to the Entscheidungs problem. *Proc. London Math. Soc.*, 42:230–265. Reprinted in Davis (1965) and Gandy and Yates (2001).

A.M. Turing 1937. A correction. *Proc. London Math. Soc.*, 43:544–546. Reprinted in Davis (1965) and Gandy and Yates (2001).

A.M. Turing 1939. Systems of logic based on ordinals. *Proc. London Math. Soc.*, 45:161–228. Reprinted in Davis (1965) and Gandy and Yates (2001).

# 第 14 章
The Once and Future Turing: Computing the World

# 图灵超越：超越事件视界

◎P. D. 韦尔奇

## 14.1 起源

图灵在 1936 年发表了开创性的论文《关于可计算数及其在判定问题上的应用》，文章的卓越之处在于这几个方面：首先从题目上看，他已经着手解决希尔伯特判定问题，给出了关于"人类计算机"可以做什么，以及"有效（计算）过程"会是什么的权威性的探讨；其次，他的文章为尚未萌芽的计算机科学奠定了理论基础，虽然仅是这篇文章的副产品，然而你也不能因此就说"这几乎是顺便的"，因为图灵敏锐地将他的观察投诸于有效的机器过程之上。就像图灵看到的，关键点在于机器的"通用性"：存在一个通用程序或者机器可以模拟任何其他的程序或机器。从图灵的工作中发展出的计算机科学的故事广为流传，然而本章的目的或方向并不在此。我们也不打算去追溯"递归函数"（现在改称"可计算函数"）理论发展的光辉历史。该领域的发展不仅涉及关于数集的图灵复杂性和计算可枚举集的研究，还包括后来在"广义递归论"或者"高阶类型可计算理论"中的推广，那是 20 世纪 60 年代后期和 70 年代出现的，是归纳和逻辑可定义性理论等概念的深入理论分析诞生之处。这些理论从机器模型出发，抽象出抽象结构上的递归和归纳的概念。这些结果优美并且极为深刻，也被证明与数理逻辑和集合论有着紧密的内在联系。

这是一条提高抽象性的高明的路线，在它散发着极端理性魅力的同时，我们近来也看到大量的研究工作得到了图灵机模型原始概念的启发，尝试从理论上通过放松空间和时间的限制，扩展图灵机的计算能力。本章试图诠释那些想法。同时，不得不说的是，这些想法大到要求将计算机送进黑洞，或者超越具有 0，1，2，…，节拍的经典时间，进入某种超穷状态"$\omega$"甚至更加超越（的状态），从而超越有限。这是一种数学行为（或者可能是物理学行为），目的是通过一般化给定的理论或者模型来获得其运作原理或者能力限制等方面更丰富的知识，就像我们在数学或物理领域经常做的那样。我们试图只是纯粹地放松当前的限制，然后去看"如果……，会发生什么"。这可能是关于图灵机的科幻小说，但它却是"数学的"科幻小说，并不是不着边际的臆想。这类工作也许很少注意实际的或者至少合乎情理的物理情境，而旨在利用严谨的数学逻辑方法给这些猜想寻找界限。此外，单纯思考这些事情也是很有趣的。

计算通常被看作一个过程，对于一个输入，我们期望这个过程经过有限时间可以得到某个输出。我们感兴趣的是在字符串上某个操作序列的结果，这里的字符串也许是（但不一定是）编码后的数字序列。但这种有限并不排除机器可以一直进行持续不断的处理过程，当机器或者机器构成的网络是用于管理某个系统时（比如 Web 或者其他网络），实际上它们永远不会完成任务，也不会被关掉。更进一步地观察，这些机器都在运行着一些进程，这些进程又调用其他的子进程，这些子进程进一步可以计算并返回结果。这些机器管理着不是数以百万计，也至少是差不多数量的刚才提到的这种计算。这样一个进程可以和它的环境交互，通过查询的方式来请求或者接收输入。即使是这种交互进程中最复杂的情况也可以用图灵的 o 机器建模，或者称为"神谕机"（oracle-machine），这就是我们在这里用来作为基本模型的机器。为了便于讨论，这样一个机器有一条纸带，纸带被分成一个一个的单元格，从它最左边的第一个单元格 $C_0$ 开始，接着是 $C_1$，$C_2$，…。我们不希望给机器的性能或者空间要求预先设置一个界限，所以通常允许纸带上有无限多的格子：$\langle C_i | i \in \mathbb{N} \rangle$。一个读写头（R/W）可以在纸带上来回移动，每次一个格子，读取格子的值（内容），这个值属于一个由一些 0 和 1 构成的简单符号表。读写头有改写格子值然后继续移动的能力。传统上，这种机器上的程序被看作一个表上的元组序列，包含一个初始状态。当机器处在一个特定的状态时，观测到一个特定的符号，表的每行就会指示机器此时去做什么，并且变换到什么状态。只有有限多

个状态，进而只有有限多个可能的状态转换去组成一个程序。程序本身是这些转换指令的有限列表。这些指令是怎么写出来的在这里并不重要，所以我们不去深入探究。我们所要关注的是单独一行，进而整个程序，可以被编码成一个单独的数字 $e$。有很多种编码方式：首先分配给指令一个编码数，然后用素数幂去编码这些数的有限序列。这样就可以用基本算术定理来从自然数 $e$ 中解码出程序（如果有的话）。它本身是一个可计算的过程——这个事实对于图灵的结果是很重要的，这个结果就是存在通用机器。我们可以将程序的列表看作 $\langle P_e \mid e \in \mathbb{N} \rangle$（其中已经不失一般性地假设了每个 $e \in \mathbb{N}$ 编码了一个程序）。神谕机允许有第二条纸带，其上的信息仍然可被写作一个字符串，可以是无限的 01 串，用来编码更多的信息。通常将神谕的纸带看作编码一个自然数的子集 $A$。同样，信息怎样被编码并不关键，只要它能使机器从纸带上解码出它需要的信息就可以。两条纸带并行放置，一个在另一个之上，读写头能够同时从两个带上直接读取（内容），但只允许它在主带上写入。指令集被扩展为允许读写头查询写在神谕带特定单元格里的内容。机器以这样的方式去访问查询的"是/否"结果，其中查询的形式为"是否 $n \in A$？"。我们将这类程序的集合记作 $\langle P_e^Z \mid e \in \mathbb{N} \rangle$，对于任意可能的神谕 $Z \subseteq \mathbb{N}$。

以上叙述了如此多的细节，是因为我们要让这些机器具有有限的本质（尽管可能有无限长的神谕带序列）。后面将会允许它们有无限运行下去的可能，所以关于我们的机器应该清楚，什么是有限的，什么不是有限的。注意我们已经假设了某些不现实的特征，因为我们不能逐字逐句地用无限多个零件去建立一个机器。为了解决这个麻烦，我们可以将机器看作有任意多的格子，足够用来对付当前的任何计算，或者当有需要的时候，可以在纸带上增加更多的格子。图灵机只是用于考虑计算的本质：当人们在书本上看到的通常的编码和程序运行在图灵机上时，会立即招致天文数量的纸带和时间（消耗），总之是超越真实世界物理可能性的。然而，对于思考计算本质来说，这当然不是重点。

像图灵解释的，存在一个通用的这种机器或者程序 $\mathscr{U}$，可以模拟所有其他的机器或者程序。让我们回忆一下这是怎么做到的。

当机器运行时，在任一时刻，可用一个有限量的信息——一个"瞬时描述"——精确地告诉我们机器所处的状态。它由一个二元组 $\langle q, r \rangle$ 构成。第一项 $q$ 告诉我们机器所处的程序表的行号（并且这就告诉我们机器的当前状态，根据当前读取的符号，它接下来将做什么，变换到哪个状态，指令执行之后，它将如何移动）。第二项 $r$ 编码两个量：$r_0$，读写头正在悬停的当前格子的编号；$r_1$，这个数编码了纸带上当前的内容。（我们假设机器初始时有一个纸带，上面有很多单元格 $C_i$，纸带包含一个初始的 0 或 1 的序列作为输入，向右到距离无限远都是空白。读写头只能写入一些 0 和 1，$r_1$ 必须将当前正在工作的带上的内容编码为一个有限的 0 和 1 的序列。这也假设了没有空白格子存在于 0 或 1 的单元格之间。也可以通过仔细调整程序来确保这一点。）一个成功的计算是指进入了停机状态，此时工作带上的内容被视为二进制编码的程序输出。（如果要求图灵机输出"是/否"的回答，那么我们可以通过查看单元格 $C_0$ 上是 1 或者 0 来得到答案。）

程序 $\mathcal{U}$ 通过解码数对 $\langle e, i \rangle$ 进行工作，其中 $e$ 是程序的编码数字，$i$ 是带上初始的二进制输入（如果有的话）。前述的神谕可视作写在神谕带上的 0 和 1 的比特流。程序在不同的输入下可以提出一些查询，尽管不常强调但这里还是要说，我们不希望预先限制程序的查询能力，于是神谕通常可以被视为一个无限长的比特流。这又是一个不现实的特性。

在通常所感兴趣的计算中，我们仅仅考虑停机的计算。因为这发生在有限的时间段内，仅仅有限多个单元格可以被写入，并且神谕仅仅回答有限多个查询。因此，对于这种特定的计算，一个带有有限长纸带的、纯粹有限的机器就足够了。然而，对于这个程序的下一个计算，输入会不同，可能会需要更多或者更少的纸带和查询。所以我们允许纸带是任意长的。

无限序列被视为函数 $f: \mathbb{N} \to \{0, 1\}$，它在第 $k$ 个位置的值为 $f(k)$。如果程序 $P_e$ 在输入 $k$ 上停机，并在输出带上给出（二进制）值 $m$，那么我们将这个事件记为 $P_e(k) \downarrow m$。给定 $f(k) = m$，当且仅当 $P_e(k) \downarrow m$ 时，我们可以将程序 $P_e$ 视为计算了函数 $f: \mathbb{N} \to \mathbb{N}$，并且这个函数被认为是可计算的（图灵可计算的）。我们允许这样的可能性：函数可能不是在每个输入 $k$ 上都有定义的（这意味着，如果在 $k$ 上没有定义，但我们坚持要在 $k$ 上运行机器，那么 $P_e(k)$ 这个计算将会永远运行下去）。再通过用整数编码整数的方法，这样一个函数可以标识为 $\mathbb{N}$ 的一个子集，进而，任何 $\mathbb{N}$ 的子集 $X \subseteq \mathbb{N}$ 都可以用它的特征函数 $c_X: \mathbb{N} \to 2 = \{0, 1\}$ 去标识，且满足 $k \in X \leftrightarrow c_X(k) = 1$。那么一个无限的 0 和 1 的字符串就能被看成这样一个特征函数，所有这样的字符串的集合就被记为 $2^{\mathbb{N}}$。

最著名的停机问题（一个版本）是问：给定输入 $\langle e, 0 \rangle$，程序 $\mathcal{U}$ 是否会停机？（这里我们简记为 $\mathcal{U}(\langle e, 0 \rangle) \downarrow$?）图灵通过所谓的对角线法说明了没有机器（即程序）可以为任意输入 $e$ 都能给出 0/1 输出来回答这个问题。我们可以以一种最简单的方式来看这个问题：运行程序 $\mathscr{U}(\langle e, 0\rangle)$，模拟 $P_e(0)$，如果 $\mathscr{U}$ 在有限多步后停机，我们可以把一个"1"安排在单元格 $C_0$ 中，然后整个计算 $\mathscr{U}(\langle e, 0\rangle)$ 停机。这个过程是有限的，$P_e(0)$ 本身可能运行了 $N$ 步，并且我们确实能够通过单独一个整数 $y = y(e)$ 编码整个成功的计算过程 $\langle q_0, r_0\rangle$，$\langle q_1, r_1\rangle, \cdots, \langle q_N, r_N\rangle$（其中 $\langle q_i, r_i\rangle$ 是第 $i$ 步的瞬时描述）。这个 $y$ 包含了重构整个计算序列所需要的全部信息。然而如果 $P_e(0)\uparrow$（意思是 $P_e(0)$ 永不停机），那么很明显没有这样一个编码 $y$。因为 $\mathscr{U}$ 可以以一致的方式做这些模拟（意思是它并不依赖于由 $e$ 编码的程序的任何特有性质），我们可以把 $\mathscr{U}(\langle e, 0\rangle)$ 视作计算这样一个函数 $y = y(e)$，但是仅当它存在的时候，否则 $\mathscr{U}(\langle e, 0\rangle)$ 将永远运行下去。这些想法来源于克莱尼的 T 定理，其形式化了图灵在一个简要陈述中表达的想法（这里简化成一个一元函数）。

图 14-1　克莱尼（S. C. Kleene, 1909—1994）

**定理 14.1.1**（克莱尼的 T 定理）　（i）存在一个三变量的可计算谓词 $T$，对于任一索引（编码）为 $e$ 的程序：

$P_e(k)\downarrow n \leftrightarrow$ 有一个极小的 $y\in\mathbb{N}$ 满足 $T(e, k, y)$；并且这样一个 $y$ 编码了 $P_e(k)\downarrow n$ 的计算过程。

（ii）更进一步，给定任意 $e$，存在一个算法能判定 $e'$ 是否具有这样的性质：
对于任意 $k\in\mathbb{N}$，有：

$P_e(k) \downarrow n \leftrightarrow P_{e'}(k) \downarrow y$ 以及 $T(e, k, y)$ 成立。

克莱尼用这个定理（的完整版本）作为基础，进而建立了后续的一系列关于可计算函数的基础结果：枚举定理，$S-n-m$ 定理，以及递归定理。

我们可以将 $\mathscr{U}(\langle e, 0\rangle)$ 的计算看作搜索一个能完成（计算）任务的 $y$ 的过程。我们可以以 $\mathscr{U}(\langle e, 0\rangle)$ 简单地检查每个 $y = 0, 1, 2, \cdots$，从而按顺序找到正确的编码（每次去检测 $y$ 是否确实编码了正确的计算过程的那些瞬时描述）。于是程序 $\mathscr{U}$ 进行了一个存在性搜索：找到一个满足条件的 $y$。这类存在性搜索代表了图灵机模型的限制：我们总能构造程序/机器寻找到一个数，这个数具有某种简单性质（比如作为一个计算过程的编码），如果找到则输出它。此处必须强调一下"简单性质"，否则我们可能仅仅将 $P_e(0)$ 的停机性质归结为"简单"就结束了。"简单性质"是指图灵机在有限时间内可判定的性质 $\Phi$，即有一个程序，可运行它去检测 $\Phi(n)$，并且将会确定停机同时给出"是/否"的回答。

**简单的例子**：一个素数；3 的若干次幂；一个程序状态的编码；一个程序的编码；$P_e(k)$ 的某个计算过程；预先给定的多项式的一个解。

**不简单的例子**：满足 $P_e(0)\downarrow$ 的一个数 $e$；满足 $P_e(k)\downarrow$ 的数对 $\langle e, n \rangle$；使得 $P_e(k)\downarrow$ 对无穷多个 $k$ 都成立的一个数 $e$……

这些简单性质中值得注意的一点是，它们都是局部的：一个计算仅涉及局部，或者给定数的附近的一个数（通常仅仅是一些很小的数）。这个过程可能涉及在数上的搜索，但它会是一个有界搜索：要查看到多远，我们预先是知道的。用逻辑方式表达："简单性质"恰好是那些可以被写成仅涉及有界量词的数论公式。（被逻辑学者称为"$\Delta_0$ 性质"。）上面给出的不简单的例子涉及无界的搜索或者等价的无界量词：为了证明 $P_e(0)\downarrow$，我们必须准备搜索所有可能的计算过程数 $y$。我们需要去询问一些东西是否存在：一个无界的存在量词 $\exists y[\cdots]$，并且它因此是一个无界的存在性搜索。为了证明它的否定，即 $P_e(0)\uparrow$，我们不得不去搜索所有的数来验证某件事不发生。这是一个无界的全称量词表达式：

$$\forall y \text{ not}[\cdots]$$

逻辑学者将这些声明分别归类为 $\exists$（也叫作 $\Sigma_1$）和 $\forall$（也叫作 $\Pi_1$）。最后的这条"存在无穷多个 $k$ 使得……"更加复杂，它是 $\forall\exists$ 或者 $\Pi_2$：$\forall n \exists k[n<k\&\cdots]$。一般来说一个算术公式可能还会有更多的量词，并且它们会被分类到 $\Sigma_n$，意思是 $n$ 个量词的交替，开始于 $\exists$，然后一个矩阵 $[\cdots]$ 里不包含无界量词。相似地，我们可以定义 $\Pi_n$，它便是 $\Sigma_n$ 的否定。由这些公式定义的那些数所构成的集合，用算术的语言恰好称为"算术"。

需要注意的另一点是，如果一个性质 $\Phi$ 同时包含一个存在形式 $\exists n \Psi_0(n)$，以及一个全称形式 $\forall m \Psi_1(m)$，那么它是可判定的：我们可以同时开始搜索，搜索一个 $n$ 满足 $\Psi_0(n)$，同时搜索一个 $m$ 满足 $\neg\Psi_1(m)$。那么现在变成了两个存在性搜索：如果 $\Phi$ 成立，那么前者（第一个存在性搜索）将在有限步内成功；如果 $\neg\Phi$ 成立，那么后者（第二个存在性搜索）将在有限步内成功。

存在性的性质也被称为半可判定的：我们刚刚给出的讨论就说明，如果 $\Phi$ 和 $\neg\Phi$ 都是半可判定的，那么事实上 $\Phi$（当然也包括 $\neg\Phi$）就是可判定的。因此我们可以使用图灵机有效地判定这两个公式。

## 14.2 极限可判定

我们已经看到存在性搜索在图灵机上是可以有效计算的。因此可以有一个函

数 $f(k) = n$，其可用 $\Sigma_1$ 性质 $\Phi(k, n)$ 来定义，并可用机器计算。为了计算 $f(k)$，机器逐一增加 $m$ 的值并且检测是否满足 $\Phi(k, m)$，当它找到时，输出 $n$。如果 $\text{dom}(f) = \mathbb{N}$，那么总会停机，但是如果 $f(k)$ 在某个 $k$ 上是没有定义的，那么搜索将永远持续下去。下面的模型几乎是接下来最好的解决方案。

假设我们有一个关于数的性质 $\Phi(n)$。我们说 $\Phi(n)$ 是极限可判定的，如果存在一个可计算函数 $f:\mathbb{N} \times \mathbb{N} \to \{0, 1\}$，满足

$$\Phi(n) \leftrightarrow \text{Lim}_{y \to \infty} f(n,y) = 1$$
$$\neg\, \Phi(n) \leftrightarrow \text{Lim}_{y \to \infty} f(n,y) = 0$$

$(*)$

上面这个"Lim"记法的意思是，如果 $\Phi(n)$ 成立，那么随着 $y$ 的增加，$f(n, y)$ 将会在某个点变为 1，并且对所有大于 $y$ 的值，它都为 1 不变。在（*）中的这种形式是说，要么从某一点开始为 1 不变，要么为 0 不变。如果我们能够站在所有有穷步骤之后的那个"时间终点"往回看，检查 $f(n)$ 最终的值是什么，那么就能知道 $\Phi(n)$ 是否成立！最终因为上述 $f$ 的性质，在极限情况下，我们就应该能够在纸带上得到正确的答案。

我们发现了一个基本特征，即表达该性质的公式及其否定形式都是属于 $\Sigma_2$ 的：都可以被形式为 $\exists y_0 \forall y > y_0 \cdots$ 的公式表示，其含义为某件事从某一点开始后续一直成立。并且，我们还可以证明，任何具备这种基本特征的性质，也都可以被表达为上述的（*）形式。然而，我们也必须拥有在时间上能够及时走到 0，1，2，…这样的序列终点的能力，从而检查输出带。在任何一个经过有穷步骤到达的状态下，我们不可能知道自己是否已经拿到了最终答案。我们可以证明，也不存在给定 $n$ 就能告诉我们需要等多久的可计算函数。我们真的是需要一直等待下去，直到知道纸带上有了正确的回答。那我们怎样做到这一点呢？

## 14.3  MH 时空

许多不同的作者（Etesi-Neméti，Hogarth，Pitowski）在不同时期都曾指出，爱因斯坦场方程允许一种称作 MH 时空的时空解存在，在该时空背景下，观测者 $\mathcal{O}_p$ 的因果过去中可能存在一条对于另一观测者 $\mathcal{O}_r$ 固有时间的无限长度路径，这样的时空已经被命名为"Malament-Hogarth 时空"（MH 时空）。图 14-2 左侧描绘了这样一个场景。

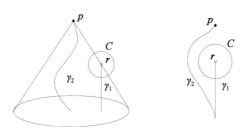

图 14-2 MH 时空

这并不矛盾，因为 $\mathcal{O}_p$ 正在沿着路径 $\gamma_1$ 向一个位于 $r$ 的奇点前进。你可以想象这样一个场景，选择一个正则的、平坦的莫斯托夫斯基时空，其中紧致区域 $C$ 外部是平坦的，于是在趋于 $r$ 的过程中曲率平滑地趋于无穷。然后从流形中移除点 $r$，但现在整个路径 $\gamma_1$ 仍然处在 $\mathcal{O}_p$ 的因果过去中，通过广义相对论计算，它有一个固有时间的无限长度。那么理想情况下，你可以沿着路径 $\gamma_1$ 发送一个图灵机去检查某个全称 ∀ 性质，比如哥德巴赫猜想（声称所有大于 2 的偶数都是两个素数的和），或者你最爱的数学理论是一致的（例如 PA，即皮亚诺算术公理；或者 ZFC，即策梅洛－弗兰克尔集合论公理）。（这里的一致性再一次被表述为一个"对于所有的"概念：对于所有来自公理、能构成一个合适的证明的有穷公式序列，如果最终的结论语句是 $s$，那么 $s$ 就不是一个悖论，比如 $0=1$）。如果这个性质不成立，那就是因为发现了哥德巴赫猜想的某个反例，即有一个偶数不是两个素数的和，或者是一个来自 PA 的针对 $0=1$ 的证明。那么这个图灵机就会发送信号给 $\mathcal{O}_p$，如果信号被接收，那么 $\mathcal{O}_p$ 就知道了哥德巴赫猜想是假的，或者 PA 是不一致的。从理论上看（图 14-2 的右图总结了这一点），观测者 $\mathcal{O}_p$（正在沿着 $\gamma_2$ 移动）自己就可以设置图灵机使其沿着 $\gamma_1$ 运行，之后去吃个午餐，当她回来的时候，比如一个小时之后，如果没有在 $p$ 点接收到信号，那么她就知道这个全称式的声明是真的，因为她没有收到发现反例的报告。

当然现在在很多方面情况是十分完美的：那个被发送到路径 $\gamma_1$ 的图灵机现在必须拥有一条绝对任意长的纸带，因为它将要对任意大的偶数去验证哥德巴赫猜想，并且将它们表述到单独的纸带上，甚至在任意计算发生之前，就要求有任意长的 1 序列。因为我们不能真的掌控一条无限的纸带，所以必须讲一个关于机器的故事，或者随机器一起发送一些工人，他们世世代代地扩充着纸带，或者也沿着路径一起走下去。必须指出另外一类物理上的难点，就人类观测者接收到信号中任意大的蓝移而言（图灵机的时间被任意加速了，并且因此她接收的信号波长可能是任意小的），或者需要给信号增加能量以将它从背景辐射中区分出来。

无论如何，先前所研究的并且与这个问题无关的某些时空具有 MH 性质：哥德尔的著名模型（其中存在时间循环），反德西特空间，以及雷斯勒－诺德斯特洛姆时空。埃泰希和内梅蒂已经成了广义相对论公式在一个旋转黑洞形式下的克尔解的拥趸——对旋转黑洞，存在观测证据（见图 14-3）。在这样一个模型中，奇点不是以一个点或者中心的形式存在，而是一个围绕黑洞的环。在他们的安排下，观测者 $\mathcal{O}_q$ 落入这个环中，同时图灵机环绕着这个黑洞！他们有些根据可以绕过上面提到的蓝移问题（例如通过计算机计算人类观测者一端可能发生什么样的蓝移，并朝反方向发送一枚火箭来抵消它的影响）和后续的障碍。这些已列举的时空都有不同的因果性质，但是，就像贺加斯（Hogarth）阐述的，它们的共同点是都违反了一个叫作"全局双曲性"的性质，其本质上是，未来可以被一个完备超曲面上完整的初始条件所决定，这个超曲面是一个所谓"柯西面"。因此一个全局双曲性假设就排除了任何时空具有 MH 性质的可能。

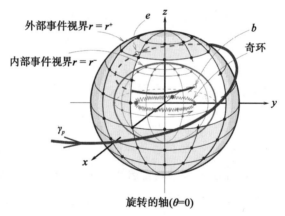

图 14-3　一个缓慢旋转的（克尔）黑洞有两个事件视界和一个奇环。奇环在 $r=r^-$ 的内部视界里，处于 $x$，$y$ 轴"赤道面"上（G. David and I. Neméti 'Relativistic computers and the Turing barrier', App. Math. and Comp., 178, 2006）

除此之外，其他一些假设，如排除了"裸"奇点（如曲线 $\gamma_1$ 上的点 $r$ 一样，没有被事件视界隐藏的奇点）的彭罗斯宇宙监督假设的一些变种，也是不成立的。一般来说，确有一些关于时空中因果的合理假设，但是这些假设还尚未被从广义相对论公式中推断出来。尽管麻烦还远没停止，物理学家们也莫衷一是，然而无论如何，它们封装了那些你可能想让任一广义相对论的解都具有的性质。

不过，让我们傲慢地漠视他们，将这些微词抛诸脑后，来看看从逻辑上能得到什么。

## 14.4 无穷序数：超越算术

为了讨论比算术更复杂的数集（以及后面的，比那些仅给定自然数个步骤更长的计算），我们必须引入康托的序数理论。我们并不需要整个理论，但是需要一个可数良序的概念。（如果一个集合可以与一个自然数 $k \in \mathbb{N}$ 或者 $\mathbb{N}$ 中的所有数一一对应，则称其为可数的。）图 14-4 给出了一些无穷良序。

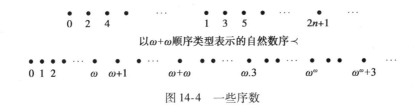

图 14-4 一些序数

图 14-4 给出了这些序数的图形表示，用相同的方式，一排四个点可以表示一个为 4 的序。康托给出了怎样在序数上做算术操作，可以来扩展那些我们已经在有限数上做的普通加法、乘法等。这跟我们没太大关系，除了两件事：(a) 这些超穷序数构成的图；(b) 一个事实——可数序数可以用 $\mathbb{N}$ 的子集的特征函数表示出来。

为了说明（b），考虑 $\omega + \omega$。（在集合论中，对于有限数这个类，会根据它在任一时刻扮演的角色的不同而给予不同的名字：若记为 $\mathbb{N}$，那么就是指所有普通的开始于 0 的有穷序数的集合；同时另一方面，$\omega$ 作为同样的集合，强调的是数集的序这个角色。我们将一个序数想象成它的那些前驱的集合。这就使得 $3 = \{0, 1, 2\}$，$n = \{0, 1, \cdots, n-1\}$，$\omega = \{0, 1, \cdots\}$，然后 $\omega + 1 = \{0, 1, \cdots, \omega\}$。那么我们考虑的这个序就是在集合 $\omega + \omega = \{0, 1, \cdots, \omega, \omega+1, \cdots\}$ 上。）

我们用图形表示这个序，就像图 14-4 上面那样，将所有偶数放在所有奇数前面来得到一个集合"其长度是 $\mathbb{N}$ 的两倍"。然而我们需要此图的数学定义，一些计算机可以处理的东西，所以我们在 $\mathbb{N}$ 上定义一个新的序 $<$，$i < j \Leftrightarrow i, j$ 要么都是偶数、要么都是奇数并且 $i < j$，或者 $i$ 是偶数并且 $j$ 是奇数。那么如果我们画下 $<$ 的图像，就会向上述第一个例子一样。现在考虑函数 $\pi(n, m) = 2^n \cdot (2m+1) - 1$。这是一个从 $\mathbb{N}$ 的二元组到 $\mathbb{N}$ 的一对一映射，即一个单射。我们可以用这个来编码序或者 $\mathbb{N} \times \mathbb{N}$ 的任意子集：令 $E_< \subseteq \mathbb{N}$ 为形如 $\pi(i, j)$ 的 $k$ 的集

合，其中 $i<j$。这个 $E_<$ 就精确编码了序 $<$。反过来给定任意一个 $F\subseteq\mathbb{N}$，我们可以查看 $<_F =_{df} \pi^{-1}$，$F = \{(i,j) \mid \pi(i,j) \in F\}$。那么它可能是也可能根本不是一个序。但是想成为线性序，那就是一个关于 $F$ 的 $\forall\exists$ 问题。

第一：$F$ 是一个满足传递性的序当且仅当

$$\forall p,q,r(p <_F q \wedge q <_F r \Rightarrow p <_F r)$$

当且仅当

$$\forall k_0 \in F \forall k_1 \in F \forall p,q,r \exists k_2 [\pi(p,q) = k_0 \wedge \pi(q,r) = k_1 \rightarrow \pi(p,r) = k_2 \in F]$$

第二：另外两个必须要加入的子句分别表示 $<$ 是连通的以及严格的，以保证 $F$ 编码了 $\mathbb{N}$ 的一个子集的线序。这确保了在图中的所有元素可以排成一条线。正是康托建议我们应该拓展自然数系统的重要性质，即良序（性质）。这意味着对于一个线性序 $<_F$ 来说，若 $X \subseteq \mathrm{Field}(F)$，并且 $X$ 非空，那么在 $X$ 中一定存在一个 $<_F$ 最小元素 $k_0$，因此，不存在这样的 $p \in \mathrm{Field}(F)$，满足 $p<k_0$。前文的所有图都具有这样的性质，但这种性质是一种特殊的性质。许多自然的序都是非良序的：负整数的一般顺序是非良序的，因为它们本身不存在最小元素；$[0,1]$ 之间的有理数的一般顺序是非良序的，因为集合 $\left\{\dfrac{1}{n+1} \mid n \in \mathbb{N}\right\}$ 没有最小元素。还要注意的是良序必须用一个定义在 $\mathbb{N}$ 的所有子集 $X$ 上的量词来表达，因为它不能被类似于 $\forall n, \exists m$ 这样的定义在数字上的量词来表达。实际上许多编码着良序的集合 $F$ 都是相当简单的。编码了后接奇数的偶数的序数 $\omega+\omega$ 的集合实际上是可计算的：我们可以写一个以 $k$ 为输入的程序 $P_e$，把 $k$ 代入 $\pi^{-1}$ 中生成一个数对 $(n,m)$，并且检查 $n<m$ 是否在这个序中。然而许多良序的编码集合都高度复杂，集合 $\{e \mid P_e$ 计算一个良序$\}$ 本身是一个关于程序索引的高度不可计算的集合。

和定义良序一样，我们可以摒弃序必须是线性的要求。我们允许存在图 14-5 中那样由根向下画的树（因此 $2<5$ 在树中）。如果从线序中去掉连通性要求，那么我们就说 $F\subseteq\mathbb{N}$ 编码了一棵树。说它是一棵良基树的条件是：如果它是一棵树，而且对于任意的 $X \subseteq \mathrm{Field}(F)$，我们仍然要求如果它是非空的，那么就存在某个元素 $k_0 \in X$ 是 $<_F$ 极小的。现在当然可能存在许多这种 $X$ 的 $<_F$ 极小元素，因为树可以以很多种方式分裂。实际上，任何节点下面都有可能存在无限多个元素与它直接相连。我们注意到任何像这样的可数的良基树都可以被认为是（也常常被称为）有限路径树，因为树中任意处开始且仅向下的任一路径都具有有限长度（它不可能是无限的，因为那样的路径将会构成一个子集 $X \subseteq \mathrm{Field}(F)$，

而它没有极小元素）。

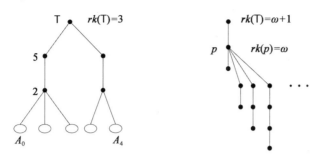

图 14-5　有限路径树

需要注意的是没有图灵机，给定 $X$ 是一个神谕机，可以回答 $X$ 是否编码了一个线序的问题（我们已经知道那需要回答一个双量词条件）。给定一个程序数 $e$，我们也无法判定能否运行另一个程序来判定 $P_e$ 是否计算出一个线序（它对应）的特征函数：这需要有一个机器来回答无穷多个关于 $P_e$ 行为的问题，然而没有机器能够做到。因为这是一个 $\Pi_2$ 的问题，即使我们允许在极限处的计算，这也仍然是不可能的，因为后一种计算只允许我们回答可以同时被表述为 $\Sigma_2$ 和 $\Pi_2$ 的问题；$\Pi_2$ 可表达的问题是处理不了的。我们必须走到某一步，使得我们可以回顾过去的所有步构成的序列并判断：我们需要站在时间 $\omega+1$，在某个节点或某一点超过所有时间 $0,1,2,\cdots,k,\cdots$ 我们该怎么做呢？

贺加斯（Hogarth，2004）提议将他的时空连续体（图 14-4 右图）的图解元素合起来，以回答任一算术问题。如果画出这样一个问题的示意图，那么将会是图 14-5 左边那样的一棵树。

回答这些子问题需要这样一个机器数组：在一个时空区域数组中，它可以表示为一种特殊的有限路径树，我们允许节点向下无限分裂，但是每个路径的长度必须具有固定的界限，比如 $k$，对应于问题中量词的数量。

如果指定叶子的秩为 0 并且对于任意节点 $p\in T$，定义 $\mathrm{rk}(p)=$ 最小的数 $k>$ 所有的 $\mathrm{rk}(q)$，$q<_T p$，我们就说一个有限路径树 $T$ 有一个（有限）秩 $k$。如果 T 是顶端节点，那么我们令 $\mathrm{rk}(T)=\mathrm{rk}(\mathsf{T})$。如果树对应于时空里的算术判定位，那么 $\mathrm{rk}(T)$ 总是有限的。但是如果 $\mathrm{rk}(\mathsf{T})=\omega$ 呢？或者更大呢？读者最初可能会惊讶，树怎么可以具有无限的秩而只有有限长度的路径。然而请看图 14-5 右边的图。这样的树可以用来构造远超算术的复杂度的集合 $B$，并且因此，数的性质（作为 $B$ 的成员）将比算术式的更复杂。最初的这样一些集合 $B$ 相对简单，因为我们可以描述一个可计算协议来构造它们：取一个可计算的有限路径

树，然后在那些极小的底层节点附上一些简单集合 $A_i (i \in \mathbb{N})$，即一些可计算或算术可定义的集合。然后我们归纳地沿树向上，并附加给每个节点 $p \in T$ 一个集合 $A_p$。如果 $p$ 是终点，那我们已经这样做完了；如果节点直接连在 $p$ 的上方，叫它 $p'$，只有 $p$ 在它下面，我们令 $A_{p'}$ 为 $A_p$ 的补，否则 $A_{p'}$ 就是所有 $A_q$ 的并，这里 $q$ 直接连在 $p'$ 的下方。这样一直处理到顶端节点 T，我们设 $B = A_T$。

以这种方式定义的集合的可数集族称为超算术集。要注意两点：第一，它们包含所有的算术集（因为它们是通过只使用路径长度有限且有界的树得到的），因此它们远不是可计算集合；第二，尽管我们强调取的是可计算的树，以及算术集合到叶子的可计算分配，从而获得一个潜在的可数集，包含这个 $B$ 的可能的可计算描述，但是数学上我们可以去掉这些可计算性的要求，并通过考虑所有可能的有限路径树和所有可能的算术集到叶子的分配来扩大我们的类。恐怕有人会说，与形成一个可数集族的那些超算术集相反，这样做就会因此而创造了多个这样不可数的集合——这个更广泛的类被称为波雷尔集合类，不过它们可以被分配到一个根据构造树的极小序数秩来分层的复杂性层次中。

## 14.5 回到 MH 时空

现在我们可以看到，可以将贺加斯的算术集从属的判定方法，扩展成超算术集的从属判定，甚至是在给定恰当的时空流形下，任一特定的波雷尔集合 $B$。我们需要一个时空区域，并带有反映了 $B$ 的结构的 SAD 分量的树结构。我们使用贺加斯型"算术树"作为底层叶子的起始组成区域，这些组件必须是在一个假设的区域内，区域本身反映了这棵有限路径树，它用处于叶子位置的那些算术集构造了 $B$。

实际上，如果可以更仔细，我们能够列举所有可能的计算协议 $e_0, e_1, \cdots$ 来枚举超算术集，并且可以假设找到了一个时空区域，能够同时容纳所有这样的树。可以有一个总指挥图灵机，当提交一个代表查询"是否有 $n \in B_e$？"的数对 $(e, n)$ 时，这里 $B_e$ 是第 $e$ 个超算术集，将在到达第 $e$ 个区域的入口点向机器发送 $n$。简而言之，我们应该有一个超越算术的判定区域（Hyperarithmetically Deciding Region，HAD）。认为我们此刻已经远离现实的读者是情有可原的（如果之前还没有的话）。首先，比如，可计算协议的枚举不可能是一个可计算的过程（可用对角线法反证）。其次，它甚至都不是算术的。而且还有一个识别问题，就是在我们的时空中什么时候或者在哪里能看到 SAD 区域，更别提这些更加异想天开的东西了。然而，关键的一点是，当物理上假设一个单 SAD 是一致可用的时候，还要去突破一个极限，就是对于 MH 时空什么是逻辑上可行的。我们并不是在讨论物理现象或者（甚至是可能的）物理层面的可实现性。

然而，我们可以建立一个纯粹逻辑数学的限制，甚至是对这种非常理论的、纯推断的、在 MH 时空中进行的理论计算。给定一个 MH 时空（也许我们的宇宙终究是这样一个时空），那么有没有充分多的区域使得任意波雷尔问题都可以得到解答呢？答案（Welch，2008）是否定的：我们确实到了极限，即时空流形 $\mathcal{M}$ 的一个普适常量：

**定理 14.5.1** 给定一个 MH 时空流形 $\mathcal{M}$，存在一个可数的序数 $w(\mathcal{M})$，使得秩为 $w(\mathcal{M})$ 的波雷尔问题不能被 $\mathcal{M}$ 中包含的区域"解答"。

## 14.6 $\aleph_0$ 心智

上面的论述有力地说明了：我们必须得有一个方法来处理有关无限个集合和过程的无限性论证：对于一个超算术集合，我们可以以某种方式理解其描述的全体（其中，虽然该集合表示为数字索引 $e$，但必须将其解压成无限的有限路径树的特征方程），那么就可以在超算术集合上思考并处理问题了。如果我们的心智能够这样就好了！"$\aleph_0$ 心智"（$\aleph_0$-mind）一词用于描述一个能够在一步内就可以吸收和操纵可数数量的数值型信息的心智。关于这个东西的一个更加大胆的想法就是想象有一台图灵机，它一眼就可以获知整条无限纸带上的所有信息，并询问神谕机 $Z$："整个工作带的内容是否是 $Z$ 的一个元素？"所以 $Z$ 现在被认为不仅仅是一个整数集，而是一个 01 的无限字符串的集合。根据得到的答案或者我们的程序，就可以用一步移动来完成某个在整条纸带上的可计算过程（例如，翻转其余的每一位，或者在某处移动和存储字符串）。现在计算的概念发生了根本的变化：我们不是在自然数上做计算了，而是在无限的（但可数的）对象上做计算，即纸带上的无限长字符串。

在 20 世纪 50 年代末和 60 年代初的一系列论文中，克莱尼开发了一种等式演算来描述这种处理，甚至比这种处理更高的泛化。在 20 世纪 30 年代与丘奇和哥德尔合作对可计算理论进行研究的早期，克莱尼是普林斯顿的一位先锋研究员[⊖]。他开发了等式演算来表示广义递归函数，本质上可归结于一种哥德尔

---

⊖ 关于这段早期历史详见文献（Soare，2009）。

形式。图灵说明了这类函数恰好就是图灵机可计算的类。这种演算是一种子句的公理化列表,解释怎样用归纳的方式构造那些从 $N^k$ 到 $N^n$(对于任意 $k$, $n$ 来说)的函数。数字被认为是 0 型,即在层级的最底层。函数 $f: N \to 2$ 是 1 型对象。2 型对象将是函数 $F: N^{(2^N)} \to 2$,依此类推。克莱尼公理化了高阶类型的递归论,通过将自己用于广义递归的或者图灵可计算的函数上的原始公理,以自然的方式扩展为 $n$ 型递归的公理。这个问题在 20 世纪 60 年代和 70 年代初成为一个重要的研究领域,人们试图探索他的定义,甄繁就简或在公理中寻找可能的替代品。这种自底向上的方法迅速变得十分复杂(他的原始等式集合也是如此)。在 20 世纪 60 年代末期,莫斯科维基斯(后期加入的还有盖里斯、哈林顿和诺曼等)开始在克莱尼、斯佩克特和甘地的工作基础之上进一步定义一个广义的递归理论,主要强调逻辑可定义性,而不是机械可定义性(或者换一个更好的说法,由克莱尼等式可定义性可计算地派生出的概念)。这是一个非常灵活的方法,并将归纳式定义的理论和描述集合论立刻联系起来(后者试图证明关于可被描述分类的集合的结果,而不是所有的数集,即逻辑定义,这也成为现代集合论的核心领域)。莫斯科维基斯确实能够定义"归纳"和"超算术"的概念,不仅仅是对于自然数系统,而是对于满足任何具有一定编码可能性的结构。(他将这种结构称为可接受的。例如这样一个结构应该有种方式去将域 $M$ 的元素全部配对:在结构 $\mathcal{M}$ 中应该有一个函数 $\pi: \mathcal{M} \times \mathcal{M} \to \mathcal{M}$。)尽管这样的视角可以说是已经指出了必须考虑的东西,即归纳可定义性的明确理论和与之相关的一些递归理论,但这些理论却也与机器或机械性方法或直觉分道扬镳。

让我们回到 $\aleph_0$ 心智上来。克莱尼表示,他的等式演算考虑了一个现在被称为"克莱尼计算"的概念,正如我们所说,涉及数字的集合(或等价地,组成其特征函数的 01 无限字符串)。因此,1 型递归可以被认为是由理想实验机器完成的计算,如我们提议的那样,在这台机器上操纵整个字符串,并在单个步骤中询问神谕关于整个字符串的问题。他表明,在这种情况下,与可计算或可判定的整数集相对应的,现在将是整数的超算术集和 $2^N$ 中的子集;与可计算、可枚举的整数集相对应的,将是 $2^N$ 中复杂性不超过N的良序的子集。在关于解析的描述性术语中,克莱尼的可计算、可枚举的集合是 $\Pi_1^1$(也称"上解析")集合,并且所有这样的集合可以从 WO(通常意义下)中计算出来,WO 指这些编码的集合。(实际上,克莱尼允许 $2^N$ 中的元素为这些计算中的常量或参数,因此他的计算里不只允许可计算的有限路径树,而是任何这样的计算都可以。最终计算结果是，对于克莱尼来说，最基本的可计算的集合是那些波雷尔集合，不仅仅是超算术集。）克莱尼计算的一个基本特征是，特定的计算可能需要通过计算一个包含子计算 $s_0, s_1 \cdots$ 的无限字符串，并返回一些信息以便主计算继续进行。（我们来看这样的例子，比如在上述的超算术集的描述中，当树无限分支时，为了弄清 $n$ 是否在这样一个节点 $p$ 处进入集合 $A_{p'}$，我们必须在直接连接于 $p'$ 的下方节点处查看所有可能的集合 $A_q, \cdots$。）那么对于一个成功的克莱尼计算最好的想象是它自身具有良基计算树结构，这将图形化地表达出那个包含所有这些子计算的结构。我们称它为良基的，是因为我们不希望有一个无限字符串，表示一个子程序调用将不断地在一个无限长路径上一直走下去，这样计算永远不会终止。

$\aleph_0$ 心智正是试图着眼于所有这些子计算，确实也必须立即在整棵树上这样做。在一个特定节点处，它的处理过程必须等待再下层结点返回的信息；把这些计算调用以一种线性序实现，就有了"线性化"整个过程的可能性。但是，就像已经指出的那样，一些这样的调用必须要等在节点之下的无限多步完成方可进行。这样的线性序必须是对于（路径）长度的良序，然而这是什么呢？……一些可数的序数，因为整棵树是一个可数的有限路径树。所以也许我们无论如何都要分析这些线性但超穷的计算？如果一定要分析，那么我们必须跨越一类不同的事件视界：那就是 $\omega$，第一个无穷序数。

## 14.7　无限时间图灵机

无限时间图灵机（ITTM）也是一个引人注意的计算模型，它由哈姆肯斯和基德尔于 20 世纪 90 年代在伯克利发明（Hamkins and Lewis, 2000）。他们的初衷是想找到一个可以让图灵机能够超穷运行的定义。这将意味着一个良序计算序列，且其后继计算步骤由标准图灵程序给出。否则这台机器将仅具备普通图灵机的计算能力。因此，一个可终止的计算的长度过去只能是某个可数的序数，现在则可能是无限的。实际上需要添加的就是一个描述，以说明在那些极限序数时刻发生了什么。因此，例如，我们可以通过有限的步骤 0, 1, 2, … 来运行机器，如果在普通图灵机上有一个停机的计算，那么对于某个 $k \in \mathbb{N}$，机器将停止。这当然很好。但如果情况不是这样呢？机器将运行所有自然数步。在 $\omega$ 步会发生什么呢？

我们通过数学方法来简单地声明，单元格 $C_k$ 在 $\omega$ 时有一个值（我们将其表示为 $C_k(\omega)$），从而避免了所有考虑"汤姆森灯"式的困难（科学哲学中的一个问题，它问在灯被无限次地打开和关闭之后会发生什么）。我们以下面的方式定义：如果运行到某一步 $n<\omega$，使得其后所有步 $n<m<\omega$，值 $C_k(m)$ 不变，那么将该值设置为在 $\omega$ 时刻的值，即 $C_k(\omega)$。否则，我们将其重置为零，即 $C_k(\omega):=0$。换句话说，在 $\omega$ 步的值为 0，除非从 $\omega$ 之前的某个时刻它就为 1，并且之后一直在那里没有改变。这为所有的 $k$ 指定了单元格的值 $C_k(\omega)$。我们必须指定读写头如何运转！要考虑的第一种情况是，随着 $k\to\omega$，存在一个特定的单元格，比如说 $C_n$，它（读写头）回过来进行无界限多步 $k\to\omega$ 的访问。在这种情况里，对于最小的这样的 $n$，称为 $n_0$，我们将在 $\omega$ 时刻将读写头放在 $C_{n_0}$ 上。在另一种情况下，读写头已经离开纸带到无限远：读写头访问的单元数的"下极限"不是有限的，而是 $\omega$ 本身。对于每个单元格 $C_n$，都存在一个时刻 $t(n)$，使得对于所有后来的时刻 $t(n)<t<\omega$，读写头在纸带上都是读取 $C_n$ 以后的单元格；即对于 $t>t(n)$ 和所有的 $m\leq n$，它不会再访问任何一个单元格 $C_m$。在这种情况下，我们把读写头替换到 $C_0$ 上——$\omega$ 时刻的那个带位置。最后我们必须将下一个指令状态指定到机器程序上。这个程序完全是标准图灵机程序，所以它是一个有限的列表 $I_0,\cdots,I_N$。因此，如果在时刻 $t$ 我们把将要执行的指令记作 $I_{q(t)}$，则列表中必须存在一个起始（在我们的列表中）指令状态 $I_q$，该指令通常是在低于 $\omega$ 的时刻被无界限地执行；换句话说，我们认为这个 $q$ 是那些 $t<\omega$ 时刻，$q(t)$ 的下极限。

这些定义的一个属性是它们具有这样的效果：读写头（在上面的第一种情况）被放置好，并且"下一条指令"被声明，使得机器处于程序中任一子程序的最外层循环的起始处，通常处在低于 $\omega$ 的时刻被无界限地调用。（实际上从某种程度来说，这些在下文中并不重要。实际上哈姆肯斯和基德尔也并没有使用这个规则：他们宣称读写头总是在限定步数内回到 $C_0$，并且机器会进入一个被加在正常图灵状态列表中的特殊限定状态。他们还考虑使用"上极限"而不是"下极限"。但很容易就能说明，所有这些变化都非常轻微，以致于这样的机器并不会改变那些函数或集合的类的可计算性。）对于任意极限序数 $\lambda=\omega+\omega,\omega^2,\omega^\omega,\cdots$通过将 $\omega$ 替换为上述的 $\lambda$，我们在 $\omega$ 步所描述的现在同样成立。规则仍然完全一样。

最后，为了概念简单，可以认为机器具有三条纸带用于输入、临时工作和输出，这三条纸带互相之间并行放置（见图 14-6）。读写头同时读取每条纸带上的一个单元格，但只能对临时工作带和输出带进行写入操作。这次与单带机的计算能力（一个小小的警告）依然没有区别。

|   | | 读/写 | | | | | | | |
|---|---|---|---|---|---|---|---|---|---|
| 输入: | 1 | 1 | 0 | 1 | 1 | 0 | 0 | 0 | 0 | ... |
| 临时: | 0 | 1 | 1 | 1 | 1 | 1 | 1 | 0 | 0 | ... |
| 输出: | 1 | 0 | 0 | 0 | 1 | 1 | 0 | 1 | 0 | ... |

图 14-6　一个三带无限时间图灵机

现在我们开始进行操作！一大堆的问题立刻出现：计算可能不仅在有限时间 $t<\omega$ 停机，也会在某个超穷序数时刻 $\omega \leq t$ 停机（我们将在下面看一个例子）。然而，一些计算仍然永远不停机。正如我们设定的，这样的计算将一直持续，贯穿所有序数。然而，直观上（并可证明），任何不停机的计算将到某个可数的序数时开始循环。我们说机器在某个时刻 $t$ 的瞬时描述是一个完全的列表，包含了所有单元格的内容 $\langle C_k(t) \mid k \in \mathbb{N}\rangle$，以及 $q(t)$ 和 $r(t)$。为了使机器永久循环，必然存在一个可数的序数序列 $\alpha_0 < \alpha_1 < \cdots < \alpha_n < \cdots < \alpha_\omega$，其中 $\alpha_\omega$ 是 $\alpha_n$ 的"极限"（因此对于某个 $n$，任何序数 $\beta < \alpha_\omega$ 都是 $< \alpha_n$ 的），并且在时刻 $t = \alpha_n$ 的瞬时描述对于所有的 $n \leq \omega$ 是相同的。在 $\alpha_\omega$ 这步，我们知道，此后的计算注定要经过相同的瞬时描述排列，进入永不停止的循环。（图 14-7 示意了一个长度为 $\alpha$ 的计算过程。当时间增加到右边时，你可以将每个垂直截面想象为无限长的三带序列。）

图 14-7　一个长度为 $\alpha$ 的计算过程

另一种可能情况就是，开始时，我们把一个无限 01 字符串放在输入带，并且机器有足够的时间读取整个输入带并对其进行操作。同样如果机器停机，则在输出带上可能有一个信息的无限字符串。在这种情况下，我们可将机器视为计算了一个函数 $F: 2^\mathbb{N} \to 2^\mathbb{N}$。因此，我们肯定是在计算 1 型对象的范围内了。

然而，在我们跳入这个新世界之前，首先有很多关于函数 $f: \mathbb{N} \to \mathbb{N}$（或是 $f: \mathbb{N} \to 2^\mathbb{N}$）的问题需要考虑，我们可以将输入 $n$ 看作后面跟着 0 的 $n+1$ 个 1 的字符串吗，甚至只是以 0 为输入的函数吗？从序数时间的角度来说，这样的计算实际要进行多久？机器停机后，输出带上会有什么样的字符串？更一般地，哪些类实数能够随时出现？你还可以问一个与停机问题等同的问题：什么是

$h =_{df} \{e \in \mathbb{N} \mid P_e(0)\downarrow\}$? 假设我们将"索引为 $e$ 的程序在输入 $x$ 上停机,并在输出带上写下 $y \in 2^{\mathbb{N}}$"写作 $P_e(0)\downarrow$。我们称这样的 $y$ 为从 $x$ 可写的。如果 $x \in \mathbb{N}$,我们只会称它为可写的。

**问题** 什么才恰好是可写的序列 $y \in 2^{\mathbb{N}}$?

我们称一个可数的序数 $\alpha$ 为可写的,如果某个可写的 $y \in 2^{\mathbb{N}}$ 是 $\alpha$ 的一个编码。

**问题** 什么才恰好是可写的序数?

这乍看起来很神秘。称一个序数为可时钟的前提是,如果它恰好是某个 $e$ 的一个停机计算 $P_e(0)$ 的长度。

**问题** 什么是可时钟的序数?每个可时钟的序数都可写吗?

**问题** 什么是可判定的或半可判定的谓词?

这些问题对于计算 $P_e(x)$ 是有意义的,我们考虑用输入序列 $x$ 来填充输入带。那么就需要对这种模型的更高类型计算行为进行考量。再者,我们可能会问什么是可判定的,或半可判定的谓词。更一般地:

**问题** 与之前的克莱尼递归有什么关系?

**问题** 这些 ITTM 定义的关系如何适应之后的抽象递归论?

**定理14.7.1**(ITTM T 定理) (i) 对于任意索引为 $e$ 的程序以及任意 $x \in \mathbb{N} \cup 2^{\mathbb{N}}$,存在一个三变量的 ITTM 可计算谓词 $T$:

$$P_e(x)\downarrow z \leftrightarrow 存在一个 y \in 2^{\mathbb{N}} 满足 T(e, x, y),而且 y 编码了鉴证 P_e(x)\downarrow z$$
的计算过程。

(ii) 更进一步,给定任意 $e$,存在(普通)算法能够判定 $e'$ 是否对于任意 $x \in \mathbb{N} \cup 2^{\mathbb{N}}$ 都有:

$$P_e(x)\downarrow z \leftrightarrow P_{e'}(x)\downarrow y 且满足 T(e, x, y)。$$

我们看到它和克莱尼的原始定理之间的直接区别:$y$ 不再是整数,而是 $2^{\mathbb{N}}$ 中的一个元素。但必须这样做:即使 $x \in \mathbb{N}$ 或 $x$ 为零,现在的计算过程也已经变为一般的瞬时描述的超穷序列,其中每一个元素实际上是 $2^{\mathbb{N}}$ 中的元素。这些都必须合并并且编码成一个单独的 $y \in 2^{\mathbb{N}}$。在第(ii)部分中,请注意,为了让程序 $P_{e'}(x)$ 有机会输出这样一个 $y$,也就是说(如果 $x = 0$),我们必须使 $y$ 包含那个停机计算的长度的编码,即 $P_e(0)$。为了实现这一点,我们需要一个最小值,即任意停机计算的序数长度本身可以作为另一个计算的结果输出,也就是说,任何可时钟的序数也必须是可写的。幸运的是,事实证明的确是这样,定理成立。

模型介绍完后,接下来的工作给了我们所有这些问题的答案。至少在整数输入的情况下,我们对于 ITTM 机器可以做什么有了相当明确的认识(参见综述文章 Welch, 2009)。

我们起码要问这机器有什么用?显然,它与具体的日常计算机所做的计算无关,所以我们一直在做数学理想化,假设可以进行超越有限的整数的计算。我们出于纯粹的好奇心从纯粹的概念化开始,一路下去看看能走到哪里。我们不期望它直接影响日常生活。大多数纯粹的数学活动也是如此(至少最初的时候是这样的)。我们在这里对于其他使用固定步骤离散计算,同时也允许发生某个无限行为的模型有一个新的模型,这是一个优秀的测试平台。因此,通过 ITTM 上时空的 SAD 或 HAD 区域的序列,我们可以模拟发送普通 TM 的动作。在这方面,ITTM 与 TM 类似。图灵说明了可以在他的机器上模拟许多形式的递归,ITTM 也可以模仿任何形式的在整数上的(有限)计算。到目前为止,ITTM 可以模拟其他形式独立定义的处理整数的无限计算机器模型。

TM 的停机问题 $h_0$ 精准地描绘了 TM 可以计算的边界,所以我们现在确切地知道了什么样的集合 $h$ 用 ITTM 的停机问题来表达。因此我们得到了一个对应的类似边界。这个边界被证明远超克莱尼递归。那些可判定关于实数的谓词,在克莱尼那里恰好是超算术集,但是 ITTM 可以判定是否存在 $y \in 2^{\mathbb{N}}$ 编码了一个良序,这超出了克莱尼递归的能力。尽管对于 ITTM 的可判定谓词已经有了明显的边界,但是这并不意味着可以回答关于从任意有限路径树描述构建的任意集合的从属判定问题,除非该描述被编码到输入字符串中。然而如果构建 $B$ 的协议被如此编码到输入字符串里,那么对于任意数字 $k$,ITTM 都可以回答是否有 $k \in B$。只是虽然存在着不可数多个这样的有限路径树,但现在这里只有可数多个程序,因此构建协议:ITTM 只工作于普通的图灵程序 $\langle P_e | e \in \mathbb{N} \rangle$。没有额外的描述作为输入,只是有很多的有限路径树可以由 ITTM 单独定义;但是那些路径树的秩(或等价于那些无输入的 ITTM 单独可写的良序)给我们提供了那个机器可以为它们本身进行计算的级别,并且指标远超克莱尼递归和超算术集。

## 14.8 寄存器机和其他推广

在 ITTM 模型发布之后,人们认识到这与早期的广义递归论紧密相关,并且开始寻找方法来进一步推广它。事实上，正如许多人在当时的评论，模型优美的简单性将 TM 的功能扩展到了超穷，本可以在几十年前就得到这样的结果。

有两种可能的推广方法：（i）尝试改变 ITTM 的性质；（ii）关注其他来自标准的、日常的、有限范围的计算模型，并把它们放松到超穷范围。

我们首先考虑（i）（尽管没有依照历史的发展顺序）。ITTM 的突出特点当然是它在极限步骤内所能完成的事情。你可以（而且应该）合理地认为机器的全部功能已被根植于极限规则中。在某种程度上加强限制规则，是否有可能存在超过 ITTM 能力的"超机器"？上面给出的规则在本质上是一个 $\exists\forall$ 或 $\Sigma_2$ 规则。一个单元格的值是 1 当且仅当 $\exists t < \lambda \, \forall s (t < s < \lambda \to C_k(s) = 1)$。这里右边的量词具有这种模式。那么可能存在 $\Sigma_3$ 规则或者 $\exists\forall\exists$ 规则吗？或者是 $\Sigma_n$ 规则（对于更大的 $n$）？如果这些被明确定义，那么"$\Sigma_3$ 超 ITTM"就可以以比简单的下极限更加微妙的方式使用前些步的内容，从而在极限步 $\lambda$ 得出一个值。

事实证明，这些 $\Sigma_n$ 超机器对于每个 $n \in \mathbb{N}$ 是可定义的，并且确实具有预期的性质。事实上，任何可以在数学分析中直接证明其存在的实数都可以在某个 $\Sigma_n$ 类中由某些上面所说的机器可计算地写入，且有某个这样的输入为零的程序。必须要说明的一点是，随着 $n$ 的增加，$\Sigma_n$ 限制规则就越来越复杂，即使对于 $n = 3$，它们的直观原理也不那么明显：不再是沿着所有序数时刻 $t < \lambda$ 取下极限，而是取它们的一个无界子集，反映了某种稳定的信息性内容。如果在 $\lambda$ 之前的计算过程中，机器说了一些关于在 $\alpha$ 之前出现在带上的某个实数的事情，那么 $\alpha$ 被称为一个有稳定信息性内容的点。为了计算 $C_k(\lambda)$ 的值，我们取下极限，那么对于那些 $\alpha < \lambda$，它的稳定信息性内容的序数与 $\lambda$ 的那些低于 $\alpha$ 的序数相同。为了定义 $\Sigma_4$ 或更高的规则，我们采用归纳的方式。然而，即使对于 $\Sigma_4$，规则也已经变得相当复杂，但这确也是必然的，因为这说明有额外的量词，并且这些规则似乎远远超出任何机器式的直觉。

考虑到我们已经松弛了计算中的时间元素，ITTM 的另一个可能性就是松弛其空间元素。为什么不用一些单元格对应某个序数 $\alpha$ 排好序的纸带呢？或者为什么不一干到底，想象一个对于每个序数 $\beta$ 都有一个对应单元格 $C_\beta$ 的纸带？我们保持原始的图灵程序，但是现在读写头可能从有限编号的单元格中逃脱到 $C_\omega$。我们重新设计读写规则，现在极限步的位置是前些步的下极限，即使这个下极限是 $\omega$ 或者是某个更大的极限序数。当读写头处在一个极限单元格，并且程序指示它移动时（它做不到，因为根据定义，限制编号的单元格没有紧挨着的前驱），我们要防止读写头回移一个单元格，那么它将按命令被迫回到 $C_0$，否则一切就都像以前一样了。现在这样的机器不仅操作 $2^N$ 中的无限序列，实际上还具有操作 $ON$ 长度的 01 序列的潜力。虽然我们在这里不去讨论细节，但是这样的序列具有完全编码任意集合的潜力（假设选择性公理），并且你会发现这样的机器可以输出任意一个出现在哥德尔的可构造集分层 $L$ 中的集合 $X$（它的一个编码），这个分层曾被哥德尔用来证明选择性公理的一致性，并且与集合论的其他公理一起用来证明了（广义的）连续统假设。因此这个"ON-ITTM"给出了 $L$ 分层的另一种阐述。

如果我们将这些纸带的长度限制在适当地接近极限序数 $\alpha$，称为"可容许序数"，那么就可以得到集合的一种表示，这种表示出现于 20 世纪 70 年代中早期的"$\alpha$ 递归论"的理论中。（这里的理论对照并不精确，因为这些递归论参与到 $\Sigma_1$ 或一些外延地定义的过程中，然而这些机器是通过使用 $\Sigma_2$ 规则来产生输出的。）

我们现在考虑可能性（ii），推广其他一些有限领域的机器。首当其冲的就是谢弗德森－斯特吉斯与明斯基提出的寄存器机（RM）的概念。这样的机器具有有限数量的寄存器 $R_0, \cdots, R_n$ 以存储自然数。同样有一个指令集：将寄存器设置为零，或将其增加 1；将寄存器 $R_i$ 的内容传送到 $R_j$（任意 $i, j \leq n$）；并且如果特定寄存器内容等于 0，则从指令 $I_p$ 跳转到 $I_q$。公认已久的事实是 RM 模型的计算与 TM 模型具有完全相同的功能。实际上，也可以写成一个通用的 RM 程序，而所需要的寄存器少得惊人。我们可以对极限步的"下一条指令"使用相同的下极限规则，来定义这种机器的超穷行为。现在，对每个寄存器 $R_k$，我们可以将某个极限时间 $\lambda$ 处的 $R_k(\lambda)$ 的值设置为其前面的值的下极限 $\liminf_{\alpha \to \lambda} R_k(\alpha)$，除非这个下极限为 $\omega$，在这种情况下，我们重新设置寄存器值为 0。（这样我们就确保了只有自然数占用寄存器。）这样就完全指定了无限时间寄存器机（ITRM）。这样一来就有了几个好处：与有限的 RM 相反，不存在通用的 ITRM 或程序。这主要是因为随着寄存器数量的增加，机器的能力将会严格地增加。这些 ITRM 的能力（放在一起考虑）与 ITTM 的能力也有显著的差异，而且相差程度相当大。证明理论的学者们试图度量各种公理化理论的逻辑强度，他们分析了出现在数学或数学物理学中的大部分数学系统；然而，ITTM 的强度超过了当前证明理论的知识。ITRM 超出了克莱尼递归，因为存在一个固定的图灵程序，当在带有神谕 $Z \in 2^N$ 的 ITRM 上（配有固定但很小数量的寄存器）运行它时，可以判定 $Z$ 是否编码了一个良序。从经典的数学分析定理的角度来看，我们确实有了一个对 ITRM 类的理论强度的精确度量。定理称实线 $\mathbb{R}$ 的任意封闭子集 $C$ 都是两部分的并：第一部分是一个关于"独立"点的可数集合（意即任何这样的点都有一个邻域，且 $C$ 中没有其他点在这个邻域中）；第二部分是一个关于点的"完美"集合，意即对于完美部分的每一个点 $p$，对立事件都发生——$p$ 的每个邻域都包含 $C$ 的一个元素。这个定理可以从下面的陈述中得出：每个含有任意数量的寄存器以及任意神谕 $Z$ 的 ITRM 要么停机要么进入循环。反之亦然：从封闭集的定理可以推出关于 ITRM 行为的断言。我们因此就有两个看似彼此相去甚远但实际等价的陈述，因为其中任何一个都可以被另一个证明（严格来说，我们应该指出一个更弱的基础理论，用来比较二者）。

定义了含有数字的 RM，我们就可以允许寄存器装填序数——因为这些只是自然数的推广。现在如果寄存器失控了，我们也不需要再重置寄存器的内容：如果寄存器内容的下极限变得无限大，或达到了极限序数，那么该序数将在极限步内被放置在寄存器中。当寄存器中存在一个极限序数时，如果我们尝试令寄存器值减 1，那么必须指定一个动作；在这种情况下，寄存器内容被置为零。可以很明显地看出，即使只有少量的固定个数的寄存器，这种机器也可以正确地判定关于那些集合的陈述的真值，这些集合是来自哥德尔的集合可构造分层 $L$ 中的任意集合。这个工作依赖于一个事实，即任意可构造集合都出现在这个分层中的某个最小层级 $L_\alpha$ 上，并且每个层级本身是良序的。因此，我们可以用序数的有限序列 $\langle \alpha, \cdots \rangle$ 来标记每个可构造集合。关于这种集合的一个有限序列的任意公式之后都会被转换成关于序数的有限序列的公式，并可以通过配对函数将其编码并提交给寄存器机。

## 14.9　结论

本章的讨论中并未涉及离散但具备潜在超穷能力的计算模型，例如，自动机理论学者也有一些用于识别包含无限 01 序列的语言的自动机模型，我们并没有讨论它们。这样的计算模型是存在的：定义在代数环（如实数环）上的 Blum-Shub-Smale 计算模型。这种模型考虑的仍然是有限时间内停机的计算，但将实数（我们已经说过，这也是一个无限性的对象，如同一般情况，它需要十进制或二进制数字的一个无限扩展来表示）看作可在单位时间内处理的计算对象。这些模型是否也可以被加强为超穷形式呢？最后，有许多无限的数学过程，如那些出现在遍历理论或群体行为理论中的过程。如果我们抛开机器模型不谈，可能还有一些这样的数学过程，这些通常被认为是 $\omega$ 多个自然数步数的极限，那么我们是否可以将它们扩展为超越 $\omega$ 的超穷过程呢？

作为一个例子，可以考虑作用于正整数点的 $n$ 维环面格上的一个 $n$ 寄存器 ITRM 的行为。这给了它一种准动态的感觉，并且问及关于作用在这样一个环面的点上的函数问题都可以转换成 ITRM 问题，反之亦然。关于 ITRM 的分析强度的结果就都成为定义在环面上的函数的等价陈述。它们当中的一些毫无疑问会变为平凡的情况或简单的扩展，不过或许并非所有情况皆是如此，这个结果确实是推测的，但其中可能存在着某些令人着迷的数学理论等待我们揭开。

总而言之，上面的例子说明了图灵给出的原始概念的丰富性，这早已远远超出他最初的意图。我们可以用这些"机械学"的术语，以一种并非他的初衷但是由他的模型和例子所启发出来的方式去思考。

## 参考文献

J.D. Hamkins and A. Lewis (2000). Infinite time Turing machines. *J. Symb. Logic*, 65(2):567–604.

M. Hogarth (2004). Deciding arithmetic using *SAD* computers. *British J. Phil. Sci.*, 55:681–691.

R.I. Soare (2009) Turing oracle machines, online computing, and three displacements in computability theory. *Ann. Pure Appl. Logic*, 160:368–399.

P.D. Welch (2008). Turing unbound: the extent of computation in Malament–Hogarth spacetimes. *British J. Phil. Sci.*, 59(4):768–780.

P.D. Welch (2009). Characteristics of discrete transfinite Turing machine models: halting times, stabilization times, and normal form theorems. *Theor. Comp. Sci.*, 410:426–442.

## 第 15 章
The Once and Future Turing: Computing the World

# 为数学思维建模的尝试

◎罗杰·彭罗斯

**摘要**

在 1939 年的一篇重要论文中,阿兰·图灵引入了两个新颖的概念——顺序逻辑和神谕机。这些概念可以孕育一种方法,用来沿着公理形式系统和程序规则的传统思想为人类的数学理解力建模。人们期望,沿着这条道路也许能避开由哥德尔不完备定理所揭示的形式推理的局限性。为此,图灵引入了(与以往其他人所做出的相关尝试不同的)"谨慎设计"的神谕装置,它假定可以对任何声称有答案的数学问题给出精确回答,但它可能承认有时没能力给出回答,或者有时只能做徒劳无功的持续努力。尽管这种装置比标准的图灵机或者图灵神谕机有点更接近人类的数学能力,但它们依然受限于哥德尔类型的对角线论证。这些论证留下一个未解问题:什么是在人类洞察力之下的实际物理过程?事实上,这些论证为任何这类物理过程指出了一个重要约束。

## 15.1 图灵的顺序逻辑

1955 年 9 月初,我听了麦克斯·纽曼⊖关于顺序逻辑的一场演讲。我发现,

---

⊖ 自从战前在剑桥的时候,麦克斯·纽曼就是图灵的好友和支持者。麦克斯也是我父母的好友,并且在我父亲死后成为我的继父,这是在这次演讲 20 年后的事了。

这是我所听过的最吸引人的演讲。阿兰·图灵刚好去世一年多，而这一场演讲就是纪念他的，基于他 1939 年发表的关于该主题的论文。如同图灵在文中做的，纽曼在演讲开始时介绍了丘奇的 λ 演算。据说，图灵 1939 年论文的影响最初仅局限于数学界，其部分原因是，他的论文是用 λ 演算来表述的，这样的表述很难做到通俗易懂，事实上是太难读了。尽管如此，纽曼的演讲打动我的东西之一是丘奇演算，其表达概念有非凡的简洁性[一]。毫无疑问，这也给图灵留下了深刻的印象，其实他可以用其他方法阐述自己的想法，用他自己的"图灵机"[二]（Turing, 1937a）概念来阐述会更清晰，并且会更直接地封装可计算性的直观概念。

图灵在 1939 年论文中所用的基本思想是这样的，如果一个具体的形式系统 $\mathscr{F}$ 是令人绝对信任的，那么它的拓展系统也应该令人信任。其实对于拓展系统，哥德尔语句 $G(\mathscr{F})$（根据哥德尔第一或者第二不完备定理）连带着被看作为真理表述。如果顺序数 $\alpha$ 与系统 $\mathscr{F}$ 相关联，那么 $\alpha+1$ 就与拓展系统相关联。到现在为止这相当明确，可是不能把这种想法延展到极限顺序，例如，这个过程延续下去就会得到一系列形式系统，与顺序 $\alpha$，$\alpha+1$，$\alpha+2$，…相关。然后，整个过程被系统化，整合成一个与极限顺序 $\alpha+\omega$ 相关的、令人信任的形式系统。这个过程延续下去，又能得到与 $\alpha+\omega+1$，$\alpha+\omega+2$ 等顺序相关的越来越强的令人信任的形式系统。这样，过程可以延续到任何可计算的顺序。其后，人们发现系统化的过程需要新的公理[三]，并开始遇到麻烦和混乱。从所努力做的事之本质上看，上述过程作为一个整体是不能系统化的。进一步说，还会产生相关的麻烦，例如如何判断两个顺序是否相等就是个棘手的问题（Turing, 1939; Feferman, 1962, 1988）。

尽管如此，我相信图灵关于顺序逻辑的思想，如纽曼在他的演讲中描述的那样，对其后的思考有着可观的影响。如所罗门·费夫曼在顺序逻辑的图灵概念的精细描述中所指出的（Feferman, 1988; Hodges, 1983, 1988），图灵已经对这样的问题感兴趣：什么样的数学系统适合描述人类对弄清数学命题真伪的理解力。他相当欣赏哥德尔不完备定理，欣赏其如何证明人类的能力超越任何

---

[一] 我清楚记得，1956 年我为克里斯托弗·斯特拉奇在国家发展研究委员会短暂工作的时候，我曾努力说服他，λ 演算有可能在计算机操作上有些价值。很久以后，我惊奇地发现，这种想法已经成为程序语言 LIST 的重要组成部分。
[二] 丘奇是图灵的研究导师（Hodges, 1983），这可能影响了图灵的选择。
[三] 选择公理。——译者注

一个具体的可信赖的数学形式系统,他也有兴趣弄清楚这种人类视角可以到达多远。这一年是在图灵于布莱切利园从事战时活动之前,他自己关于人类数学洞察力与理解力的自然极限的看法还有点不固定,并且还没有受到"计算主义"观点的约束,这是与其后不同的(Turing,1950)。在布莱切利园的经历使他直接接触了电子技术的快速发展,这对于他的思想的物理表现是至关重要的,并且这种技术的非凡前景刚刚开始显现出来。图灵随后在思维运转上的计算主义观点,作为这一经历的推论仿佛更合理了。

在本章中,我尝试沿着图灵在1939年的论文中所描述的早期线路进行阐述,数学真理的(理想化的)人类理解力可能被表达成超越他自己的图灵机概念所带来的潜在能力的某种方法(Turing,1937)。不过在较早的各种各样的文献中(Penrose,1989,1991,1996,2011a,b),我已经尝试表达了如下看法,哥德尔不完备定理其实证明人类的数学理解力在某种意义上是严格地在图灵机的作用范围里,并且告诉我们在有意识的大脑作用下的物理过程的本质是什么,这具有更为深远的意义。我将在15.3节(还可参考15.8节)简略地概述这些思想。

## 15.2　数学之信任

即使有些微妙,图灵本人亦清楚地觉察到,基本哲理很简单,不过令我奇怪的是,仍然有许多人迷失要点[⊖]。这一要点是在形式证明的思维关联中数学信条的本质。数学命题 $P$ 的完全形式化证明的一个特性是,可以机械化地(即可计算地)验证其数学推理的所有步骤,无需对所涉及的符号含义的进一步数学理解。为了让那样一种表述能够作为构成了 $P$ 的事实上的证明,不仅仅要严格遵守形式系统的规则 $\mathscr{R}$(这正是追求可计算验证所要获得的),而且这些规则本身也是相当严密的,确实能提供一种推理,它可以制定 $P$ 的数学之信任。为了信任这种推理,我们必须信任与符号的含义相关联的 $\mathscr{R}$ 之绝对正确性。特别是,我们一定要相信 $\mathscr{R}$ 是无矛盾的,也就是说,不管命题 $P$ 和它的反命题真否,它们都可以由规则 $\mathscr{R}$ 推导出来。为了能以我们期望的方式使用 $\mathscr{R}$ 来确立 $P$ 之真,我们需要这种信任。但是,哥德尔为我们展示了如何用完全一样的信任来确认 $\mathscr{R}$ 的范围之外的命题。在哥德尔第二不完备定理的情况下,这

---

⊖　例如,来看 M. 迪特列夫森对于文献(Penrose,2011b)的答复。

种信任的一个具体特征是，它告诉我们要相信 $\mathscr{R}$ 的一致性（否则，$\mathscr{R}$ 毫无用途），并且把我们的信任在 $R$ 中移动到哥德尔命题 $G(\mathscr{R})$ 上，其中 $G(\mathscr{R})$ 是由 $\mathscr{R}$ 的一致性主张翻译成的一种命题，使得证明程序 $\mathscr{R}$ 能直接使用，然而令人遗憾的是，证明程序 $\mathscr{R}$ 没能力确认 $G(\mathscr{R})$ 之真！

这样，尽管哥德尔的推理告诉我们，基于符号操作对概念的理解允许我们将信任从 $\mathscr{R}$ 中转移到对一个具体命题 $P$ 的信任，其中 $P = G(\mathscr{R})$，然而我们看到了相反的结果，$R$ 中的规则不足以让我们将对其本身的信任转移到对于 $P$ 的信任。准确地说，这正是图灵自己在展开他的顺序逻辑想法时所用的推理，如 15.1 节所指出的，人们对于与顺序 $\alpha$ 相关联的系统的信任可以转移到对于与顺序 $\alpha + 1$ 相关联的系统的信任。在涉及极限顺序 $\beta$ 的时候，我们需要确认系统化确实可以正确实施，从而对于与小于 $\beta$ 的顺序相关联的所有系统的联合信任可以转移到与顺序 $\beta$ 相关联的系统中。如 15.1 节结尾所指出的，考虑与较高顺序有关的问题会牵扯到各种各样的困难，但是此处的推理中不会特别关心图灵 1939 年论文中的"顺序"特征，而要关心他在论文中引入的另外一个想法——"神谕"机。我将在 15.4 节和 15.5 节回到这里。

在这需要提到另外一点，哥德尔构造命题 $G(\mathscr{R})$ 依赖于一种特殊的哥德尔编号，它被用作工作符号。在考虑哥德尔编号的细节时，这种选择是自然而然的。可是哥德尔程序涉及整数的素因子分解，用起来相当复杂，而某种"字母表顺序"就简单多了。虽然哥德尔编号的具体选择会影响所获得的"哥德尔语句"（例如 $G(\mathscr{R})$），但是它不影响系统的适用范围，包括从 $\alpha$ 到 $\alpha + 1$ 的图灵顺序逻辑程序（Feferman，1962）。事实上，自此以后，我们根本不会关心哥德尔编号具体是怎样编的。我们知道下述编制存在清楚的哥德尔编号的可能性就够了，这种编制是个递归程序（可计算且逆向可计算），并且是个令人信任的程序。我以后会提出这种编制可能性的理由，其理由很简单，依赖于"丘奇论题"（以图灵的形式[○]）的不受限制的使用。相应的，我们在这关心的哥德尔编号根本不会被清楚地编制出来，其实，它们的清楚形式与将要提出的理由没有一点关系。

---

○ 我要说清楚，在这指的是"丘奇论题"的图灵原始解释，也就是说，依照完全机械过程的意义，"明显可计算"的过程能够用丘奇的 $\lambda$ 演算来执行。虽然我没有清楚地指出丘奇演算的运算，但是代之以一个等价的概念（Turing，1937a），是按照图灵机包含的程序执行的。我明确指出，我无意同意这样的观点，物理过程必然具有这个本质（对照 Deutsch，1985）。

## 15.3 数学理解所基于的物理过程

长久以来，我一直发现这事挺诡异，即使在哥德尔编号的过程中采用的程序正被我们用于以微妙的方式扩展信任，从一个给出的具有证明规则 $\mathscr{R}$ 的系统的基础上扩展，来信任额外的实际数学命题（$\mathscr{R}$ 用来达到形式证明的目的，但是不能直接确立自身），亦即哥德尔语句（例如 $G(\mathscr{R})$），然而在哥德尔编号的过程中采用的任何一个具体程序根本没有什么东西是神秘的！哥德尔编号所采用的程序使我们能够从所使用的形式结构后退一步，并且将有意识理解的结果应用到实在的结构自身。

我自身的愿景是，理解力与洞察力（以某种理想的形式）能获得不受计算的顺序概念约束的东西，其实我们真的需要更多的东西。鉴于我是十足的唯物主义者，相信数学家从他们的研究中所获得的东西一定是他们物质的大脑严格地按照物理定律运转的结果，我要推迟些跟进基于现代基础物理所蕴含整个计算的世俗演变的普遍看法。我们由计算所确定的宇宙图像扎根于确定性经典物理的连续演变方程，同时也扎根于如薛定谔动力演化中所展示的量子力学的幺正演化的连续性以及确定性的动力学<sup>⊖</sup>。我在多处表示过（Penrose，1994，2011c），我相信今天的量子力学是不完备的（甚至不一致），它有两个存在明显差异的按照薛定谔动力学演化的过程：一方面，它是连续的；另一方面，牵扯到量子测量过程的"量子跳跃"是不连续的。我要强调，尽管它赢得了巨大的、现在无可置疑的成功，但今天的量子力学仅仅是现实世界的一个近似与暂时的描述。在此，我基本同意四位先贤（爱因斯坦，薛定谔，德布罗意，狄拉克）在此问题上的意见，此外我认为，为了使今天的量子情景完备化所需要的缺失的物理部分一定是本质上不可计算的。

扩展现在的量子力学的方式（按我的意见）不得不结合（与发展）现代量子力学与爱因斯坦的广义相对论的基本思想（Penrose，2011c，2014），并且当足够的质量移动牵扯到量子叠加时，需要的改变是明显的，那样的叠加寿命正受到基本考量的限制。同时，为了对有意识的人脑的运转方法施加意义明显的影响（因此产生不可计算的行为方式），与大脑结构相关联的大量量子的干

---

⊖ 当我们试着将可计算性的概念（按严格的图灵意义）应用到依照偏微分方程变化的连续系统的时候，会牵涉到一些微小的区别（Penrose，1989）。

扰必然要发生，这是值得注意的，它将到达一个水平，于其上可能获得迷失的"新理论"的可推断的、不可计算的要素与现在量子或者经典所期望的行为的区别。

这些想法遭遇到的最强批评之一来自于一个好像令人信服的推理，那"温暖和混乱"的大脑与大规模量子干扰的重要维护相当不匹配（Tegmark，2000；比较 Hagan et al.，2002）。在传统画面里，大脑运行由神经元放电所完全控制，这事实上与它在大规模量子干扰中承担的角色是冲突的。可是有件绝对可能的事，那就是神经元放电绝未表达出全貌，它主要代表脑控制的广泛层面，然而神经传输提供信息输入给大脑，同时输出信息指引对身体的控制。已经证明的事实是（Hameroff and Penrose，1996，2014），存在神经活动的更深层次，在那里神经元突触的强度受到重要影响，并且于此层次，神经元微管的存在起了相当重要的作用。

本章不关心神经解剖学的那些事儿，可是值得指出，最近由阿尼尔坂·班迪奥海亚和他的同事所做的引人注目的实验研究已经证明了（Sahu et al.，2013a，b；Hameroff and Penrose，2014），大规模量子干扰活动的影响（例如隧道传导）出现在活着的（猪脑）神经元微管中，这将是一个重要的先决条件。

## 15.4  $\Pi$ 语句

在哥德尔第一和第二不完备定理中，语句 $G(\mathscr{R})$ 是具有特别简单逻辑形式的数学断言，即 $\Pi_1$ 语句，它叙述的形式是"计算 $C$ 永远不终止"。在第二不完备定理的情况中，$C$ 会是在系统的定理中探寻某命题 $P$ 和它的反命题 $\neg P$ 的计算。许多著名的数论定理和猜想都具有 $\Pi_1$ 语句的形式，例如费尔马大定理（被安德鲁·威尔士于 1994 年证明了），拉格朗日的 1770 定理（每个数<sup>⊖</sup>是四个整数的平方之和），以及仍然没有证明的哥德巴赫猜想（任何大于 2 的偶数等于两个素数之和）。

在（充分推广）形式证明程序时不可避开的哥德尔不完备性产生的困难问题<sup>⊖</sup>促使我们考察图灵关于推广可计算性概念的另外一些想法。如上所述，由

---

⊖ 如无特别说明，本文提到的数均为自然数 0，1，2，…。
⊖ 显然，如 15.2 节所描述，通过单个图灵可计算系统模型化数学"信任"的理想概念避免不了不完备性。

哥德尔不完备性所产生的中心问题可以通过 $\Pi_1$ 语句完整地叙述。这促使我们考虑某种装置，它有能力查明那种语句之真假，从而可能允许我们令人信服地、为理想化的人类思维原则上可以达到的能力建模。这种假设的装置就是图灵所描述的神谕机，它涉及的一个构件称为神谕，其能够查明某类数学断言的真假。由于哥德尔不完备性产生的紧迫数学断言就是查明 $\Pi_1$ 语句之真假，因此这里考虑的神谕就是如此，当出现任何一个（通过哥德尔编号表达的）$\Pi_1$ 语句的时候，它能回答 T（真）或者 F（假）。

在本章中，我们将关心稍微一般的概念——$\Pi_n$ 语句，其中 $n$ 是任意自然数。我们可以考虑这样的语句，按照清晰的图灵可计算的方式依赖于 $k$ 个自然数变量 $x_1, x_2, \cdots, x_k$。$\Pi_0$ 语句简单来说就是一个详述的递归命题函数（带有值 T 和 F）。亦即对于一个 $\Pi_0$ 语句，存在一个确切会停止的图灵计算，它具有 $k$ 个自然数变量 $x_1, x_2, \cdots, x_k$，并且对于变量的每组赋值，它最终会算出 T 或者 F。那么，关于 $x_1, x_2, \cdots, x_k$ 的 $\Pi_n$ 语句（$n>0$）就可以归纳地定义为具有如下形式：

$$P(x_1, x_2, \cdots, x_k) = \not\exists x Q(x_1, x_2, \cdots, x_k, x)$$

其中 $Q$ 是具有 $k+1$ 个自然数变量的 $\Pi_{n-1}$ 语句。当然，依赖于 $k$ 个变量的可计算总能够归结为依赖于一个变量的可计算，例如，我们可以使用标准方法把两个自然数 $v$ 和 $w$ 编码成一个自然数 $u$：

$$u = \frac{(v+w)^2 + 3v + w}{2}$$

（因此，相反，我们有 $v = u - t$ 和 $w = r - v$，其中 $t = r(r+1)/2$ 是不超过 $u$ 的最大三角数，$r > 0$。）

读者可能会注意到，有些著名的定理和猜想具有 $\Pi_2$ 语句的形式，我们最熟悉的此类猜想可能是还没被证明的断言，例如存在无穷多对孪生素数，即 $p$ 和 $p+2$ 都是素数（其断言形式为，"不存在素数 $p$ 使得 $p+2$ 是素数，并且对于任何素数 $q > p$，$q + 2$ 不是素数"）。其实，$\Pi_2$ 语句并非一定难以证明，欧几里得的结果证明存在无穷多个素数，也一样具有 $\Pi_2$ 语句的逻辑形式。

我们将在 $\Pi_n$ 语句中使用符号→，它的意思是取真值，例如 $P \to T$ 意味着 $P$ 为真，$P \to F$ 意味着 $P$ 为假。读者可能也会注意到，任何 $\Pi_n$ 语句也是 $\Pi_{n+1}$ 语句。这可以利用归纳法从下述事实立刻推导出来，任何 $\Pi_0$ 语句 $P$ 也是 $\Pi_1$ 语句，其原因是，定义 $f$ 是这样的函数，如果 $P \to F$，那么 $f(x) = 0$，如果 $P \to T$，那么 $f(x) = 1$，然后就会有，$\Pi_1$ 语句 $\not\exists x(f+x=0)$ 等价于 $\Pi_0$ 语句 $P$。

对于不在意 $n$ 的值的情况，我用术语"$\Pi$ 语句"代替 $\Pi_n$ 语句。我们可以这样对所有具有一个自由变量 $x$ 的 $\Pi$ 语句进行哥德尔编号：把所有单变量 $\Pi_n$ 语句（$n=0,1,2,\cdots$）排列起来，取序数为码。我们称之为 $\Pi$ 序列哥德尔编号。需要注意，无 $x$ 依赖性的 $\Pi$ 语句也在 $\Pi$ 序列哥德尔编号之中，它们可以简单地被看作与 $x$ 无关。

## 15.5 谨慎神谕

我希望考虑图灵机概念的一种推广，虽然这是建立在图灵"神谕"想法的基础上，但是与他在 1939 年论文中提出的神谕概念有点差别。我们提出这个特殊概念"谨慎神谕"的目的[⊖]，是更为贴近人类数学家所表现出的理想能力，而非图灵神谕的能力。在此，我们沿着 15.3 节暗含的思路走，即如果我们有机会为人类数学理解力建立理想的模型（甚至允许那样的机器以某种方式限制整体能力、精确性以及允许的计算时间），那么我们需要些东西，这些东西不在图灵机能达到的范围里。

图灵原来的神谕概念是某种"黑箱子"，它能回答特殊种类的数学问题。例如，弄清楚给出的 $\Pi_1$ 语句之真假。图灵在 1939 年的论文中特殊关心的神谕是，能处理 $\Pi_1$ 语句和 $\Pi_2$ 语句（Feferman，1988）。我们于此揭示一个概念——谨慎神谕装置[⊜]，意图为数学理解力和洞察力如何以理想化的方式有效地运算建立模型。这种"装置"就是图灵机，附加一个构件，我称之为 $\varpi$ 神谕（其中希腊符号"$\varpi$"是非标准形式的"$\pi$"，在英国某些大学，它通常念作"pomega"），在装置运算的任何阶段都可以问询它。在这以后，我们假定，$\varpi$ 神谕在回答中永远不会犯错，可是它有时可能没有能力回答所面对的问题，并且有时会继续思索、遥遥无期，而给不出任何结论。

对于定义，我们将要求 $\varpi$ 神谕有能力处理具有 $\Pi$ 语句形式的数学断言。就我所知，随后的论证其实不仅仅适用于谨慎神谕，而且能够评估例外种类的数

---

[⊖] 一般来说，这个想法的本质为着不同的目的已经被研究了许多年（Cooper, 1990, 2004）。
[⊝] 对于有点联系的部分递归函数的概念，参阅文献（Kleene, 1952）。
[⊜] 我喜欢用"装置"而非"机器"，原因是，依我的想法，保留"机器"一词用于整体受到计算（也许带有些真实的随机因素）控制的东西，从哲学角度上是有用的。有可能，我们永远也无法在实验室造出那种"装置"，它可能按照 15.3 节的想法，把不可计算的物理混合到运算中。在文献（Copeland and Proudfoot, 2000）和（Copeland, 2002）中，有关于不可计算输入的另外一些想法（按我的意见，貌似并非有理）。

学断言，只要这些断言是恰当地定义好的[⊖]，并且具有哥德尔序数。不过，在 Π 语句的情形，把 $\varpi$ 可能做的评估用一族命题表达得清清楚楚，还是有帮助的。

如果 $S$ 是个 Π 语句，那么 $\varpi$ 和 $S$ 一起获得的断言记为 $\varpi S$，或者等价地记为 $\varpi(s)$，其中 $s$ 是 $S$ 在 Π 序列中的哥德尔序数。$\varpi$ 容许给出如下答案：

$\varpi S \to T$　　$\varpi$ 断定，$S$ 为真

$\varpi S \to F$　　$\varpi$ 断定，$S$ 为假

$\varpi S \to ?$　　$\varpi$ 承认，没能力评估 $S$

$\varpi S \rightsquigarrow \infty$　　$\varpi$ 进入循环，努力评估 $S$，可是无法得出个结论

这里，"循环"指永远不停止的连续动作。有个要求：在 $\varpi S \to T$ 和 $\varpi S \to F$ 两个答案之中，无论任何一个出现，它一定是真实的，而且如果 $\varpi$ 被考虑为令人信任的谨慎神谕，那么它一定是令人信任地真实的。

这些选择也可以应用到装置 $\mathscr{D}_\varpi$ 的活动所得的最终结果，那些活动如同图灵神谕机恰好出现在这里，在 15.6 节我会清楚地解释的。这里的符号 $\mathscr{D}$ 表示装置的"图灵计算的"结构，这些装置可能已经被谨慎神谕的特殊选择插入了。如果谨慎神谕是具体的，记为 $\varpi$，那么得到的神谕装置就是 $\mathscr{D}_\varpi$。我们对于 $\mathscr{D}_\varpi$ 的、关于各种各样的实体的活动都感兴趣，这些实体可能是 Π 语句，也可能是另外一些数学对象，仅仅要求参与 $\mathscr{D}_\varpi$ 活动的实体有哥德尔编号。我们可以把 $\mathscr{D}_\varpi$ 的活动直接表达为感兴趣的哥德尔码 $g$ 的运算，其中，对于有关实体的具体的判定真/假问题，只要 $\mathscr{D}_\varpi$ 发现自己有能力提供答案，就一定会提供真实的答案 $\mathscr{D}_\varpi(g)$。如同谨慎神谕自身一样，我们容许有下面可能的答案：

$\mathscr{D}_\varpi(g) \to T$　　若 $\mathscr{D}_\varpi$ 得到结论"真"

$\mathscr{D}_\varpi(g) \to F$　　若 $\mathscr{D}_\varpi$ 得到结论"假"

$\mathscr{D}_\varpi(g) \to ?$　　若 $\mathscr{D}_\varpi$ 无法得到确定的结论

$\mathscr{D}_\varpi(g) \rightsquigarrow \infty$　　若 $\mathscr{D}_\varpi$ 进入循环，无穷次地继续努力发现答案

再次指出，"循环"指永远不停的连续动作，在这无终点的活动中，不蕴含任何明显的重复。对于令人信任的 $\mathscr{D}$，要求 $\mathscr{D}_\varpi(g) \to T$ 和 $\mathscr{D}_\varpi(g) \to F$ 任何一种答案出现时，一定是真实的，并且如果 $\varpi$ 被考虑为令人信任的谨慎神谕，那么它一定是令人信任地真实的。

---

[⊖] 如果容许 $\varpi$ 神谕直接评估 $\mathscr{D}_\varpi$ 活动（15.6 节描述的活动）的正确性，那么我们将遭遇困难。计算结构 $\mathscr{D}$ 可以被 15.6 节的 Δ 序列哥德尔编号满意地具体化，可是，谨慎神谕 $\varpi$ 自身不行。否则，$\varpi$ 可能进入回路方式，从而 15.7 节的论证就会引出矛盾。

这里出现了一点细微差别，即 $\mathscr{D}$ 的"令人信任"的本质意图仅仅指 $\mathscr{D}$ 的计算结构，还是指它所处理对象的哥德尔编号的解释。因此，在 $\mathscr{D}$ 的信任之中，我们的信任要求与 $\varpi$ 的选择无关，而在 $\mathscr{D}_\varpi$ 中的信任与 $\varpi$ 有关，这只与我们对 $\varpi$ 的真实性的信任有关。

## 15.6 谨慎神谕装置的运转

从图灵的原始概念发展出的"神谕机"思想在今天的文献中已有很多研究（Cooper，1990，2004）。在这些文献中，人们通常不关心该装置导出的断言是真是假，而较为关心装置的适用范围，以及一个装置是否比另一个更强大，或者在某种适当的意义上是相互"图灵等价"的（Cooper，1990，2004）。在一般的文献中，图灵神谕机都是标准的图灵机，包括一条双向无限长的读/写带，上面标记了离散的空间（每个整数地址处有个空间），并且在具体的每一个步骤，只有有限多标记（1），其余为空白（0）。还有一条"仅会读"的带，它标记（1）的集合是固定的，其余为空白（0）。可是在这里，1 的数量不会被限制为有限的，否则那会变成标准的图灵机读/写带。仅会读的带上（同样在读/写带上）的位置（即地址）用整数标号，其中有个特殊的起始位置"0"。那些标记为 1 的特定位置可能会放入对所问询问题的神谕回答。

作用在一个数 $x$ 上的谨慎神谕装置 $\mathscr{D}_\varpi$ 采用基本一样的方式运算，但是 $\varpi$ 经常对所问询的问题提供不明确的答案，这引发了一些重要的复杂问题。也许这样来思考会有所帮助，$\mathscr{D}_\varpi$ 的活动是由一系列"步骤"组成的，例如，装置在读带或者在读/写带上做标记，或者请教谨慎神谕。可是我们将发现，因为缺乏 $\varpi$ 给出的确切答案，我们将会被引导到不得不认为可选择的活动在同时进行，如同广泛的并行，或如同 $\varpi$ 对于所问询的问题大约在继续细细思考，在那一步，它无法在容许的结论→T、→F 和→? 之中断定一个。真正重要的是，当给出 Π 语句 $S$（的哥德尔码）时，我们不需要 $\varpi$ 立刻回答，而是容许它细细思考，需要思考多少步就多少步。仅当它细细思考了无穷多步时，我们最终表达为 $\varpi S \rightsquigarrow \infty$。在 $\mathscr{D}_\varpi$ 运算的某个步骤，如果 $\varpi$ 正在继续细细思考，那么将采用记号

$$\varpi S \rightsquigarrow \cdots$$

容许"并行"活动发生是必要的，其原因是，当答案 $\varpi S \rightsquigarrow \infty$ 是 $\varpi$ 的结论时，装置会被冻结，永远地等下去，并且提供给我们 $\mathscr{D}_\varpi(g) \rightsquigarrow \infty$。但是，有可能这不是我们需要的 $\mathscr{D}_\varpi$ 在那种环境中得出的结果（其原因是，在某些情况下，

$S$ 之真假可能与 $\mathscr{D}_\varpi$ 要处理的问题无关，这样，$\varpi$ 在一个具体的 $S$ 上无法向前走的事实不应阻止 $\mathscr{D}_\varpi$ 继续活动）。只要在问询神谕而遭遇到 $\varpi S \rightsquigarrow \cdots$ 时，谨慎神谕装置就可以简单地以并行方式处理，即按照答案 $\varpi S \to T$ 和 $\varpi S \to F$ 分支，同时继续前行，并且只要细细思考的过程 $\varpi S \rightsquigarrow \cdots$ 继续，这些同步分支就会继续。当 $\varpi S \to ?$ 时，类似的情况发生，再一次，我们必须以并行的方式操作 $\varpi S \to T$ 和 $\varpi S \to F$。

当然，图灵机的直接活动是"串行"的，而非并行过程，但是我们可以用串行方式完美地模拟并行活动，适当地交叉它们，并且用适当的"标记"记载每件正在做的事。为了叙述容易，我将这些"同步"活动描述为仿佛真的在同步执行，要注意并行活动的每一个"并行步骤"都包含 $\mathscr{D}$ 的图灵机交叉活动的很大数目的"串行步骤"。

我们在脑中一定要记住，对于并行步骤，一定要有细细思考的过程（$\rightsquigarrow \cdots$）在 $\varpi$ 之内发生。事实上，存在几个细细思考的过程会立刻进行，原因是，当 $\varpi$ 对于较早的问询依然在细细思考时，较晚的问询可能就来了。我采用这样的看法，$\varpi$ 完全有能力交错几个在不同步骤针对不同问题的细细思考，正如同有几个谨慎神谕 $\varpi$ 的复件都在同步地细细思考，但是，这些运算花费的串行时间会是所有并行时间加到一起的结果。串行时间的情景会如此出现：在装置中只出现唯一一个谨慎神谕 $\varpi$，它把时间分配给所有有关不同 $\Pi$ 语句的问询。

这些分支活动何时终止呢？当 $\rightsquigarrow \cdots$ 的过程变成 $\to T$ 或者 $\to F$ 时，（通常大量的）分支中有些会被抹掉。此外，如果在运算的任何步骤，所有分支已经终止了（这与指出 $\varpi$ 细细思考的标号的继续出现无关），那么一定要查验每个分支的终极结果（T，F，?）。如果全部为 T，而与继续细细思考的标号无关，那么我们断定 $\mathscr{D}_\varpi(x) \to T$。如果全部为 F，而与继续细细思考的标号无关，那么我们最终断定 $\mathscr{D}_\varpi(x) \to F$。如果上述两种情况无一出现（不同分支出现不同结果 T 和 F，或者 ? 依然存在），那么等待解决不完备 $\varpi$ 细细思考的过程就得继续。当（且仅当）所有分支终于停止，并且任何继续进行的细细思考已经不再影响分支的终极决定，同时有 ? 出现在决定的可选范围，或者 T 和 F 两者都出现在已经得到的决定里，我们最终断定 $\mathscr{D}_\varpi(x) \to ?$。可是，在很多时候，整个过程会无休止地继续下去（存在很多不同的原因），此时，对于整个过程的"决定"是 $\mathscr{D}_\varpi(x) \rightsquigarrow \infty$。

我能想象，根据清晰的图灵机活动来编写程序不是一项简单的任务。然而从原则上说，这是清楚的、直白的计算程序，若我们知道 $\mathscr{D}$ 的图灵机结构和 $x$

的值，就能确定 $\mathscr{D}_\varpi(x)$ 的活动，同时，在问询时，神谕 $\varpi$ 就会给出答案（→T，F，? 或者⇝⋯）。此外，人们一定会提供所有可能的 $\mathscr{D}$ 的活动的哥德尔编号，如同 Π 语句哥德尔码给出 Π 序列（参见 15.4 节末尾），这将提供一个作用在单个自然数 $x$ 上的所有 $\mathscr{D}$ 运算的序列。这个序列将记为 Δ 序列哥德尔编号。不会有这样的企图出现——提供不同的可能谨慎神谕的任何一种哥德尔序列。事实上，这在所有可能性上都很难看到。很幸运，在下节提供的论证中不需要它。

## 15.7 对于谨慎神谕装置的哥德尔型定理

对于谨慎神谕的一般性和灵活性的本质的看法，好像极其重要的是，哥德尔型对角线论证使得我们可以扩展信任，从给定的谨慎神谕装置到处于它的范围之外的某些东西，这与传统形式系统的情形是一样的。事实上，某些与哥德尔–图灵论证相似的东西就可以担当这一角色。让我们看看怎样来做。假定我们有个令人信任的谨慎神谕 $\varpi$，然后可以给出下面的定义。

**定义**　停否判断器 $\mathscr{A}_\varpi$ 是个 $\varpi$ 装置，它的工作是判断 $\varpi$ 装置的活动是否最终停止。较具体地说，我们要求 $\mathscr{A}_\varpi$ 做到，给出 $x$ 相关的谨慎神谕活动 $\mathscr{D}$ 的 Δ 序列哥德尔码 $d$ 以及 $x$ 的一个具体值，它能处理 $\mathscr{D}_\varpi$ 的活动，使得如果 $\mathscr{A}_\varpi$ 得出结论→T，那么它已经真实地评估出结论，$\mathscr{D}_\varpi$ 无法停止：

$$\mathscr{A}_\varpi(d,x) \to \text{T} \quad \text{推出} \quad \mathscr{D}_\varpi(x) \rightsquigarrow \infty$$

我们将要证明的是，对于任何一个给定的令人信任的停否判断器，总可以构造一个 $x$ 相关的 $\varpi$ 活动，使得我们相信该活动是无法终止的，但是 $\mathscr{A}_\varpi$ 没有能力判断这一事实。为达此目的，我们先稍微改良一下 $\mathscr{A}_\varpi$，获得另外一个停否判断器 $\mathscr{E}_\varpi$，$\mathscr{E}_\varpi$ 同 $\mathscr{A}_\varpi$ 几乎一致，即具有如下性质：

$$\mathscr{E}_\varpi(d,x) \to \text{T} \quad \text{推出} \quad \mathscr{D}_\varpi(x) \rightsquigarrow \infty$$

此外我们要求 $\mathscr{E}_\varpi$ 没有另外的终止选择→F 和→?。这是很容易做到的，只要在 $\mathscr{A}_\varpi$ 得到→F 或者→? 时，让 $\mathscr{E}_\varpi$ 故意进入循环（⇝∞），而在其余时候与 $\mathscr{A}_\varpi$ 保持一致。虽然对于许多 $d$ 和 $x$ 的值，我们可能发现 $\mathscr{E}_\varpi(d,x)$ 得到结果⇝∞，即不能提供确切的答案，但是 $\mathscr{E}_\varpi$ 的回答→T 是真实的、令人信任的，如同 $\mathscr{A}_\varpi$ 一样。

**定理**　给定一个令人信任的谨慎神谕 $\varpi$ 和一个令人信任的停否判断器 $\mathscr{A}_\varpi$，我们能够构造一个 $\mathscr{D}_\varpi$ 活动，该活动令人信任地是不会终止的，可是 $\mathscr{A}_\varpi$ 无法判断此事实。

**证明** 在上面的 $\mathscr{E}_\varpi(d, x)$ 的关系中，令 $x = d$，于是有

$$\mathscr{E}_\varpi(d,d) \to \text{T} \quad \text{推出} \quad \mathscr{D}_\varpi(d) \leadsto \infty$$

现在，$\mathscr{E}_\varpi(d, d)$ 是 $\varpi$ 装置的活动，运算在刚好一个参数 $x$ 上，因此它一定出现在 $\Delta$ 序列哥德尔编号里，不妨设其值为 $h$，故

$$\mathscr{E}_\varpi(x,x) = \mathscr{H}_\varpi(x)$$

其中 $\mathscr{H}_\varpi(x)$ 具有 $\Delta$ 序列哥德尔编号 $h$。现在，令 $x = h$，得

$$\mathscr{E}_\varpi(h,h) = \mathscr{H}_\varpi(h)$$

这样，采用一个具体的 $\varpi$ 装置 $\mathscr{D}_\varpi$，令其中 $d = h$，我们就会有 $\mathscr{D}_\varpi = \mathscr{H}_\varpi$，并且

$$\mathscr{E}_\varpi(h,h) \to \text{T} \quad \text{推出} \quad \mathscr{H}_\varpi(h) \leadsto \infty$$

因此，根据等价，我们有

$$\mathscr{H}_\varpi(h) \to \text{T} \quad \text{推出} \quad \mathscr{H}_\varpi(h) \leadsto \infty$$

由于答案 $\to$ F 和 $\to$? 已遭到排除，因此我们得到，总有

$$\mathscr{H}_\varpi(h) \leadsto \infty$$

此外，因为 $\mathscr{E}_\varpi(h, h) = \mathscr{H}_\varpi(h)$，所以我们的停否判断器 $\mathscr{E}_\varpi$ 无法判断这个事实。根据 $\mathscr{E}_\varpi$ 的定义与 $\mathscr{A}_\varpi$ 的关系，我们会明白，$\mathscr{A}_\varpi$ 也无法判定 $\mathscr{H}_\varpi(h)$ 停否。 □

## 15.8 物理含义

从 15.7 节的定理，我们能导出关于数学理解力的物理基础的什么东西呢？在意图处理这一问题之前，我先指出三个基本的、最常见的反面论点，反对我和一些人（Nagel and Newman, 1958; Lucas, 1961; Penrose, 1989, 1994, 2011a）提出的、基于哥德尔－图灵型定理的、有意识的人脑的整体计算模型：

- 误差论点：人类数学家会犯错，因此严格的哥德尔型论证不适用。
- 极端复杂论点：按照人类数学理解力运行的算法极端复杂，无法获得哥德尔论述。
- 忽视算法论点：我们不知道在我们的数学理解力之下的算法过程，因此无法构造哥德尔论述。

我在其他地方试图争辩过（Penrose, 1994, 1996），以上论点不能否定我们的结论，我们有意识的理解力不能整体地作为计算活动的产物，在此我不想重复那些论据。本质上，我不相信这些反面论点切实地反映了数学家为之而奋斗的理想的推理。这些作为数学概念是最基本的、意义深远的，并且是精确的，并非复杂和容易出错的。在实践上，数学家个人可能常常明显地缺失这些

理想的东西，但是理想是反过来衡量奋斗的，并且有独立于我们实际控制之外的、自身具备的真实性。在我的论证中，所关心的实质上是推理的理想事物，而非具体某个数学家的大脑运作。

在本章，我用理想化的数学思维清楚地表达了，并且已经努力处理过一个假定，也就是，有可能通过$\varpi$装置为理想化的思维过程建模。可是，我声明，15.7节的定理提供了一个证据，任何那样的装置一定会缺乏某些理想化思维应该得到的东西。我要进一步声明，我们有能力意识到那些理想的事物，并且为之而奋斗，这一事实说明，我们有意识的大脑其实没有按照$\varpi$装置建议的方式满负荷运转。

尽管如此，如我在15.3节指出的，这里给出的论证可能提供了一些提示：在我们有意识的大脑工作的时候，在物理层面是什么在运转。之前我试图争辩过（Penrose，1994，2001c），一定存在一个角色不仅仅处于我们有意识思考的基础量子过程中，而且处于我们今天所使用的量子理论之外，也可能处于量子与经典世界的神秘边界上——在这个边界上，还没发现的、不可计算的物理一定会起到中心角色的作用。本章的论证包含任何有关这里认定的不可计算物理的本质吗？可能吧。我好像相信，存在某些东西处于大量的并行过程中，如15.6节所描述的，这一过程成为$\varpi$装置的运算细节的必要部分，承担与作为量子力学标志的大量量子叠加进行比较的工作（Deutsch，1985）。然而，某些重要的东西还真的迷失了，并且今天量子力学（Penrose，2011c）的极其局限的范围内可能有些东西与此有关。某些在此之外的东西好像也是需要的，仅仅不限制并行是不够的，纯粹从物理论证来看，今天的量子力学存在根本的局限性。大概如15.7节的定理所解释的，这一问题与$\varpi$装置的根本局限性有关系。

# 参考文献

Cooper, S.B. (1990). Enumeration reducibility, nondeterministic computations and relative computability of partial functions. In *Recursion Theory Week, Oberwolfach 1989*, K. Ambos-Spies, G. Müller, G. E. Sacks (eds.), Springer-Verlag, pp. 57–110.

Cooper, S.B. (2004). *Computability Theory*. Chapman and Hall.

Copeland, B.J. (2002). Accelerating Turing Machines. *Minds and Machines* **12**(2), 281–300.

Copeland, B.J. and Proudfoot, D. (2000). What Turing did after he invented the universal Turing machine. *J. Logic, Language and Information* **9**(4), 491–509.

Deutsch, D. (1985). Quantum theory, the Church–Turing principle and the universal quantum computer. *Proc. Roy. Soc. Lond. A* **400**, 97–117.

Feferman, S. (1962). Transfinite recursive progressions of axiomatic theories. *J. Symb. Log.* **27**, 259–316.

Feferman, S. (1988). Turing in the land of $O(z)$. In *The Universal Turing Machine: A Half-Century Survey*, R. Herken (ed.), Kammerer and Unverzagt.

Hagan, S., Hameroff, S. and Tuszynski, J. (2002). Quantum computation in brain microtubules? Decoherence and biological feasibility. *Phys. Rev. E* **65**, 061901.

Hameroff, S.R. and Penrose, R. (1996). Conscious events as orchestrated space–time selections. *J. Consciousness Studies* **3**, 36–63.

Hameroff, S. and Penrose, R. (2014). Consciousness in the universe: a review of the 'Orch OR' theory. *Phys. Life Rev.* **11** (1), 39–78 (also 104–112).

Hodges, A.P. (1983). *Alan Turing: The Enigma*, Burnett Books and Hutchinson; Simon and Schuster.

Hodges, A.P. (1988). Alan Turing and the Turing Machine. In *The Universal Turing Machine: A Half-Century Survey*, R. Herken (ed.), Kammerer and Unverzagt.

Kleene, S.C. (1952). *Introduction to Metamathematics*. North-Holland.

Lucas, J.R. (1961). Minds, machines and Gödel. *Philosophy* **36**, 120–124; reprinted in Alan Ross Anderson (1964), *Minds and Machines*, Prentice–Hall.

Nagel, E. and Newman, J.R. (1958). *Gödel's Proof*, Routledge and Kegan Paul.

Penrose, R. (1989). *The Emperor's New Mind: Concerning Computers, Minds, and the Laws of Physics*, Oxford University Press.

Penrose, R. (1994). *Shadows of the Mind: An Approach to the Missing Science of Consciousness*, Oxford University Press.

Penrose, R. (1996). Beyond the doubting of a shadow. *Psyche* **2**(23), 89–129. Also available at `http:psyche.cs.monash.edu.au/psyche-index-v2_1.html`.

Penrose, R. (2000). Reminiscences of Christopher Strachey. *Higher-Order Symb. Comp.* **13**, 83–84.

Penrose, R. (2011a). Gödel, the mind, and the laws of physics. In *Kurt Gödel and the Foundations of Mathematics: Horizons of Truth*, M. Baaz, C.H. Papadimitriou, H.W. Putnam, D.S. Scott, and C.L. Harper, Jr. (eds.), Cambridge University Press.

Penrose, R. (2011b). Mathematics, the mind, and the laws of physics. In *Meaning in Mathematics*, John Polkinghorne (ed.), Oxford University Press.

Penrose, R. (2011c). Uncertainty in quantum mechanics: faith or fantasy? *Phil. Trans. Roy. Soc. A* **369**, 4864–4890.

Penrose, R. (2014). On the gravitization of quantum mechanics 1: quantum state reduction. *Found. Phys.* **44**, 557–575.

Sahu S, Ghosh S, Ghosh B, Aswani K, Hirata K, Fujita D, and Bandyopadhyay, A. (2013a). Atomic water channel controlling remarkable properties of a single brain microtubule: correlating single protein to its supramolecular assembly. *Biosens. Bioelectron* **47**, 141–148.

Sahu S, Ghosh S, Hirata K, Fujita D, and Bandyopadhyay, A. (2013b). Multi-level memory switching properties of a single brain microtubule. *Appl. Phys. Lett.*, **102**, 123701.

Tegmark, M. (2000). Importance of quantum coherence in brain processes. *Phys. Rev. E* **61**,4194–4206.

Turing, A.M. (1937a). On computable numbers, with an application to the Entscheidungsproblem. *Proc. Lond. Math. Soc. (ser. 2)* **42**, 230–265; a correction, **43**, 544–546.

Turing, A.M. (1937b). Computability and $\lambda$-definability. *J. Symb. Log.* **2**, 153–163.

Turing, A.M. (1939). Systems of logic based on ordinals. *Proc. Lond. Math. Soc.* **45**(2), 161–228.

Turing, A.M. (1950). Computing machinery and intelligence. *Mind* **59**, 236.

# 后　　记

对于思维、物质、信息、时间和空间，这个世界是开放的。图灵刚好在1936年投入其中，他并没有因为年轻又是领域中的新手而害怕。与细细规划的当代研究生的学术培养模式相比较，他初出茅庐，首次登场就相当惊人。尽管那样非凡，没有和前辈一起发表的论文，也没有合作者，但是，图灵并不孤单：他的大脑善于接受爱因斯坦和爱丁顿、冯·诺依曼和罗素的书卷，同时他非常努力地在剑桥学习数学。他是切实值得为自己的突破而骄傲的24岁年轻人，并且相应地对发现新的年轻天才感兴趣。他与加纳非同寻常的跑步也是这样：希望把科学灵感传递给一个年轻人，这或许是在标准学术框架之外的方式。这是图灵事实上斩获的，在某种程度上，他依然有更多的事要做。

这些章节本身包含不平常的关联和不完备的结论，有可能刺激出新思维，带出新想法。2014年拉马努金奖的获得者米格尔·沃尔什解释了他如何通过互联网学习数学里的未解问题，而不是被孤立在阿根廷[一]。要提醒大家的是，斯里尼瓦瑟·拉马努金自身是如何从孤立中脱颖而出的，在阿兰·图灵的概念中，那时的印度只能通过老旧的印刷和邮局与外界联系。在20世纪，通用计算机器已经极大地加速并放大了这种全球互动。谁会知道！科学的历史依赖于人类大脑的奇特际遇。曾经与未来之图灵都在从人类思想不可预测的、有时极不寻常的魔法中获取生命力。

---

[一] http://www.ictp.it/about-ictp/media-centre/news/2014/6/2014ramanujanprize.aspx.

# 推荐阅读

**人工智能：计算Agent基础**

作者：David L. Poole 等  ISBN：978-7-111-48457-8  定价：79.00元

**人工智能：智能系统指南（原书第3版）**

作者：Michael Negnevitsky  ISBN：978-7-111-38455-7  定价：79.00元

**奇点临近**

作者：Ray Kurzweil  ISBN：978-7-111-35889-3  定价：69.00元

**机器学习**

作者：Tom Mitchell  ISBN：978-7-111-10993-7  定价：35.00元

# 推荐阅读

## 计算复杂性：现代方法

作者：Sanjeev Arora 等 ISBN：978-7-111-51899-0 定价：129.00元

计算复杂性理论是理论计算机科学研究的核心。本书基本上包含了计算复杂性领域近30年来所有令人兴奋的成果，是对此领域感兴趣的读者的必读书籍。

—— 阿维·维德森（Avi Wigderson），普林斯顿大学数学学院高级研究所教授

本书综述了复杂性理论的所有重大成果，对学生和研究者来说是非常有用的资源。

—— 迈克尔·西普塞（Michael Sipser），麻省理工学院数学系教授

本书既描述了计算复杂性理论最近取得的成果，也描述了其经典结果。具体内容包括：图灵机的定义和基本的时间、空间复杂性类，概率型算法，交互式证明，密码学，量子计算，具体的计算模型的下界（判定树、通信复杂度、恒定的深度、代数和单调线路、证明复杂度），平均复杂度和难度放大，去随机化和伪随机数产生器，以及PCP定理。

## 计算复杂性

作者：Christos H.Papadimitriou ISBN：978-7-111-51735-1 定价：119.00元

计算复杂性理论的研究是计算机科学最重要的研究领域之一，而Chistos H. Papadimitriou是该领域最著名的专家之一。计算复杂性是计算机科学中思考为什么有些问题用计算机难以解决的领域，是理论计算机科学研究的重要内容。复杂性是计算（复杂性类）和应用（问题）之间复杂而核心的部分。

本书是一本全面阐述计算复杂性理论及其近年来进展的教科书，内容颇为深奥，重点介绍复杂性的计算、问题和逻辑。本书主要内容包含算法图灵机、可计算性等有关计算复杂性理论的基本概念；布尔逻辑、一阶逻辑、逻辑中的不可判定性等复杂性理论的基础知识；P与NP、NP完全等各复杂性类的概念及其之间的关系等复杂性理论的核心内容；随机算法、近似算法、并行算法及其复杂性理论；以及NP之外（如多项式空间等）复杂性类的介绍。每章最后一节包括相关的参考文献、注解、练习和问题，很多问题涉及更深的结论和研究。

# 推荐阅读

## 伟大的计算原理

作者：Peter J. Denning等 ISBN：978-7-111-56726-4 定价：69.00元

通过努力，几乎每个人都可以学会编程。然而仅仅靠编写代码并不足以构建辉煌的计算世界，要完成这个目标起码需要对以下几个方面有更深入的认识：计算机是如何工作的，如何选择算法，计算系统是如何组织的，以及如何进行正确而可靠的设计。如何开始学习这些相关的知识呢？本书就是一个方法——这是一本深思熟虑地综合描述计算背后的基本概念的书。通过一系列详细且容易理解的话题，本书为正在学习如何认识计算（而不仅仅是用某种程序设计语言进行编码）的读者提供了坚实的基础。Denning和Martell确实为计算领域的学生呈现了其中的基本原理。

—— Eugene H. Spafford，普渡大学计算机科学教授

## 计算理论导引（原书第3版）

作者：Michael Sipser ISBN：978-7-111-49971-8 定价：69.00元

本书由计算理论领域的知名权威Michael Sipser所撰写。他以独特的视角，系统地介绍了计算理论的三个主要内容：自动机与语言、可计算性理论和计算复杂性理论。绝大部分内容是基本的，同时对可计算性和计算复杂性理论中的某些高级内容进行了重点介绍。作者以清新的笔触、生动的语言给出了宽泛的数学原理，而没有拘泥于某些低层次的细节。在证明之前，均有"证明思路"，帮助读者理解数学形式下蕴涵的概念。同样，对于算法描述，均以直观的文字而非伪代码给出，从而将注意力集中于算法本身，而不是某些模型。新版根据多年来使用本书的教师和学生的建议进行了改进，并用一节的篇幅对确定型上下文无关语言进行了直观而不失严谨的介绍。此外，对练习和问题进行了全面更新，每章末均有习题选答。